Martin Moder

Westliche Tatra

mit Chočské vrchy und der Region Orava

55 ausgewählte Touren

ROTHER
BERGVERLAG

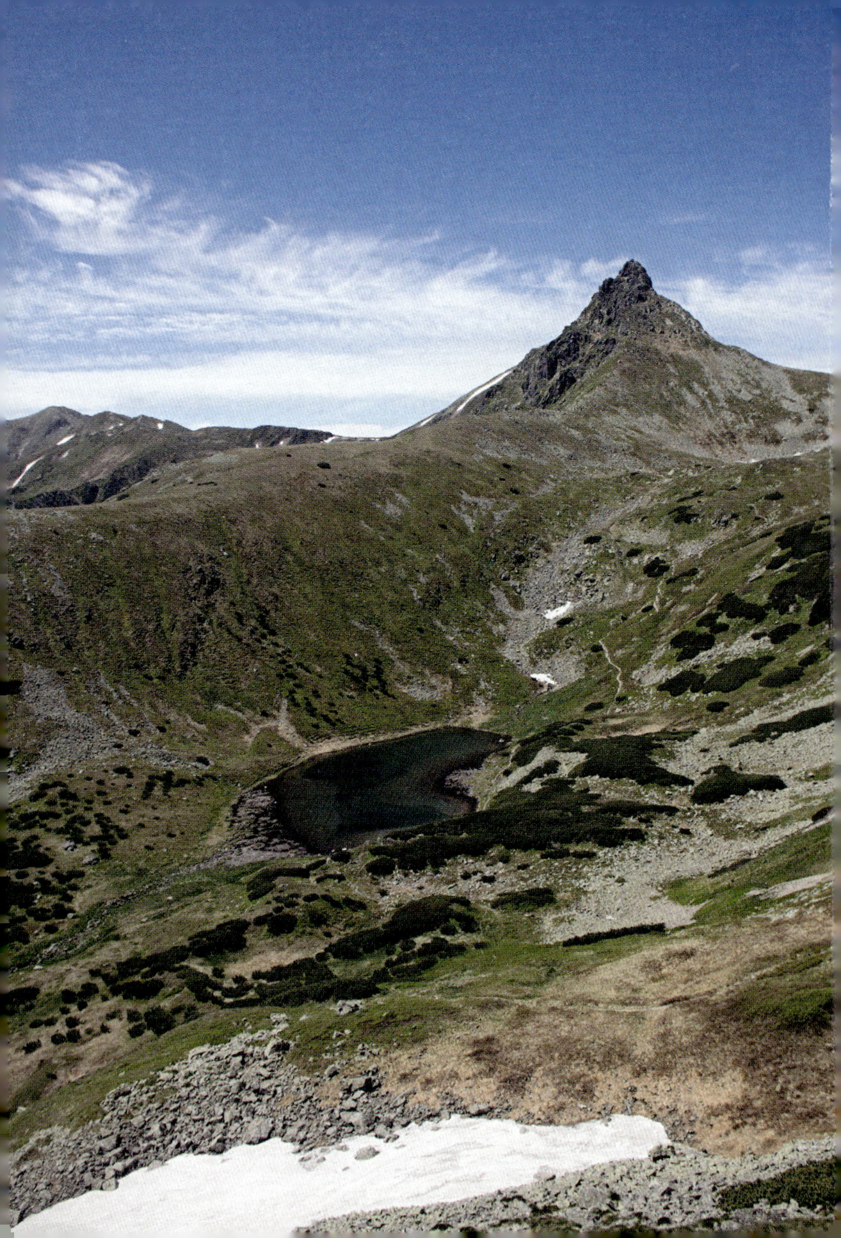

VORWORT

Die Westliche Tatra gehört zu den abwechslungsreichsten Gebirgen in der Slowakei. Nirgendwo sonst finden wir wahrscheinlich so viele Gegensätze auf engem Raum. Traumhafte Bergseen unter atemberaubender Felskulisse, grüne Almen mit Edelweißen, einsame Täler, Tatragämsen, Wölfe und Bären oder versicherte Steige über zackige Grate sind nur einige herausragende Höhepunkte, die wir hier erleben können.
Auch der Tourismus teilt das Gebirge förmlich in zwei Teile. Während es in der Slowakei nur im Roháčska dolina und auf dem Hauptgrat ab und an etwas voller wird, ist die Infrastruktur im polnischen Teil für weitaus mehr Menschen ausgelegt. Besonders auf den Zustiegen zu den recht tief liegenden Hütten geht es im Sommer sehr lebhaft zu. Wer jedoch frühzeitig aufbricht, kann in den oberen Bergregionen durchaus Ruhe genießen. Darüber hinaus werden in diesem Buch mit den Chočské vrchy und der Region Orava zwei weitere Gebiete vorgestellt, in denen es meist ziemlich einsam ist. Obwohl es nicht ganz so weit nach oben geht, ergeben sich von den jeweils höchsten Gipfeln fantastische Ausblicke, die sicherlich unvergessen bleiben werden. Wilde Schluchten, dichte Wälder, weitläufige Wiesen und ansprechende Berge oder Kuppen sorgen jedoch auch hier stets für eine große Vielfalt.
Die Auswahl der 55 Touren bietet sicherlich für jeden die passende Wanderung. Sei es ein kurzer Spaziergang zu Aussichtstürmen in der Region Orava, die Durchquerung zweier interessanter Schluchten in den Chočské vrchy oder Gratwanderungen mit Traumblicken in der Westlichen Tatra.
Da ich das Glück habe, in der Slowakei wohnen zu dürfen, gehe ich die hier vorgestellten Strecken regelmäßig ab. Trotzdem ist es möglich, dass sich durch Umwelteinflüsse innerhalb kurzer Zeit Bedingungen ändern. Ich wäre Ihnen sehr dankbar, wenn Sie Veränderungen dem Verlag mitteilen würden, damit alle Wanderungen von mir immer auf dem neuesten Stand gehalten werden können.
Mein besonderer Dank geht an Familie Kuna, Familie Zachar und die vielen weiteren Helfer, die mich bei der Erstellung dieses Buch tatkräftig unterstützt haben.
Ich wünsche Ihnen erlebnisreiche und vor allem unfallfreie Wanderungen in der Westlichen Tatra mit vielen unvergesslichen Momenten.

Liptovský Mikuláš, Slowakei, Herbst 2023

Martin Moder

Die wilde Ostseite des Ostrý Roháč (Tour 42).

INHALTSVERZEICHNIS

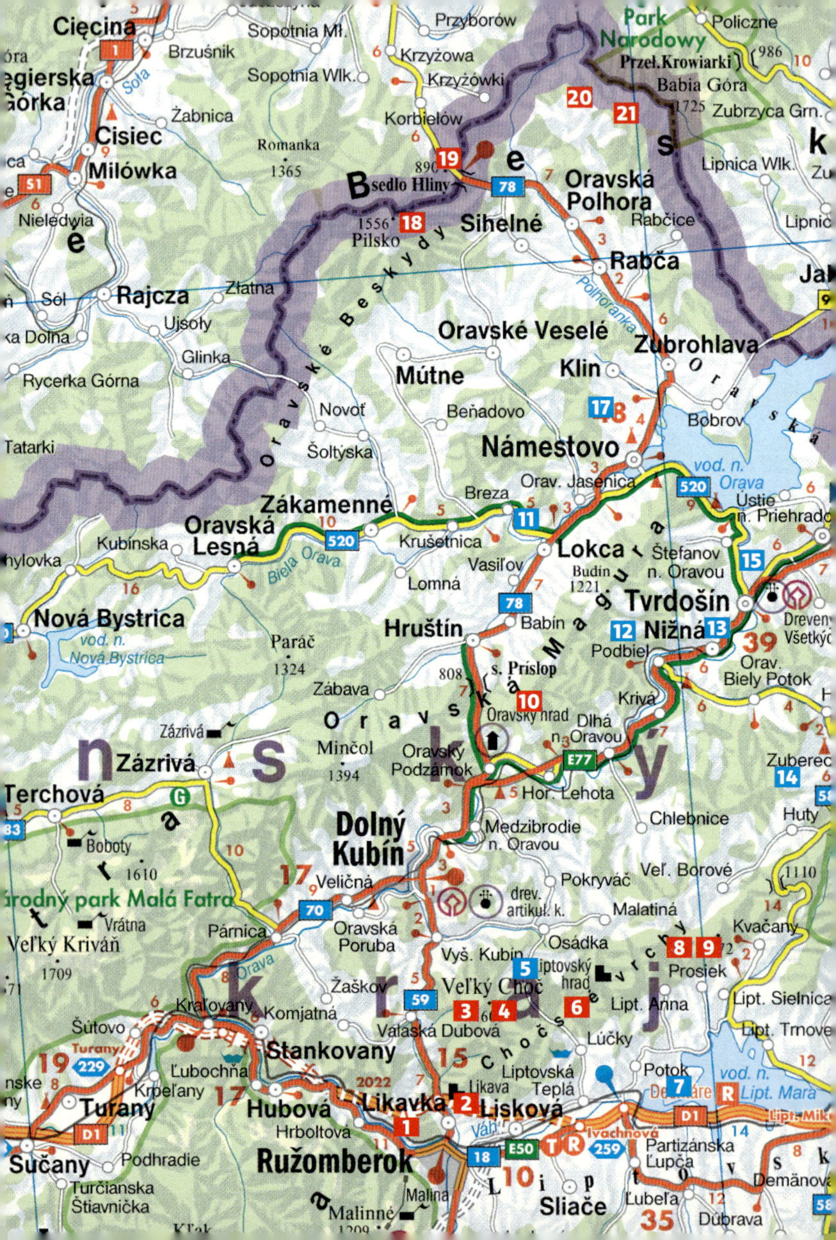

Cięcina
Brzuśnik
Sopotnia Mł.
Przyborów
Park Narodowy
Policzne
Sopotnia Wlk.
Krzyżowa
Krzyżówki
Przeł.Krowiarki
Babia Góra
1725
Zubrzyca Grn.
Soła
Żabnica
Korbielów
Cisiec
Romanka
1365
Milówka
sedlo Hliny
890
Oravská Polhora
Lipnica Wlk.
Rabčice
Nieledwia
Pilsko
1556
Sihelné
Rabča
Polhoranka
Sól
Rajcza
Złatna
Ujsoły
Oravské Beskydy
Oravské Veselé
Zubrohlava
Glinka
Mútne
Klin
Rycerka Górna
Novoť
Beňadovo
Bobrov
Oravská
Tatarki
Šoltýska
Námestovo
vod. n. Orava
Orav. Jasenica
Breza
Ústie n. Priehradou
Zákamenné
Oravská Lesná
Kubínska
Krušetnica
Lokca
Štefanov n. Oravou
Biela Orava
Vasiľov
Budín
1221
Lomná
Tvrdošín
Nová Bystrica
vod. n. Nová Bystrica
Hruštín
Babín
Nižná
Parač
1324
Magura
Podbiel
s. Príslop
808
Orav. Biely Potok
Zábava
Oravský hrad
Kriva
Dlhá n. Oravou
Oravská Magura
Zázrivá
Minčol
1394
Oravský Podzámok
Zuberec
Terchová
Hor. Lehota
Chlebnice
Huty
Boboty
1610
Dolný Kubín
Medzibrodie n. Oravou
Národný park Malá Fatra
Veličná
Pokryváč
Veľ. Borové
1110
Vrátna
Párnica
Oravská Poruba
drev. artikul. k.
Malatiná
Kvačany
Veľký Kriváň
1709
Osádka
Vyš. Kubín
Liptovský hrad
Prosiek
Žaškov
Veľký Choč
Orava
Kraľovany
Komjatná
Lipt. Anna
Lipt. Sielnica
Šútovo
Stankovany
Valaská Dubová
Chočské vrchy
Lipt. Trnovec
Turany
Ľubochňa
Lúčky
Liptovská Teplá
Potok
vod. n. Lipt. Mara
Krpeľany
Likava
Deménare
Turany
Hubová
Likavka
Lisková
Hrboltová
Váh
Ivachnová
Sučany
Podhradie
Ružomberok
Partizánska Ľupča
Turčianska Štiavnička
Malina
Demänová
Liptov
Sliače
Ľubeľa
Malinné
Dúbrava

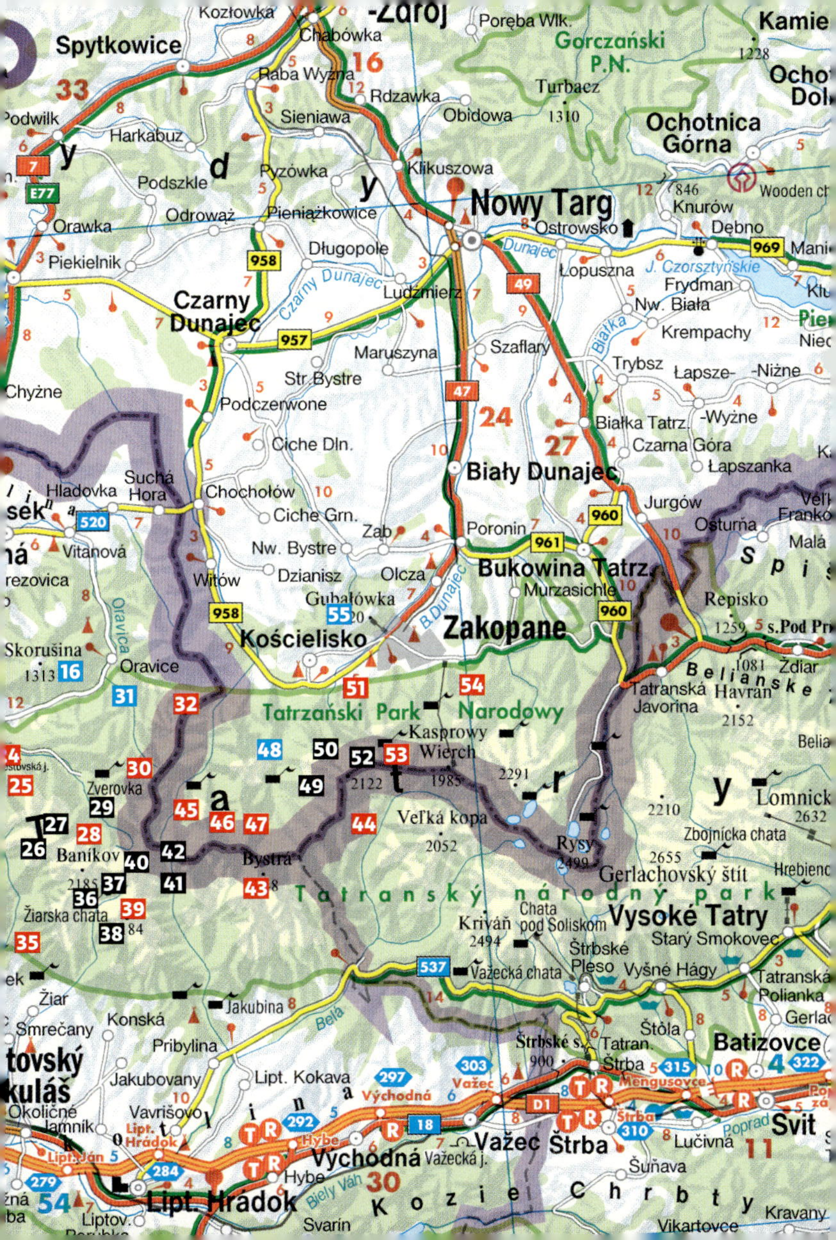

Spytkowice
Chabówka
Rdzawka
Obidowa
Poręba Wlk.
Gorczański P.N.
Turbacz
Ochotnica Górna
Kozłowka
Raba Wyżna
Sieniawa
Klikuszowa
Podwilk
Harkabuz
Podszkle
Pyzówka
Nowy Targ
Knurów
Dębno
Wooden ch
Orawka
Odrowąż
Pieniążkowice
Ostrowsko
Piekielnik
Długopole
Dunajec
Łopuszna
J. Czorsztyńskie
Czarny Dunajec
Ludźmierz
Frydman
Nw. Biała
Krempachy
Maruszyna
Szaflary
Białka
Trybsz
Łapsze-Niżne
Chyżne
Str. Bystre
Podczerwone
Białka Tatrz.
-Wyżne
Czarna Góra
Ciche Dln.
Łapszanka
Biały Dunajec
Suchá Hora
Hladovka
Chochołów
Ciche Grn.
Jurgów
Vitanová
Zab
Poronin
Osturňa
Nw. Bystre
Dzianisz
Olcza
Bukowina Tatrz.
Murzasichle
Witów
Gubałówka
Repisko
Oravica
Skorušina
Kościelisko
Zakopane
Oravice
Ždiar
Belianske
Tatranská Javorina
Havran
Tatrzański Park Narodowy
Kasprowy Wierch
Zverovka
Veľká kopa
Rysy
Lomnick
Zbojnícka chata
Baníkov
Bystrá
Gerlachovský štít
Žiarska chata
Tatranský národný park
Kriváň
Chata pod Soliskom
Vysoké Tatry
Starý Smokovec
Štrbské Pleso
Vyšné Hágy
Važecká chata
Tatranská Polianka
Žiar
Jakubina
Konská
Smrečany
Štôla
Pribylina
Štrbské s.
Tatran.
Batizovce
Jakubovany
Lipt. Kokava
Štrba
Mengusovce
Važec
Východná
Okoličné
Vavrišovo
Jamník
Lipt. Hrádok
Hybe
Važecká j.
Svit
Lučivná
Lipt. Ján
Šuňava
Kozie Chrbty
Biely Váh
Liptov.
Svarín
Vikartovce
Kravany

TOP-TOUREN DER WESTLICHEN TATRA

Von Valaská Dubová auf den Veľký Choč, 1611 m

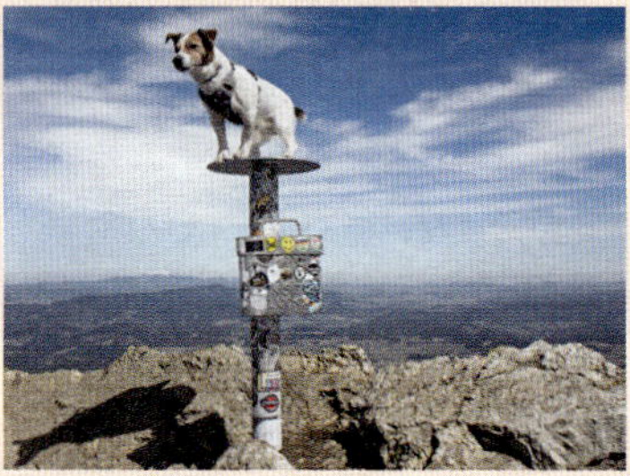

Für mich einer der schönsten Aussichtsberge der Slowakei mit fantastischem 360-Grad-Panorama *(Tour 3, 4.45 h).*

Liptovský hrad
Fantastischer Rundweg zur Höhenburg der Region Liptov mit grandioser Sicht auf die Niedere Tatra *(Tour 6, 2.45 h).*

Prosiecka dolina und Kvačianska dolina
Abwechslungs- und kontrastreiche Wanderung durch zwei Täler. Eine alte Mühle lädt zur Besichtigung ein *(Tour 8, 5.45 h).*

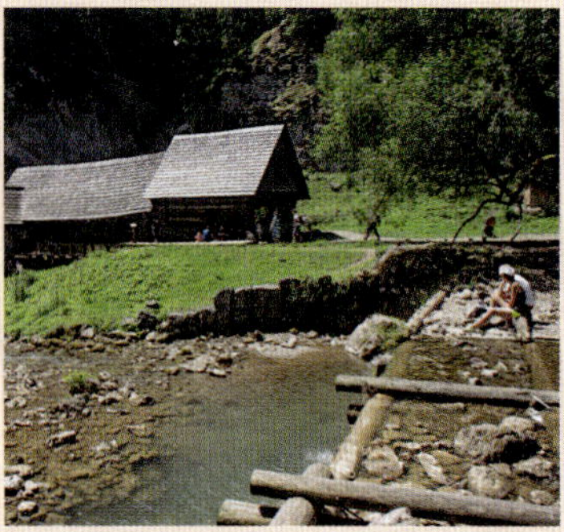

Über Slaná voda auf die Babia hora, 1725 m
Eindrucksvolle Wanderung auf die Königin der Beskiden, die wegen der Aussichten in Erinnerung bleiben wird *(Tour 21, 8.30 h).*

Großer Rundweg von Zverovka auf den Baníkov, 2178 m

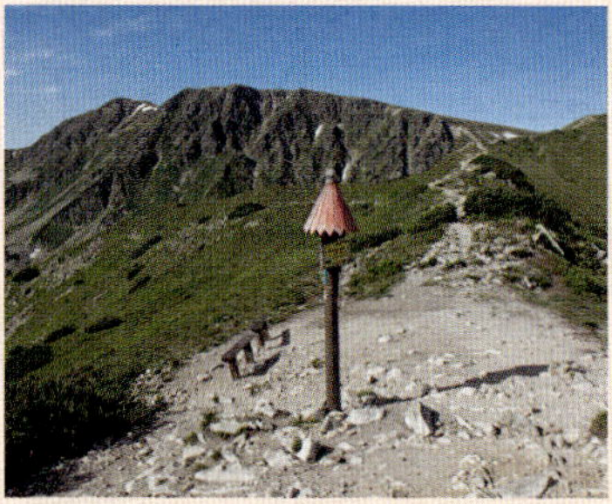

Anspruchsvolle Wanderung über den wilden Hauptkamm, der zu den Höhepunkten der Westlichen Tatra zählt *(Tour 26, 12.15 h).*

Traumhafte Seenrunde

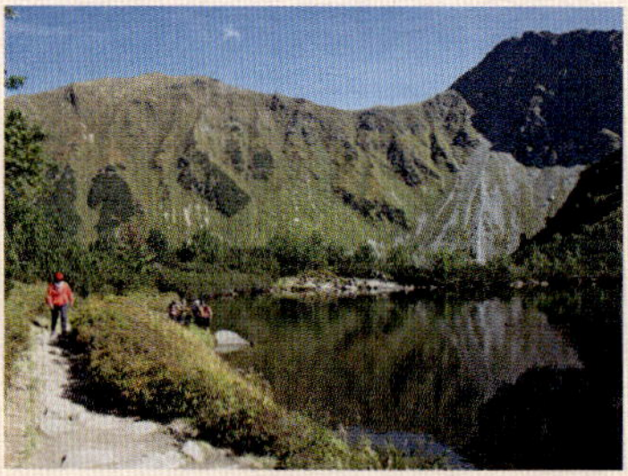

Eine der schönsten Wanderungen auf der slowakischen Seite der Westlichen Tatra, romantische Bergseen unter Traumkulisse *(Tour 28, 5.30 h).*

Von der Chata Zverovka auf den Ostrý Roháč, 2088 m

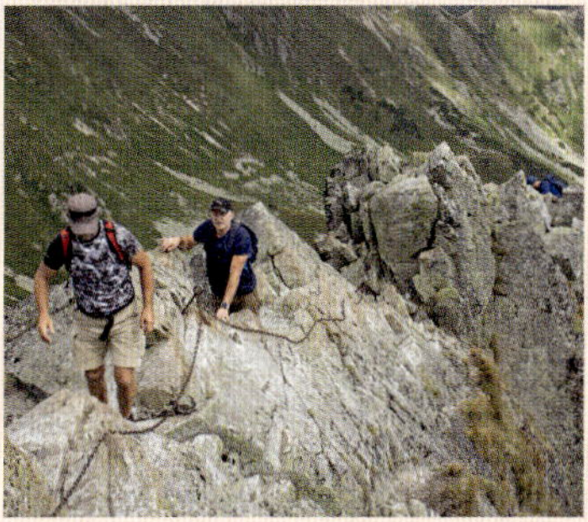

Der Ostrý Roháč ist der König der Westlichen Tatra, ein mit Ketten versicherter Steig und die Blicke auf die Umgebung sind ein Hochgenuss *(Tour 29, 10.00 h).*

Über die »Roten Berge« zum Giewont, 1894 m

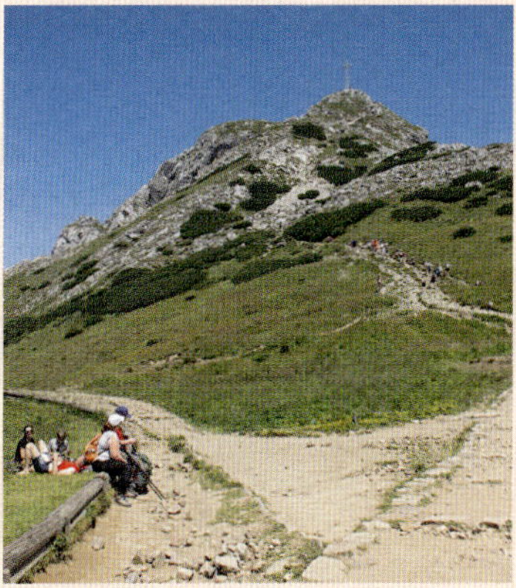

Anspruchsvolle Wanderung über mehrere Kuppen und den Hausberg von Zakopane – die Ausblicke werden unvergessen bleiben! *(Tour 49, 9.45 h).*

Über den Giewont, 1894 m, und Kasprowy Wierch, 1987 m

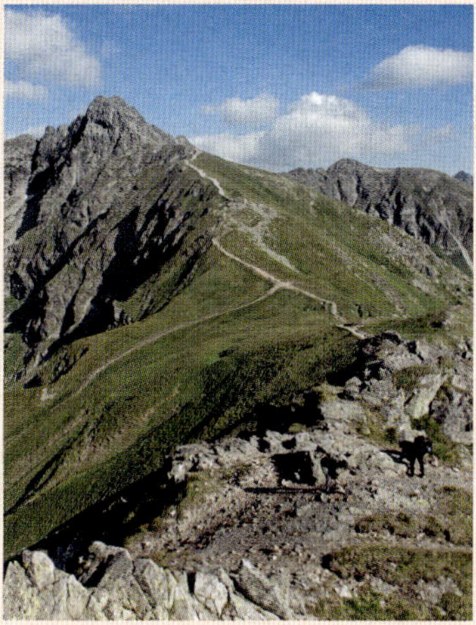

Attraktive Runde über Gipfel und Grate, die ein fantastisches Bergpanorama garantieren *(Tour 52, 8.30 h).*

Von Kuźnice über den Liliensattel zum Kasprowy Wierch, 1987 m
Lohnenswerter Rundweg über eine ehemalige Alm zum östlichsten Sattel der Westlichen Tatra – immer im Blick: die wilden Felsgipfel der Hohen Tatra *(Tour 54, 6.15 h).*

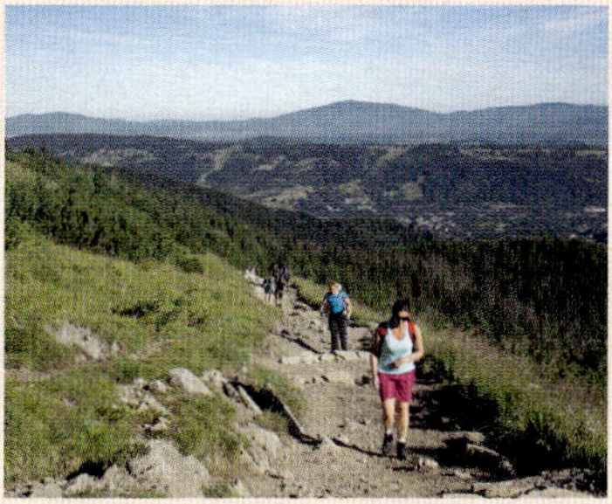

WICHTIGE HINWEISE FÜR UNTERWEGS

Alle Touren in diesem Wanderführer sind so ausgesucht und konzipiert, dass sie mit öffentlichen Verkehrsmitteln erreicht werden können. Lediglich bei den Wanderungen mit Ausgangspunkt an der Bobrovecká vápenica (Tour 34 bis 36) und im Úzka dolina (Tour 39 bis 42) ist die Bushaltestelle etwas weiter entfernt. Der Autor selbst hat für den Großteil aller beschriebenen Touren die öffentlichen Verkehrsmittel benutzt. Wer mit seinem eigenen Auto unterwegs ist, kann seine Wanderung natürlich individueller planen und ist zudem zeitunabhängig. In der Regel ist an jedem Startpunkt auch eine Parkmöglichkeit vorhanden.
Die in diesem Buch vorgestellten Wandergebiete sind in der Slowakei nur an den touristischen Sehenswürdigkeiten überlaufen. Abseits davon ist man meist völlig alleine unterwegs und wird im Laufe des Tages niemandem begegnen. Die Touren auf polnischem Gebiet sind in der Regel sehr gut besucht und vor allem in den Sommermonaten extrem überlaufen. Manchmal braucht es Geduld, um den Besucheransturm zu verkraften.

Anforderungen

Die meisten Touren dieses Wanderführers verlaufen auf markierten Wegen und Pfaden. Diese sind in der Regel gut begehbar. Der Großteil der vorgestellten Wanderungen ist mittelschwer und erfordert ein gewisses Maß an Trittsicherheit, in einigen Bereichen etwas Orientierungssinn sowie eine gute Grundkondition. Vor allem bei der Besteigung der hohen Gipfel ist in

Ehemalige Almhütten an der Niżnia Kominiarska Polana.

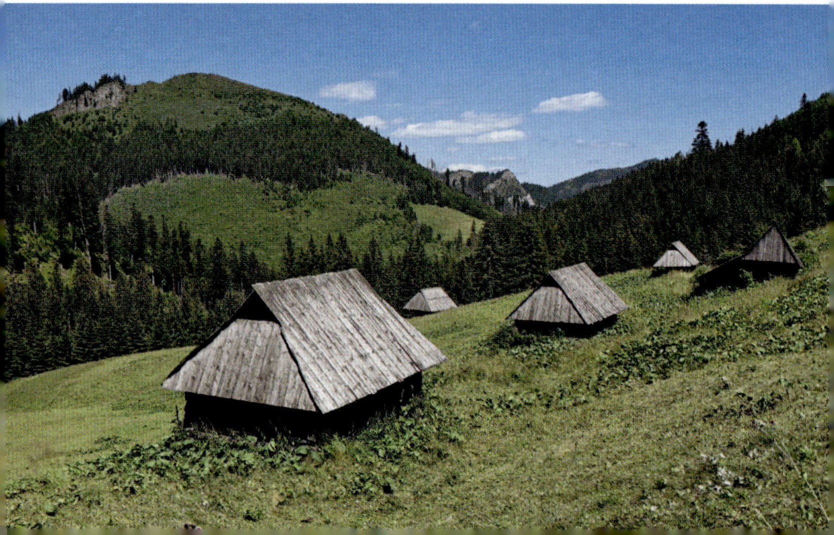

den meisten Fällen ein Höhenunterschied von mehr als 1000 Höhenmetern zu absolvieren. Insbesondere in den Hochgebirgsregionen sind die Pfade und Steige in einigen Abschnitten sehr steil und stellenweise ausgesetzt. Zur besseren Einschätzung sind die Touren in drei Schwierigkeitskategorien eingeteilt, die durch die Farben Blau, Rot und Schwarz gekennzeichnet sind. Diese erklären sich wie folgt:

SCHWIERIGKEITSKATEGORIEN

■ = Leicht

Einfache Wanderungen oder Spaziergänge, die meist auch für Kinder geeignet sind. Sie führen über Asphaltstraßen, breite Forstwege oder auch über Pfade, die aber nur in Einzelfällen steil sind.

■ = Mittel

Die Wanderungen sind zum Teil sehr lang und erfordern Ausdauer und Kondition. Oftmals ist man auf schmalen Pfaden unterwegs, die in Einzelfällen Trittsicherheit voraussetzen. Die Anstiege betragen bei einigen Touren deutlich über 1000 Höhenmeter. Obwohl fast alle Wege und Pfade markiert sind, ist an einigen Orten – z. B. bei der Querung von Wiesen – etwas Orientierungssinn gefragt. Nur in Einzelfällen gibt es kurze Hilfsmittel (z. B. Eisenleitern oder Kettensicherungen zum Festhalten).

■ = Schwierig

Diese Touren sind erfahrenen Bergwanderern vorbehalten. Oftmals handelt es sich um ausgesetzte und sehr steile Pfade, die ab und an auch durch Absturzgelände führen. Da ist es mehr als logisch, dass Trittsicherheit und Schwindelfreiheit unabdingbare Voraussetzungen sind. Die Steige sind teilweise mit Hilfsmitteln wie Kettensicherungen, Eisentritten, Leitern und mehr versichert. Neben ausgezeichneter Kondition ist eine angemessene Ausrüstung erforderlich, insbesondere hohe Bergschuhe. Bei diesen Touren ist oft auch ein gewaltiger Höhenunterschied zu bewältigen.

Gehzeiten

Die in diesem Wanderführer angegebenen Gehzeiten sind lediglich Richtwerte und keinesfalls für jeden verbindlich. Wanderer mit durchschnittlicher Kondition sollten bei einem mittleren Tempo von etwa 3 bis 4 km pro Stunde in der Ebene sowie 300 bis 400 Höhenmeter im Aufstieg und um die 500 Höhenmeter im Abstieg jedoch in der Lage sein, die Zeiten einzuhalten. Die Wegzeiten auf den Hinweisschildern vor Ort sind in der Regel richtig – manchmal passt es aber auch überhaupt nicht. Ich bin alle vorgestellten Touren persönlich abgelaufen. Alle Zeiten wurden notiert und dann in Verbindung mit Kartenmaterial, Wegweisern und den Gegebenheiten vor Ort geprüft und abgewogen. So wurden letztlich die Zeitangaben in

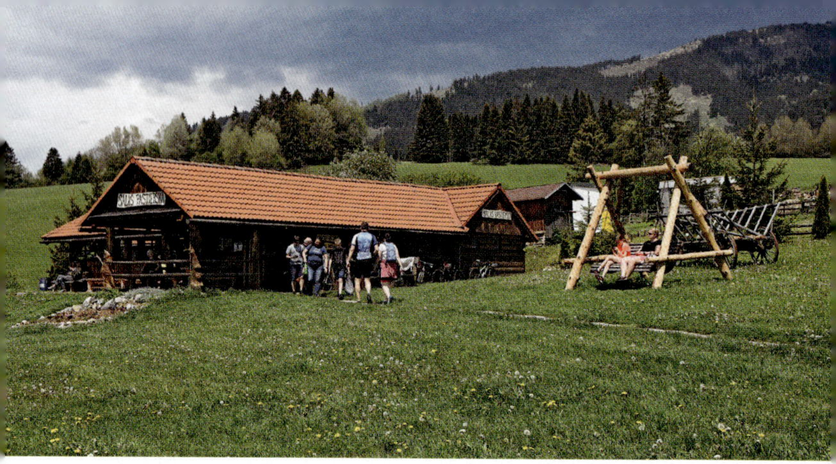

Im Salaš Pastierska werden frische Käsespezialitäten angeboten (Tour 33).

diesem Buch festgelegt. Dabei handelt es sich um reine Gehzeiten, Pausen für Rast oder zum Fotografieren sind nicht berücksichtigt. Wer fit ist, kann wesentlich schneller unterwegs sein. Eher langsame Wanderer und Genießer sollten lieber noch einmal eine Stunde mehr einplanen. Auch Gruppen benötigen in der Regel mehr Zeit als allein Wandernde.

Ausrüstung

Alle als mittel und schwierig eingestuften Wanderungen sollten nur mit knöchelhohen Bergschuhen mit griffiger Sohle gegangen werden. Bei einfachen Touren können auch Halbschuhe getragen werden.

GPS-TRACKS UND KOORDINATEN DER AUSGANGSPUNKTE

Auf **gps.rother.de** stehen zu diesem Wanderführer GPS-Tracks und die Koordinaten der Ausgangspunkte zum kostenlosen Download bereit. Dieser QR-Code führt direkt zum Download. 1. Auflage, Passwort: **463401kfp**
Die GPS-Tracks können in die **Rother App** importiert werden. In der App kann man unterwegs stets sehen, wo man gerade ist und wo es langgeht. **Anleitungen dazu: rother.de/gps**
Trotz sorgfältiger Prüfung können wir Fehler und zwischenzeitliche Veränderungen nicht ausschließen. Verlassen Sie sich für die Orientierung niemals einzig und allein auf die GPS-Daten, sondern beurteilen Sie die Verhältnisse vor Ort.

SYMBOLE

	Symbole im Tourenkopf		Bahnhof
	mit Bahn/Bus erreichbar	†	Gipfel
	Einkehrmöglichkeit		Kirche, Kapelle
	für Kinder geeignet		Burg, Schloss, Ruine
	Symbole im Höhenprofil		Aussichtsturm
	Ort mit Einkehrmöglichkeit		Aussichtsplatz
	Einkehrmöglichkeit, Berghütte	)(	Joch, Passübergang
	Unterkunft		Höhle
	Unbewirtschaftete Hütte		Wassermühle
P	Parkplatz		Quelle
	Bushaltestelle		Wasserfall

Bezüglich der Kleidung sollte jeder das tragen, was ihm persönlich am bequemsten erscheint. Auf jeden Fall gehört aber Regenschutz (Jacke und Hose) in das Gepäck, denn nicht selten kommt es über den Tag zu Schauern und Gewittern. In den Hochgebirgsregionen ist es auch vorteilhaft, eine windundurchlässige Jacke mitzuführen.
Wer im Winter oder im Herbst nach einem vorangegangenen Kälteeinbruch unterwegs ist, muss bedenken, dass einige Abschnitte vereist sein können und daher Steigeisen oder Grödeln mitzuführen sind.
In den Rucksack gehört auf jeden Fall ein Erste-Hilfe-Set. Bei langen Touren ist ein Biwaksack sinnvoll; im Notfall kann dieser auch für die Bergrettung einer verletzten Person genutzt werden. Eine Stirnlampe sollte immer im Gepäck sein, denn insbesondere an den noch oder bereits recht kurzen Tagen im Frühjahr und Herbst werden unter Umständen die Hütte oder der Ausgangsort erst in der Dunkelheit erreicht.
Auf jeder Tour sollte eine Trinkflasche dabei sein, die über ausreichend Volumen verfügt. Quellen können unterwegs überall problemlos genutzt werden. Es gilt aber zu bedenken, dass es in den Kammlagen keine Möglichkeit zum Nachfüllen gibt. Außerdem ist auch ausreichend Verpflegung mitzuführen, wenn auf der Wanderung keine Einkehrmöglichkeit besteht.

Beste Reisezeit

Die Gebiete **Chočské vrchy**, **Orava** und der **polnische Teil** der **Westlichen Tatra** laden grundsätzlich zu jeder Jahreszeit mit ihrem jeweils besonderen Charakter zum Wandern ein. Auf dem **slowakischen Gebiet** der **Westlichen Tatra** sind aus naturschutzrechtlichen Gründen die meisten Wanderwege mit Ausnahme der Tour 38 nur zwischen dem 15. Juni und 31. Oktober eines jeden Jahres geöffnet. Darauf wird bei jeder Tour hingewiesen.

Der Umwelt zuliebe …

Auch beim Wandern hinterlassen wir einen ökologischen Fußabdruck, aber im Einklang mit der Natur unterwegs zu sein, ist gar nicht so schwer!

VORBEREITUNG UND ANFAHRT

- Sich vorab informieren, worauf in Bezug auf Natur und Umwelt in der jeweiligen Wanderregion besonders zu achten ist.
- Soweit möglich mit Bahn und Bus anreisen, Wander- und Rufbusse nutzen.
- Ist eine Anfahrt mit dem Auto nötig, Fahrgemeinschaften bilden.
- Bei weiten Anfahrten Mehrtagestouren planen oder von einem Quartier vor Ort aus mehrere Touren absolvieren.
- Flugreisen möglichst reduzieren und durch Beiträge zu Klimaschutzprojekten kompensieren.

KLEIDUNG UND AUSRÜSTUNG

- Beim Kauf von Outdoor-Kleidung auf umweltfreundliche und faire Herstellung achten und Kleidungsstücke möglichst viele Jahre nutzen.
- Ausrüstung kann man eventuell auch gebraucht kaufen oder ausleihen.
- Reparieren statt neu kaufen.

VERPFLEGUNG

- Beim Einkauf Bio-Ware, regionale und saisonale Erzeugnisse bevorzugen.
- Hütten und Gasthäuser auswählen, die regionale Produkte verwenden.
- Auf Einwegflaschen und Plastikverpackungen verzichten, stattdessen wiederverwendbare Trinkflaschen und Brotzeitboxen benutzen.

ÜBERNACHTUNG

- Bei lokalen Anbietern buchen, damit Menschen vor Ort profitieren.
- Auf Hütten und in anderen Unterkünften Strom und Wasser sparen.

UNTERWEGS

- Wege benutzen und Abkürzer vermeiden.
- Sperrungen von Wegen und Schutzgebieten respektieren.
- Keine Blumen pflücken und keine Pflanzen entnehmen.
- Waldbrandgefahr beachten.
- Müll wieder mit nach Hause nehmen und dort entsorgen.
- Toilettengänge in freier Natur möglichst vermeiden.
- Lärm vermeiden.
- Hunde an die Leine nehmen.

ROTHER
BERGVERLAG

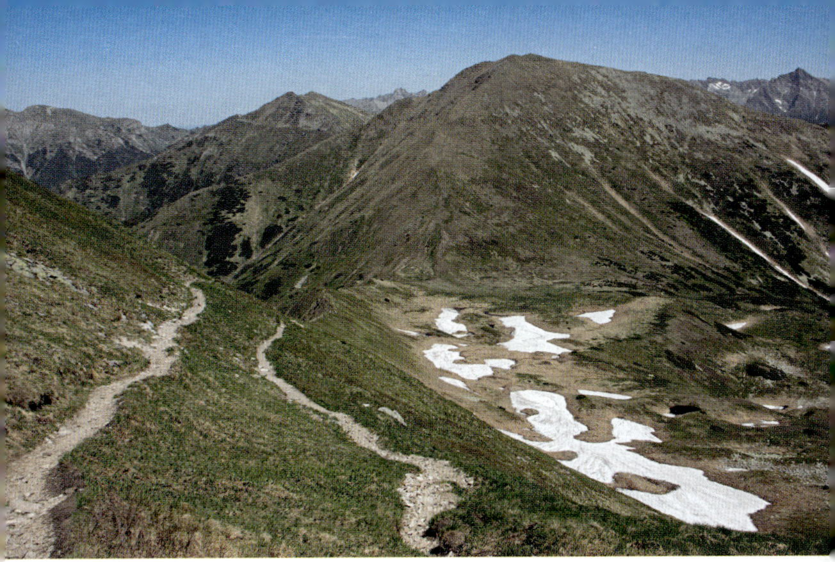

Grenzpfade unterhalb der Veľká Kamenistá.

In den Monaten von Mai bis August bilden sich in allen Gebieten häufig bereits am frühen Vormittag Gewitter aus. Trotzdem ziehen in diesem Zeitraum auch immer wieder stabile Hochdruckgebiete auf und sorgen für Schönwetter.

Der Herbst ist sicher die beste Jahreszeit für Wanderungen. Obwohl die Tage bereits wieder deutlich kürzer werden, liegen oftmals kräftige Hochs über der Slowakei, die für beständiges Wetter sorgen. Im Tal hält sich meist dichter Nebel und über der Wolkendecke genießen die Wanderer spätsommerliche Wärme sowie eine fantastische Fernsicht.

Meine persönlichen Beobachtungen haben ergeben, dass sich in der Westlichen Tatra häufig bereits in den frühen Morgenstunden die ersten Wolken bilden. In seltenen Fällen lösen sich diese schnell wieder auf. Meistens jedoch beginnen sie sich auszubreiten und zwischen 8 und 9 Uhr ziehen sie bereits um die Gipfel des Hauptkamms oder bedecken diese. Mein persönlicher Ratschlag bei allen Touren im Bereich des Hauptkamms der Westlichen Tatra ist, die Wettervorhersage aufmerksam zu verfolgen und möglichst frühzeitig aufzubrechen.

Tourenplanung und -vorbereitung

Jede Aktivität im Gebirge verlangt eine sorgfältige Vorbereitung. Bereits im Vorfeld eines Wanderurlaubs sollte man sich die notwendige Fitness aneignen. Die Ausrüstung ist zu überprüfen: Ist die Regenkleidung noch dicht? Sind die Bergstiefel noch funktionsfähig oder beginnt sich die Sohle bereits abzulösen? Fehlt noch ein notwendiger Ausrüstungsgegenstand, den man besser vorab besorgt? Wer dies alles berücksichtigt, kann später im Urlaub eine Menge kostbarer Zeit einsparen und die Wandererlebnisse in vollem Umfang genießen.

Vor einer Tour sollten Wanderer auch ehrlich zu sich selbst sein und sich die folgenden Fragen stellen: Bin ich körperlich in der Lage, die ausgesuchte Strecke zu gehen? Habe ich die notwendige Erfahrung für die genannten Anforderungen? Eine Vielzahl von Bergrettungseinsätzen sind heutzutage auf Blockaden zurückzuführen – d. h., dass die Wanderer sich in schwierigem Gelände weder nach vorne noch zurück trauen und von der Bergwacht gerettet werden müssen. Selbstüberschätzung kann auch Bergretter in Gefahr bringen.

Gefahren

Bevor man zu einer Wanderung aufbricht, sollte ein Blick auf die Wetterkarte erfolgen. Speziell bei den sehr langen Touren empfehlen sich ein früher Start und trockenes Wetter. Einige Routen führen über sehr steile und zum Teil erdige Pfade. Dort ist es von Vorteil, wenn es bereits zwei oder drei Tage nicht mehr geregnet hat. Besonders in den Sommermonaten bilden sich immer wieder Wärmegewitter. Ein Blick auf die Wolken kann Aufschluss auf die Wetterentwicklung der nächsten Stunden geben.

Auch wenn Gewitter innerhalb kurzer Zeit entstehen können, so zeigen oft bereits am sommerlichen Morgenhimmel Federwolkenformationen an, dass im Tagesverlauf eine hohe Gewitterwahrscheinlichkeit besteht. Wetterseiten im Internet wie shmu.sk (auch auf Englisch) oder wetteronline.de haben verlässliche Wettervorhersagen und bieten auch Radarbilder mit aktuellem Wettergeschehen an. Bei Touren im Herbst muss bedacht werden, dass die Tage bereits wieder deutlich kürzer werden. Auch aufgrund der geografischen Lage wird es in der Westlichen Tatra bis zu etwa 45 Minuten früher hell und dunkel als beispielsweise in Deutschland.

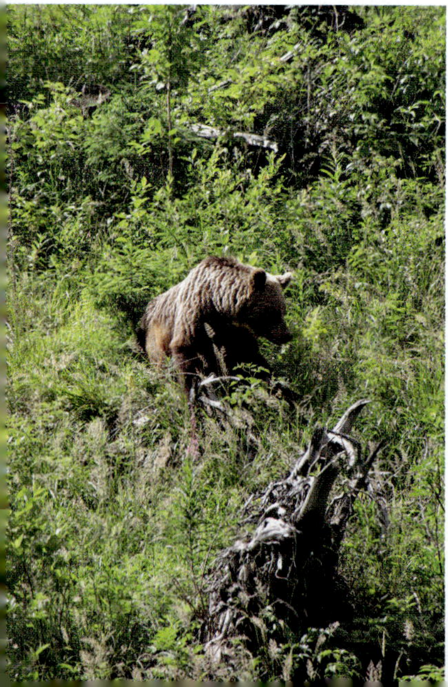

Braunbär in der Westlichen Tatra.

In allen in diesem Wanderführer beschriebenen Gebieten kommt es in den letzten Jahren immer häufiger zu Bärensichtungen. Ich selbst bin schon seit 1995 regelmäßig in der gesamten Slowakei unterwegs, habe aber im Rahmen der Erstellung des Führers jetzt auch erst zwei Mal Bären sehen dürfen. In der Nähe der Ortschaft Zuberec hatte sich eine Bärenmutter etwa 20 m vor mir aufgerichtet und ihr Kind sprang aufgeregt hin und her. Hier war es wichtig, ruhig stehenzubleiben und nicht in Panik zu geraten. Nach einer Sondierung der Lage verzogen sich die beiden langsam in den Wald und ich konnte die Stelle problemlos passieren.
In Polen war es eher ein touristisches Spektakel, als zwei Bärenmütter und ihre Kinder in einem nachwachsenden Hang durch einen Bach und reichlicher Entfernung von den Menschen getrennt umherstreiften. Mit sehr großer Wahrscheinlichkeit werden alle Wanderer aber auf die großen Hinterlassenschaften der Bären treffen, die nicht selten mitten auf dem Wanderweg liegen.

Vorsichtsmaßnahmen bei der Begegnung mit Bären

- Bären mögen keinen Lärm (wer in der Gruppe unterwegs ist und sich unterhält, wird dem Tier mit hoher Wahrscheinlichkeit nicht begegnen). Wer allein geht, kann singen, sprechen oder sonstige Geräusche von sich geben. Viele Einheimische wandern mit einem kleinen Glöckchen, um der Gefahr einer Begegnung aus dem Weg zu gehen.
- Ruhe bewahren, wenn tatsächlich ein Bär auftaucht. Stehen bleiben und sich nicht bewegen heißt die Devise. Abwarten und keine unüberlegten Dinge tun. Sich nicht für bessere Fotos unnötig in Gefahr begeben. Im Normalfall denkt der Bär dasselbe wie der Mensch und sondiert, was er jetzt tun muss. Sich auf keinen Fall Bärenkindern nähern! Die Mutter ist in unmittelbarer Nähe und wird ihre Kleinen verteidigen. Eventuell an einen langsamen und geordneten Rückzug ohne viel Aufsehen denken. Nicht in Panik geraten!
- Keiner frischen Bärenspur folgen! Hunde unbedingt an der Leine führen.
- Bedrohen Sie das Tier nicht! Schreien oder Steine werfen können das Tier aggressiv machen. Richtet sich der Bär auf, ist das keine Drohgebärde, sondern er versucht nur, die Nase hoch in den Himmel zu stecken, um die Situation besser überblicken zu können. Bären können nämlich sehr gut riechen und gehen Menschen im Normalfall bereits vor einer möglichen Begegnung aus dem Weg.

Wölfe

Besonders bei Winterwanderungen ist eine Vielzahl von Fährten zu sehen. In allen Wandergebieten sind Wolfsspuren an der Tagesordnung. Der Wolf ist für den Menschen völlig ungefährlich und wäre im Normalfall nur bei Nachtwanderungen anzutreffen. Auch er meidet in der Regel Begegnungen mit Menschen.

Allgemeine Verhaltensregeln für Touren im Gebirge

Wer die elf hier vorgestellten Ratschläge zum Wandern im Gebirge beherzigt, wird mit Sicherheit viel Freude an den Touren haben:

WANDERN IM GEBIRGE

- Bereits vor der Fahrt in die Berge sollte man über eine gewisse Fitness verfügen und schon zu Hause zumindest ein paar Eingehtouren absolviert haben.
- Jede Tour sollte sorgfältig geplant sein: Wie fit bin ich? Wie wird das Wetter? Habe ich die notwendigen Materialien und Ausrüstungsgegenstände dabei? Gute Verpflegung vor und während der Wanderung ist notwendig! In der Unterkunft mitteilen, wo gewandert wird.
- Langsam beginnen! Ausreichend rasten! Alle 2 Stunden sollten 10 Minuten Pause eingeplant werden. Sich selbst und vor allem Kinder nicht überfordern. Besonders beim Wandern mit Kindern steht das Erleben im Vordergrund. Nur wenn ein Kind beim Wandern Spaß hat, wird es wieder mitgehen wollen.
- Eine Gruppe ist immer langsamer unterwegs und benötigt mehr Zeit als angegeben. Im Zweifel lieber umkehren, wenn eine Person nicht mehr über die nötigen Kraftreserven verfügt.
- Genügend trinken und dafür sorgen, dass ausreichend Flüssigkeit mitgeführt wird. Quellen am Wegesrand zum Nachfüllen nutzen. Achtung: Durch Wetter- und Umwelteinflüsse können Quellen unter Umständen kein Wasser führen!
- Akklimatisieren – auch bei Höhenlagen von nur selten über 2000 m sollte man sich nicht gleich am ersten Tag zu viel zumuten. In der Regel steckt einem eine anstrengende Anfahrt in den Knochen. Eine kleine Wanderung bietet die Möglichkeit, sich an das Klima zu gewöhnen.
- Wettergefahren nicht unterschätzen! Gewitter und Nebel sind sehr gefährlich. Bei instabiler Wetterlage lieber auf lange Touren verzichten.
- Auf dem Weg bleiben! Wenn man sich verlaufen hat, sollte zum letzten bekannten Ort zurückgekehrt werden. Standort mit Karte und eventuell GPS abgleichen.
- Wegsperrungen respektieren! Auf dem slowakischen Gebiet der Westlichen Tatra dürfen aus Naturschutzgründen die meisten Wanderwege mit Ausnahme der Tour 38 nur vom 15. Juni bis 31. Oktober begangen werden.
- Auf jeden Fall ein Erste-Hilfe-Set mitführen. Bei langen Touren ist auch ein Biwaksack für den Notfall äußerst sinnvoll. Eine Stirnlampe sollte immer im Gepäck sein. Besonders im Herbst, wenn sich die Tage verkürzen und die Hütte oder der Zielort nicht mehr rechtzeitig erreicht werden kann, ist es sehr hilfreich, ein Licht dabei zu haben.
- Kein Gipfelsieg um jeden Preis! Vernünftige Bergwanderer brechen die Tour ab, wenn die Bedingungen (Fitness, Wetter, etc.) nicht stimmen! Wer in den kühleren Jahreszeiten oder nach einem Kälteeinbruch unterwegs ist, sollte damit rechnen, dass es vereiste Wegabschnitte gibt, die ohne Steigeisen oder Grödeln unpassierbar sind. Vor allem bei extremen Bedingungen sollte man keine Tour »über das Knie brechen«.

Markierung und Orientierung

Die meisten der hier vorgestellten Wanderungen sind mit Farbmarkierungen (zwei weiße Balken zwischen einem farbigen Balken; bei Lehrpfaden

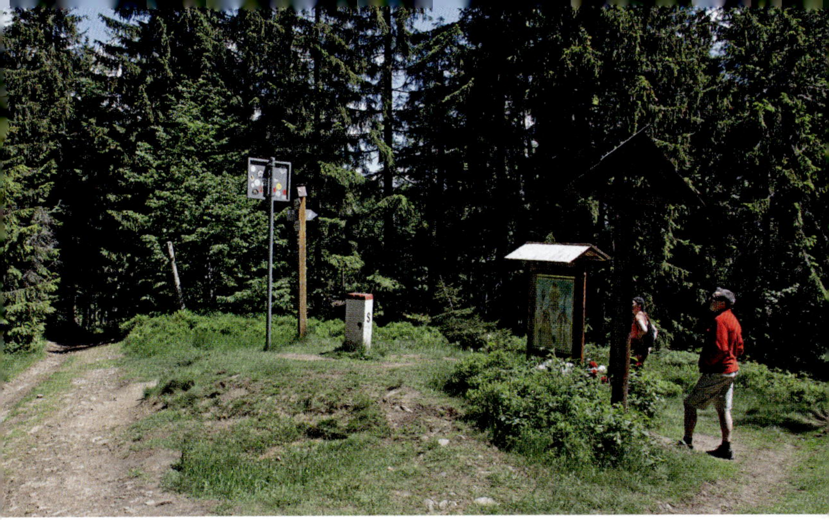

Am nördlichsten Punkt der Slowakei (Tour 19, 2. Etappe).

ein schräger grüner Balken auf weißem Grund) gekennzeichnet, auf die in den Wegbeschreibungen hingewiesen wird. Trotzdem kommt es immer wieder vor, dass ein Baum mit Markierung umfällt und so die Orientierung etwas erschwert ist. Auch durch Forstarbeiten oder Natureinflüsse können sich ein Gebiet oder ein Weg innerhalb kurzer Zeit völlig verändern. Jeder, der Änderungen am Weg feststellt, ist herzlich dazu eingeladen, dies dem Verlag mitzuteilen.

Auf dem slowakischen Gebiet der Westlichen Tatra sind aus naturschutzrechtlichen Gründen die meisten Wanderwege mit Ausnahme der Tour 38 nur vom 15. Juni bis 31. Oktober geöffnet. Darauf wird bei jeder Tour hingewiesen. Vor Ort ist jeweils ein gut sichtbares Verbotsschild vorhanden.

Diese Wegsperrungen sind sinnvoll, da sich die Schneedecke anders als in den Alpen oft bis weit in den Mai hinein hält und die alpinen Steige vor diesem Datum meist noch überhaupt nicht begehbar sind. Außerdem kommt es in den steilen Tallagen immer wieder bis in den späten Frühling hinein zu gewaltigen Lawinenabgängen.

Für jede Tour in diesem Buch gibt es ein kleines Wanderkärtchen, das einen Überblick über den Verlauf der Route und die Wegpunkte des GPS-Tracks ermöglicht.

Alle Gebiete werden mit Kartenblättern (z. B. von SHOCart, siehe S. 20) im Maßstab 1:50.000 vollständig abgedeckt. In allen Karten sind die markierten Wanderwege mit ihrer dazugehörigen Farbe eingezeichnet. Für Planungen am Computer bieten sich auch kostenlose Online-Karten (z. B. mapy.cz oder freemap.sk) an.

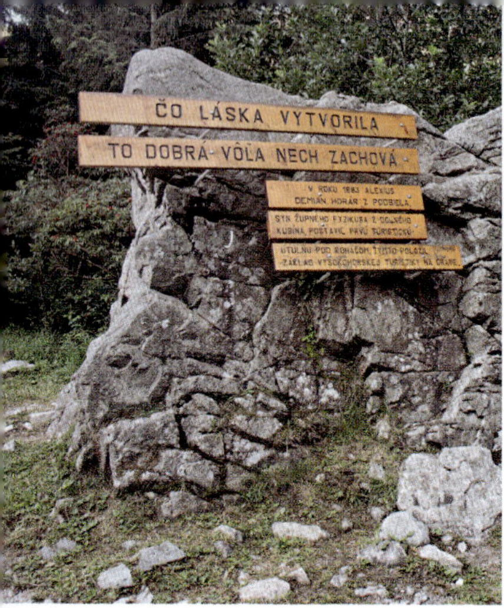

Gedenkstein im Roháčska dolina (Tour 25 bis 30)

Zu allen Touren gibt es GPS-Daten (vgl. Kasten Seite 12). Der Satellitenempfang ist in weiten Teilen der Gebirge sehr genau. Lediglich in engen Schluchten oder Tälern mit hoch aufragenden Felswänden ist es möglich, dass das GPS-Signal nur eingeschränkt funktioniert und es zu ein paar Metern Differenz zwischen tatsächlichem Weg und GPS-Aufzeichnung kommt. In den tiefen Tälern ist der Streckenverlauf aber durch Markierungen oder gut sichtbare Pfade klar vorgegeben, sodass man sich nicht verlaufen kann.

Jeder Wegpunkt besitzt eine feste Höhe, die in den meisten Fällen aus vorhandenem Kartenmaterial übernommen und abgeglichen wurde. Auch vor Ort ist auf den Wegweisern meist eine Höhenangabe vorhanden, die jedoch nicht immer mit der realen Höhe übereinstimmt. In solchen Fällen wird direkt darauf hingewiesen. Bei Schildern mit Angabe der Gipfelhöhe, die sich unterhalb des höchsten Punkts befinden, wurde die tatsächliche Höhe vor Ort angegeben.

Kartenmaterial

Gutes Kartenmaterial für das gesamte Gebiet wird von zwei Verlagen vertrieben. Am bekanntesten und vor allem auch im Ausland erhältlich sind (z. B. über die Internetseite von Freytag & Berndt: freytagberndt.com) die Karten des tschechischen Verlags SHOCart. Alle Karten haben den Maßstab 1:50.000. Für die Westliche Tatra gibt es auch ein Kartenblatt in 1:25.000. Folgende Kartenblätter sind für die jeweiligen Gebiete nötig:

- Chočské vrchy: SHOCart – Blatt 1095 Chočské vrchy.
- Orava: SHOCart – Blatt 1086 Oravská Magura und SHOCart – Blatt 1095 Chočské vrchy.
- Westliche Tatra: SHOCart – Blatt 1096 oder Blatt 702 Západné Tatry, für die östlichsten Touren des Gebiets SHOCart – Blatt 1097 Vysoké Tatra.

Schreibweisen

Die slowakische Sprache verfügt über eine Vielzahl von Sonderzeichen, die in unserer Sprache völlig unbekannt sind (siehe Kasten rechts oben). Das gleiche gilt auch für die polnische Sprache. Der Einfachheit halber werden in diesem Buch immer die lokalen Namen der Orte genutzt – so, wie die Be-

DIE WICHTIGSTEN AUSSPRACHEREGELN SLOWAKISCH

á, é, í, ó, ú, ý	langer Vokal	Ľ, ľ	weiches l
C, c	z	Ň, ň	nj
Č, č	tsch (wie in »Ru**tsch**e«)	ô	uo
		Š, š	sch (wie in »**Sch**ule«)
Ď, ď	dj	Ť, ť	weiches t
Ch, ch	ch (wie in »Ba**ch**«)	Ž, ž	sch (wie in »**J**ournal«)

DIE WICHTIGSTEN AUSSPRACHEREGELN POLNISCH

ą	Bonb**on**	dz	ds
ę	Cous**in**	ł	weiches w
ó	wie das »u« in Z**u**g	ń	weiches n (wie in »Champi**gn**on«)
ć, cz	tsch (wie in »Ru**tsch**e«	rz	rsch
ch	ch (wie in »Ba**ch**«)	ś, sz	sch (wie in »**Sch**ule»)
dź, dż, dzi	dsch (wie in »**Dsch**ungel«)	ź	ch (wie in »i**ch**«)
		ż	sch (wie in »**J**ournal«)

zeichnung auch in allen Wanderkarten und auf den Wegweisern angegeben ist. Bei den Ortsbezeichnungen (Berge und Sättel) wurde jeweils der slowakische Name verwendet und die polnische Schreibweise in Klammern gesetzt. Alle Städte und Gebiete besitzen darüber hinaus auch einen deutschen Namen. Da diese jedoch im Land nicht weiterhelfen und oft nicht geläufig sind, wird lediglich bei der Beschreibung der Gebiete darauf eingegangen. Bei allen Wanderungen findet sich nur die slowakische und/oder polnische Schreibweise. Einige wichtige slowakische und polnische Begriffe und Redewendungen sind auf den Seiten 288 und 289 erklärt.

Anreise und öffentliche Verkehrsmittel

Die Anreise in die Westliche Tatra kann mit eigenem Auto, Bus oder Bahn erfolgen. Wer mit dem Flugzeug anreisen möchte, muss nach Wien fliegen und ab dort mit Bus oder Bahn weiterfahren. Wer mit dem Auto kommt, fährt über Wien oder Prag in die Slowakei. Die Autobahn D1 führt von Bratislava über Žilina in unser Wandergebiet. Von Brno verläuft die Europastraße E50 über Uherské Hradiště nach Trenčín und über die Autobahn D1 weiter.
Wer aus Nord- oder Ostdeutschland anreist, kann auch über Polen fahren. Die Autobahn A4 leitet über Kattowitz nach Krakau. Je nach Zielort geht es danach über Landstraßen in den Süden. Eine Anreise mit dem Flugzeug nach Krakau ist nur sinnvoll, wenn Zakopane der Ausgangspunkt für Wanderungen ist. Es gibt momentan nur wenige Busverbindungen zwischen Polen und der Slowakei.
Die Ausgangspunkte der vorgestellten Wanderungen sind in der Regel auch mit dem Bus oder der Bahn zu erreichen. Die Fahrpreise sind sehr günstig und werden auf Grundlage der Entfernung berechnet. Wer ohne

eigenes Auto unterwegs ist, sucht sich die aktuellen Abfahrtszeiten der Busse und Bahnen am besten über diese Internetseite: busy.sk. Auch in deutscher Sprache steht dieses perfekte Portal zur Verfügung, das sogar über aktuelle Verspätungen der Züge informiert.

Verpflegung

Anders als beispielsweise in den Alpen findet man im slowakischen Teil der Westlichen Tatra entlang der Wanderungen nicht immer eine Einkehrmöglichkeit. Auf der polnischen Seite des Gebirges gibt es mehrere Hütten und man kann unterwegs einkehren oder Proviant kaufen, sodass die Rucksackverpflegung auf ein Minimum reduziert werden kann. An einigen Orten gibt es Buffets (Kiosk, Imbiss), wo Kleinigkeiten zum Essen und Trinken angeboten werden. Häufig begegnet man dem Begriff Salaš. Er bedeutet Schäferhütte, er kann aber auch für einen traditionellen Schafskäseverkauf oder ein Restaurant stehen.
Soweit es sinnvoll ist, sind auch alle nützlichen Quellen am Wegrand vermerkt. Dort kann man seine Getränkevorräte mit frischem Wasser kostenfrei auffüllen. Aufgrund von Umwelteinflüssen kann es aber passieren, dass eine Quelle im Sommer oder Herbst auch einmal kein Wasser mehr führt. Deshalb sollte man die Wasserflasche, wann immer es geht, nachfüllen – die nächste Quelle könnte ausgetrocknet sein.

Kinder

Im Wanderführer ist bei einigen Touren auch speziell das Symbol »Kinder« aufgeführt. Dabei handelt es um Wanderungen, die nicht allzu lang sind

Blick vom Sivý vrch in Richtung Norden zur Babia hora (Tour 22 und 34).

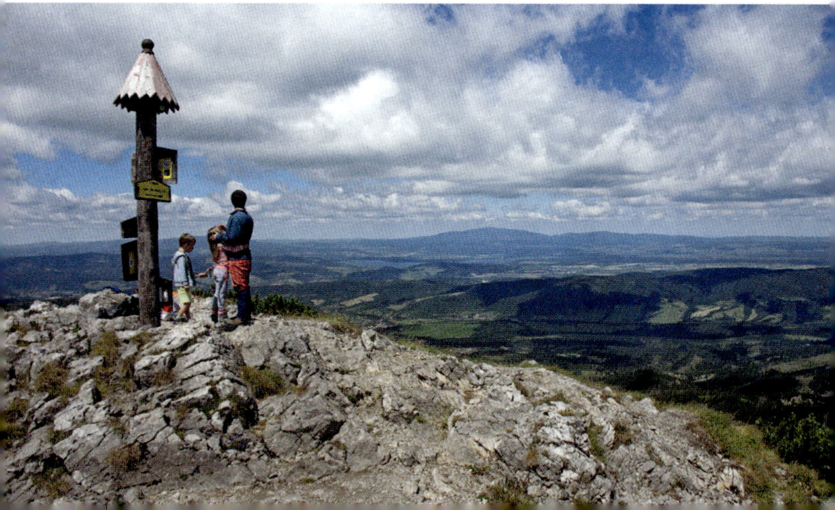

oder auch in gekürzter Form einen für Kinder spannenden Wegverlauf ohne großes Gefahrenpotenzial bieten. Kinder darf man beim Wandern auf keinen Fall überfordern.

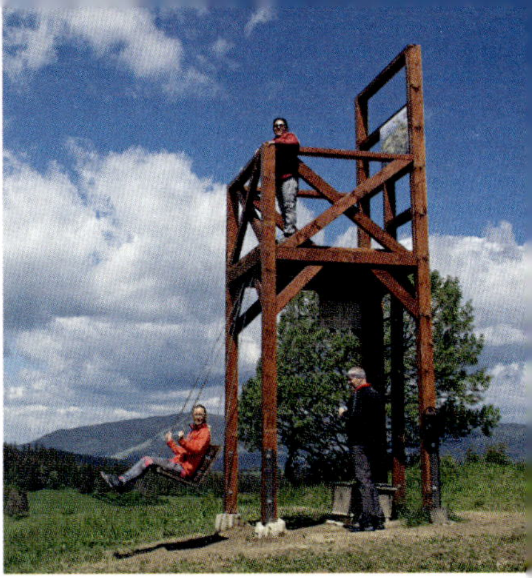

Der Bačov stolec bietet einen Schaukelspaß der besonderen Art.

Sicherheit

Die Slowakei und Polen sind grundsätzlich sehr sichere Reiseländer. Natürlich kann es auch hier vorkommen, dass ein Taschendiebstahl geschieht – vor allem in den ländlichen Regionen ist die Wahrscheinlichkeit jedoch sehr gering. Die Leute sind in der Regel sehr ehrlich, und so ist es auch nicht verwunderlich, dass ein im großen Supermarkt vergessenes Mobiltelefon an der Information abgegeben und nicht einfach für die eigenen Zwecke mitgenommen wird.
In Westeuropa hört man immer wieder, dass man sich vor »Zigeunern« in Acht nehmen soll. Besonders im Osten der Slowakei lebt tatsächlich eine Vielzahl von Roma, die hier seit vielen Jahren fest angesiedelt in Häusern wohnen. In den hier vorgestellten Gebieten sind sie seltener anzutreffen und wenn, dann meist in der Natur bei der Ausübung einer Hilfstätigkeit. Die Roma sind normalerweise überaus freundlich und neugierig gegenüber Wanderern. Oftmals versuchen sie, einen in ein Gespräch zu verwickeln. Negative Erlebnisse hatte ich zu keinem Zeitpunkt. Die uns fremde Kultur wird jedoch das eine oder andere Mal für eine Überraschung sorgen – so trocknen die Roma ihre Wäsche oft über dem Gartenzaun anstatt auf der Wäscheleine.

Geld

In der Slowakei wird mit Euro bezahlt. Polen verfügt mit dem polnischen Złoty (PLN) noch über eine eigene Währung. Der Wechselkurs unterliegt nur geringen Schwankungen; für einen Euro erhält man ungefähr 4,50 PLN. Geld kann in Wechselstuben, größeren Hotels oder Banken getauscht werden. Am einfachsten ist sicherlich das Abheben mit EC- oder Kreditkarten. Einige Banken lassen sich diesen Service jedoch mit einer zusätzlichen Gebühr bezahlen.
In beiden Ländern ist in den meisten Geschäften und Unterkünften Kartenzahlung möglich. Dies gilt in Polen auch an den Kassen des Nationalparks und den Berghütten. Auf den slowakischen Hütten sollte immer auch Bargeld mitgeführt werden.

Bei allem Komfort der Kartenzahlung sollte niemand vergessen, dass sie bei Verbindungsproblemen mit der Bank oder einem Internetausfall auch einmal nicht möglich sein kann.

Telefon und Internet

Die Landesvorwahl der Slowakei lautet +421, die von Polen +48. In beiden Ländern wird nach der internationalen Vorwahl die bei lokalen Rufnummern angebebene »0« weggelassen.

In der EU gilt, dass mit dem jeweils gültigen Tarifmodell auch in den Unionsländern telefoniert werden kann, ohne einen zusätzlichen Aufschlag zu bezahlen. Die Netzabdeckung in beiden Ländern ist hervorragend und auch in den Hochlagen des Gebirges funktioniert der Austausch von mobilen Daten in der Regel ausgezeichnet. Nur in steilen, abgelegenen Tallagen kommt es in Einzelfallen vor, dass kein Empfang besteht.

Telefonnummern und Internetseiten Slowakei

- Bergrettung: Telefon 18300 oder 112, hzs.sk
- Polizei: Notrufnummer 158
- Feuer/Unfallrettung: internationaler Notruf 112 oder Feuerwehr 150, Unfallrettung 155
- Slowakisches Wetteramt – Slovensky hydrometeorologicky ustav: shmu.sk (auch auf Englisch), gute Darstellungsform des Wetters für viele Orte in den vorgestellten Gebieten. Sehr detailliertes Regenradar
- Öffentlicher Personennahverkehr: busy.sk (auch auf Deutsch und Englisch), die perfekte Internetseite, wenn man mit Bus und Bahn zur Wanderung und auch wieder zurück fahren will

Die Travertinquellen von Bešeňová liegen direkt an der wichtigsten Bahnstrecke der Slowakei.

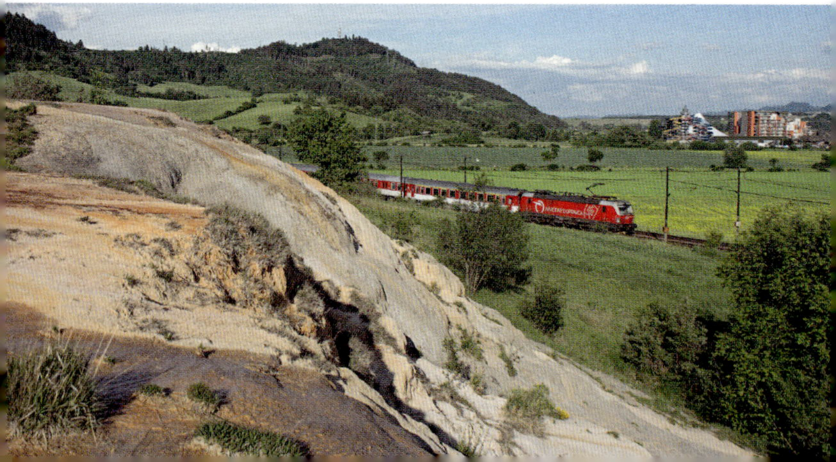

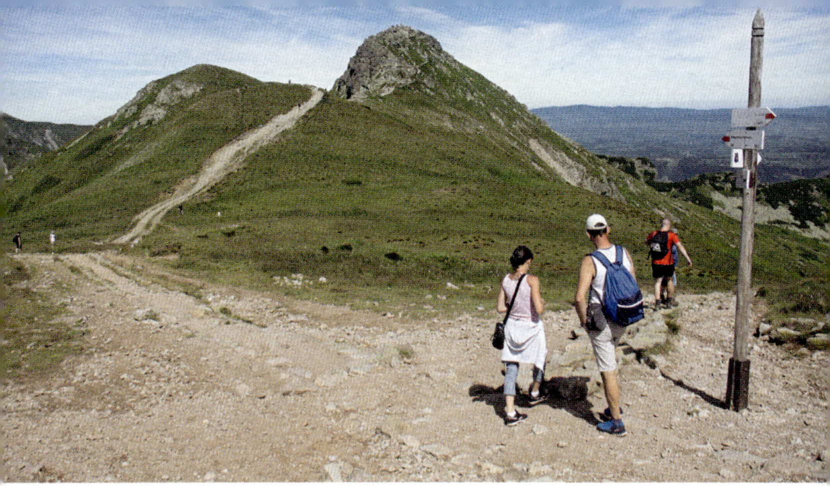

Am Liliensattel, dem östlichsten Punkt der Westlichen Tatra (Tour 54).

- Slowakei: slovakia.travel (auch auf Deutsch und Englisch), die Internetseite bietet eine Vielzahl von Inspirationen für den nächsten Slowakeibesuch
- Tourenplanung: mapy.cz (auch auf Deutsch und Englisch), kostenlose Online-Karte mit allen Wanderwegen
  freemap.sk, kostenlose Online-Karte mit allen Wanderwegen
  hiking.sk unter »Turistická mapa«, kostenlose Online-Karte mit allen Wanderwegen und Tourenvorschlägen in slowakischer Sprache; auch wer kein Slowakisch versteht, kann sich die Bilder zu den jeweiligen Touren anschauen und weiß so, was einen auf der Wanderung erwartet

Telefonnummern und Internetseiten Polen

- Bergrettung: TOPR (Tatrzanskie Ochotnicze Pogotowie Ratunkowe), ul. Pilsudskiego 63a, 34-500 Zakopane, +48 601 100 300, topr.pl
- Polizei: Notrufnummer 997 (von Festnetz und öffentlichen Fernsprechern)
- Feuer/Unfallrettung: internationaler Notruf 112 (vom Mobiltelefon) oder Feuerwehr 998, Notarzt 999 (vom Festnetz oder öffentlichen Fernsprechern)
- Touristen-Notruf vom 1. Juni bis 30. Sept. von 10 bis 22 Uhr in deutscher Sprache (ersetzt nicht den normalen Notruf: Mobiltelefon +48 608 599 999 oder vom Festnetz +48 800 200 300)
- Zakopane: zakopane.com, viele Informationen zur Stadt und Region
- Öffentlicher Personennahverkehr: busy.info.pl (auch auf Englisch)
- Tourenplanung: mapa-turystyczna.pl, kostenlose Online-Karte mit allen Wanderwegen
  mapy.cz (auch auf Deutsch und Englisch), kostenlose Online-Karte mit allen Wanderwegen

Berghütten

Region Orava und Beskiden – Slowakei

- **Chata na Kubínskej holi** (Tour 10, Variante; 15 Zimmer und 1 Apartment), Tel. +421 907 040 826 (für Reservierungen); ganzjährig, Übernachtungspreise sind saisonabhängig
chatakubinskahola.sk (nur auf Slowakisch)
- **Chata Slaná voda** (Tour 21; 180 Betten in verschiedenen Zimmerkategorien), Tel. +421 903 942 994 / +421 903 607 511 / +421 903 607 520; ganzjährig, Übernachtung zwischen 12 € und 20 € pro Person
slanavoda.sk (auch auf Englisch)

Region Beskiden – Polen

- **Schronisko na Hali Miziowej** (Tour 18 Variante, Tour 19; 90 Betten in verschiedenen Zimmerkategorien), Tel. +48 33 488 72 54 (Reservierung über Homepage); ganzjährig, Übernachtung je nach Kategorie zwischen 75 PLN (ca. 17 €) und 120 PLN (ca. 26 €)
halamiziowa.pl (auch auf Englisch)
- **Schronisko na Markowych Szczawinach** (Tour 19, sowie Varianten der Touren 20 und 21; 40 Betten in verschiedenen Zimmerkategorien), Tel. +48 33 877 5 105 oder +48 604 527 417 (Reservierung über die Internetseite); ganzjährig, Übernachtung im Mehrbettzimmer ab 70 PLN (ca. 16 €)/Person, Doppelzimmer 220 PLN (ca. 48 €)
markoweszczawiny.pttk.pl (nur auf Polnisch)

Westliche Tatra – Slowakei

- **Chata pod Náružím – Červenec** (Tour 34; 30 Betten in drei 10-Bett-Zimmern sowie 20 Betten im separaten Winterraum), Tel. +421 911 163 670 (Ivan Ogáry); im Juli und August täglich, ansonsten nur am Wochenende oder nach persönlicher Absprache mit dem Hüttenwirt, Übernachtung 12 €/Person
chatacervenec.sk (nur auf Slowakisch)
- **Chata Zverovka** (Tour 24 bis 30; 71 Betten in verschiedenen Zimmerkategorien und 6 separate Holzhüttchen), Tel. +421 905 973 201; ganzjährig, Übernachtung ab 27 €/Person
chatazverovka.sk (nur auf Slowakisch)
- **Ťatliakova chata** (Tour 25 bis 30; 25 Betten in Zwei- und Mehrbettzimmern), Tel. +421 905 973 201; 15. Juni–30. Sept. täglich, im Oktober eingeschränkte Öffnungszeiten, im Winter geschlossen; eine Nacht im Mehrbettzimmer ab 26 €/Person, Doppelzimmer 104 €; ab mind. zwei Nächten im Mehrbettzimmer ab 20 €/Person, Doppelzimmer 80 €
tatliacka.sk (nur auf Slowakisch)
- **Žiarska chata** (Tour 36 bis 38; 40 Betten in Zwei- und Mehrbettzimmer sowie einem Matratzenlager), Tel. +421 44 5 591 525 (für allgemeine Informationen,

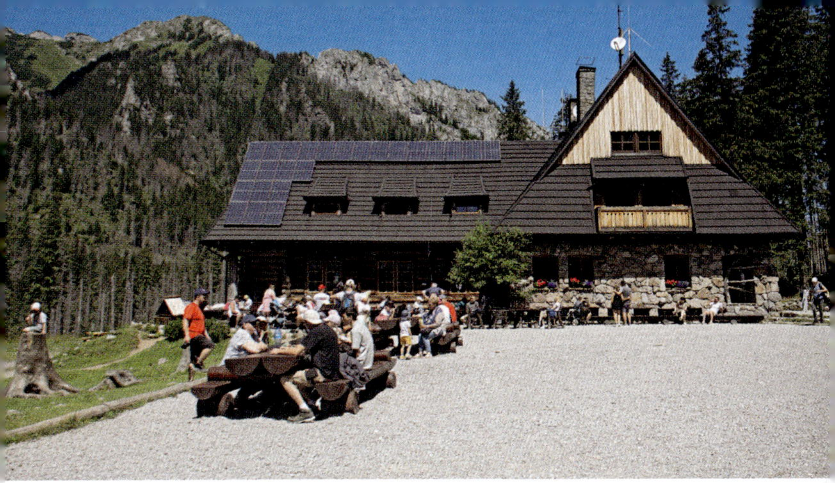

Die romantische Berghütte Schronisko na Hali Ornak (Tour 46 bis 48 und 53).

Reservierungen über Internetseite); ganzjährig, 1 Nacht im Matratzenlager (eigener Schlafsack) ab 16,50 €/Person, im Zimmer ab 39 €/Person (ab mind. 2 Nächten 34 €/Person), 2-Bett-Appartment ab 98 €/Nacht
ziarskachata.eu (nur auf Slowakisch)

Westliche Tatra – Polen

- **Schronisko Murowaniec na Hali Gąsienicowej** (Tour 54; 110 Betten in verschiedenen Zimmerkategorien), Tel. +48 539 537 910 (11–17 Uhr); ganzjährig, Übernachtung im Mehrbettzimmer ab 90 PLN (ca. 20 €)
murowaniec.com (nur auf Polnisch)
- **Schronisko na Hali Kondratowej** (Variante von Tour 44, Tour 52; 20 Betten in drei Mehrbettzimmern), Tel. +48 18 20 191 14. Reservierungen unter halakondratowa.pl; ganzjährig (Ausnahme: jeweils vom 15. Nov. bis 26. Dez. Übernachtungen wegen Renovierungsarbeiten nicht möglich, das Buffet und der Speisesaal stehen aber zur Verfügung); Preise pro Bett ca. 40 PLN (ca. 9 €)
halakondratowa.pl (Reservierungsanfragen auf Englisch oder Polnisch)
- **Schronisko na Hali Ornak** (Tour 46 bis 48 und Tour 53; 48 Betten in verschiedenen Zimmerkategorien), Tel. +48 18 20 705 20 oder +48 695 530 813; ganzjährig, Übernachtung im Mehrbettzimmer ab 90 PLN (ca. 20 €), Doppelzimmer 240 PLN (ca. 54 €)
schronisko-ornak.pl (nur auf Polnisch)
- **Schronisko na Polanie Chochołowskiej** (Tour 30 und 45 sowie Varianten der Touren 32 und 46; 121 Betten in verschiedenen Zimmer-

kategorien), Tel. +48 18 20 705 10 oder +48 660 144 510 (Reservierung über die Internetseite); ganzjährig, Übernachtung im Mehrbettzimmer ab 70 PLN (ca. 16 €), Doppelzimmer 250 PLN (ca. 56 €), Bettwäsche 20 PLN (ca. 4,50 €)
chocholowska.com (auch auf Englisch)

Freizeitmöglichkeiten in der Slowakei

- Dom na streche (Haus auf dem Dach – auf dem Kopf stehendes Haus), Ráztocká, 031 05 Liptovský Mikuláš, Eintritt 8 €, domnastreche.sk
- Fantázia Liptov Park, Tehliarska 158, 031 05 Liptovský Mikuláš, Freizeitarreal für Kinder und Erwachsene, das fortlaufend ausgebaut wird, Eintritt ab 10 €, fantazialiptovpark.sk
- Go-Kart-Bahn »Monaco Grand Prix« Priemyselná zóna 545, 032 02 Závažná Poruba, ab 9 € für eine Fahrt, monacograndprix.sk
- ILUSIA – die Welt der optischen Täuschungen, Hollého 4456/1, 031 01 Liptovský Mikuláš, Eintritt 9 €, ilusia.sk
- Labyrint na Liptove (an der Landstraße zwischen Liptovský Mikuláš und dem Tatralandia), größtes Holzlabyrinth in der Slowakei und ein Spaß für Groß und Klein, Eintritt 6 € für Erwachsene und 3 € für Kinder; es gibt im Sommer auch einen Buggy-Verleih
- Tarzania Lanovy Park, 027 32 Zuberec, Hochseilgarten

Museumsdörfer

- Dorfmuseum Liptau (Múzeum liptovskej dediny), 032 42 Pribylina, alte Gebäude der Region Liptau wurden abgetragen und auf dem Museumsgelände orginalgetreu wieder aufgebaut, Eintritt 9 €, skanzenpribylina.sk
- Museum Orava, Zuberec 850, 027 32 Zuberec, Holzhäuser aus der Region Orava wurden abgebaut und hier wieder neu errichtet; durch das Museumsdorf fließt ein Bach, Eintritt 7 €, muzeum.zuberec.sk

Reiten

- B&B Ranch in Likavka, Likavka 149 in 034 95 Likavka, Telefon +421 911 203 656
- Cavaleros.sk, Rabčice 528, 029 45 Rabčice, Telefon +421 911 596 594 (Reitschule)
- Villa Betula, Brnice 166, 032 23 Liptovská Sielnica, Tel. +421 907 812 327, Reiten, Übernachtung, Kinderland und Restaurant, villabetula.sk
- Jazda na koni – Salaš, Žiar 326, 032 05 Žiar, Ziarska dolina, Tel. +421 910 480 631
- Jazdecký klub AL ASIL Beňadiková, Beňadiková 110, 032 04 Beňadiková, Telefon +421 915 977 980, Reiten und Übernachtung, alasilclub.szm.com

Schifffahrten und Touren mit dem Floß

- Liptovská Mara (in der Sommersaison werden vom Strand in Liptovský Trnovec Bootsfahrten auf dem Stausee angeboten), lodmaria.sk

- Orava-Floßfahrten, im Juli und August täglich, sonst auf Bestellung, Fahrtkosten 25 € pro Person, plte-orava.sk
- Oravská priehrada (vom 30. April bis 30. Sept. werden von Námestovo-Slanická osada Bootsfahrten auf die Insel Slanica angeboten) Fahrt inklusive Eintritt auf die Insel 10 €, lodslanica.sk (auch auf Englisch)

Schwimmen

- Aqua-Vital-Park, 034 82 Lúčky – kúpele, Wassertemperatur je nach Becken zwischen 33 und 38 °C, Eintritt ab 8 €, kupele-lucky.sk (auch auf Englisch)
- Meander Thermal & Ski Resort, Oravice 109, 027 44 Tvrdošín-Oravice, Thermalbad, Übernachtung und Skifahren im Winter, Eintritt ab 16 €, Tageskarte 28 €, meanderoravice.sk
- Pláž Liptovska Mara (Strand am Stausee), 031 01 Liptovský Trnovec (Eintritt frei) sowie weitere Möglichkeiten am nördlichen Ufer
- Tatralandia, Ráztocká 21, 031 05 Liptovský Mikuláš, Tageskarte ab 31 €, tatralandia.sk
- Termální Pramen Medokyš – Kalameny (hinter dem Ortsende), 034 82 Kalameny, Wassertemperatur 38 °C, Eintritt frei, im Sommer fallen nur Parkgebühren an
- Thermalbad Oravice, 027 44 Tvrdošín-Oravice, ganzjährig geöffnet, Wassertemperatur 34 bis 38 °C, Eintritt 7 €
- Vodný park Bešeňová, Bešeňová 136, 034 83 Bešeňová, Thermalbad mit vielen Rutschen, Tageskarte ab 31 €, besenova.com

Replik eines Wachturms in der ehemaligen Keltensiedlung (Tour 7).

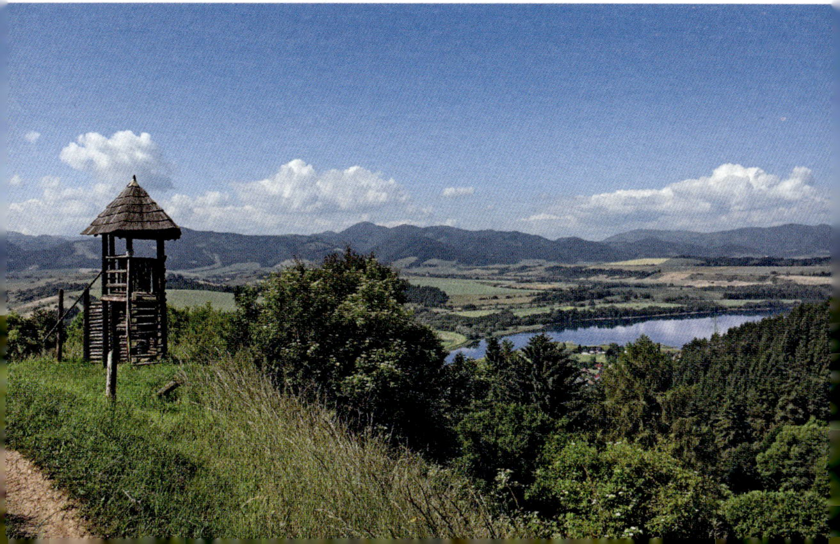

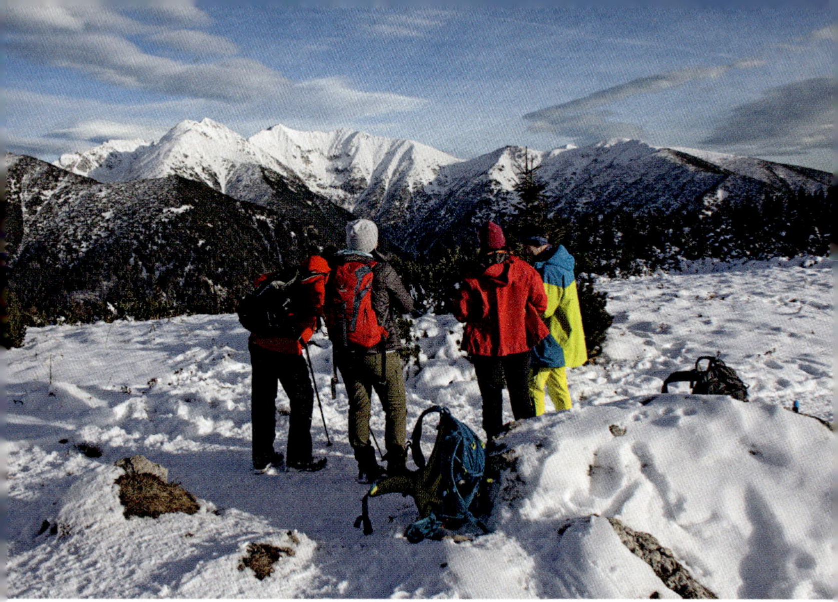

Traumhaftes Winterpanorama am Sedlo Predúvratie (Tour 34).

Skifahren

- Kubínska hoľa, Skigebiet mit zehn Liften bei Dolný Kubín in der Oravská Magura, kubinska.sk
- SkiCentrum Uhliská, kleines Skigebiet bei Nižná in der Region Orava, skinizna.sk
- Ski Fun Hruštín, kleines Skigebiet in der Oravská Magura, skizabava.sk
- Skigebiet Roháče-Spálená, kleines Skigebiet mit fünf Liften im Herzen der Westlichen Tatra, rohacespalena.sk
- Ski Park Racibor, kleines Skigebiet bei Oravský Podzámok in der Oravská Magura, skiracibor.sk
- Ski Park Janovky, kleines Skigebiet mit drei Liften in Zuberec, janovky.sk
- Skipark Oravice, kleines Skigebiet an den nördlichen Ausläufern der Westlichen Tatra, meanderoravice.sk

Zoo

- Zookontakt, Ráztocká cesta 21, 031 01 Liptovský Mikuláš, zookontakt.sk

Freizeitmöglichkeiten in Polen

- Góralski Dom Do Góry Nogami (auf dem Kopf stehendes Haus), Stanisława Staszica 14, 34-500 Zakopane, Eintritt 21 PLN (ca. 4,70 €), domdogorynogami.com

- Góralski ślizg (Hochländer-Rutsche), Na Gubałówkę, 34-500 Zakopane, nur im Sommer möglich, pro Fahrt 5 PLN (ca. 1,10 €), mountain-slide.com
- Iluzja Park (die Welt der optischen Täuschungen), Krupówki 12, 34-500 Zakopane, Eintritt 40 PLN (ca. 8,70 €), zakoatrakcje.pl unter »Iluzja Park«
- Jump Planet (Trampoline, Hüpfburgen und mehr), Ludźmierska 29, 34-400 Nowy Targ, Eintritt ab 31 PLN (ca. 7 €), jumpplanet.pl
- Lapidarium Tatrzańskiego Parku Narodowego (Sammlung von Gesteinen und Pflanzen des Nationalparks), Mieczysława Karłowicza 21, 34-500 Zakopane
- Motylarnia Zakopane (hier erleben Sie Schmetterlinge), Generała Andrzeja Galicy 8, 34-500 Zakopane, Eintritt 19 PLN (ca. 4,10 €)
- Myszogród Zakopane (die Mäuse-Stadt), Krupówki 81/B, 34-500 Zakopane, Eintritt 21 PLN (ca. 4,60 €), zakoatrakcje.pl unter »Myszogród«
- Papugarnia (Papageien-Park), Krupówki 60, 34-500 Zakopane, Eintritt 24 PLN (ca. 5,20 €), zakoatrakcje.pl unter »Największa Papugarnia«
- Park linowy »Złota Grań« (Hochseilgarten), Gubałówka 231B, 34-500 Zakopane, Eintritt je nach Tour zwischen 25 und 45 PLN (ca. 5,40 bis 9,80 €), park-linowy.com.pl
- Podwodny Świat (Unterwasserwelt – Aquarium), Ubocz 3b, 34-500 Zakopane Eintritt 21 PLN (ca. 4,60), zakoatrakcje.pl unter »Podwodny Świat«
- Zjazd ze skoczni (Rutschabenteuer über den Auslauf der Skisprungschanze), ul. Bronisława Czecha, 34-500 Zakopane, nur im Sommer möglich, Eintritt 59 PLN (ca. 12,80 €), zakoatrakcje.pl unter »Zjazd ze skoczni«

Reiten

- Ranczo Hajnos, ul. Ojca Świętego Jana Pawła II 92, 34-470 Czarny Dunajec, Tel. +48 607 278 731, ranczohajnos.pl

Schwimmen

- Aquapark Zakopane, Jagiellońska 31, 34-500 Zakopane, Eintritt je nach Kategorie zwischen 49 und 119 PLN (ca. 11 bis 26,50 €), termy-zakopianskie.pl (auch auf Deutsch)

Skifahren

- Zakopane – Gubałówka, kleines Skigebiet mit vier Liften und drei Pistenkilometern
- Zakopane – Kasprowy Wierch, kleines Skigebiet mit vier Liften und 15 Pistenkilometern
- Zakopane – Polana Szymoszkowa, kleines Skigebiet mit zwei Liften, szymoszkowa.pl

Zoo

- Tatrzańskie Mini Zoo, Józefa Piłsudskiego k/26, 34-500 Zakopane, ganzjährig, facebook.com/TatrzanskieMiniZoo

DIE WANDERREGION WESTLICHE TATRA

Die Westliche Tatra ist ein Hochgebirge, das sich im Norden der Slowakei und im Süden von Polen befindet und ein Teil der Inneren Westkarpaten ist. Auf die Slowakei fallen etwa 70 % der Fläche, auf Polen nur ungefähr 30 %. Das Gebirge ist etwa 30 km lang und 16 km breit und bedeckt eine Gesamtfläche von ungefähr 400 km^2. In beiden Ländern ist es durch Nationalparks besonders geschützt (siehe ab S. 47).
Dieses Buch beinhaltet auch die schönsten Wanderungen in den sich der Westlichen Tatra anschließenden Gebieten. Dazu zählen das kleinere Mittelgebirge Chočské vrchy und die Region Orava. Die Berge der slowakisch-polnischen Grenzregion werden bereits den Beskiden zugeordnet. Die östlich folgende Hohe Tatra sowie die etwas weiter südlich gelegene Niedere Tatra werden in gesonderten Rother-Wanderführern behandelt.
Die folgende Vorstellung der Wandergebiete erfolgt in geografischer Reihenfolge, wie sie auch der Nummerierung der Touren entspricht.

Chočské vrchy

Die Chočské vrchy sind ein etwa 25 km langer Gebirgszug, der an der Grenze der Regionen Liptov (Liptau) im Süden und Orava im Norden verläuft. Das kleinere Gebirge ist zwischen 4 und 8 km breit. Westlich davon befindet sich die Große Fatra und im Osten schließt sich die Westliche Tatra an. Höchste Erhebung ist mit 1611 m der Veľký Choč. Es gibt keinen durchgängigen Hauptkamm, sondern mehrere eigenständige Bergmassive.

Von Lúčky bietet sich eine herrliche Aussicht auf die Niedere Tatra.

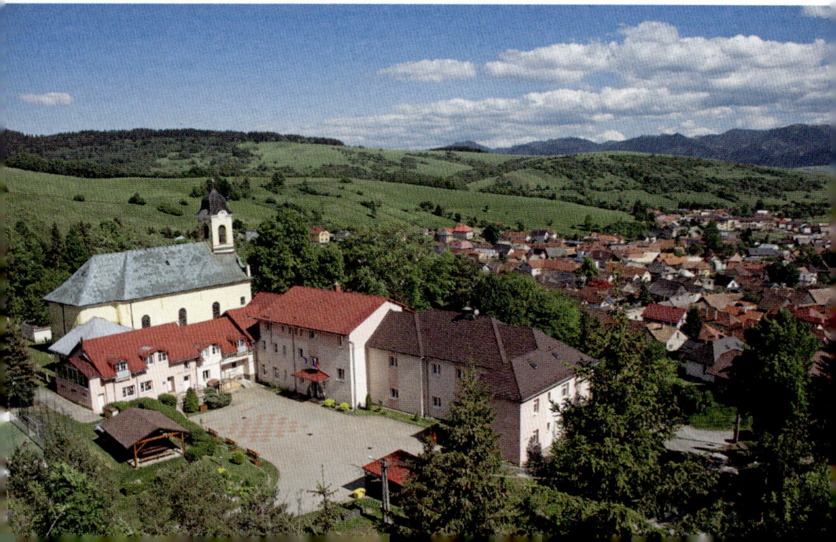

Die höchsten Berge der Chočské vrchy:

- 1. Veľký Choč, 1611 m (Tour 3 und 4)
- 2. Malý Choč, 1465 m (Tour 4)
- 3. Prosečné, 1371 m (Abstecher bei Tour 8)
- 4. Holica, 1340 m (Tour 9)
- 5. Lomná, 1278 m

Aus **geologischer Sicht** stellen die Chočské vrchy einen Übergangsbereich zwischen der Kleinen und Großen Fatra im Westen und der Westlichen Tatra im Osten dar. Das Gebirge besitzt einen kristallinen Kern, der jedoch nicht an die Oberfläche tritt. Im Mesozoikum vor etwa 100 Millionen Jahren haben sich zum Teil Hunderte von Metern dicke Schichten von Meeresablagerungen gebildet. Diese Sedimente wurden in der Kreidezeit durch tektonische Verschiebungen der afrikanischen und euroasiatischen Platte verdichtet und zum Teil bis zu 100 km in Nordostrichtung verschoben. Die heute sichtbare Oberfläche besteht aus Kalkstein, Dolomit und Mergelkalken. Daher sind in dem Gebirge auch zahlreiche Karsterscheinungen wie Dolinen und Höhlen vorhanden.

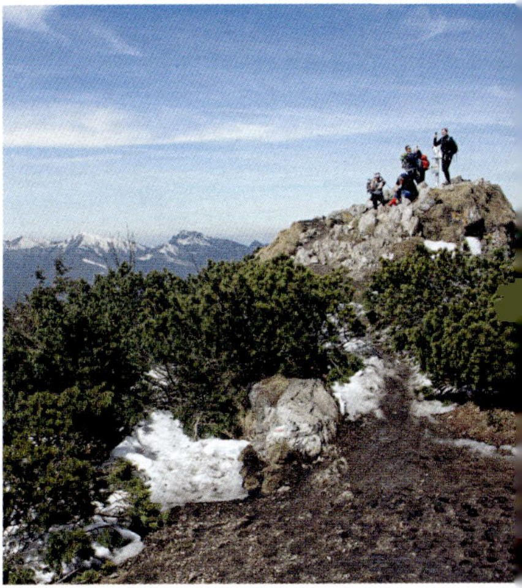

Auf dem Veľký Choč (Tour 3 und 4).

An den Rändern der Verwerfungslinien der tektonischen Platten haben sich mehrere Mineralquellen gebildet. Regenwasser sickert in die Tiefe und und löst dort Kalksteine und Dolomite auf. Es sinkt weiter in der Erdkruste ab und erwärmt sich dabei. Zudem wird es unter anderem mit Magnesium und Schwefel angereichert, bevor es wieder erwärmt zutage tritt. An den Südhängen der Chočské vrchy – unter anderem im Kurort Lúčky und in der Nachbargemeinde Kalameny – gibt es solche Quellen. In Kalameny sprudelt das Wasser mit einer Temperatur von bis zu 38 °C aus einem 500 m tiefen Bohrloch aus der Erde.

Wie die **Keltensiedlung Havránok** belegt, wurde im Gebiet um die Chočské vrchy bereits 400 v. Chr. gesiedelt. Später verschmolzen die Keltenstämme mit germanischen und slawischen Nachbarstämmen zusammen und bewohnten die südlichen Hänge des Gebirges. Heute gehören Ružomberok und Liptovský Mikuláš zu den wichtigsten Städten an den südlichen Ausläufern des kleinen Gebirgszugs.

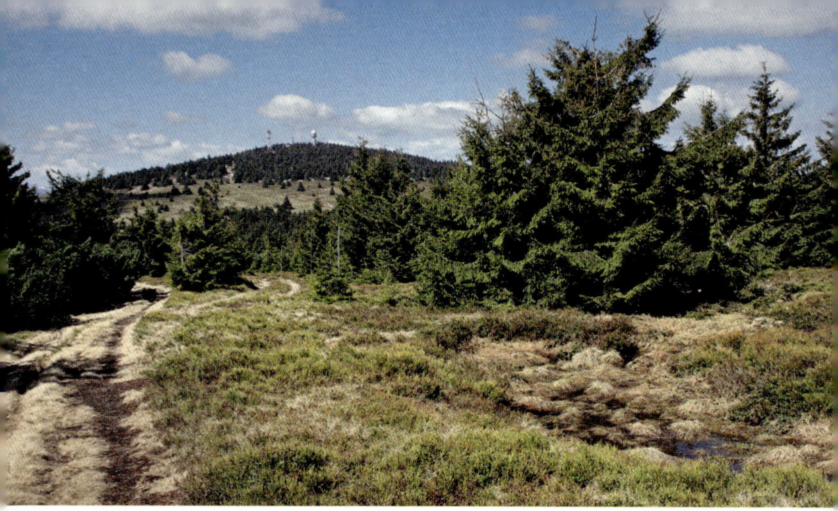

Auf dem Hauptkamm der Oravská Magura (Tour 10, 1. Etappe).

Orava

Die Region Orava ist eine Landschaft, die sich über eine Fläche von 1661 km^2 im Norden der Slowakei ausbreitet. Ein kleiner Teil befindet sich um die Stadt Jabłonka herum auf polnischem Staatsgebiet. Die Gegend wird im Westen von der Kleinen Fatra und im Osten von der Tatra begrenzt. Im Süden beginnt das Gebiet nördlich der Region Liptov (Liptau) und im Norden endet sie im Bereich der Beskiden. Zu den wichtigsten Städten in der Orava zählen Dolný Kubín, Námestovo, Tvrdošín und Trstená. Namensgeber für die Region ist der gleichnamige Fluss, der durch die Vereinigung von Weißer und Schwarzer Orava entsteht. Im Bereich des ehemaligen Zusammenflusses der beiden Bäche wurde von 1941 bis 1954 ein Staudamm errichtet.
Die **Landschaft** wird offiziell in zwei Bereiche gegliedert. Die Dolná Orava (Untere Orava), zu der die Gebiete Oravská vrchovina (Orava Hochland um die Stadt Dolný Kubín), die Chočské vrchy, die Skorušinské vrchy (um die Gemeinde Zuberec) und die Westliche Tatra gezählt werden, befindet sich im Süden und die Horná Orava (Obere Orava) im Norden. Zur Horná Orava werden die geomorphologischen Einheiten Podbeskydská vrchovina (zwischen der Oravská Magura und den Beskiden liegendes Hochland), Podbeskydská brázda (Unterbeskiden-Graben zwischen den Beskiden und dem gleichnamigen Hochland), Oravské Beskydy (Orava-Beskiden), Oravská kotlina (Orava Becken mit Námestovo, Tvrdošín,Trstená und Jabłonka in Polen) und die Oravská Magura gezählt. Die Chočské vrchy und die Westliche Tatra werden in diesem Wanderführer als eigenständige Gebiete behandelt. In einigen Publikationen wird auch noch von der Biela Orava gesprochen: Das

bezeichnet die Gegend, in der sich der gleichnamige Fluss befindet, der in den Stausee Oravská priehrada mündet.
Die Region Orava besteht mit Ausnahme der gesondert behandelten Gebiete zum größten Teil aus **Flysch**. Das sind meist Sandstein- und Tonablagerungen, die durch die hier vorhandenen Meere im Erdzeitalter Mesozoikum entstanden sind. Typisch dafür war die Bildung von **Mooren**, die zum Beispiel in der Nähe von Námestovo (Klinské rašelinisko) oder bei Oravice (Rašelinisko Peciská) zu besichtigen sind.

Gebirgszüge der Region Orava

Skorušinské vrchy

Dieses Gebirge ist etwa 30 km lang und verläuft von Südwesten nach Nordosten. Lediglich um die Gemeine Oravský Biely Potok macht es einen kleinen Bogen nach Nordwesten. Während der Höhenzug im Südwesten mit etwa 1,5 km recht schmal ist, verbreitert er sich an seinen östlichen Ausläufern nahe der polnischen Grenze auf bis zu 8 km. Der höchste Berg ist mit 1314 m die Skorušina, die zugleich auch Namensgeberin des Gebirges ist. Die Touren 14 und 16 führen durch die Skorušinské vrchy.

Oravská Magura

Der Hauptkamm der Oravská Magura verläuft in West-Ost-Richtung und beginnt am östlichen Ende der Kysucká vrchovina und endet am Stausee Oravská priehrada. Höchste Erhebung ist mit 1394 m der Minčol. Große Teile des Kamms sind bewaldet, dominierend sind Fichte und Buche. Es gibt aber auch Birkenhaine und die Hasel ist häufig anzutreffen. Etwa 92 % der Kammlinie verlaufen in einer Höhe von über 1000 m.
In der Oravská Magura gibt es eine Vielzahl von Almwiesen, die besonders für Wanderer interessant sind – hier öffnet sich der Blick auf die umliegenden Höhenzüge. Der bekannteste Fluss des Gebirges ist die Bielá Orava, die unter dem zweithöchsten Berg Paráč entspringt und bei Námestovo in den Stausee mündet. Das Gebiet um diesen Berg gilt auch als das kälteste besiedelte Gebiet der Slowakei. Daten von der Wetterstation in Oravská Lesna belegen, dass es ganzjährig zu Frost kommt. Die kälteste dort gemessene Temperatur betrug -37,1 °C am 27. Januar 1954. Wichtige Talorte sind Zázrivá, Dolný Kubín und Tvrdošín.

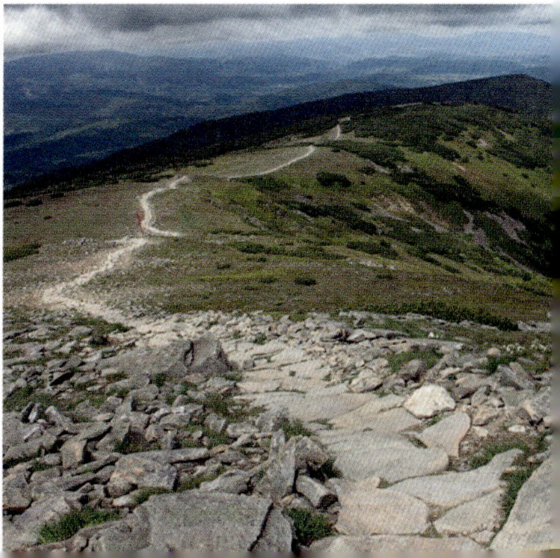

Angelegter Steinweg unterhalb der Babia hora (Tour 19 bis 21).

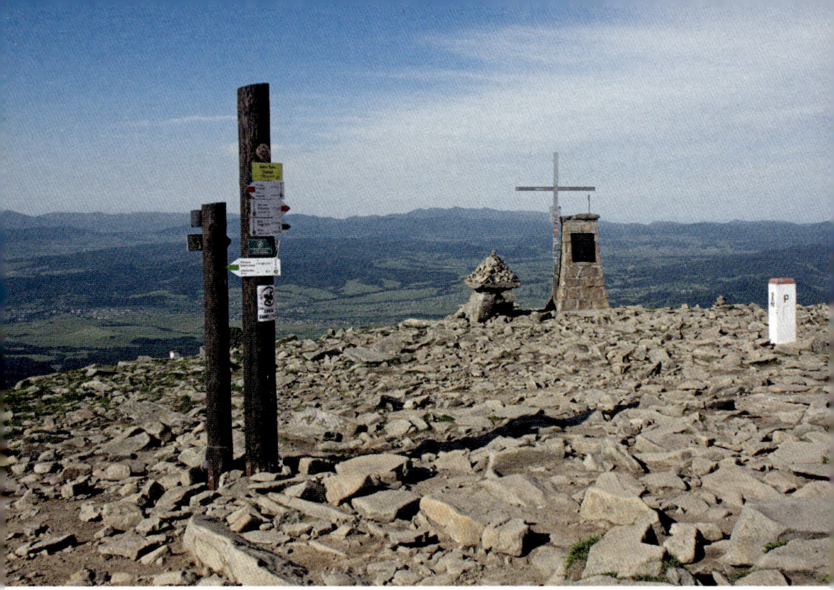

Gipfelplateau der Babia hora, des höchsten Bergs der Beskiden (Tour 19 bis 21).

Oravské Beskydy

Die Beskiden sind ein Gebirge, das sich von Tschechien über die Slowakei und Polen bis in die Ukraine zieht. Der slowakische Teil umfasst die Kysucer Beskiden (Kysucké Beskydy), die im Rother Wanderführer »Westliche Slowakei« behandelt werden und die Orava Beskiden (Oravské Beskydy). Dieser Teil ist zugleich auch der höchste Teil des gesamten Gebirges überhaupt. In Polen werden die Kysucer und die Orava Beskiden nicht als zwei unterschiedliche Gebirge angesehen, sondern nur als Beskid Żywiecki (Saybuscher Beskiden) bezeichnet.

Die Babia hora (Babia Góra) ist mit 1725 m die höchste Erhebung und aufgrund ihrer isolierten Lage und der markanten Kegelform bereits von weither auszumachen. Auch der sich westlich davon befindende Pilsko, mit 1557 m der zweithöchste Berg der Beskiden, kann dank seiner wuchtigen Form sehr leicht erkannt werden.

Die Oravské Beskydy beginnen am Sedlo Príslop in der Nähe der Ortschaften Nová Bystrica und Oravská Lesna und ziehen sich die slowakisch-polnische Staatsgrenze entlang in nordöstliche Richtung bis zum nördlichsten Punkt der Slowakei und von dort nach Südosten zum höchsten Berg und an den Stausee Oravská priehrada heran. Wie auch die anderen Gebirge der Region Orava bestehen sie größtenteils aus Sandstein- und Tonablagerungen, der Karpatenflysch genannt wird.

Die höchsten Berge in der Region Orava

- 1. Babia hora – Babia Góra (Oravské Beskydy) – 1725 m (Tour 19 bis 21)
- 2. Pilsko (Oravské Beskydy) – 1557 m (Tour 18 und 19)
- 3. Malá Babia hora – Mała Babia Góra (Oravské Beskydy) – 1517 m (Tour 19 bis 21)
- 4. Mechy (Oravské Beskydy) – 1479 m
- 5. Minčol (Oravská Magura) – 1394 m (Tour 10)

Klimatologisch gesehen herrscht in der Region Orava ein kaltes und eher feuchtes **Klima**. Lediglich um den Fluss Orava ist es etwas gemäßigter. Viele Tiefdruckgebiete ziehen von Westen oder Nordwesten auf und bleiben zunächst zwischen den Bergen der Beskiden und der Tatra hängen. Aus diesem Grund fällt in dem Gebiet auch mehr Niederschlag als in anderen Teilen des Landes.

Touristische Hauptsehenswürdigkeiten der Region sind neben der herrlichen Natur sicherlich die Burg Oravský hrad in Oravský Podzámok (oravskemuzeum.sk, auch auf Englisch unter »Orava Castle«) und die Holzkirche Allerheiligen (Všetkých svätých) in Tvrdošín. Zahlreiche weitere interessante Orte warten darauf, von den Touristen erkundet zu werden.

Westliche Tatra

Die Lage und die Ausdehnung der Westlichen Tatra wurden bereits am Anfang dieses Kapitels auf S. 32 beschrieben. Das Gebirge wird in fünf Bereiche gegliedert:

- 1. Bereich Sivý vrch (im westlichen Teil des Gebirges um diesen Berg, auch die nordwestliche gelegene Osobitá kann diesem Gebiet noch zugeordnet werden oder wird in einigen Publikationen als eigenständiger Bereich gezählt)
- 2. Bereich Roháče (auch wenn das so genannte Massiv erst bei der Spálená beginnt, ordnet man hier bereits alle Berge zwischen Brestová und Volovec ein).
- 3. Bereich Liptovské Tatry (die südlichen Täler mit den Bergen Jakubina, Klin und Bystrá).
- 4. Bereich »polnische Westliche Tatra« (der komplette polnische Teil des Gebirges, auch als Červené vrchy – »Rote Berge« – bezeichnet; in manchen Publikationen wird das polnische Gebiet in Grześ, Czerwone Wierchy, Ornak und Kasprowy Wierch unterteilt).
- 5. Liptovské kopy (die von zwei Tälern abgetrennte Region im äußersten Osten der Westlichen Tatra an der Grenze zur Hohen Tatra)

Im Süden setzt sich die Westliche Tatra deutlich von der Podtatranská kotlina (dem Liptauer Becken) ab und beginnt in etwa bei der Gemeinde Liptovské Matiašovce und endet im Bereich der Siedlung Podbanské, die zur Ortschaft Pribylina und östlich des Flusses Belá zur Stadt Vysoké Tatry gehört. Die Berge überragen das Talbecken um bis zu 1700 m. Der Gebirgszug Chočske vrchy bildet im Westen die Grenze. Diese verläuft östlich des Bergs Holica durch das Tal Suchá dolina und den Hutianské sedlo in der Nähe der Gemeinde Huty. Die Podtatranská brázda (Untertatragraben) begrenzt das Gebirge im Norden, das gut 100 m höher liegt als das Liptauer Becken. Der bis zu 6 km breite Graben zieht sich von Zuberec über Zakopane in Polen bis auf das Gemeindegebiet von Ždiar am Fuße der Hohen Tatra, das bereits zum Zipser Land gehört. Die Hohe Tatra begrenzt die Westliche Tatra im Osten. Die beiden Pässe Ľaliové sedlo (Liliowe Przełęcz) und der Sedlo Závory markieren hier das Ende des Gebirges.

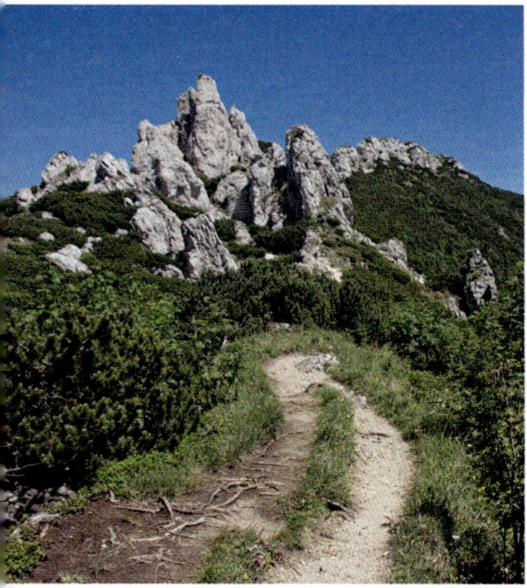

Wilde Kalksteinformationen unter dem Sivý vrch (Tour 22).

Die Westtatra bildet gemeinsam mit der Osttatra die geomorphologische Einheit Tatra, die zum Fatra-Tatra-Gebiet der Inneren Westkarpaten gehört. **Geologisch** ist die Westliche Tatra der Hohen Tatra sehr ähnlich. Beide gehören zu den kristallinen Mesozoikum-Gebirgen der Westlichen Karpaten und besitzen zudem einen Sedimentstreifen, der sich durch die in diesem Erdzeitalter existierenden Meere gebildet hat. Die einzigen Unterschiede liegen darin, dass in der Hohen Tatra die Granitgesteine überwiegen und in der Westlichen Tatra Schiefer, Gneis, Glimmerschiefer und Migmatite ein höheres Vorkommen haben, und dass die Sedimente aus dem Mesozoikum (hier in überwiegenden Maße Dolomite und Kalksteine) in unserem Gebirge eine größere Bedeutung haben. Besonders im Bereich der Červený vrchy (Rote Berge) und im Westteil des Gebirges um den Sivý vrch treten diese Gesteine in großem Umfang auf. Streifenförmig ist eine Fortsetzung bis in die Chočske vrchy zu beobachten. Daher gibt es dort jeweils auch interessante Karstformationen und viele Höhlen.

Zu den bedeutendsten **Höhlen** auf slowakischer Seite zählt die Brestovská jaskyňa, die die tiefste Höhle des gesamten Gebirges sein soll und die besichtigt werden kann. Durch sie fließt auch ein Bach. Für die Öffentlichkeit nicht zugänglich ist in Polen die Höhle Jaskinia Wielka Śnieżna im Gebiet des Malolučniak (Małołączniak). Mit einer Länge von 23,7 km und bis zu 824 m Tiefe ist sie zugleich die längste und tiefste Polens. Besonders hervorzuheben ist, dass ein komplexes System von Gängen und Wasserbecken

existiert und einer der Abflüsse die Eisquelle Lodowe Źródło im Dolina Kościeliska (Tour 47 und 48) ist. Dank der Vorkommen von kristallinen Gesteinen und Kalksteinen zeichnet sich die Westliche Tatra durch **abwechslungsreiche Landschaften** aus und besitzt eine sehr ausgeprägte **Vielfalt unterschiedlicher Pflanzen**, die für die jeweiligen Gesteine typisch sind.
Neben den Ablagerungen der Mesozoikum-Meere kam es zum Ende dieses Erdzeitalters in der Region zu gewaltigen gebirgsformenden Vorgängen. Gesteinsablagerungen falteten sich auf und Sedimentdecken verschoben sich. Die damals gebildeten Berge hatte jedoch noch keine Ähnlichkeit mit der Form, wie wir sie heute kennen. Wind und Wasser sorgten für eine massive Erosion und weite Teile der Landschaft sanken vor etwa 70 Millionen Jahren nach und nach unter die Oberfläche der Meere ab. Die Folge davon war die Bildung von mächtigen Schichten von Meeresablagerungen aus Löß und Sandstein, der auch **Flysch** genannt wird. Besonders in den vor der Tatra gelegenen Becken sind diese Schichten heute dominant. Tektonische Hebungen unterstützten später flächenhafte Abtragung dieser Schichten an der Oberfläche der bergigen Regionen, sodass diese heute in der Westlichen Tatra nicht mehr zu finden sind.
Das derzeitige Aussehen des Gebirges entstand vor etwa 15–20 Millionen Jahren, wobei es anfangs vermutlich nur ein unbedeutendes Mittelgebirge war. Die tiefen Täler und wilden Felskämme, die es heute gibt, waren damals noch nicht vorhanden. Die maßgebliche Veränderung setzte in den letzten 2 Millionen Jahren ein. Massive tektonische Bewegungen mit Unterstützung einer massiven Vergletscherung während der Eiszeiten waren

Oberhalb der Ťatliakova chata bietet sich ein Traumblick auf Ostrý Roháč und Plačlivé (Tour 26, 28 und 29).

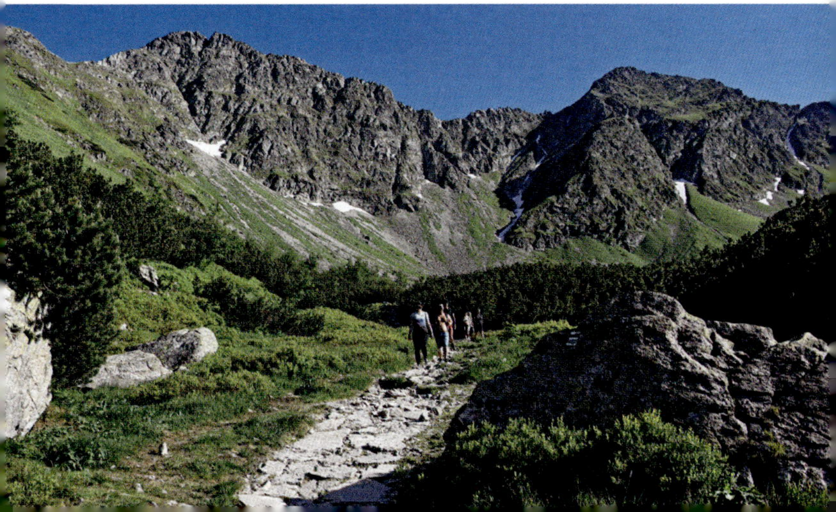

bei der Formung der Westlichen Tatra, wie sie heute bekannt ist, behilflich. Innere Kräfte hoben das Gebirge weit über die umliegenden Talkessel und Furchen, sodass es während der letzten Eiszeit bis zu etwa 1500 m über dem damaligen Meeresspiegel lag. Verglichen mit der heutigen Zeit wären die Gipfel in einer Höhe von etwa 3000 m zu finden gewesen. Die Täler füllten sich während der Eiszeiten mehrfach mit Gletschern und formten so den wilden Charakter des Gebirges, wie er sich heute präsentiert. Der mächtigste der vielen Gletscher bildete sich im Kôprová dolina, dem östlichsten Tal, das gleichzeitig die Grenze mit der Hohen Tatra bildet. Dieser war 9 km lang und das Eis war bis zu 200 m dick. Vor ungefähr 8500 Jahren tauten die Gletscher ab und nur die typischen Gletscherreliefe mit Karen, Trögen und Bergseen blieben zurück.

Die 10 höchsten Berge der Westlichen Tatra:

- 1. Bystrá – 2248 m (Slowakei, Tour 41 und 43)
- 2. Jakubina – 2194 m (Slowakei, Tour 41)
- 3. Baranec – 2185 m (Slowakei, Tour 38 und 39)
- 4. Baníkov – 2178 m (Slowakei, Tour 26, 27, 36 und 37)
- 5. Klin – 2176 m (Slowakei und Polen, Tour 41 und 47)
- 6. Pachoľa – 2167 m (Slowakei, Tour 26)
- 7. Hrubá kopa – 2166 m (Slowakei, Tour 26 und 37)
- 8. Nižná Bystrá – 2162 m (Slowakei, abseits der Wanderwege und nicht zugänglich)
- 9. Blyšť (Błyszcz) – 2159 m (Slowakei und Polen, unterschiedliche Höhenangaben, Grenzstein zwischen den beiden Ländern, kein eigenständiger Berg!)
- 10. Príslop – 2142 m (Slowakei, Tour 36 und 37)

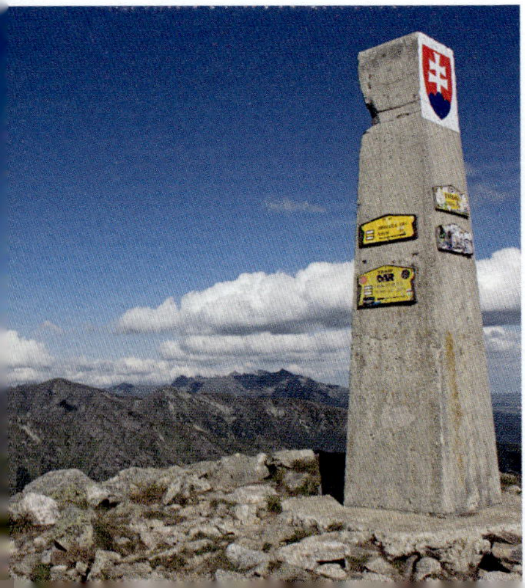

Die Westliche Tatra ist das **zweithöchste Gebirge** der **Slowakei**. Es gibt insgesamt 36 Gipfel über 2000 m Höhe, von denen jedoch zwei nicht als eigenständige Berge angesehen werden können, da sie letztlich nur Bestandteil eines Kammverlaufs sind (Blyšť-Błyszcz und Twarda Kopa). Im gesamten Karpatenbogen wird das Gebirge nur von der Hohen Tatra und in Rumänien von sechs Bergmassiven überragt. Durch die Westliche Tatra

Gipfelstele auf dem Baranec (Tour 38 und 39).

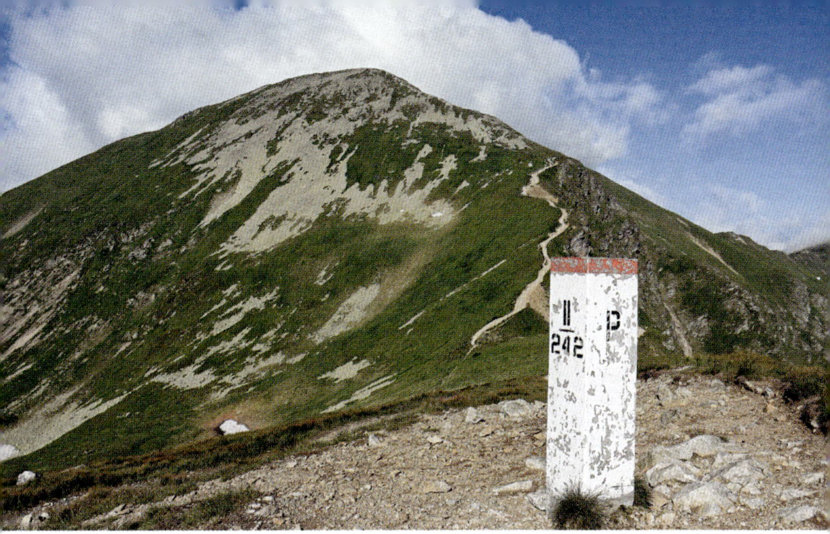

Blick vom Siwy Zwornik auf den Klin/Starorobociański Wierch (Tour 41, 46 und 47).

zieht sich ein Hauptkamm, der 37,6 km lang ist und in einer Art Zickzackkurs von West nach Ost verläuft. Er beginnt am Hutianské sedlo im Westen mit der Biela skala. Der höchste Gipfel auf dem Hauptkamm ist mit 2178 m der Baníkov, der bereits Teil des wilden Roháče-Massivs ist. Im östlichen Teil ist die Kresanica (Krzesanica) mit 2122 m die höchste Erhebung. Hinter dem Berg Beskyd (Beskid) geht der Hauptkamm am Ľaliové sedlo (Liliowe Przełęcz) in die Hohe Tatra über. Die beiden tiefsten Pässe auf der Kammlinie sind der Sedlo Pálenica mit 1573 m und der Tomanovské sedlo (Tomanowa Przełęcz) mit 1686 m. Ein rot markierter Wanderweg verläuft über die meisten Teile des Hauptkamms. Nur zwischen dem Pyšné sedlo und dem Temniak (Ciemniak) existieren keine offiziellen Wanderwege, obwohl selbst dort ein schmaler Pfad verläuft. Aufgrund der Regeln in den beiden Nationalparks ist das Betreten dieser Zone jedoch offiziell nicht erlaubt.
Zahlreiche Nebenkämme zeichnen das Gebirge aus. Im Süden verlaufen diese über die Gipfel Ostrá, 1764 m, und Babky, 1566 m (Tour 34), den Príslop, 2142 m, und die Raztoká, 1950 m (beide nur zugänglich bis Jalovecké sedlo über Tour 36 und 37), den Baranec, 2185 m (Tour 38), die Jakubina, 2194 m, und Ostredok, 2050 m (Tour 41), die Bystrá, 2248 m (zugänglich nur bis zum höchsten Berg und unterhalb der Kotlová), die Veľká Kamenistá, 2121 m, sowie den Holý vrch, 1863 m (nicht zugänglich) und die Liptovské kopy, 2052 m (nicht zugänglich). Der letzte Seitenkamm bietet eine Besonderheit, da er durch zwei Täler in Form eines Ringes vom Hauptkamm abgetrennt wird.

Die nördlichen Seitenkämme der Westlichen Tatra sind deutlich niedriger und dafür länger. Interessant ist der Grat des Rákoň (Rakoń), 1879 m (Tour 25, 29, 30, 32 und 45), der sich zunächst am Gipfel selbst in Richtung Zadná Zábrať auf slowakischer Seite und in Richtung Lúčna (Grześ) aufteilt und sich dort nochmals verzweigt: zur Osobitá auf slowakischer Seite und zum Bobrovec (Bobrowiec) und somit weiterhin der slowakisch-polnischen Grenzlinie folgend. Die weiteren Nebenkämme verlaufen auf polnischem Staatsgebiet in Richtung Norden. Zu den wichtigsten gehören die Kämme mit den Bergen Trzydniowiański Wierch, 1758 m (Tour 46 und 47), Ornak, 1854 m (Tour 47), der Chuda Turnia, 1858 m (Tour 49, 53) sowie der Grat von der Kondratova kopa zum Giewont, 1894 m (Tour 49, 50, 52).

Zu den bekanntesten Tälern der Westlichen Tatra zählen im Südteil des Gebirges das Suchá dolina (nicht zugänglich), das Jalovecká dolina (Tour 35 und 36), das Žiarska dolina (Tour 36, 37 und 38), das Úzka dolina, das sich später in das Jamnícka und das Račkova dolina teilt (Tour 40, 41, 42 und 46) das Bystrá dolina, das als einziges nicht hinauf bis zum Hauptkamm reicht (Tour 43) sowie an der Grenze zur Hohen Tatra die beiden Täler Tichá dolina (Tour 44) und Kôprová dolina (Rother Wanderführer »Hohe Tatra«).

Auf der nördlichen Seite des Hauptkamms ist das weitverzweigte Roháčska dolina sicherlich das bekannteste Tal. Das Bobrovecká dolina und das Juráňova dolina verlaufen in Richtung der Podtatranská brázda (Untertatragraben) und sind recht ruhig und einsam.

Aufstiegsweg zum Kondracka Przełęcz (Tour 52).

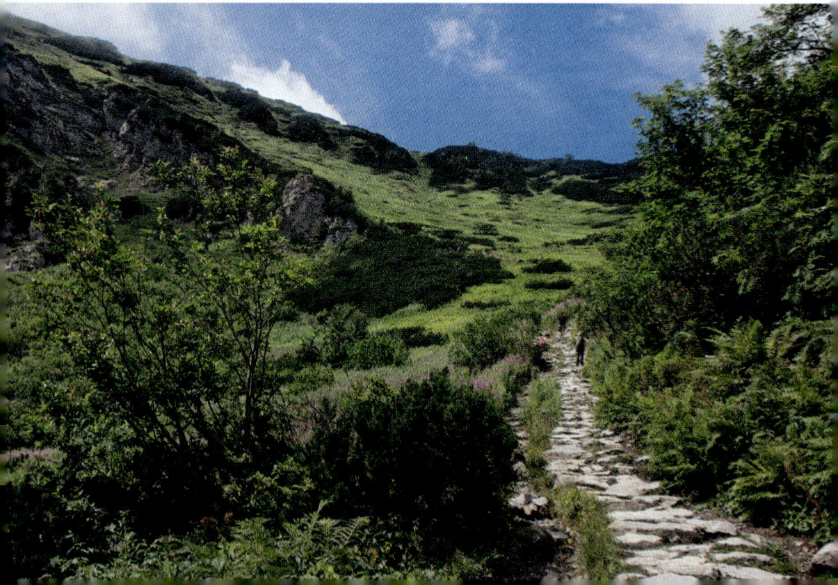

Auf der polnischen Seite sind die Täler Dolina Chochołowska (Tour 30, 45, 46 und 47), Dolina Kościeliska (Tour 47 und 48), Dolina Małej Łąki (Tour 50) und das Dolina Kondratowa (Tour 52) zweifelsohne die bedeutendsten Täler der Westlichen Tatra. Aufgrund der vielen Touristen sind die hier genannten Täler vor allem in den Sommermonaten extrem überlaufen.

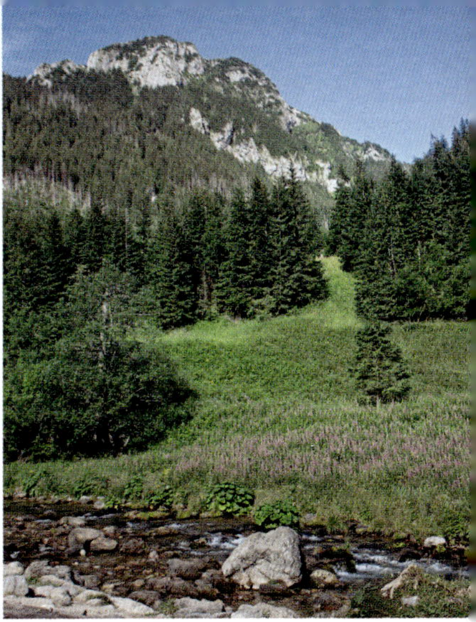

Unterwegs im Dolina Kościeliska (Tour 48).

Weite Teile der Westlichen Tatra sind entweder **bewaldet** oder mit Gras bewachsen. Die **Bergwiesen** reichen oft bis an die höchsten Gipfel heran. **Felsige Bereiche** der Westlichen Tatra sind insbesondere die Regionen um den Sivý vrch im Westen, die Osobitá im Norden, die Červené vrchy (Rote Berge) im Osten und nicht zu vergessen das Massiv der Roháče-Berge im Mittelteil des Gebirges.
Roháče leitet sich vom Wort »Horn« ab und dieser Teil des Gebirges ist sicherlich auch der eindrucksvollste und schönste Abschnitt der Westlichen Tatra. Die Bergkette beginnt offiziell am Berg Spálená und zieht sich über den Baníkov, die Tri kopy, den Plačlivé und den Ostrý Roháč bis zum Volovec (Wołowiec), 2063 m, der sich bereits auf der slowakisch-polnischen Grenze befindet. Vor allem der Ostrý Roháč, 2088 m, mit seinem markanten Doppelgipfel erinnert an zwei Teufelshörner, die für die Namensgebung des Massivs verantwortlich waren. Es ist der Teil des Gebirges, der einen klassischen Hochgebirgscharakter aufweist.
Neben der geografischen Lage bestimmen auch die besonderen Höhenverhältnisse das **Klima** in der Westlichen Tatra. Am Fuße des Gebirges ist es mit einer durchschnittlichen Temperatur von 16 °C im Juli recht kühl und vor allem regnerisch, während es oberhalb der Baumgrenze mit 10 °C und je nach Lage auch noch darunter schon recht kalt ist. Vor allem in den Sommermonaten sind Gewitter und auftretende Wetterumschwünge mit zum Teil unerwarteten Schneefällen keine Seltenheit. Die stabilste Wetterlage gibt es in der Regel in den Herbstmonaten. Der »Altweiber-Sommer« zeichnet sich nicht mehr durch so hohe Temperaturen aus – dafür ist das Wetter stabil und durchweg sonnig. Nachteilig sind hier nur die bereits wieder recht kurzen Tage. Im Winter ist es in der Westlichen Tatra sehr kalt und schneereich. In den Tälern liegt die durchschnittliche Temperatur bei -5 °C und auf den Gipfeln sind -10 °C keine Seltenheit.

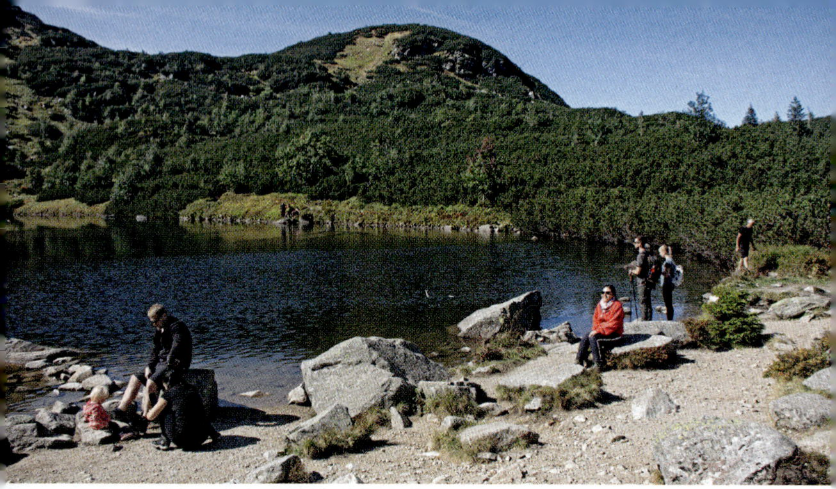

Romantischer Bergsee im Roháčska dolina (Tour 27 und 28).

Das Gebirge gehört zu den feuchtesten Gebieten der Slowakei. Auf den hohen Kämmen kann sich bis zu 200 Tage eine Schneedecke halten, die je nach Lage und Witterung bis in den Mai oder sogar Juni hinein liegen bleiben kann. Die meisten Tiefdruckgebiete kommen aus nordwestlicher Richtung und werden erst von den hohen Gipfeln der Tatra aufgehalten. Daher ist es auf der Liptauer Seite auch deutlich trockener als in der Region Orava.

Gewässer in allen Gebieten

Die **Europäische Hauptwasserscheide** verläuft interessanterweise sowohl in der Region Orava als auch in der Westlichen Tatra entlang des Grenzverlaufs zwischen der Slowakei und Polen. Auf polnischer Seite fließen die Bäche über den Dunajec oder auf direktem Wege über die Wisła (Weichsel) in die Ostsee und in der Slowakei über die Flüsse Orava und Váh in die Donau und weiter ins Schwarze Meer. Der längste und bekannteste Fluss ist mit 60,3 km Länge die Orava, die durch den Zusammenfluss der Biela Orava (entspringt in der Oravská Magura) und der Čierna Orava (entspringt in Polen) am Stausee Oravská priehrada beginnt und bei Kraľovany in den Váh mündet. Mit einem Volumen von 375,5 Millionen Kubikmetern Wasser und einer Ausdehnung von 35 km^2 ist die von 1941 bis 1954 gebaute Talsperre Oravská priehrada das größte Gewässer der Slowakei. Grund für den Bau waren die verheerenden Hochwasser in dem Gebiet. Der Staudamm wird auch zur Energieerzeugung genutzt. Auf dem See gibt es noch zwei kleine Inseln als Überbleibsel der untergegangenen Ortschaften. Die Oravská priehrada eignet sich für Wassersport und ist daher vor allem im Sommer ein beliebtes Touristenziel.

Den größten Wasserablauf auf slowakischer Seite bildet der Bach Studený potok im Roháčska dolina, der sämtliche Abflüsse im westlichen Innenteil des Gebirges vereint und später in die Orava mündet. Der gewaltigste Gebirgsbach ist der Tichý potok im gleichnamigen 14 km langen Tal im Ostteil des Gebirges.
Zu den schönsten Wasserfällen der Westlichen Tatra zählen der Roháčsky vodopád (Tour 27 und 28) in der Slowakei und der Siklawica in Polen (Tour 51).
Momentan existieren noch annähernd 20 kleinere Bergseen in der Westlichen Tatra. Am bekanntesten sind sicherlich die vier Roháče-Seen (Tour 28), die Seen im Jamnícka dolina, im Račkova dolina im Bystrá dolina und der Ťatliakovo jazero an der gleichnamigen Hütte. Auf polnischer Seite gibt es nur den Smreczyński Staw im oberen Teil des Dolina Kościeliska (Tour 48).
Alle Seen haben jedoch ein gleiches Schicksal: Durch permanentes Zuschütten mit Geröll und durch Austrocknen oder die Umwandlung in Torflager werden sich die Gewässer zunehmend verkleinern und mit der Zeit völlig versiegen. Es wird aber sicherlich noch einige Zeit dauern, bis auch der letzte Bergsee des Gebirges verschwunden ist.

Flora und Fauna in allen Gebieten

Die **Chočské vrchy** sind größtenteils bewaldet und von einer Vielzahl von Felsen durchzogen. Dominierend sind **Fichten**, die jedoch in den letzten Jahren durch Borkenkäferbefall oder Stürme sehr gelitten haben. Auch Kalk liebende Pflanzen sind hier heimisch.
In der Region **Orava** gibt es eine vielseitige Flora, die je nach Höhenstufe variiert. In den Wäldern ist die **Fichte** dominant. Aber auch **Kiefern**, **Buchen**, **Tannen** und andere Baumarten wie **Birke** und **Erle** sowie **Hasel** sind anzutreffen. Besondere Lebensräume für Pflanzen bieten kleinere **Moore**.
In der **Westlichen Tatra** gab es früher vor allem **Buchenwälder**, die später jedoch von Köhlern und Schäfern stark dezimiert und zum Teil durch **Fichtenbestände** ersetzt wurden. Da in den letzten Jahren auch hier der Borkenkäfer gewütet hat, wurden einige Hänge gerodet und die neu aufgeforsteten Wälder befinden sich derzeit im Nachwachsen. **Ebereschen** sind ebenfalls sehr stark vertreten und einige **Tannen**

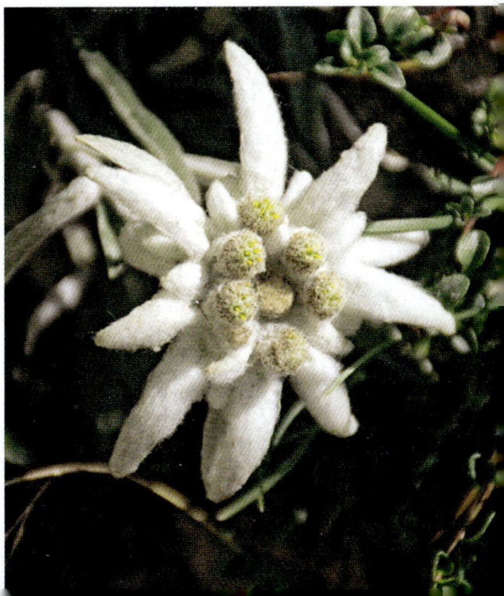

Edelweiß (Leontopodium nivale).

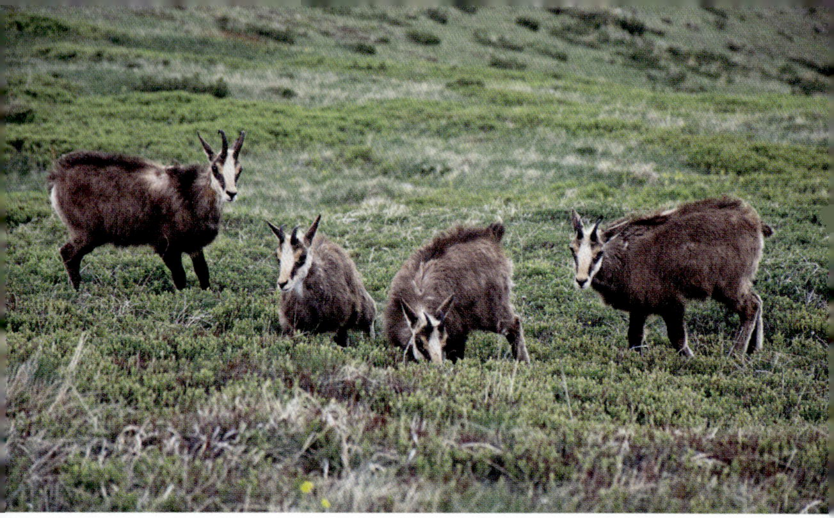

Die seltenen Tatra-Gämsen sind im Bereich des Hauptkamms überall anzutreffen.

und **Lärchen** mischen sich unter die Bäume. **Ahorn** und **Esche** sind gelegentlich anzutreffen, **Kiefern** hingegen sieht man nur selten.

Ursprünglich verlief die **Baumgrenze** in einer Höhe von etwa 1500 m. Für die Schaf- und Rinderzucht wurden jedoch große Flächen gerodet oder abgebrannt und die Waldgrenze sank dadurch je nach Lage zwischen 100 und 150 m ab. Darüber breiten sich auch heute noch große Bestände von **Latschenkiefern** aus. Doch auch diese wurden in der Vergangenheit abgeholzt, um Almflächen zu schaffen. Diese Entwicklung wurde durch Gründung der Nationalparks natürlich gestoppt. Die fehlenden Bäume begünstigen aber schwere Lawinenabgänge über teils glatte Hänge, die auch Baumbestände weiter unterhalb zerstören. Zusätzlich sorgt eine entstehende Bodenerosion für weitere Probleme.

Über 1800 m gibt es aufgrund des rauen Klimas meist nur noch **Gräser**, **Flechten** und **Moose**. Im Sommer findet sich jedoch eine **bunte Vielfalt** von **Blumen**, die sich in der alpinen Vegetationsstufe wohlfühlen. Einige Pflanzen wie der **Bergklee**, der **Schmalblättrige Igelkolben**, der **Alpen-Gelbling**, das **Alpen-Leinkraut** und die **Armblütige Segge** kommen in der Slowakei nur in der Westlichen Tatra vor.

In den weiten und einsamen Wäldern sind neben **Hirschen**, **Wölfen** und **Luchsen** auch **Bären** anzutreffen. Der Bestand an Braunbären hat in den letzten Jahren erheblich zugenommen, was sich oft an ihren Hinterlassenschaften zeigt, die nicht selten mitten auf den Wegen anzutreffen sind. In allen Regionen sind darüber hinaus auch **Rehe** und **Wildschweine** heimisch. In der Region Orava wurden auch wieder **Seeadler** gesichtet. Andere häufig

anzutreffende Vogelarten sind **Feldlerche**, **Rebhuhn**, **Auerhahn**, **Falke** und **Bussard**. Um den Stausee Oravská priehrada herum gibt es das größte Vorkommen an **Wasservögeln** in der gesamten Slowakei. Um Oravice herum nisten **Schwarzstörche** und auch der **Steinadler** dreht über den Bergen der Westlichen Tatra wieder öfters seine Kreise. Im Bereich des Kominiarski Wierch auf polnischer Seite gibt es zahlreiche Nistplätze, die die Sperrung des Berges für Wanderer zur Folge hatte.
In den Hochgebirgsregionen sind auch der **Bergsalamander** und der endemische **Karpatensalamander** heimisch.

Nationalparks

Tatranský národný park – TANAP – Slowakei

Der **Tatra-Nationalpark (TANAP)** ist einer von neun Nationalparks der Slowakei und zugleich der älteste. Er erstreckt sich über die Westliche und Hohe Tatra. Der Park wurde am 1. Januar 1949 gegründet, seine Verwaltung sitzt in Svit und Liptovský Mikuláš. Seine Gesamtfläche beträgt 1045 km², davon sind 307 km² der höchsten Schutzzone zugeordnet.
Es gibt im gesamten Nationalpark viele nicht mehr häufig anzutreffende Pflanzenarten. Zu den seltenen Tieren, denen hier begegnet werden kann, gehören neben dem Steinadler und dem Braunbären vor allem die nur hier lebenden Tatra-Gämsen und die Tatra-Murmeltiere.
Der Gründung des Nationalparks gingen große Naturzerstörungen während der ersten Hälfte des 20. Jh. voraus. Die Wälder wurden vernachlässigt, Holz wurde illegal geschlagen, Hirten weideten ohne Rücksicht alle möglichen Weidebestände ab und auch eine Borkenkäferplage gab es schon. Daher wurden in den Jahren 1919 bis 1921 erste Vorbereitungen zum Schutz der Natur getroffen und ein Nationalpark geplant. Auch der Deutsche Karpatenverein und der Tschechoslowakische Touristenklub waren in die Arbeiten zum Schutz der Natur mit eingebunden. Es war nicht einfach, da ein Nationalpark auch die Interessen der Einheimischen und Jäger betraf, und so zogen sich die Planungen in die Länge, bis der Zweite Weltkrieg eine weitere Planungspause einläutete.
Nach dem Ende der Kriegshandlungen wurden die Verhandlungen zur Gründung eines Nationalparks wieder aufgenommen. Am 18. Dezember 1948 verabschiedete der Nationalrat der Tschechoslowakei das Tatra-Nationalpark-Gesetz, sodass die offizielle Gründung des Parks am 1. Januar 1949 tatsächlich stattfinden konnte. Die Westliche Tatra war anfangs nur als geschützte Zone dem Nationalpark angeschlossen und wurde erst am 12. April 1987 ebenfalls Bestandteil des Nationalparks.
Im Bereich der Westlichen Tatra gibt es 17 kleinflächige Gebiete, die einem strengeren Schutzregime unterworfen sind. Das älteste dieser Schutzgebiete ist die Rinne Kotlový žľab im Tal Látaná dolina, das bereits im Jahre 1934 ausgerufen wurde. Das größte Schutzgebiet ist mit knapp 6 ha das Tichá dolina, das erst 1991 aufgenommen wurde.

Der Nationalpark hat strenge Regeln erlassen, die es zu beachten gilt. Die Besucher dürfen sich nur auf den markierten Wanderwegen bewegen. Zusätzlich sind die meisten Täler und Hochgebirgsregionen aus Gründen des Naturschutzes nur vom 15. Juni bis zum 31. Okt. zugänglich. Zuwiderhandlungen können von den Parkrangern zur Anzeige gebracht werden und es drohen empfindliche Strafen.

Kontakt:
Správa Tatranského národného parku so sídlom v Tatranskej Lomnici – pracovisko Liptovský Mikuláš
Michala Miloslava Hodžu 11, 031 01 Liptovský Mikuláš, Tel. +421 44 553 62 22
tanap.sk

Tatrzański Park Narodowy – TNP – Polen
Der **Tatra-Nationalpark** (TPN) ist einer von 23 Nationalparks in Polen. Gegründet wurde der Park am 13. Januar 1955. Er erstreckt sich über den gesamten polnischen Teil des Gebirges inklusive kleinerer Teile von Vorgebirgen. Die Fläche beträgt 211,67 km², wovon 149,84 km² besonders geschützt und nicht zugänglich sind. 34,69 km² können von Wanderern besucht werden und 27,14 km² sind normale Landschaftsfläche.
Ähnlich wie auch in der damaligen Tschechoslowakei waren die Umweltzerstörungen im ausgehenden 19. und beginnenden 20. Jh. in der Bergregion immens. Wälder wurden vernichtet, Zufahrtsstraßen gebaut und die intensive Weidewirtschaft tat ihr Übriges. Im Jahre 1868 wurde ein erstes Gesetz zum Schutz der Tiere erlassen und die 1873 gegründete Tatra-Gesellschaft erweiterte es auf den Schutz einzelner Pflanzenarten. Ehemalige Wilderer, die sich jetzt der Natur verschrieben hatten, begannen, eine Jagdwache einzurichten. Es wurden Gelder gesammelt, um das Bergland aufzukaufen. Bis 1933 konnten so über 10.000 ha Gelände erworben und dadurch geschützt werden. Gegner versuchten, die Gründung eines Nationalparks zu verhindern, da sie die Entwicklung der touristischen Infrastruktur gefährdet sahen. Am 26. Juni 1939 wurde vom polnischen Landwirtschaftsministerium ein weiteres Gesetz erlassen, um die Flora und Fauna in der Tatra zu schützen. Ähnlich wie in der heutigen Slowakei stoppte auch hier der Zweite Weltkrieg weitere Entwicklungen.
Im Jahr 1947 wurden der Privatbesitz einer Familie verstaatlicht, der mehr als die Hälfte der polnischen Tatra gehörte, und ein erstes offizielles Schutzgebiet mit dem Namen Tatra-Nationalpark eingerichtet. In den Folgejahren wurde weiteres Land erworben und im Oktober 1954 der Beschluss zur Gründung des Nationalparks endlich umgesetzt. Als die Arbeit des Nationalparks begann, war das Tatra-Gebirge in einem schrecklichen Zustand und der Bestand an Säugetieren äußerst gering.
Ein weiteres Problem nach Gründung des Parks war das Privateigentum inklusive der Tatra-Weiden. Die Hirten wollten das Land nicht an den Natio-

nalpark abtreten. Die Weidehaltung wurde zum Teil exzessiv betrieben und viele Almflächen waren von den Schafen völlig zertrampelt und zerstört. Da keine Lösung herbeigeführt werden konnte und die Hirten trotz Verbote weiter ihre Tiere in der Tatra hielten, wurde das Land im Jahr 1960 enteignet. Heute hat man eine einvernehmliche Lösung mit den Hirten gefunden. Etwa 85 % des Nationalparks sind im Besitz des TPN. Ein Teil gehört dem polnischen Touristenverein PTTK und ein weiterer einer Achtdörfer-Waldgemeinschaft. Das enteignete Land wurde den Hirten im Jahr 1981 zurückgegeben – Weidehaltung ist aber nur unter Kontrolle des Parks zulässig. In den Randzonen des Gebiets sind auch heute noch einzelne Schäfer mit kleineren Herden anzutreffen.

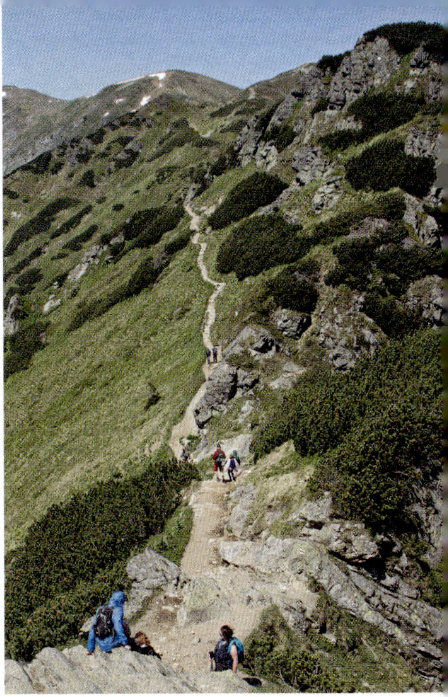

Anspruchsvoller Höhenweg zwischen Kasprov vrch und den »Roten Bergen« (Tour 52 und 53).

Auch im polnischen Teil der Westlichen Tatra gelten strenge Schutzregeln für die Besucher. Wanderer dürfen sich nur auf markierten Wegen bewegen. Einzelne Bereiche sind komplett für Besucher gesperrt, um beispielsweise die Brut junger Steinadler zu schützen. Im Gegensatz zur slowakischen Seite sind die meisten Wanderwege jedoch ganzjährig geöffnet. Es gibt nur wenige Ausnahmen mit jahreszeitlichen Sperrungen. Für das Betreten der Wanderwege wird an jedem Taleingang ein Eintrittsgeld in Höhe von 9 PLN (ca. 2 €) erhoben (Stand: 2023).

Heutzutage stellen sich dem Nationalpark neue Probleme. Über 3,5 Millionen Besucher werden jährlich in der polnischen Tatra gezählt. In der Westlichen Tatra sind die Berge Kasprowy Wierch und Giewont am meisten belastet. Auf schmalen und exponierten Streckenabschnitten sind zu viele Touristen unterwegs, was eine extreme Belastung für die Natur darstellt. Auch der Skisport hat zu Erosionsprozessen und Vegetationsschäden geführt.

Kontakt:
Tatrzański Park Narodowy
Kuźnice 1, 34-500 Zakopane, Tel. +48 18 20 23 300
tpn.pl

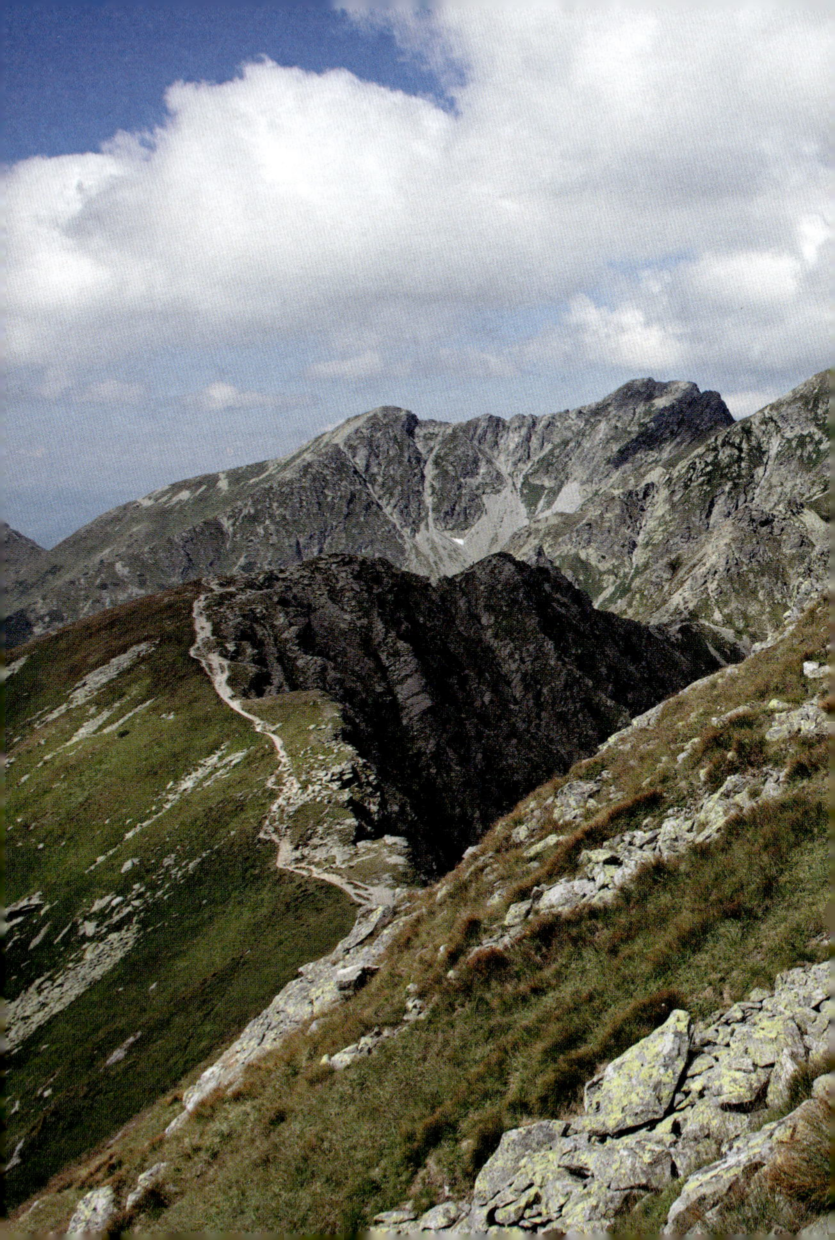

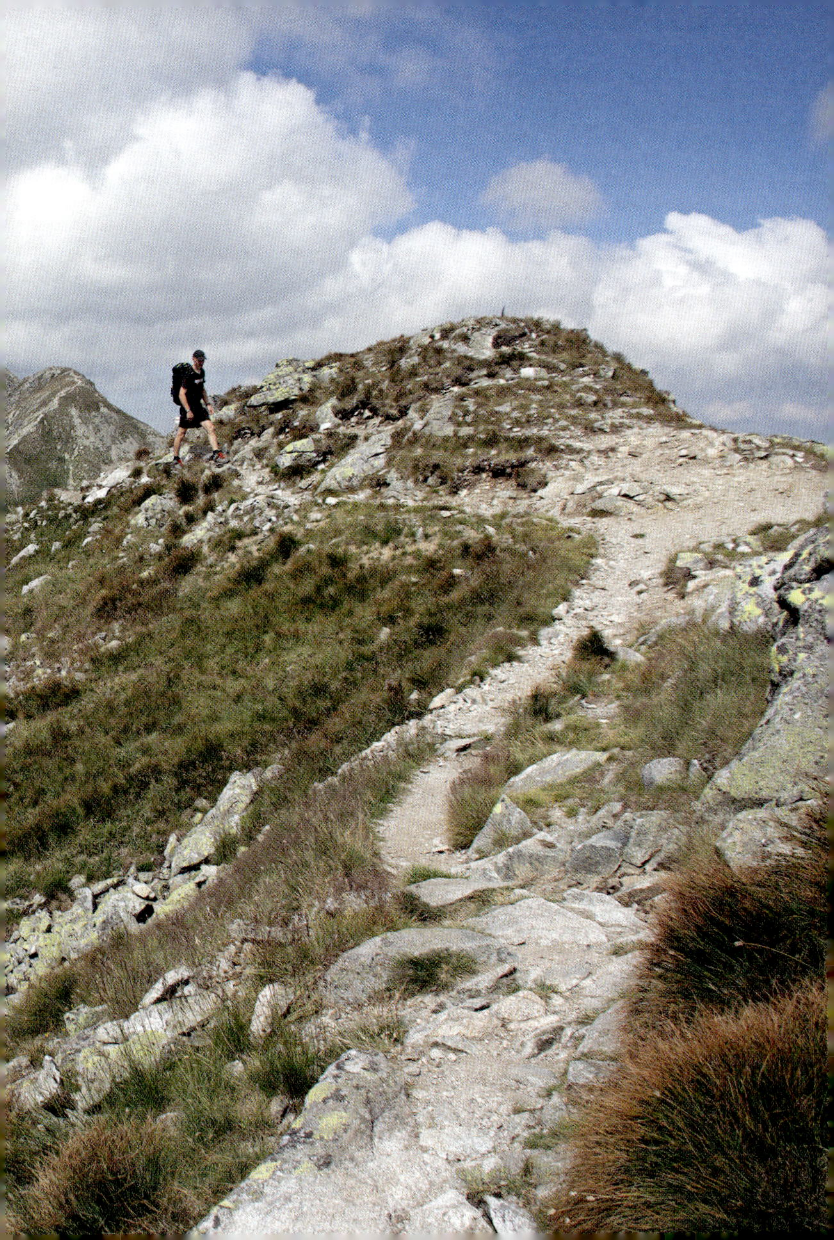

↗ 600 m | ↘ 600 m | 11.1 km

1 Rundweg über Predný Čebrať, 945 m, und Čebrať, 1054 m

4.15 h

Ein fabelhafter Aussichtspunkt und eine verträumte, einsame Wiese

Vom Ausgangspunkt in Ružomberok wirkt der Čebrať wie eine gewaltige bewaldete Pyramide. Auch den Vorgipfel Predný Čebrať lohnt es zu besteigen, da dieser einen fantastischen Blick über die Kreisstadt im Waag-Tal und die dahinterliegenden Berge der Niederen Tatra sowie der Großen Fatra bietet. Der Aufstiegsweg wurde im Juli 2021 nach Zenko Hochmuth benannt, der bis zu seinem Tod im Jahr 1990 in der Region lebte und umfangreiche Literatur über die Berge der Umgebung verfasste. Er hat sich sehr für den Tourismus in der heutigen Slowakei eingesetzt. Seine Wanderführer wurden auch auf Deutsch übersetzt und waren in der DDR zu kaufen. Zu seinen Ehren wurde ein Gedenkstein auf dem Predný Čebrať aufgestellt, der an sein Lebenswerk erinnern soll.

Ausgangspunkt: Ružomberok, 478 m, Bahnhof, Wegweiser »Ružomberok, stanica«; kostenpflichtige Parkplätze gegenüber dem Wegweiser.
Anforderungen: Straßen und Bürgersteige im Stadtgebiet, ab dem Wegweiser »Kuskova vila« sehr gut gekennzeichneter Pfad, der nur in kurzen Abschnitten steiler ist. Der Abstieg vom Čebrať ist extrem steil und erfordert Trittsicherheit, ab der Wiese wieder einfache und breite Waldwege. Keine offizielle Wandermarkierung zwischen dem Predný Čebrať und Dubovské lúky sowie von Rybárpole bis zum Ausgangspunkt.
Infrastruktur: Am Ausgangspunkt Buffet im Bahnhof, zwei Kneipen und ein Supermarkt. Im unteren Teil des Auf- und des Abstiegs gibt es jeweils eine Quelle mit erfrischendem Wasser. Kurz vor Ende der Tour Einkehrmöglichkeiten im Zentrum von Ružomberok.
Variante: Nur Besteigung des Predný Čebrať (hin und zurück 2.30 Std., 6,4 km, 480 Hm im Auf- und Abstieg; Schwierigkeit blau/einfach).
Tipp: Es lohnt sich, die Tour zum Nachmittag hin zu unternehmen, da man am Aussichtspunkt auf dem Predný Čebrať die Sonne im Rücken hat und die Stadt und die dahinterliegenden Berge im Licht erstrahlen. Auch von der Wiese 5 bietet sich um diese Zeit ein herrlicher Blick auf das Massiv des Veľký Choč.
Karte: SHOCart – Blatt 1095 Chočské vrchy 1:50.000.

Vom Wegweiser am Bahnhof von **Ružomberok** 1, 478 m, gehen wir der grünen Markierung folgend am Busbahnhof vorbei, hinter dem Supermarkt nach rechts und über die Gleise zum Hinweisschild für Radfahrer »Likavka, Pod Paračkou«. Dort leitet uns das grüne Wegzeichen nach links, parallel zu den Schienen an einer Straße entlang und unter einer Brücke hindurch. In diesem Abschnitt ist das Verkehrsaufkommen ziemlich hoch. Kurz vor den Siedlungshäusern beginnt rechts des Schilds **Kuskova vila** 2, 477 m, ein Pfad. Dieser führt zunächst in den Wald und verläuft einige Meter in Sichtweite einer Mauer. Danach geht es unter einer Stromleitung hindurch sowie an einer erfrischenden Quelle vorbei zu einer Wiese mit Rasthütte

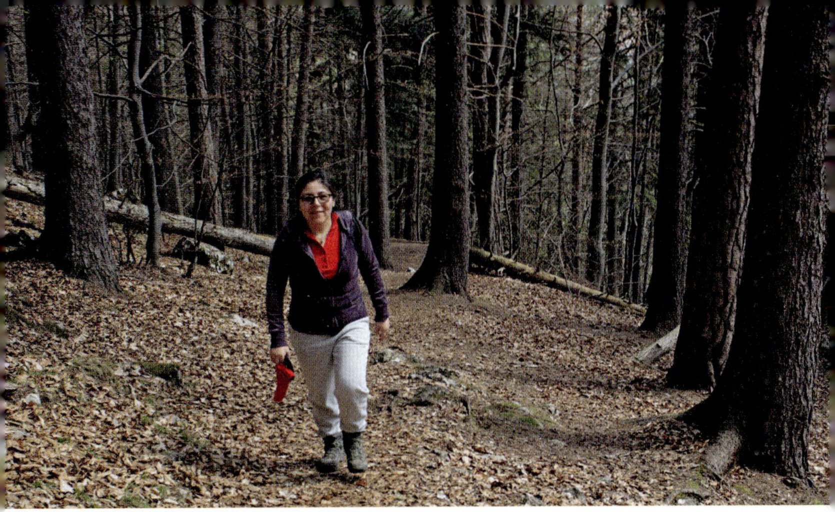

Der Aufstiegsweg führt uns durch dichten Wald.

und Gedenkstein zum 100. Jahrestag der Gründung der Tschechoslowakei. Noch vor dieser Wiese zweigt links ein schmaler Weg ab, der nach gut 50 m in einen Fahrweg mündet, dem wir bergauf folgen. Kurz darauf beginnt rechts nochmals ein Pfad, der sich jetzt deutlich steiler und immer wieder in einigen Serpentinen hinauf zum **Predný Čebrať** 3, 945 m, windet. Neben einem Gedenkstein zu Ehren von Zdenko Hochmuth gibt es auch eine Sitzbank mit herrlichem Blick auf die Kreisstadt Ružomberok sowie die dahinterliegenden Berge.

Hinter der Sitzbank ist ein Pfad auszumachen, der sich über den Bergrücken hinauf zum höchsten Punkt des Bergmassivs zieht. An Bäumen sind Pfeile und blaue Punkte zu erkennen, die der Orientierung dienen. Eine Steilstufe stellt sich uns in den Weg, mit der eine Felspartie umgangen wird. Danach wandern wir am rechten Rand eines Grabens hinauf zum bewaldeten Gipfel des **Čebrať** 4, 1054 m, der leider keine Aussicht bietet.

Der Abstieg vom Berg stellt sicherlich den schwierigsten Teil der Wanderung dar. Kleine Holzschildchen mit der Aufschrift »Na lúky«, grüne Punkte und Balken dienen wiederum der Wegfindung. Der Weg führt erst nach rechts auf dem Bergrücken entlang und zweigt dann nach links ab. Der Abstieg ist zum Teil extrem steil und es gilt, hier wirklich vorsichtig zu sein. Unser Pfad windet sich in mehreren Schleifen zum Fuße des Berges hinunter und läuft auf einer **großen Wiese** 5, 766 m, aus. Rechts von uns erhebt sich das wuchtige Felsmassiv des Veľký Choč.

Wir gehen weglos nach links und zwischen alten Schäferhütten hindurch zum Waldrand, wo an einem Baum der Wegweiser **Dubovské lúky** 6, 738 m,

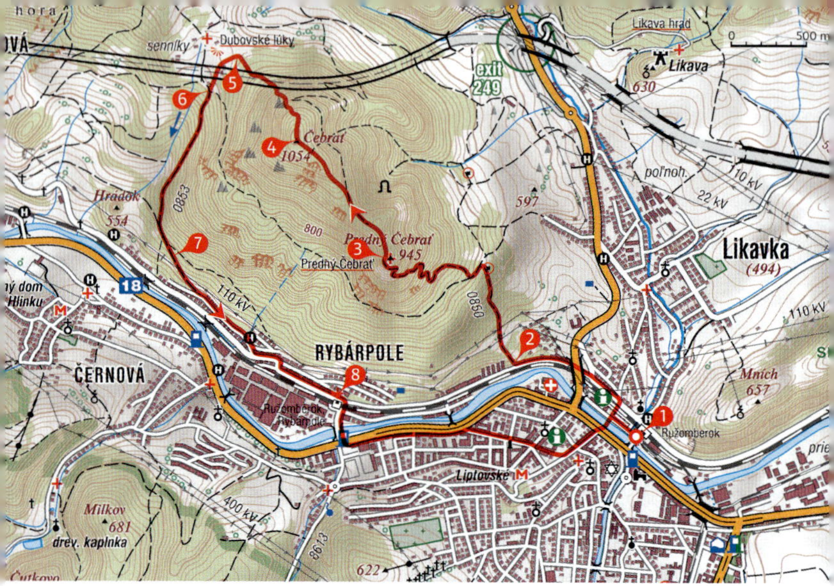

Ausblick vom Predný Čebrať.

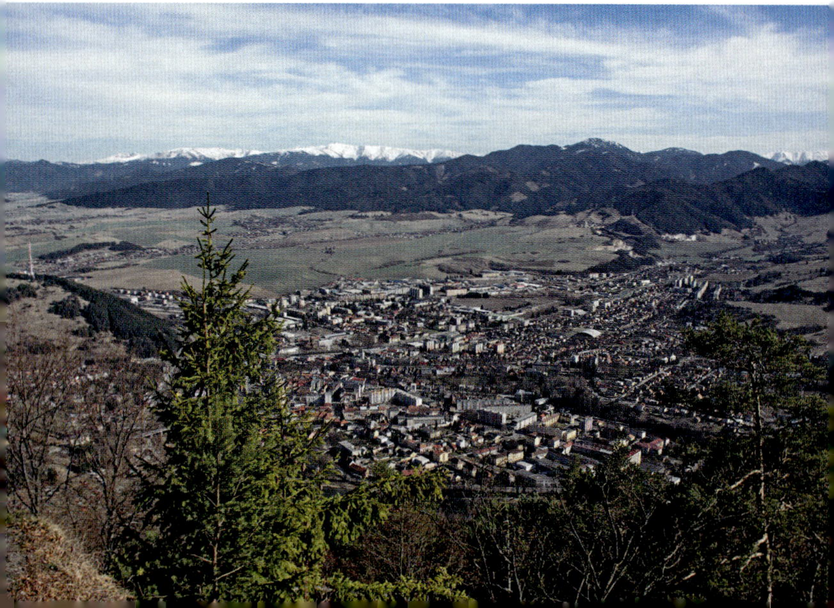

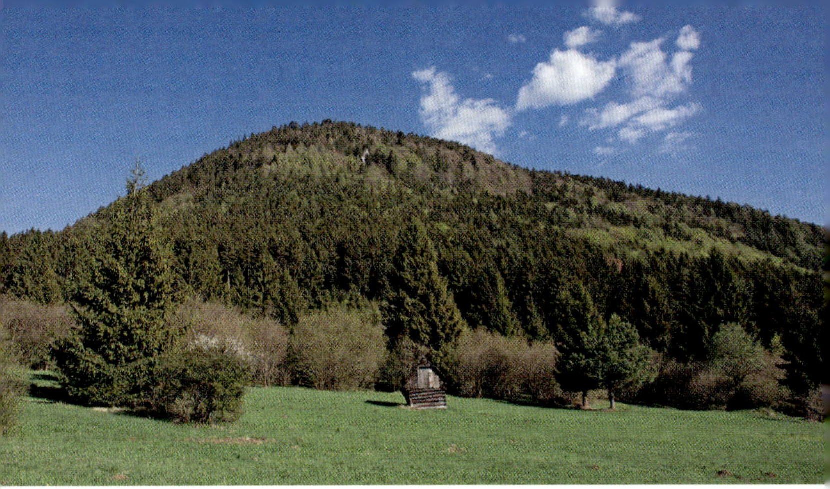

Die steile Nordseite des Čebrať.

zu erkennen ist. Etwas weiter rechts befindet sich noch ein klassisches Wegschild mit gleicher Bezeichnung. Die rote Markierung leitet jetzt um den Čebrať herum auf breiten Wegen nach Ružomberok zurück. Kurz nach der Quelle **Samko** 7, 546 m, endet der Wald und die ersten Häuser beginnen. Die Nebenstraße trifft auf die Straße Ulica Nová Hrboltová, die wiederum links direkt zum Bahnhof des Ortsteils **Rybárpole** 8, 473 m, leitet.
Um zum Ausgangspunkt zurückzugelangen, bietet sich der Weg durch die Stadt an. Wir gehen über die Bahngleise, den Fluss Váh und auf der anderen Seite nach links auf dem Bürgersteig an der breiten Durchgangsstraße in Richtung Zentrum. Wo die Durchgangsstraße eine Kurve macht, führt die Straße Scota Viatora geradeaus an einer Polizeistation vorbei in die Fußgängerzone hinein, wo etliche Restaurants und Cafés zu einer Schlussrast einladen. An einem größeren Platz leitet die Straße Mostová links zur Hauptstraße zurück. Eine Fußgängerbrücke bringt uns auf die andere Seite des Flusses und von dort rechts am Busbahnhof vorbei zum Bahnhof von **Ružomberok** 1, 478 m, zurück.

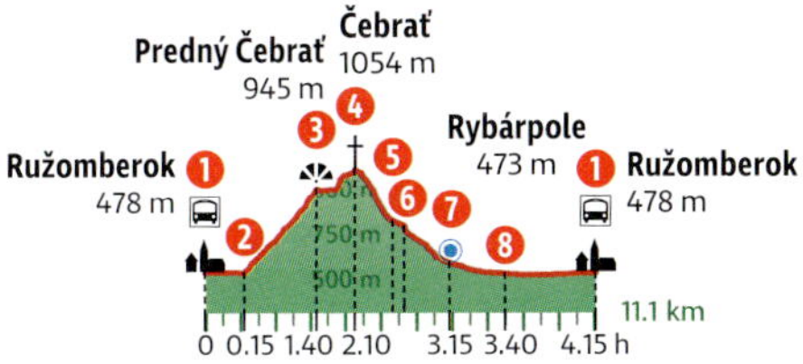

↗ 840 m | ↘ 840 m | 15.9 km

2 Rund um den Predný Choč

6.00 h

Eine Burgruine und zwei herrliche Aussichtspunkte über dem Váh-Tal

Kultureller Höhepunkt dieser Wanderung ist die Besichtigung der Burgruine Likavka, einst die größte Burg der Region Liptau. Erste schriftliche Erwähnungen der Festung sind aus dem Jahr 1315 zu finden. Im Laufe des 15. Jh. wurden zuerst eine Unter- und später eine Oberburg angebaut. Im 16. und 17 Jh. fanden weitere Um- und Ausbauten statt. Die Festung diente zur Bewachung der Handelswege durch das Váh-Tal in die Region Orava und nach Polen. Während des Thököly-Aufstandes wurde sie von der kaiserlichen Armee in den Jahren 1670 und 1680 zweimal erobert und teilweise schwer beschädigt. Als sich die Truppen im Jahr 1707 aus dem Gebiet zurückzogen, wurde die Feste zerstört. Teile der Ruine können heute besichtigt werden. Im weiteren Verlauf der Wanderung besuchen wir noch zwei Aussichtspunkte, die jeweils traumhafte Ausblicke auf die Umgebung bieten.

Ausgangspunkt: Ružomberok, 478 m, Bahnhof, Wegweiser »Ružomberok, stanica«; kostenpflichtige Parkplätze gegenüber dem Wegweiser.
Anforderungen: Straßen und Bürgersteige im Ortsgebiet, im Wald breite Wege und Pfade, die meist nur mäßig steil sind. Eine Hangquerung ist an einigen Stellen etwas ausgesetzt und Bäume sind zu übersteigen. Im Abstieg nach dem Sedlo Spuštiak folgt nochmals ein sehr steiler Abschnitt. Auf den Wiesen zwischen Wald und dem Abzweig zum Jesus-Kreuz sind wir teilweise weglos unterwegs – hier ist etwas Orientierungssinn gefragt.
Infrastruktur: Am Ausgangspunkt Buffet im Bahnhof, zwei Kneipen und ein Supermarkt. In Likava kleiner Laden und ein Gasthaus.
Varianten: 1. Nur zum Aussichtspunkt auf der Poľana pod Predným Chočom 8 und auf demselben Weg zurück (hin und zurück ca. 4.45 Std, 14,6 km, 780 Hm im Auf- und Abstieg, Schwierigkeit blau/einfach).
2. Vom Sedlo Spuštiak mit der blauen Markierung in Richtung Stredná Poľana, ab dort auf dem Wegverlauf von Tour 3 folgend hinauf zum Veľký Choč, 1611 m, (einfache Strecke bis zum Gipfel etwa 2 Std./4,5 km und 570 Hm im Aufstieg, Schwierigkeit mittel/rot).
Hinweise: 1. Wer nur die Burg besichtigen möchte, kann an der Straße Pod Hradom (in unmittelbarer Nähe der Landstraße) das Auto kostenlos abstellen und von dort in etwa 20 Min. aufsteigen.
2. Der Gipfel des Predný Choč ist bewaldet und bietet keinerlei Aussicht.
Tipps: 1. Die Burg Likava kann besichtigt werden (im Mai nur am Wochenende, Juni–Sept. tgl. 10–16 Uhr, Eintritt 3 €).
2. Alles für ein Picknick mitnehmen und auf der Poľana pod Predným Chočom mit traumhaften Aussichten auf die Niedere Tatra und die Große Fatra eine ausgiebige Rast einlegen.
Karte: SHOCart – Blatt 1095 Chočské vrchy 1:50.000.

Vom Wegeschild am Bahnhof von **Ružomberok** 1, 478 m, folgen wir auf dem ersten Teil der Wanderung der roten Wandermarkierung; zunächst gehen wir am Busbahnhof vorbei und hinter dem Supermarkt rechts über

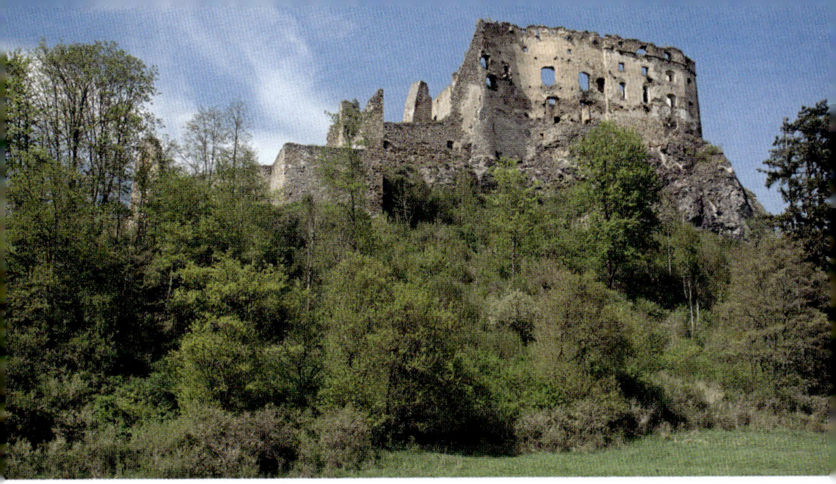

Burg Likavka oberhalb des gleichnamigen Orts.

die Gleise zum Fahrradwegweiser »Likavka, Pod Paračkou«. Die Ortsstraße führt geradeaus weiter über eine kleine Anhöhe und von dort hinunter ins Zentrum von **Likavka** ❷, 495 m. Hier wird erst nach links und nach einem Supermarkt und der Post nach rechts abgezweigt. Nebenstraßen leiten uns zur Touristeninformation und zu einem Parkplatz. Rechts weist die Wandermarkierung in eine Seitenstraße hinein und nach etwa 100 m nochmals nach rechts aus dem Ort hinaus. Nach Unterquerung der Autobahn zieht sich der Weg in einer langen Kurve auf einen Bergrücken zum Hinweisschild »Likavský hrad« hinauf. Etwa 100 m rechts befindet sich der Eingang zum Burghof des **Likavský hrad** ❸, 630 m. Ein schmaler Pfad mit herrlichen Aussichten auf das Liptauer Land verläuft unter der Burgmauer entlang.
Wir kehren zum Hinweisschild zurück und wandern auf breitem Waldweg über den Bergrücken geradeaus bergauf. Im Verlauf wird aus dem Weg ein Pfad. Nach einer Sitzmöglichkeit mit Felsen und einer Rechtskurve folgt eine **Bank** mit **Ausblick** ❹, 815 m, auf die Burg, auf Ružomberok sowie auf die Große Fatra. Der Pfad leitet uns auf einen Seitenkamm und später durch einen Hang mit Blick auf die Niedere Tatra weiter bergan. Nach zwei Schleifen und einer längeren Geraden mit nur leichtem bis mäßigem Anstieg wird die Kreuzung **Pod Predným Choćom** ❺, 1152 m, erreicht. Links zweigt ein schmaler und mit rotem Dreieck markierter Weg zur **Poľana pod Predným Choćom** ❻, 1181 m, ab. Von der Wiese bietet sich eine traumhafte Aussicht auf die Niedere Tatra und die Große Fatra. Auf demselben Weg geht es zur Kreuzung zurück.
Der Pfad zieht jetzt in den Nordwesthang des Predný Choč, 1249 m, hinein und ist in diesem Bereich ein wenig ausgesetzt. Mehrere Bäume sind ein-

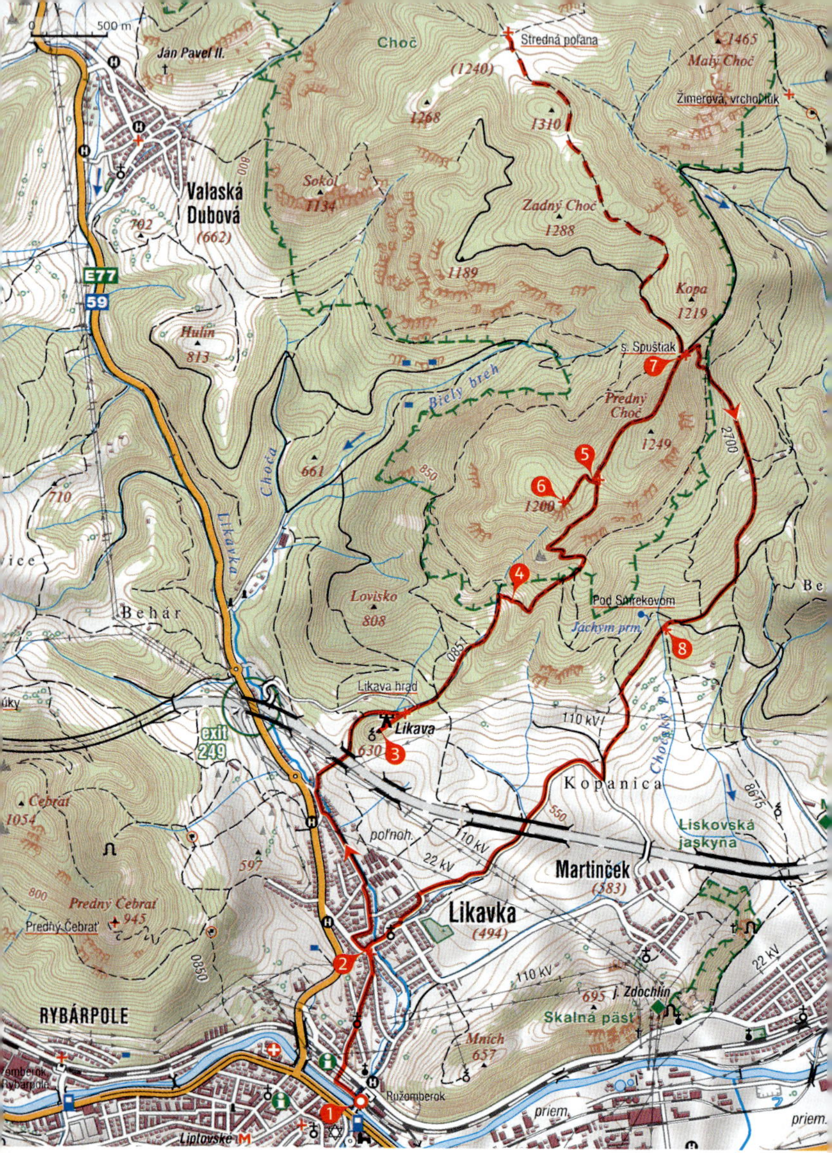
0
500 m
Ján Pavel II.
Choč
Stredná poľana
1465
Malý Choč
(1240)
1268
1310
Žimerová, vrchol lúk
Valaská
Dubová
(662)
Sokol
1134
Zadný Choč
1288
702
1189
E77
59
Kopa
1219
Hulín
813
s. Spuštiak
Biely breh
Predný
Choč
1249
2700
661
850
Choča
710
Likavka
1200
Lovisko
808
Behár
Pod Smrekovom
Jáchym prm.
0851
Likava hrad
Likava
630
110 kV
exit
249
Kopanica
Chočský p.
Cebrat
1054
550
8675
poľnoh.
110 kV
22 kV
Martinček
(583)
Lisková
jaskyňa
597
800
Predný Cebrat
945
Predný Cebrať
Likavka
(494)
110 kV
22 kV
RYBÁRPOLE
0880
695
j. Zdochlín
Skalná päsť
Mních
657
Ružomberok
priem.
priem.
Liptovské
1
2
3
4
5
6
7
8

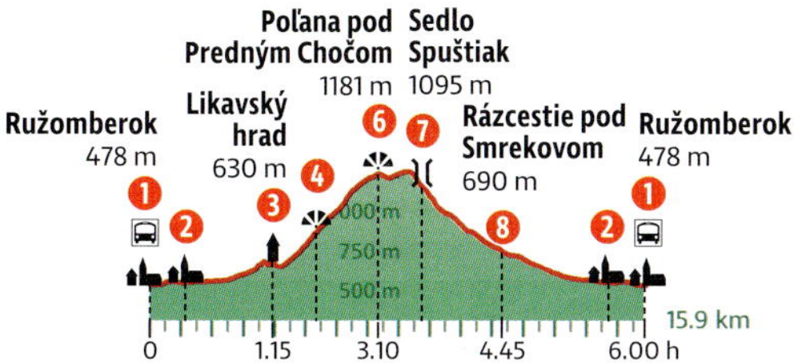

fach zu übersteigen. Ein etwas unscheinbarer Abzweig führt zu einem Aussichtspunkt am Kreuz. Unerfahrene und unsichere Wanderer sollten diesen Abstecher lieber auslassen: Der schmale Pfad verläuft etwas ausgesetzt an der nordöstlichen Hangseite des Bergs entlang. Vom Kríž na Prednom Choči genießt man dafür einen fantastischen Blick in südöstliche Richtung auf den Hauptkamm der Niederen Tatra.

Die rote Markierung leitet jetzt direkt und etwas steiler hinunter zum **Sedlo Spuštiak** 7, 1095 m, der sich auf einer kleinen Wiese befindet. Am Sattel zweigen wir nach rechts auf die blaue Wandermarkierung ab, die in einer weiten Schleife zu einem Steilstück führt. Später verläuft der Weg an der Ostseite des Predný Choč entlang bergab. Eine Wiese mit drei größeren Felsbrocken lädt nochmals zu einer Rast ein. Weiter geht es erst auf einem breiten Waldweg und dann in einer Linkskurve geradeaus auf einem Pfad weiter. Dieser überquert zwei Fahrwege; dem dritten Fahrweg folgen wir nach rechts. In einer scharfen Linkskurve beginnt erneut ein Pfad, der uns zu einem Bachlauf im Wald und der Kreuzung **Rázcestie pod Smrekovom** 8, 690 m, leitet.

Geradeaus über den Bach gelangen wir an den Waldrand. An ein paar Ferienhütten führt nach links ein breiter Weg weiter, der sich später jedoch auf der Wiese verläuft. Wir orientieren uns an einer Markierungsstange und gehen weglos diagonal über das Gras zu einem Jesus-Kreuz mit Sitzbank hinunter. An der nächsten Kreuzung biegen wir scharf rechts auf einen asphaltierten Weg ab. In einem weiten Bogen geht es unter der Autobahn hindurch, dann nach links auf der Ortsstraße wieder ins Zentrum von **Likavka** 2, 495 m, und auf bekanntem Weg zum Ausgangspunkt in **Ružomberok** 1, 478 m, zurück.

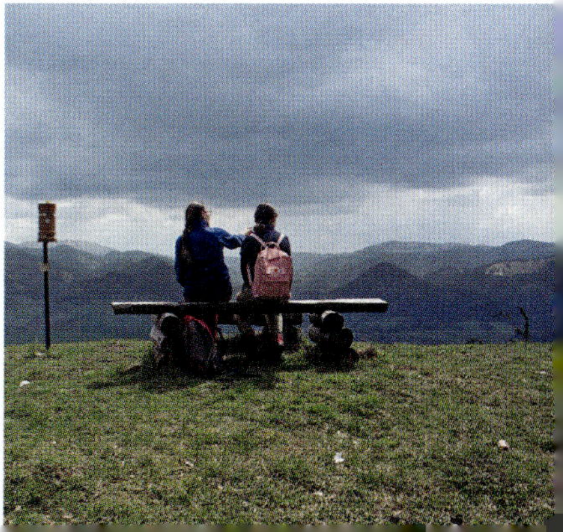

Bergwiese mit Aussicht unter dem Predný Choč.

TOP

3

Von Valaská Dubová auf den Veľký Choč, 1611 m

↗ 970 m | ↘ 970 m | 10.4 km

4.45 h

Gipfeltour mit fantastischer Rundsicht auf viele slowakische Gebirge

Der Veľký Choč ist mit seinen 1611 m nicht nur der höchste Punkt der Chočské vrchy, sondern auch gleichzeitig einer der lohnendsten Aussichtsberge des Landes. In der Slowakei gibt es nur wenige Gipfel, von denen so viele umliegende Gebirge der Westkarpaten zu sehen sind. Im Norden befindet sich das Orava-Bergland mit den markanten Bergen Pilsko und Babia hora, die zu den Beskiden zählen. Im Osten sind die Westliche und die Hohe Tatra gut auszumachen. Nach Süden hin ist nahezu der gesamte Kamm der Niederen Tatra zu sehen, an ihn schließt sich nach Südwesten die Große Fatra an. Es folgen der Gebirgszug der Kleinen Fatra und dort vor allem der markante Gipfelstock des Veľký Rozsutec. Das gesamte Massiv des Veľký Choč ist vorwiegend mit Fichten bewachsen, kurz unter dem Gipfel sind aufgrund der Höhe bereits Latschenkiefern anzutreffen.

Ausgangspunkt: Valaská Dubová, 649 m, Kirche; Bushaltestelle im Zentrum des Dorfs am Beginn der Wandermarkierung, kostenpflichtige Parkplätze (mit SMS-Zahlung, funktioniert nicht mit ausländischen SIM-Karten!); am Abzweig der Landstraße unter dem Dorf kann am Straßenrand kostenlos geparkt werden.
Anforderungen: Mittelschwere Wanderung mit großem Höhenunterschied, im Aufstieg meist steinige Wege und Pfade, im Abstieg kurz unter dem Gipfel eingelagerte Felsen und Kettensicherung in wenig schwerem Gelände.

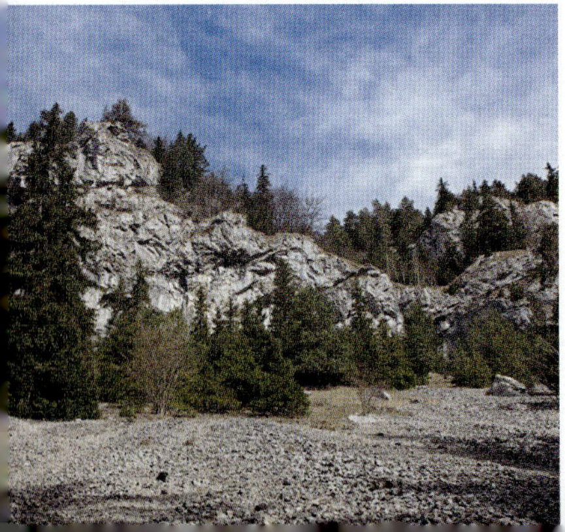

Infrastruktur: Direkt am Ausgangspunkt ein Restaurant, im Zentrum von Valaská Dubová eine Bar und ein kleiner Lebensmittelladen. Unterwegs nichts.
Varianten: 1. Über einen Jägerpfad Aufstieg zu einem einsamen Aussichtspunkt oberhalb von Felsen (Schwierigkeit schwer, wegen der Orientierung und der sehr steilen Abschnitte nur für Geübte!). Hierzu zunächst mit der blauen Markierung bis zur ersten Gabelung hinter dem ersten Wegweiser und dort rechts in einem Bogen hinunter bis zu einem Platz; vor dem Haus mit der Nr. 273 links abbiegen. Nach den Häusern geht es ein Stück durch den Wald und an der ersten Kreuzung nach links über eine Lichtung. 50 m nachdem ein Pfad auf unseren gestoßen ist, zweigt links ein schmaler Jägersteig ab, der nicht immer einfach auszumachen ist. Kurz hinter einer kleinen Rinne im Wald gilt es rechts weiter aufzusteigen, um eine Felspartie oberhalb zu umgehen. Falls das nicht gelingt, einfach unter dem Fels direkt im spitzen Winkel bergauf und an der rechten Seite aufsteigen. Kurz hinter

Felsformationen unter der Stredna Poľana.

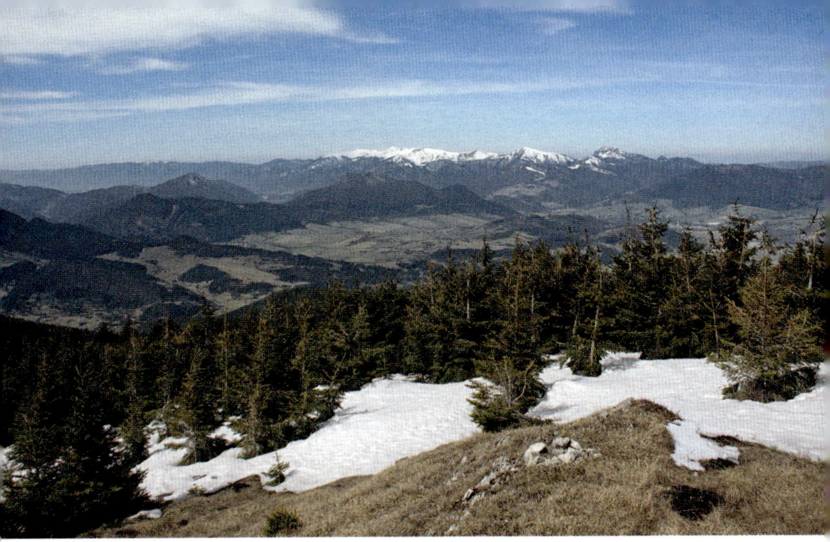

Im Westen erheben sich die Berge der Malá Fatra.

den Felsen macht der schmale Pfad eine Linkskurve zu einer felsigen Abbruchkante mit Traumblick auf Valaská Dubová und die Kleine Fatra.
2. Von der Bergwiese Stredná Poľana führt die blaue Wandermarkierung zum Sedlo Spuštiak (1 Std., 3 km, 80 Hm im Auf- und 230 Hm im Abstieg); ab dort mit Tour 2 Abstieg nach Ružomberok (2.45 Std, 7 km, 20 Hm im Auf- und 650 Hm im Abstieg).
Tipp: Der Veľký Choč ist zu jeder Jahreszeit ein geeignetes Ziel. Im Winter wird über den Abstiegsweg aufgestiegen (siehe Beschreibung S. 62). Besonders in der kalten Jahreszeit an Grödeln oder Steigeisen denken, da Wegabschnitte vereist sein können.
Karte: SHOCart – Blatt 1095 Chočské vrchy 1:50.000.

Vom Parkplatz in **Valaská Dubová ❶**, 649 m, führt die Zufahrtsstraße an der Kirche und einem Gasthof vorbei in das kleine Zentrum des Dorfs mit Bushaltestelle und Wegweiser »Valaská Dubová«. Die blaue Markierung weist uns auf dem ersten Abschnitt der Tour geradeaus aus dem Ort hinaus. Nach den letzten Häusern geht es auf einem unbefestigten Weg an der Quelle **Prameň Likavky ❷**, 788 m, vorbei durch das Tal bergan. Links befinden sich imposante Felsformationen. Der Weg wird steiler und schmaler und zieht sich hinauf auf die große Wiese **Stredná Poľana ❸**, 1248 m. Wenige Meter rechts vom Hinweisschild befindet sich eine Notunterkunft aus Holz mit dem etwas provokativen Namen »Hotel Choč«. Der Gipfelstock des Veľký Choč liegt bereits direkt vor uns.
Die grüne Wandermarkierung leitet jetzt auf den Gipfel. Zunächst geht es geradeaus weiter über die Wiese (links: Einmündung des Rückwegs,

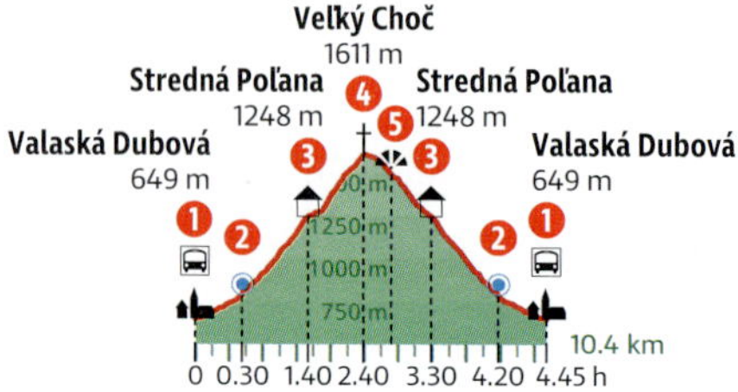

d. h., Abzweig des Winterwegs) und danach in den Wald. Dort windet sich ein Steig weiter nach oben. Im Verlauf sind immer wieder größere Steine oder Felsen eingelagert. Die Hände werden aber nicht benötigt. Einige Abschnitte sind jedoch ziemlich steil und mühevoll. Der Steig mündet an einem Hinweisschild in den rot markierten Wanderweg. Von hier sind es nur noch wenige Meter bis zum Wegweiser des Veľký Choč. Etwas rechts oberhalb eines Felsen befindet sich der Gipfel des **Veľký Choč** 4, 1611 m (in der Karte 1608 m). Die fabelhafte Aussicht belohnt für die Mühen des Aufstiegs. Vom Wegweiser leitet ein schmaler Pfad durch Latschen auch zur nördlichen Abbruchkante des Bergs. Die Aussicht nach Norden auf die Region Orava und die Beskiden sollte nicht ausgelassen werden.

Der Abstieg erfolgt auf einem rot markierten Steig, der anfangs sehr schmal ist und an einigen Latschen vorbeiführt. Ein steiler Abschnitt mit Felsen

Aussicht nach Osten auf die Westliche Tatra.

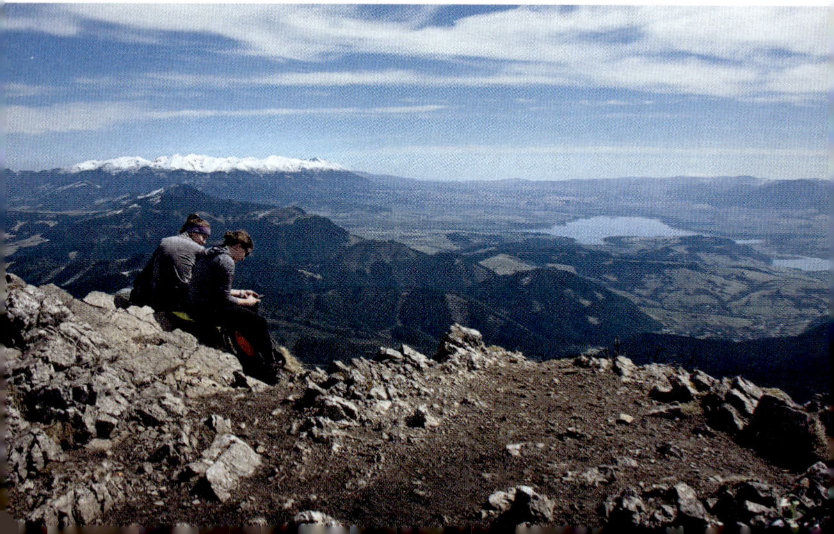

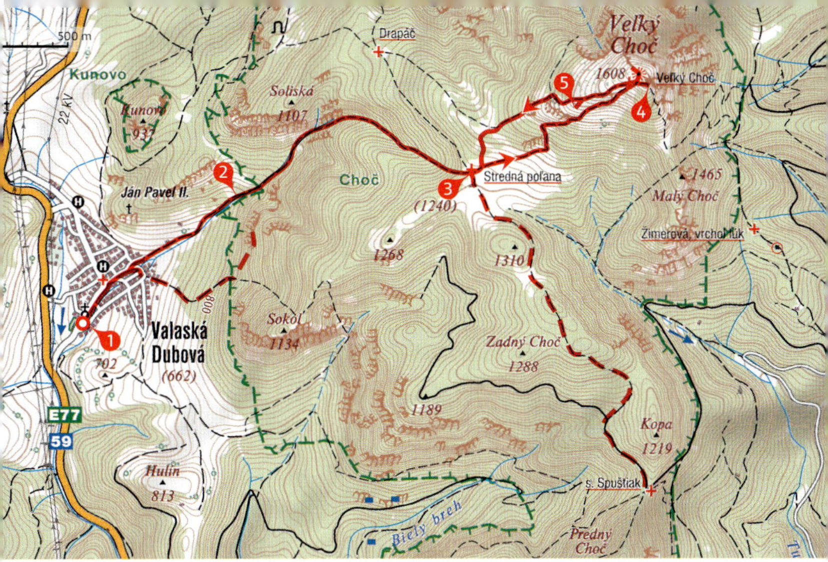

ist durch zwei Ketten abgesichert und leitet auf ein kleines Grasplateau hinunter. Ein paar Meter links des Wegs befindet sich noch ein **Aussichtspunkt 5**, 1496 m, der eine herrliche Sicht auf Große und Kleine Fatra bietet. Im weiteren Verlauf zieht sich ein Pfad im Wald hinab zu einem Hinweisschild mit Abzweig zur Stredná Poľana. Die kurze unmarkierte Querverbindung bringt uns hinunter zur großen Bergwiese. Etwa 100 m rechts befindet sich der Wegweiser **Stredná Poľana 3**, 1248 m. Von hier steigen wir auf bekanntem Weg wieder nach **Valaská Dubová 1**, 649 m, ab.

Variante Aufstieg Winterweg: Bis zum Wegweiser **Stredná Poľana 3**, 1248 m, folgen wir der zuvor beschriebenen Route. Dann gehen wir nur knapp 100 m mit dem grünen Wanderzeichen bis zu einem Schild und dort nach links. Es handelt sich um eine kurze unmarkierte Querverbindung zum rot markierten Wanderweg, dem rechts hinauf gefolgt wird. Zwischen Fichten hindurch windet sich der Pfad weiter bergan. An einer offenen Fläche lohnt es sich, kurz nach rechts zu gehen, um an einem **Aussichtspunkt 5**, 1496 m, einen herrlichen Blick auf die wilden Berge der Kleinen Fatra zu werfen. Zurück am Pfad, ist das kommende Stück des etwas steileren und mit Felsen durchzogenen Aufstiegs mit Ketten versichert. Auf den letzten Metern breiten sich auch Latschenkiefern aus und der Steig wird recht schmal. Kurz darauf taucht der Wegweiser des Veľký Choč vor uns auf. Von hier sind es nur noch wenige Meter nach rechts zum Gipfel des **Veľký Choč 4**, 1611 m.

↗ 1100 m | ↘ 1100 m | 15.5 km

4 Von Lúčky auf den Veľký Choč, 1611 m

7.00 h

Auf den höchsten Berg der Chočské vrchy

Das einzigartige Aussehen und die isolierte Lage, mit der sich daraus resultierenden Rundsicht haben den Veľký Choč immer wieder zum Anziehungspunkt für viele Schriftsteller gemacht, die sich in ihren poetischen oder prosaischen Werken von diesem außergewöhnlichen Berg inspirieren ließen. Auch die renommiertesten Maler und Fotografen der Slowakei haben zu allen Jahreszeiten und von allen Seiten die Schönheit dieses markanten Gipfels in ihren Werken verewigt. Der Veľký Choč ist natürlich auch bei Touristen sehr beliebt. Der Aufstieg auf einen der schönsten Aussichtsgipfel des Landes ist nicht allzu lang und es gibt nur wenige Erhebungen in der Slowakei, von denen wie hier insgesamt acht Gebirge zu sehen sind. Auch Botaniker, Zoologen, Geologen, Ökologen und Höhlenforscher schätzen den Berg wegen seiner großen Vielfalt. Zu allen Jahreszeiten lohnt sich der etwas mühevolle Aufstieg auf den Aussichtsbalkon der Chočské vrchy.

Ausgangspunkt: Lúčky, 578 m, Gemeindeverwaltung; Bushaltestelle »Lúčky, obecný úrad« im Ortszentrum oder weiter nördlich an der Endstation »Lúčky, kúpele«; kostenlose Parkplätze auf der anderen Seite des Bachs und vor dem kleinen Wasserfall.
Anforderungen: Mittelschwere Wanderung mit großem Höhenunterschied; im Aufstieg zum Sedlo Vráca sehr steile Abschnitte mit zwei Kettensicherungen. Felseinlagerungen auf dem letzten Stück zum Gipfel und eine weitere Kette machen die Zuhilfenahme der Hände notwendig. Es gibt aber keine ausgesetzten Kletterstellen.
Infrastruktur: Nur in Lúčky mehrere Einkehrmöglichkeiten, sonst nichts.
Variante: Die Besteigung des Malý Choč kann ausgelassen werden.
Kombi-Tipp: Um nicht auf derselben Route abzusteigen, kann vom Gipfel des Veľký Choč auf Tour 3 gewechselt werden.
Hinweis: Die Tour lässt sich etwas verkürzen, wenn man sein Fahrzeug am Wegweiser »Jastrabia dolina, odkalište« abstellt. Dort stehen aber nicht allzu viele Plätze zur Verfügung.
Tipps: 1. Der Veľký Choč ist zu jeder Jahreszeit ein geeignetes Ziel. Besonders im Winter an Grödeln oder Steigeisen denken, da Wegabschnitte vereist sein können.
2. Im Aqua-Vital-Park von Lúčky nach der Wanderung noch baden und entspannen (kupele-lucky.sk unter »Aqua-Vital + Wellness«, nur auf Slowakisch).
Karte: SHOCart – Blatt 1095 Chočské vrchy 1:50.000.

Ab der Bushaltestelle »Lúčky, obecný úrad« in **Lúčky** ❶, 578 m, wird uns die rote Wandermarkierung bis zum Gipfel den Weg weisen. Es sind nur wenige Schritte bis zur Hauptsehenswürdigkeit des kleinen Kurorts: eine von Bäumen eingerahmte Kaskade. Der Wegweiser »Lúčky, vodopád« befindet sich auf einer Treppe. Über diese geht es hinauf und rechts an der Kirche vorbei zur Busendstation **Lúčky, kúpele** ❷, 615 m. Wir wandern auf dem

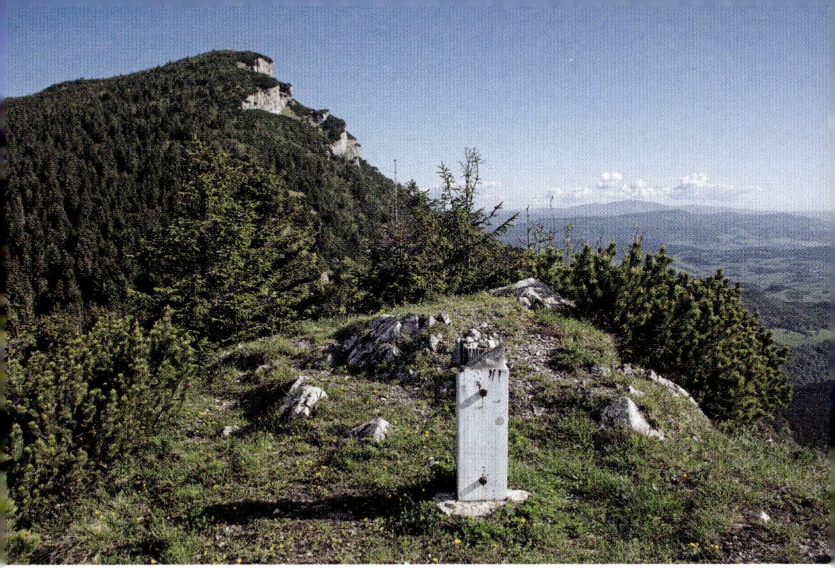

Auf dem Malý Choč.

Bürgersteig neben der Straße am Aqua-Vital-Park vorbei und aus dem Dorf hinaus und dann neben der Landstraße zum im Wald liegenden Abzweig **Jastrabia dolina, odkalište** ❸, 645 m.

Links von uns zieht sich eine schmale Asphaltstraße steil in ein Seitental hinein. In der ersten Spitzkehre am Schild **Jastrabia dolina, rázcestie** ❹, 757 m, wird die Straße nach rechts verlassen. Auf der anderen Seite des Bachs beginnt ein Pfad mit vielen Steinen und Wurzeln, der steil hinauf zum Fuße des Bergs führt. Im Verlauf erreichen wir eine kleine Wiese mit einem Unterstand und Notunterkunft unter dem Dach. Nur wenig später befindet sich der Wegweiser **Žimerová, vrchol lúk** ❺, 1100 m, an einer größeren Wiese. In einer kurzen flachen Passage geht es an einer Quelle

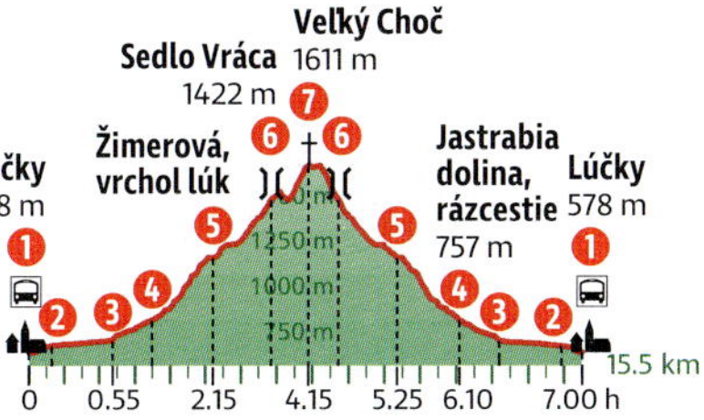

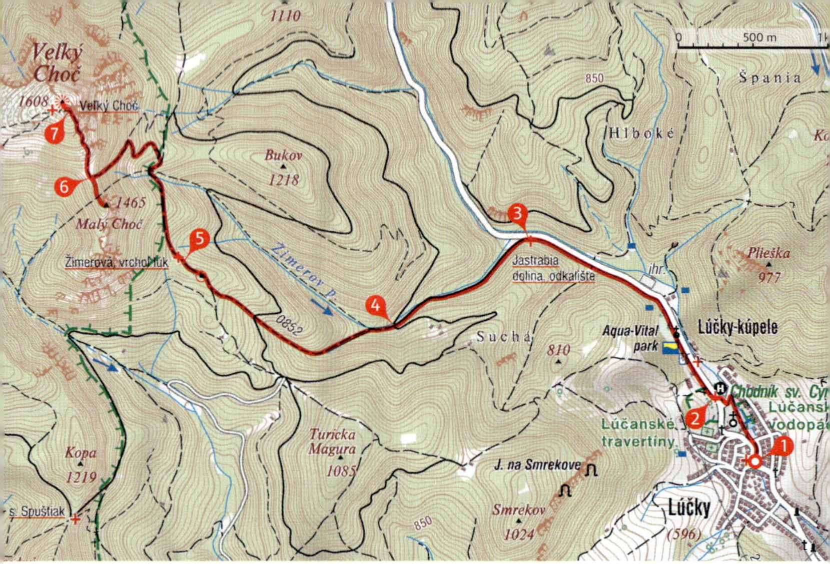

Vom Maly Choč schauen wir auf das Váh-Tal und die Niedere Tatra.

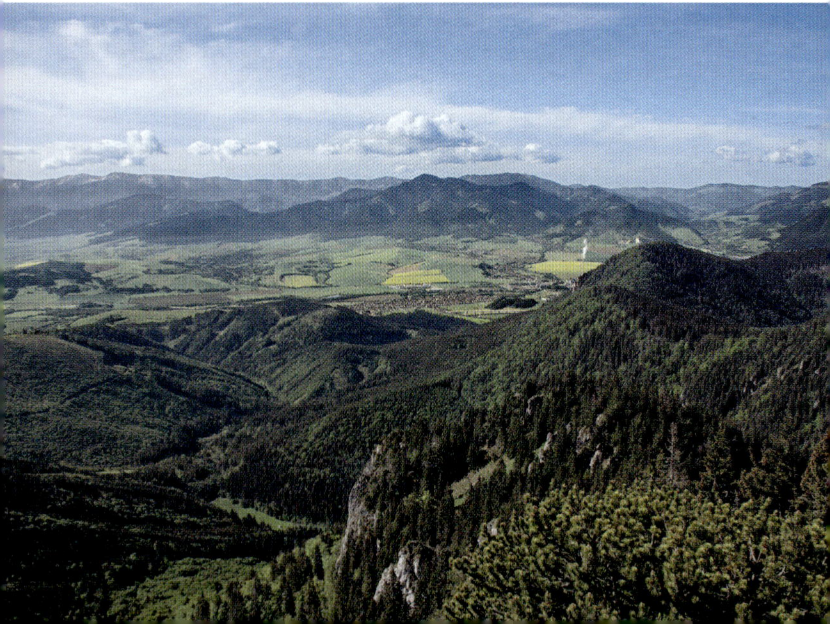

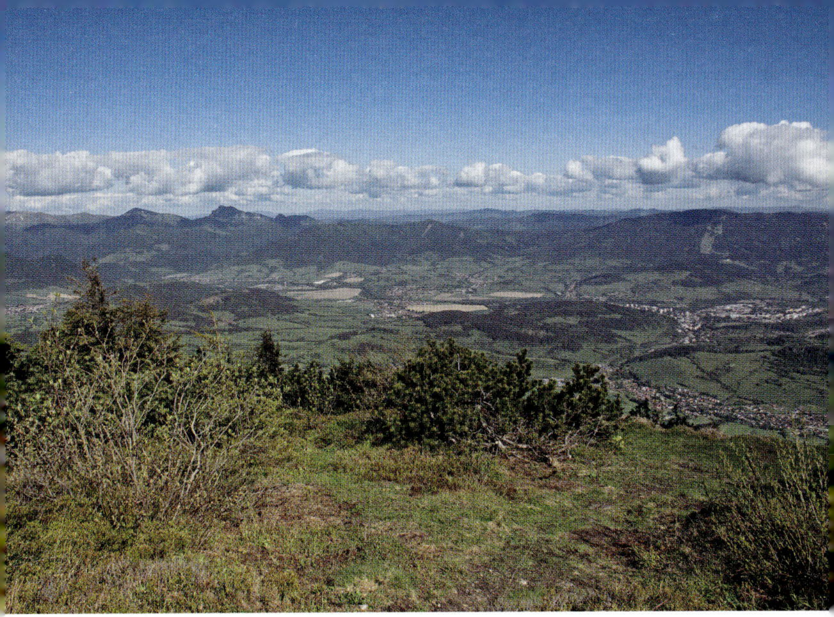

Blick auf Dolný Kubín, Kleine Fatra und Oravská Magura.

vorbei und in einen nachwachsenden Bereich hinein, wo die erste versicherte Stelle wartet. Danach windet sich der Pfad sehr steil bergauf. Kurz unterhalb des Sattels folgt eine weitere längere Kettensicherung. Vom **Sedlo Vráca** 6, 1422 m, bietet sich ein kurzer Abstecher nach links zu einem Vorgipfel an. Der unmarkierte Pfad verläuft anfangs über den Grat, später umrundet er rechts den Gipfelstock. Einige Latschen erschweren ein wenig das Durchkommen. Vom **Malý Choč**, 1465 m, bietet sich ein erstes herrliches Panorama der Umgebung. Auf demselben Pfad kehren wir in den **Sedlo Vráca** 6 zurück.

Jetzt beginnt ein letzter etwas mühevoller Aufstieg. Der Steig windet sich in Kammnähe nochmals steil bergan. Eine mit Kette gesicherte Felspassage macht die Zuhilfenahme der Hände notwendig. Auch bei kurzen Felseinlagerungen sind die Hände zum Festhalten nützlich. Es folgt ein Felssporn mit Aussicht auf die Region Liptau und kurz darauf ist der Gipfel des **Veľký Choč** 7, 1611 m (in der Karte 1608 m), erreicht. Die Aussicht von hier oben ist wahrlich phänomenal. Es lohnt sich, auf dem Gipfelplateau am Wegweiser »Veľký Choč« vorbei noch ein paar Meter auf einem schmalen Pfad zur Aussicht nach Norden zu gehen und von dort die Region Orava und die dahinterliegenden Beskiden zu bewundern.

Auf demselben Weg kehren wir nach **Lúčky** 1, 578 m, zurück.

↗ 670 m | ↘ 670 m | 18.8 km

5 Durch den Norden der Chočské vrchy

5.30 h

Einfache Tour mit herrlichen Ausblicken in absoluter Einsamkeit

Die zum Teil offene Wald- und Wiesenlandschaft an der Grenze der nördlichen Ausläufer der Chočské vrchy und der Oravská vrchovina ist ein wahrer Genuss für Wanderer, die nicht immer nur hoch hinauswollen. Das weiche Hügelland auf dieser Tour bietet eine große Abwechslung und eine Vielzahl von herrlichen Ausblicken. Die Landschaft lädt zum Träumen und Genießen ein. Startpunkt ist das gerade einmal etwa 170 Einwohner zählende Dorf Osádka, das bereits 1381 erstmals schriftlich erwähnt wurde. In Malatiná endet die Straße im Tal. Der Ort mit heute etwa 820 Einwohnern ist bereits seit 1313 bekannt und somit nochmals etwas älter. Das große Holzbauwerk Pajta na Grúni ist der Nachbau einer ehemals von Schäfern genutzten Holzhütte. Unter anderem an dieser Stelle wurde in den Jahren 1984/1985 der tschechoslowakisch-deutsch-österreichische Märchenfilm »Perinbaba« gedreht, der bei uns unter dem Titel »Frau Holle« bekannt wurde.

Ausgangspunkt: Osádka, 653 m, Fahrradwegweiser; Bushaltestelle im Dorf, kostenlose Parkplätze ein paar Meter unterhalb an einer Hütte mit Käseverkauf.
Anforderungen: Einfache Wanderung, vorwiegend breite Wege; einige Abschnitte sind nicht markiert, hier gilt es auf die Beschreibung im Text zu achten. Die letzten Meter vor Osádka führen weglos über eine Wiese.
Infrastruktur: In Osádka nur ein kleiner Lebensmittelladen (eingeschränkte Öffnungszeiten). Im Zentrum von Malatiná gibt es eine Bar und einen Supermarkt.
Tipps: 1. Die Käseprodukte, die etwas unterhalb des Ausgangspunkts in der Koliba Pajtisko (ovciafarma.sk) angeboten werden, sollten wir probieren.
2. Wer mit dem Auto anreist, kann sich noch die Holzkirche in Leštiny anschauen.
Karte: SHOCart – Blatt 1095 Chočské vrchy 1:50.000.

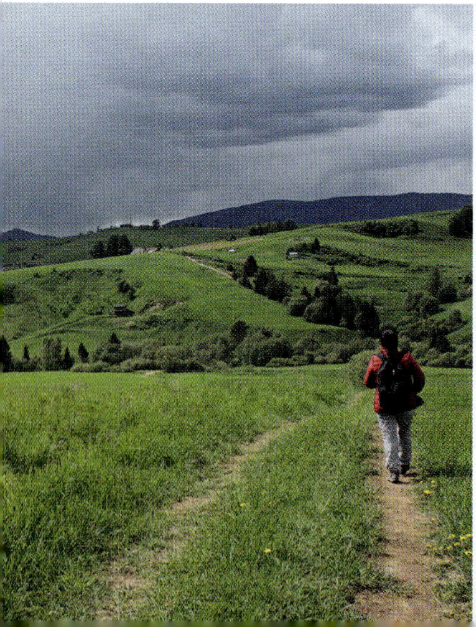

Im Abstieg nach Malatiná.

Vom Fahrradwegweiser am Ortseingang von **Osádka** ❶, 653 m, gehen wir zunächst am Rande der Landstraße leicht bergab, passieren die Koliba Pajtisko und biegen an der ersten schmalen Nebenstraße

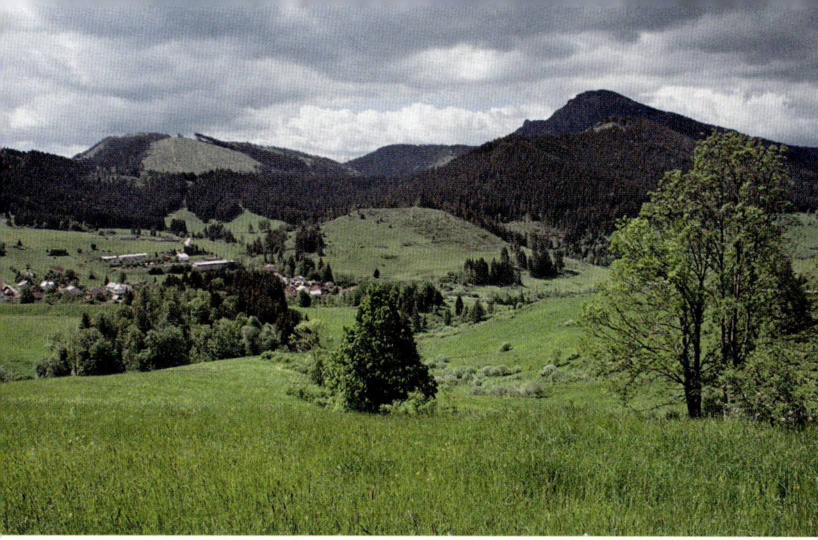

Das Dorf Osádka wird vom Veľký Choč überragt.

rechts ab. Die Straße mit einigen Schlaglöchern zieht sich hinauf auf einen Bergrücken. Kurz hinter dem Fahrradwegweiser »Dielce« leitet ein Feldweg dem Kammverlauf folgend in Richtung einer großen Holzkonstruktion. An einer Gabelung führt der linke Weg hinauf zum **Bačov stolec** 2, 792 m, einer tollen Aussichtsplattform in Form eines riesigen Stuhls. Es wurde sogar noch eine Schaukel angebracht, die nicht nur Kindern gefällt. Die Ausblicke auf den Veľký Choč und die Region Orava sind fantastisch.
Der Feldweg zieht sich hinunter zum Fahrradwegweiser **Malcovo** 3, 775 m, an der Landstraße. Offiziell verläuft auf unserer Strecke auch eine rote Wandermarkierung, die jedoch nur sehr selten anzutreffen ist und nicht wirklich der Orientierung dient. Nur wenige Meter nach dem Schild beginnt ein etwas vernachlässigter Weg, der eine Schleife der Straße abkürzt. Im weiteren Verlauf geht es am Straßenrand mit herrlichen Aussichten an einer Bushaltestelle und an einer Kapelle vorbei. An einem Kreuz ist es ein-

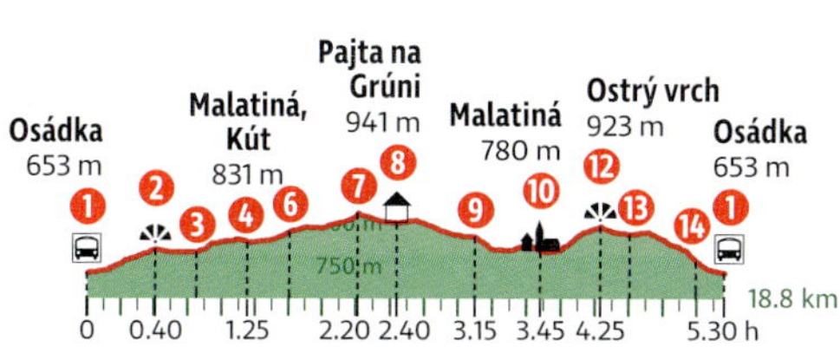

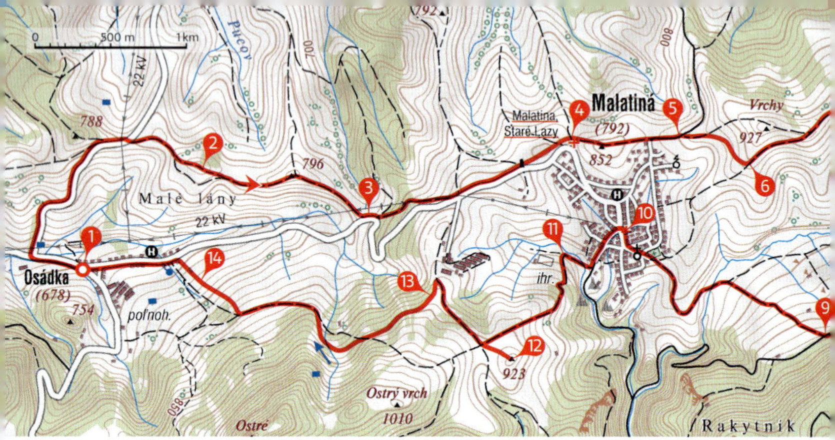

facher, auf einen Wiesenweg zu wechseln, der anfangs parallel zur Straße verläuft. Oberhalb des Dorfs und des Fahrradwegweisers **Malatiná, Kút** ❹, 831 m, wandern wir geradeaus weiter und nehmen an der Gabelung **Pod Mostkami** ❺, 846 m, den mittleren der drei Wege. In einer Rechtskurve leitet dieser zum Radwegweiser **Vrchy** ❻, 895 m. Es ist ein Genuss, von hier auf das Dorf mit dem dahinterliegenden Bergmassiv des Veľký Choč zu schauen.

Der breite Weg führt an eine Gabelung mit vier Wegen heran. Wir nehmen hier den zweiten Weg von links; wenig später sind rote Markierungen erkennbar. Nach einem längeren Stück bergauf endet der Wald, und von einer weitläufigen Wiese bieten sich Traumblicke auf die Westliche Tatra. Am ersten **Abzweig** ❼, 999 m, am Waldrand wird rechts auf einen Feldweg abgebogen. Nach einer Senke befindet sich neben dem Weg die **Pajta na Grúni** ❽, 941 m: Die Replik einer großen Schäferhütte ist für eine ausgiebige Rast wie geschaffen.

Der Weg zieht sich von hier ein paar Meter aufwärts und mündet in einen Schotterweg, dem nach rechts gefolgt wird. Nochmals bieten sich im ersten Teil tolle Blicke auf die Umgebung, bevor es in den Wald geht. Dort, wo ein gut sichtbarer und breiter Feldweg nach rechts auf eine Wiese leitet, zweigen wir nach Malatiná ab ❾, 863 m, und steigen hinunter in den Talgrund. Dort führt ein Schotterweg mit gelber Wandermarkierung links in den nächsten Ort und geht dort in eine Straße über. Diese bringt uns am Friedhof und an der Kirche vorbei zum Wegweiser »Malatiná, OcÚ« im Dorfzentrum von **Malatiná** ❿, 780 m.

Am kleinen Hauptplatz biegen wir links ab und orientieren uns nach der nächsten Kreuzung am Haus mit der Nummer 88. Am Ortsende und noch vor einer Rasthütte beginnt rechts ein Weg, der an einem kleinen Schuppen vorbeiführt. Nach dem **ersten Abzweig** ⓫, 787 m, nach links öffnen

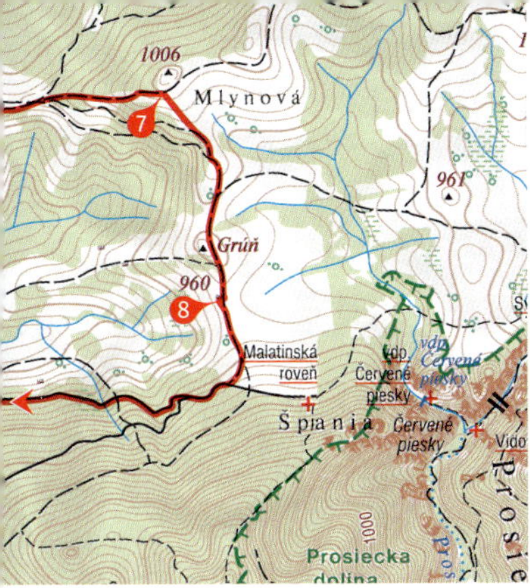

sich wieder die Ausblicke auf die Umgebung. An einer Kreuzung hinter einem gut sichtbaren Kreuz lohnt sich ein kurzer Abstecher nach links, um vom **Ostrý vrch** ⑫, 923 m, das Panorama mit Dorf und Bergen zu genießen.

Von der Kuppe wird zunächst zur letzten Kreuzung zurückgekehrt. Geradeaus zieht sich ein Feldweg zu einem großen landwirtschaftlichen Betrieb und kurz vor den Hallen wechseln wir scharf links auf einen anderen Weg. Dieser leitet nochmals ein paar Meter bergauf und an einer eher **unscheinbaren Gabelung** ⑬, 877 m, beginnt rechts ein schwach erkennbarer Pfad, der sich am Ende der Lichtung in einen gut sichtbaren Weg verwandelt. Nach einer Hangquerung und der Umrundung eines Hügels treffen wir auf eine Wiese über Osádka, an der sich ein niedriger Hochstand befindet. Rechts von einer Baumreihe geht es weglos über das Gras und hinunter zu einem **frei stehenden Baum** ⑭, 721 m, oberhalb eines Feldwegs. Dieser verläuft nach links zur Dorfstraße. Links folgt eine Quelle und am Ende der Ortschaft wird wieder der Ausgangspunkt in **Osádka** ①, 653 m, erreicht.

Der Bačov stolec ist eine Aussichtsplattform der besonderen Art.

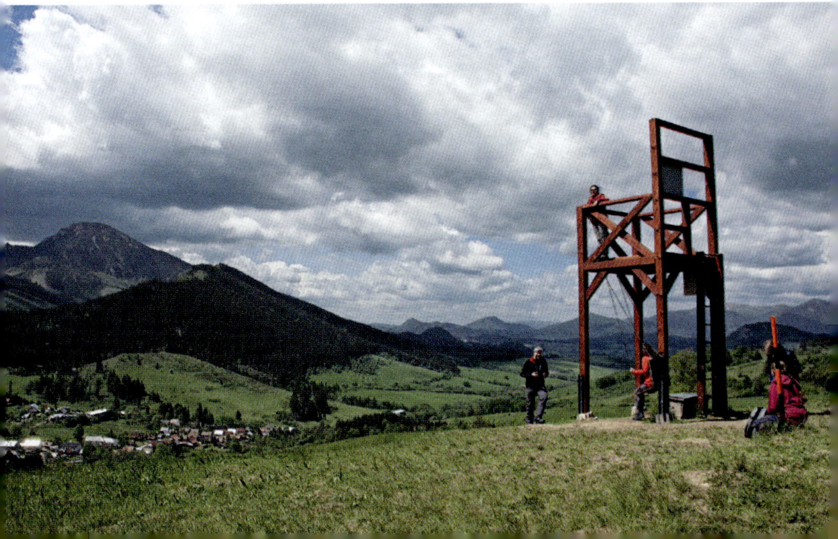

TOP

6

↗ 440 m | ↘ 440 m | 8.2 km

Rundweg von Kalameny zur Burgruine Liptovský hrad

2.45 h

Zur höchstgelegenen Burg der Slowakei

Die Überreste des historischen Bauwerks befinden sich auf einem Berg oberhalb des Dorfs Kalameny in einer Höhe von exakt 999,9 m. Die Festung wurde in der zweiten Hälfte des 13. Jh. erbaut und wechselte mehrfach die Besitzer. Bereits im Jahre 1474 wurde die Anlage zerstört. Sehenswert ist auch die Mineralquelle Medokýš, die sich in unmittelbarer Nähe des Wegweisers »Kalameny, jazierko« befindet. Sie gehört zu den ca. 90 bekannten Quellen im Liptauer Becken. Regenwasser, das von den angrenzenden Hängen abfließt, sickert tief in den Boden ein und löst Kalksteine und Dolomite auf. Das angereicherte Wasser sinkt tiefer in die Erdkruste ein und wird dabei erhitzt. An den geologischen Verwerfungen im Umfeld steigt das Wasser danach wieder auf. Es ist reich an Kalzium, Magnesium und Schwefel. Am Austritt des 500 m tiefen Bohrlochs beträgt die Wassertemperatur immerhin 38 °C. In einem mittlerweile ordentlich angelegten kleinen Schwimmbecken können Wanderer zu jeder Jahreszeit nach der Tour baden und dem Körper somit etwas Gutes tun.

Ausgangspunkt: Kalameny, 563 m, im Stadtzentrum vor der Kirche unweit der Bushaltestelle; kostenlose Parkplätze in Seitenstraßen, kostenpflichtige Parkplätze (Bezahlung in der Gemeindeverwaltung oder im Sommer vor Ort) an der Mineralquelle in unmittelbarer Nähe des Wegweisers »Kalameny, jazierko«.

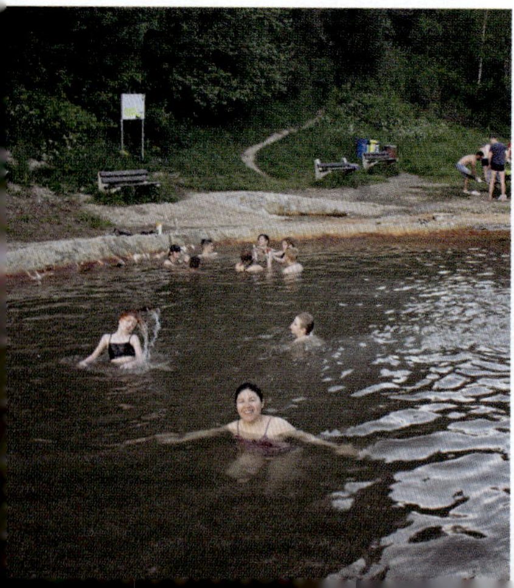

Anforderungen: Kürzere Wanderung mit steilen Auf- und Abstiegen. Eine Herausforderung ist der Abstieg über eine etwa 5 m hohe Eisenleiter hinter der Burgruine, um einen Felsabbruch zu überwinden. Wer sich das nicht zutraut, sollte auf dem Aufstiegsweg zurückkehren. In diesem Fall ist die Schwierigkeit blau/einfach.

Infrastruktur: Am Ausgangspunkt gibt es eine kleine Bar und einen Supermarkt. Unterwegs werden nur im Sommer aus einem Container an der Mineralquelle Kleinigkeiten verkauft.

Variante: Die Wanderung kann auch in umgekehrter Richtung absolviert werden.

Tipp: Badesachen mitnehmen und vor oder nach der Tour noch in der Mineralquelle baden gehen. Das Baden ist kostenlos, nur für das Parken wird eine Gebühr erhoben.

Karte: SHOCart – Blatt 1095 Chočské vrchy 1:50.000.

Kostenlose Bademöglichkeit mit Thermalwasser.

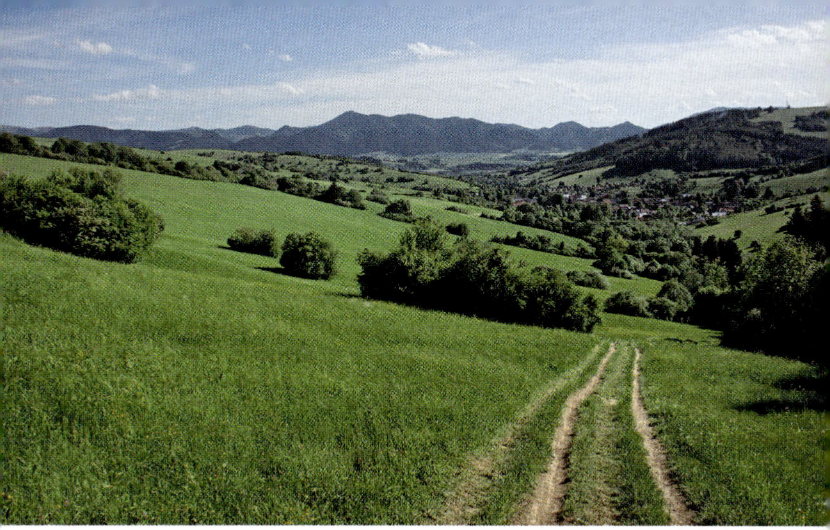

Über weite Wiesenlandschaften zieht sich ein Feldweg nach Kalameny hinunter.

Ab dem kleinen Zentrum des Dorfs **Kalameny ❶**, 563 m, ist der Aufstieg zur Burgruine Liptovský hrad zuerst gelb, später blau gekennzeichnet. Von der Kirche führt die gelbe Wandermarkierung aus dem Ort hinaus und an einer Sportanlage vorbei zu einem größeren Parkplatz vor einem Tal. Dort befindet sich die offen zugängliche Thermalquelle, die zu einem Badespaß einlädt.
In unmittelbarer Nähe davon, am Wegweiser **Kalameny, jazierko ❷**, 579 m, leitet die blaue Markierung

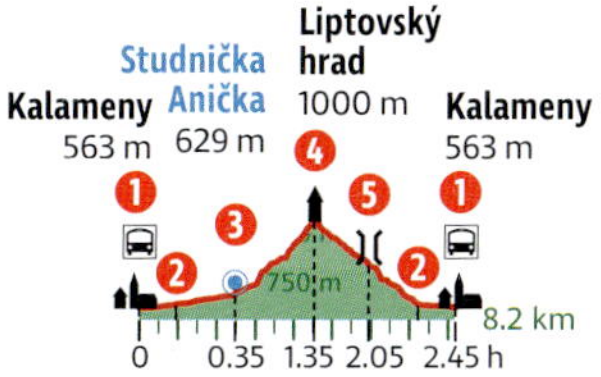

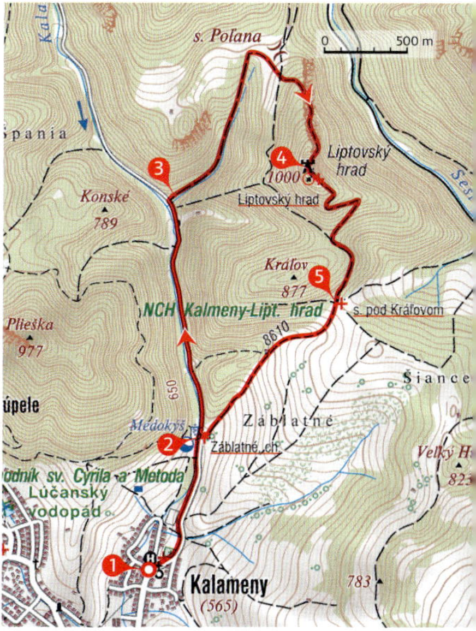

auf einem teilweise befestigten breiten Weg in das Tal hinein. An einer ersten Gabelung bleiben wir im Tal, an der zweiten Möglichkeit biegen wir rechts in ein Seitental ab. Dort befindet sich die **Studnička Anička** 3, 629 m, mit erfrischendem Quellwasser.
Von nun an wird es deutlich steiler. Ein schmaler Schotterweg führt geradeaus hinauf auf eine große Wiese. Dort wird nach rechts auf einen Wiesenweg abgezweigt. Bereits nach wenigen Metern geht es erneut rechts weg und an den Wald heran, wo ein Pfad beginnt. Dieser ist sehr steil und zieht sich direkt hinauf zum **Liptovský hrad** 4, 1000 m. Von der Ruine der ehemaligen Höhenburg bietet sich ein herrlicher Blick auf die Region Orava, die Chočské vrchy, die Große Fatra und die Niedere Tatra.
Im Abstieg weist uns die gelbe Wandermarkierung den Weg. Zunächst geht es über zwei kleinere Holzbrücken aus der Anlage hinaus und zu einem Felsabbruch, der mithilfe einer etwa 5 m langen Eisenleiter überwunden wird. Danach leitet ein breiterer Pfad in zwei Schleifen zu einer Kreuzung in offenem Gelände hinunter. Ein Wegweiser dient der Orientierung. Kurz darauf zweigt die rote Wandermarkierung am **Sedlo pod Kráľovou** 5, 780 m, nach links ab, während unser Wiesenweg geradeaus hinunter zum Wegweiser **Kalameny, jazierko** 2, 579 m, führt. Nach links wandern wir nach **Kalameny** 1, 563 m, zurück.

Schlüsselstelle im Abstieg: Eine etwa 5 m hohe Stahlleiter bringt uns zur Ruine hinauf.

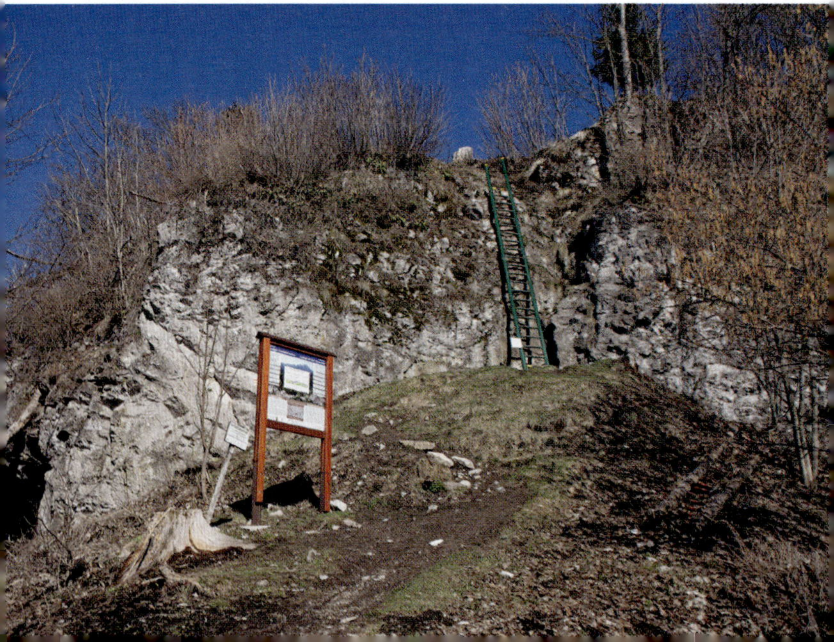

↗ 290 m | ↘ 290 m | 12.2 km

3.15 h

Zur Keltensiedlung Havránok

7

Ein Spaziergang in die keltische Vergangenheit der Region

In den 1960er-Jahren begann man im Rahmen des Stauseebaus mit der geschichtlichen Erforschung der Region und konnte anhand von Funden rekonstruieren, dass am Berg Havránok bereits um 400 v. Chr. gesiedelt wurde. Nach dem Verschmelzen von keltischen Stämmen mit der einheimischen Bevölkerung siedelten später auch Germanen und Slawen in der Umgebung des heutigen Liptauer Stausees. An den Orten der archäologischen Funde wurden einige Gebäude nachgebaut, die heute im Freilichtmuseum »Liptovská Mara – Havránok« besucht werden können, das sich direkt auf unserem Rundweg befindet.

Ausgangspunkt: Vlachy, 545 m, Wegweiser »Vlachy« wenige Meter unterhalb des Bahnhofs Liptovské Vlachy; gute Zuganbindung von Liptovský Mikuláš und Ružomberok; Parkmöglichkeit im Dorf oder unterhalb des Keltenmuseums am Ufer des Stausees (Anfahrt über Bobrovník), dort kann man auch in die Wanderung einsteigen.
Anforderungen: Einfache Halbtageswanderung ohne nennenswerte Schwierigkeiten.
Infrastruktur: Keine.
Variante: Wer mit Kindern unterwegs ist und sich nur die Keltensiedlung anschauen möchte, sollte am Seeufer unter dem Museum parken und nach der Zisterne dem Waldweg ohne Markierung geradeaus folgen und direkt wieder absteigen.
Tipps: 1. Am Liptauer Stausee ist an kleinen Steinstränden an der Kapelle und am Aussichtspunkt Wassersport möglich.
2. Im Nachbardorf Bešeňová gibt es einen Thermalpark mit interessanten Badelandschaften im Innen- und Außenbereich (Eintritt je nach Ticket ab 27 €; besenova.com, auch auf Englisch).
Hinweis: Das archäologische Freilichtmuseum ist der kulturelle Höhepunkt der Wanderung (Mai–Okt., Eintritt 4 €, außerhalb der Öffnungszeiten kann die Anlage gratis besichtigt werden).
Karte: SHOCart 1095 – Chočské vrchy 1:50.000.

Vom Wegweiser »Vlachy« unterhalb des Bahnhofs von **Vlachy** ❶, 545 m (laut Schild: 528 m), gehen wir auf der Straße mit roter Wandermarkierung an einer Quelle vorbei und durch den Ort. Der Ablauf des Stausees wird gequert, auf der anderen Seite zweigen wir am Fahrradwegweiser **Vlašky, kostol** ❷, 520 m, nach rechts ab und steigen auf die Staumauer hinauf. Ein breiter Asphaltweg führt am linken Ufer zunächst zu einem kleinen Strandabschnitt und wenige Meter weiter zu einem Kirchturm. Er ist ein Überrest der Kirche, die vor dem Bau des Stausees an dieser Stelle stand und ins Freilichtmuseum von Pribylina übertragen wurde.
Wir kehren zurück zur Asphaltstraße. Nur wenige Meter später folgt eine Kreuzung mit einem **namenlosen Wegweiser** ❸, 575 m. Ein anfangs asphaltierter Weg zieht sich nach links zur Keltensiedlung **Havránok** ❹,

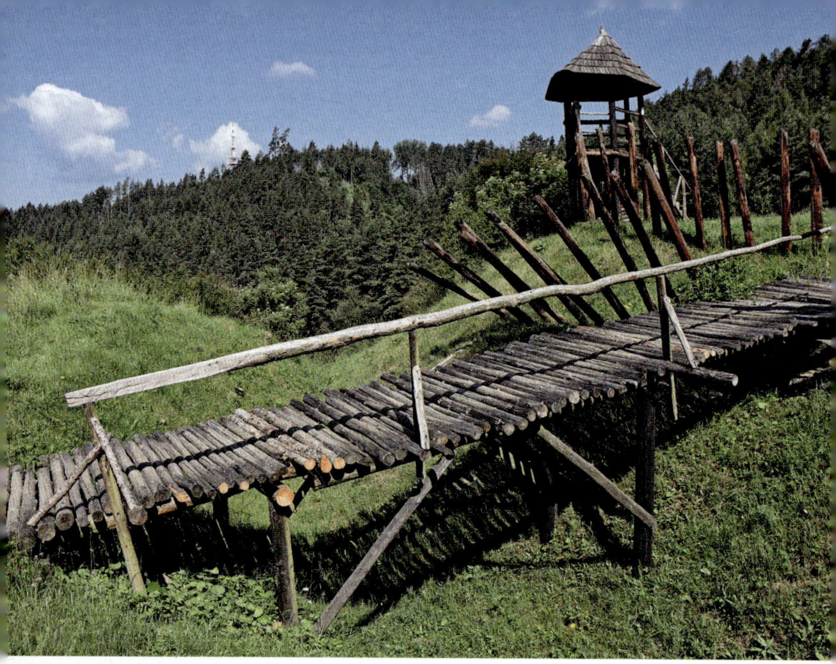

Die Nachbildung eines Wachturms.

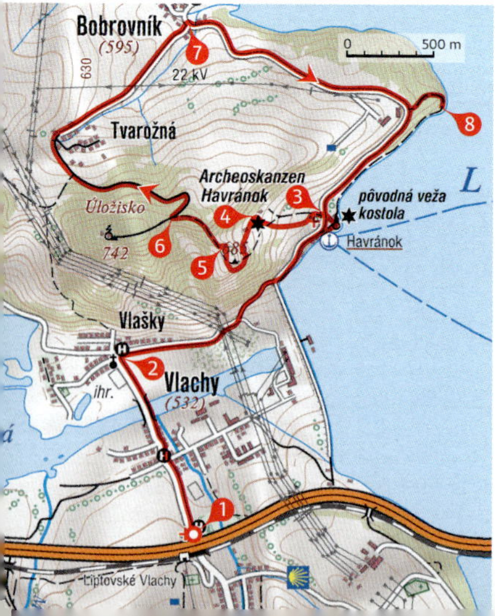

623 m, hinauf. Weiter oben verwandelt sich der Weg in einen Pfad und führt an der Replik einer Wohnanlage und später an mehreren nachgebildeten Bauwerken aus der Keltenzeit vorbei oder mittendurch. Hinter dem zweiten Holzturm bietet sich ein fantastischer Blick auf die im Süden liegende Niedere Tatra. An einem **unscheinbaren Abzweig 5**, 679 m, im Wald, direkt unterhalb der ehemaligen Zisterne, biegen wir nach links ab und steigen weiter bergauf. Der Pfad wird nur von der schmalen Schneise einer neuverlegten Wasserleitung unterbrochen. Etwas weiter oberhalb setzt der Pfad wieder an und mündet wenig

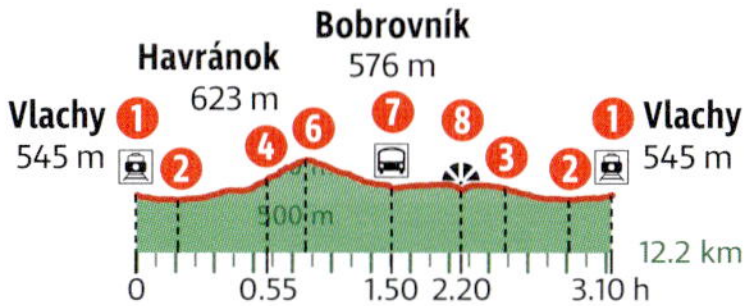

später in die Zufahrtsstraße der Sendeantenne. Hier befindet sich auch der Wegweiser **Úložisko** ❻, 720 m. Wir wandern auf dem breiten Zufahrtsweg nach rechts und steigen über die Siedlung Tvarožná hinunter nach **Bobrovník** ❼, 576 m ab. An der Kreuzung mit Bushaltestelle folgen wir der Asphaltstraße nach rechts. In einer scharfen Rechtskurve lohnt sich ein kurzer Abstecher an den See. Vom Ufer aus bietet sich eine herrliche Aussicht über den Stausee **Liptovská Mara** ❽, 567 m, und auf die sich anschließende Bergwelt der Westlichen und der Niederen Tatra.
Wir kehren zur Straße zurück und gelangen an ihr wieder zum **namenlosen Wegweiser** ❸, 575 m. Ab hier geht es auf dem Hinweg zurück nach **Vlachy** ❶, 545 m.

Traumblick von der einstigen Keltensiedlung auf den Stausee Liptovská Mara und die Westliche Tatra.

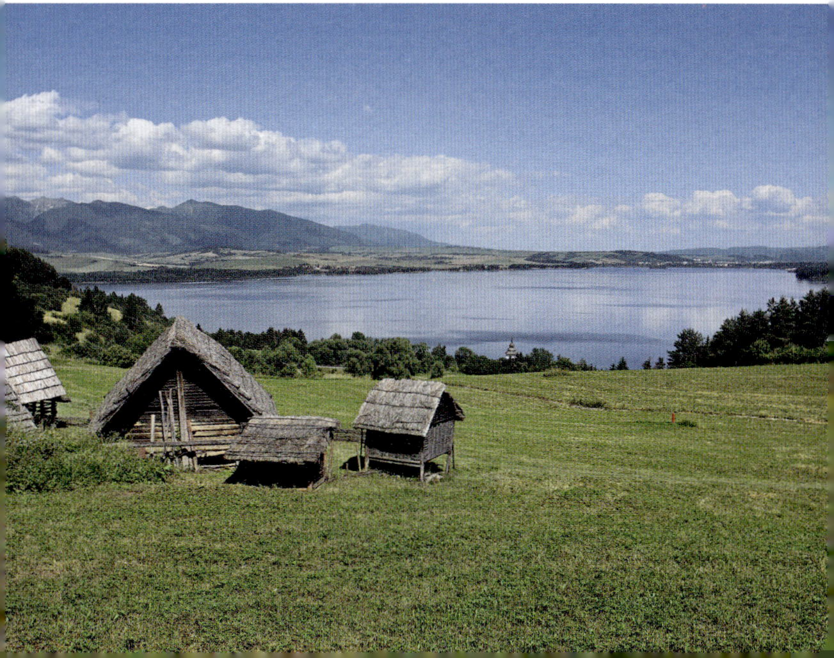

TOP 8

↗ 670 m | ↘ 670 m | 17.6 km

Prosiecka dolina und Kvačianska dolina

5.45 h

Rundwanderung durch zwei wilde Täler

Auf dem ersten Teil der Wanderung geht es durch ein ungezähmtes Bachtal. Mal verläuft der schmale Pfad direkt durch das Bachbett, dann wieder an den Uferseiten entlang aufwärts. Im oberen Teil des Prosiecka dolina warten ein Wasserfall und steil aufragende Felswände auf die Wanderer. Die letzten Meter hinaus aus dem Tal sind spektakulär: Mithilfe von Ketten und kurzen Stahlleitern zieht sich ein Steig über vom Wasser geglättete Felsen aus der Klamm hinaus. Über ein Feld mit Aussicht auf die Gipfel der Westlichen Tatra wird in das Nachbartal gewechselt. Am Zusammenfluss von drei Bächen befindet sich die Mühle Oblazy, ein nationales Kulturdenkmal. Die Mühle wurde in der ersten Hälfte des 19. Jh. erbaut und später in Teilen rekonstruiert. Sie kann besichtigt werden. Ein breiter Weg verläuft dann durch das Kvačianska dolina mit seinen zum Teil sehr hohen Felswänden hinunter in den namensgebenden Ort. Am Fuße der Berge entlang mit fantastischen Ausblicken auf die Westliche und Niedere Tatra wandern wir zurück nach Prosiek.

Ausgangspunkt: Prosiek, 602 m, kostenpflichtiger Parkplatz am Ortsende; Bushaltestelle in der Nähe oder 2 km südlich an der Hauptstraße (dort hält der Großteil der Busse).
Anforderungen: Mittelschwere Wanderung, im ersten Tal (Prosiecka dolina) ist der Pfad im mittleren Bereich nicht immer gut auszumachen. Später sind kurze Stellen mit technischen Hilfsmitteln gesichert und es gibt Stahlleitern, die kleine Felsabsätze überwinden. Trittsicherheit ist erforderlich! Markierungen sind vorhanden. Durch das zweite Tal (Kvačianska dolina) führt ein breiter Weg.
Infrastruktur: Am Ausgangspunkt und am Ortsrand von Veľké Borové gibt es jeweils ein Buffet. Oberhalb des Wegweisers »Veľké Borové« befindet sich das Restaurant Borovec. Am Ende des Kvačianska dolina steht ein weiteres Buffet. In Kvačany befindet sich wenige Meter südlich des Abzweigs eine kleine Hausbrauerei mit Zimmervermietung (pivovarkvacany.sk).
Variante: Erweiterung der Tour um den Gipfel des Prosečné, 1372 m: am Wegweiser Svorad ❹ rechts auf einen schmalen Pfad abbiegen (grün markiert). Er verläuft zunächst am Hang des Bergs Prosečné entlang bis zu einem breiten Waldarbeiterweg; auf diesem nach rechts sehr steil bergauf zu einem größeren Platz. Dort nochmals rechts auf einem Weg weiter, der in einen Pfad übergeht. Vor einer Wiese in Kammhöhe links abbiegen und dem Kammverlauf folgen, bis rechts ein Pfad zu Felsen abzweigt. Es bietet sich von dort ein wahrlich traumhafter Blick auf das Váh-Tal und die Niedere Tatra. Zurück zum Hauptpfad und in knapp 10 Min. zum Gipfel des Prosečné. Der grün markierte Pfad würde eigentlich über den Gipfel hinunterführen. Wegen Baumbruchs ist ein Durchkommen derzeit aber nicht möglich. Daher wird auf derselben Route abgestiegen. Anstatt wieder auf den Pfad am Waldrand abzuzweigen, ist es sinnvoller, geradeaus bis zur Kreuzung mit dem Jesus-Kreuz zu gehen und dort rechts der normalen Route nach Veľké Borové zu folgen (2.30 Std., 5,3 km und 430 Hm im Auf- und 410 Hm im Abstieg

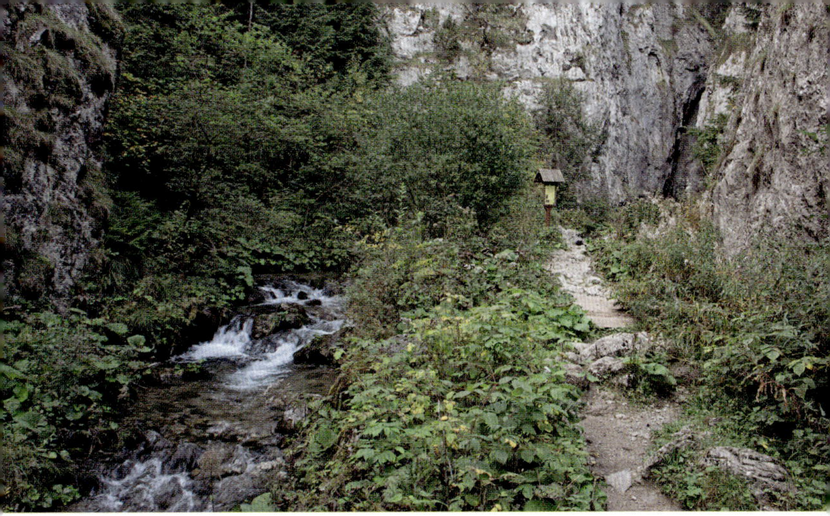

Im Prosiecka dolina.

zusätzlich; Schwierigkeit mittel/rot).
Hinweise: 1. Die beiden Täler sind in der gesamten Slowakei bekannt. Besonders um die Wassermühle kann in den Sommermonaten einiges los sein.
2. In den beiden engen Bergtälern ist womöglich der Empfang des GPS-Signals eingeschränkt oder es kann zu geringen Abweichungen kommen.
Tipp: Besonders für kleinere Kinder eignet sich der Spaziergang von Veľké Borové (Parkplatz) bis zur Mühle Oblazy (breiter Weg mit geringem Höhenunterschied). Die Mühle kann gegen eine Spende besichtigt werden (Di–So 9–17 Uhr). Auch der Auf- und Abstieg durch das Kvačianska dolina ist für Kinder sehr interessant.
Karte: SHOCart – Blatt 1095 Chočské vrchy 1:50.000.

Ein breiter Schotterweg verläuft mit blauer Wandermarkierung vom Parkplatz am Ortsende von **Prosiek** 1, 602 m, an Infotafeln vorbei auf die Berge zu. Kurz nach dem Wegweiser **Prosiecka dolina, ústie** 2, 630 m, geht es in das schmale Tal hinein. Viele Steine sind relativ glatt und abgelaufen. Imposante Felsen ragen steil auf und nach einigen Holzstegen folgt eine mit Drahtseil gesicherte Stelle direkt oberhalb des Baches. Im weiteren Verlauf zweigt der Bachlauf in ein Seitental ab. Markierungen sind immer vorhanden. Ein schmaler Pfad leitet uns auf der rechten oder linken Seite des steinigen Bachbetts bergan – ab und an geht es auch direkt durch das Schotterbett. Später zieht sich ein unmarkierter Pfad rechts oberhalb des Baches durch Bruchholz. Es ist hier sinnvoller, im Talgrund zu bleiben und später erst mit der Markierung nach rechts abzubiegen. Immer wieder bieten sich herrliche Blicke auf die wilden Kalksteinfelsen. Nach gut 1 Std. wird eine Rasthütte erreicht, wo ein schmaler Pfad links zu einem Wasser-

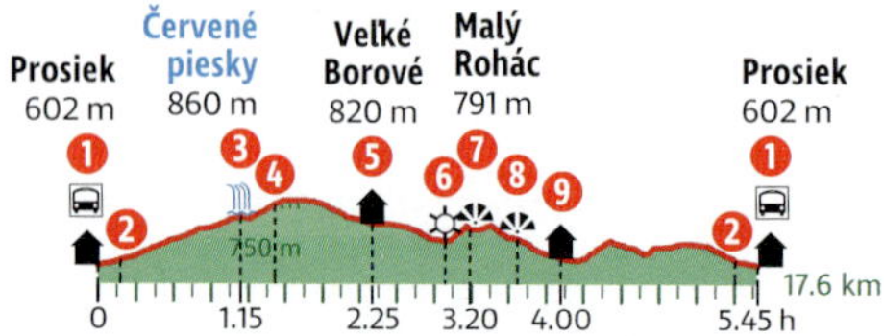

fall abzweigt. Für den kurzen Abstecher zur Kaskade **Červené piesky** ❸, 860 m, sind insgesamt etwa 15 Min. Zeit einzuplanen. Der blau markierte Pfad führt weiter bergauf. Nach wenigen Minuten beginnt ein kurzer Abschnitt mit Stahlleitern, Drahtseil- und Kettensicherungen, um kleinere Felsabsätze zu überwinden. Einige Felsen sind abgegriffen und ziemlich rutschig. Hinter dem Steilaufschwung öffnet sich das Tal und es folgt die Kreuzung **Svorad** ❹, 920 m (laut Schild: 940 m). Nach rechts zweigt die Variante auf den Prosečné ab.

Nach wenigen Metern geradeaus endet der Wald und ein breiter Weg führt mit Ausblicken auf die Gipfel der Westlichen Tatra über eine Kuppe, an einem Jesus-Kreuz vorbei (Rückkehr Variante) und danach in Richtung des Dorfes Veľké Borové hinunter. Kurz vor der Ortschaft zweigt unsere blaue Markierung nach rechts ab. Rund 300 m nach dem Buffet Goral wird der Parkplatz von **Veľké Borové** ❺, 820 m (laut Schild: 840 m), erreicht. Etwas weiter oben befindet sich ein Restaurant. Ein Schotterweg leitet erneut in den Wald und in ein Seitental mit Bachlauf hinein. Nach dem Wegwei-

An der Mühle Oblazy.

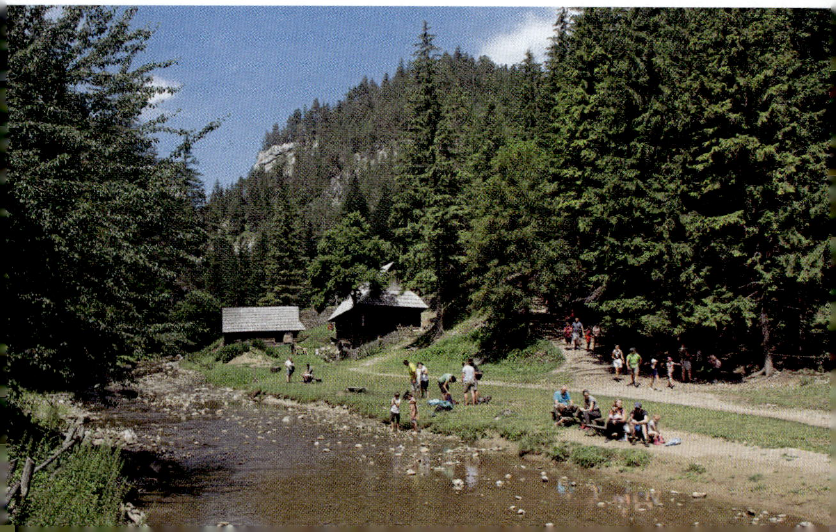

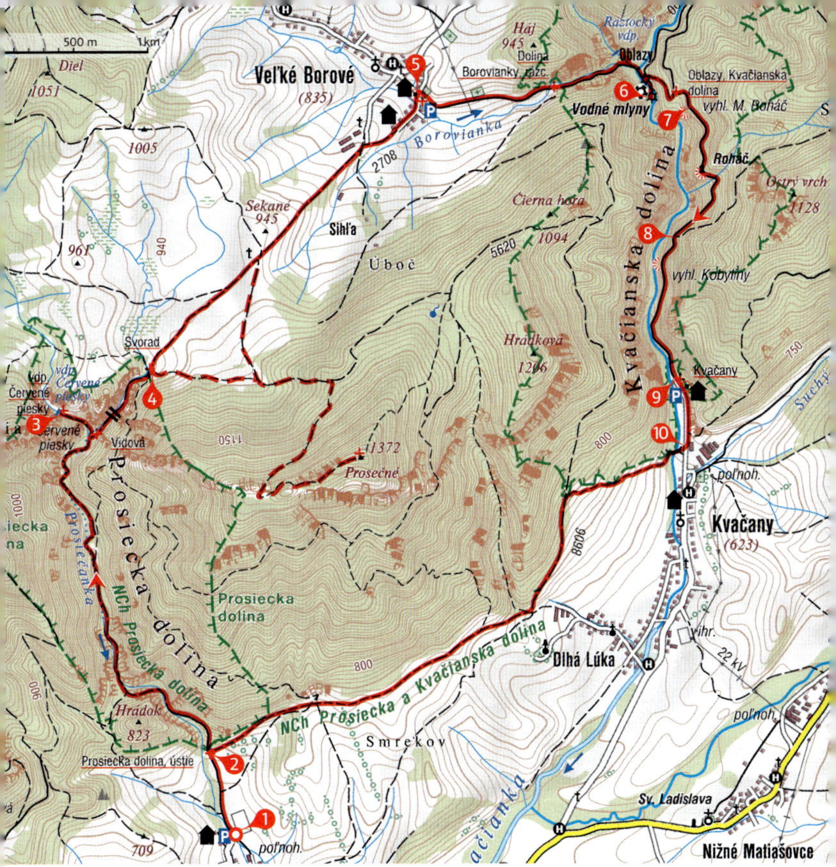

ser »Dolina Borovianky, rázcestie«, 795 m (laut Schild: 850 m), erwartet uns eine Engstelle im Tal. Im weiteren Verlauf besteht die Möglichkeit, 50 m nach links zu einer kleinen Kaskade zu gehen. Kurz darauf queren wir den Bach über eine Steinbrücke in das Kvačianska dolina hinein. Direkt rechts befindet sich die historische Mühle **Oblazy** ⑥, 730 m. Beim Besuch fühlt man sich in frühere Zeiten zurückversetzt. Unzählige Zahnräder greifen ineinander und veranschaulichen, wie früher das Korn gemahlen wurde. Auch das große Mühlrad dreht sich mithilfe von zugeleitetem Wasser.
Nur 10 m hinter dem Abzweig zur Mühle weist ein blauer Pfeil nach rechts auf einen Pfad, der steil hinauf zum Wegweiser »Oblazy – Kvačianska dolina«, 791 m, leitet. Ein breiter Weg mit roter Wandermarkierung zieht sich

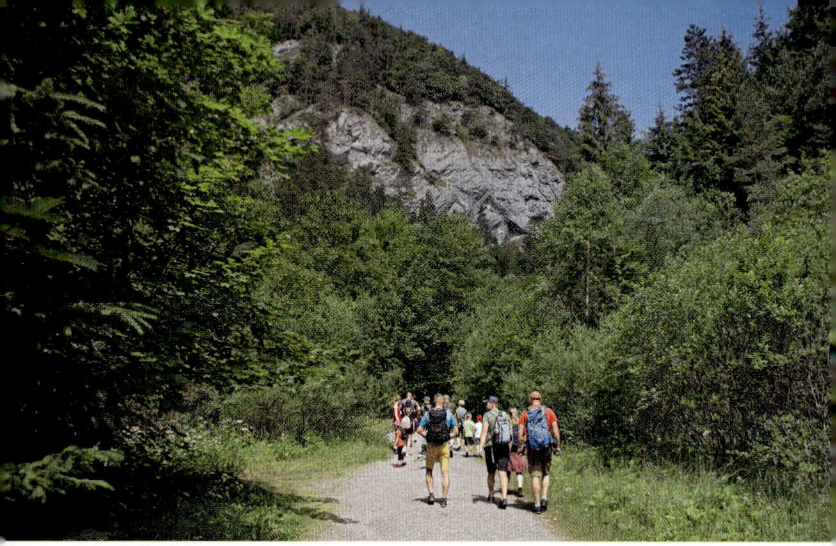

Im unteren Bereich des Kvačianska dolina.

am Hang entlang zum Aussichtspunkt **Malý Roháč** 7, 791 m. Kurz darauf folgt der Aussichtsfels Roháč, 815 m. Der Ausblick von hier ist aber nicht besonders spannend und die Pfade um das Kreuz herum sind ausgesetzt. Ab jetzt verläuft unser Weg ins Tal hinunter. Später wartet eine **Aussichtsplattform** 8, 743 m, auf die Wanderer. Nur wenige Meter links davon leiten schmale ausgesetzte Pfade zu einer weiteren Stelle mit imposantem Tiefblick in den weit unten liegenden Talgrund. Nur 200 m weiter ist auf der anderen Seite des Tals der Fels Janošíkova hlava, 714 m, zu sehen; nicht besonders viel Vorstellungskraft ist hier notwendig, um ein Gesicht im Gestein zu erkennen. Unser breiter Weg führt jetzt zum Bachlauf hinunter und aus dem Tal hinaus. Am gebührenpflichtigen Parkplatz **Ústie Kvačianska dolina** 9, 642 m, bietet ein kleines Buffet nochmals Erfrischungen an.
Wir folgen hier der Asphaltstraße in Richtung des Dorfs. Kurz hinter dem Ortsschild am Abzweig **Kvačany** 10, 628 m, beginnt rechts ein gelb markierter Weg, der uns zurück nach Prosiek leitet. Anfangs geht es im Wald nochmals einige Meter bergauf, bevor sich erste schöne Aussichten auf die Niedere Tatra eröffnen. Danach zieht sich der Weg am Waldrand entlang und zu einem Bauernhof hinunter. Über einen Felsen und an einer Wildfutterstelle vorbei wandern wir erneut über eine Kuppe. Unter Umständen sind einige Weiden eingezäunt. Nochmals bietet sich ein fantastisches Panorama der wilden Gipfel der Westlichen Tatra. Danach führt der Weg hinunter zum Wegweiser **Prosiecka dolina, ústie** 2, 630 m, und von dort sind es nur noch 5 Min. nach links zurück zum Parkplatz bei **Prosiek** 1, 602 m.

↗ 790 m | ↘ 790 m | 13.0 km

4.45 h

Ostrý vrch, 1128 m, und Holica, 1340 m

9

Zu den zwei östlichsten Gipfeln der Chočské vrchy

Obwohl teils breite Wege von einem Parkplatz an der Landstraße auf die beiden Berge Ostrý vrch und Holica führen, sind es zwei extrem einsame Ziele und die Wahrscheinlichkeit, anderen Wanderern zu begegnen, ist sehr gering. Lediglich unten im Kvačianska dolina ist es wieder deutlich voller. Auch wenn die Tour nicht zu den absoluten Höhepunkten des Gebirges gehört, so sind die Aussichten hinunter in das Váh-Tal, auf den Stausee und hinüber in die Niedere Tatra durchaus lohnend. Hinter der Holica enden übrigens die Chočské vrchy und gehen im nächsten Tal in die Westliche Tatra über.

Ausgangspunkt: Kvačany, 628 m, Wegweiser am Ortsausgang des Dorfs; Bushaltestelle »Kvačany, RD« etwa 150 m in Richtung Dorf, kostenpflichtige Parkplätze 500 m entfernt am Ende der Straße am Wegweiser »Ústie Kvačianska dolina«.
Anforderungen: Mit Ausnahme des Kvačianska dolina keine Markierung, dementsprechend ist etwas Orientierungssinn notwendig. Teilweise sehr steiler und mühsamer Anstieg hinauf zum Ostrý vrch.
Infrastruktur: Nur Buffet am Parkplatz bei Kvačany und Brauerei mit Restaurant im Ort, unterwegs keine Einkehr.
Varianten: 1. Der Abstecher auf die Holica kann ausgelassen werden.
2. Beide Berge können auch vom Parkplatz in der Kurve der Landstraße ❼ bestiegen werden. So ist auch auf der Durchreise ein kleiner Abstecher möglich (hin und zurück 1.45 Std., 5,2 km und 280 Hm im Auf- und Abstieg).
Tipps: 1. Die besten Lichtverhältnisse für den Blick in Richtung Süden hat man am frühen Morgen oder ab dem späten Nachmittag.
2. Wer am Ende der Wanderung noch Lust hat, kann das Kvačianska dolina bis zur Mühle Oblazy erkunden (vgl. Tour 8).
Karte: SHOCart – Blatt 1095 Chočské vrchy 1:50.000.

Vom Wegweiser **Kvačany** ❶, 628 m, oberhalb des Dorfs und unterhalb des Parkplatzes gehen wir an der Straße entlang bis zum oberen Ende des großen landwirtschaftlichen Betriebs; dort rechts auf einen Feldweg und nur wenige Meter später links eine sehr steile Rampe hinauf. Rechts beginnt ein **Hohlweg** ❷, 657 m, dem gefolgt wird. Im weiteren Verlauf führt der Weg an einer Viehfutterstelle und einer Wiese vorbei – hier lohnt sich ein Blick auf die herrliche Umgebung. Danach erwarten uns insgesamt drei Wegwechsel: Zuerst wird hinter Jungfichten im 90-Grad-Winkel nach rechts abgezweigt ❸, 891 m. Nach einem kurzen Abschnitt zum Durchatmen kommt an einer Kreuzung mit Traumblick nach Süden ein Abzweig nach links ❹, 910 m. Am

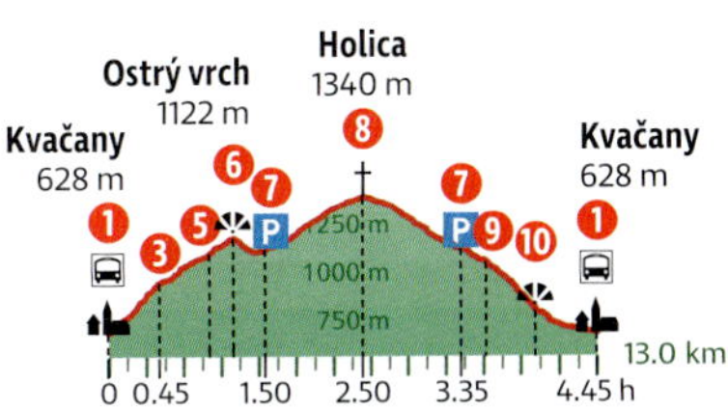

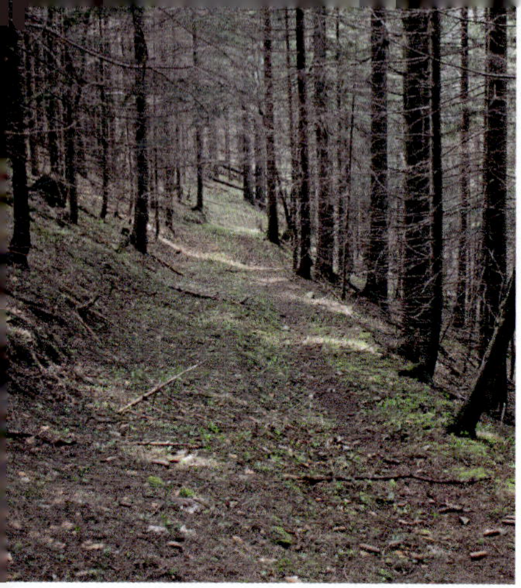

Abstieg durch dichten Wald.

Ende eines steilen Linksbogens im nachwachsenden Bereich an einer Kreuzung wartet der zunächst letzte **Abzweig** ❺, 1044 m. Ab hier sind es nur noch wenige Meter zu einem breiten Weg auf dem Bergrücken.

Der Weg leitet nach links bis kurz unter den Berg und endet dort. Ein schmaler Pfad, der im unteren Bereich im Sommer etwas schwer zu erkennen ist, zieht sich nach oben und rechts an der kleinen Höhle Studňa pod Ostrým und unter dem höchsten Punkt vorbei zum Aussichtspunkt etwas unterhalb des zugewucherten Gipfels des **Ostrý vrch** ❻, 1122 m. Der Blick hinunter ins Tal ist fantastisch.

Zunächst steigen wir über den Pfad zum Feldweg ab und folgen diesem bis zu seinem Ende an einem **Parkplatz** ❼, 1067 m, in einer Kurve der Landstraße. Etwa 100 m nach dem oberen Ende der Haarnadelkurve ist ein Waldweg zu sehen, der üblicherweise mit einer Schranke versperrt ist. Dort steht auch ein Jesus-Kreuz. Im weiteren Verlauf zieht sich der erdige Weg in zwei Kurven hinauf auf den breiten Bergrücken. Immer wieder bietet sich eine herrliche Sicht auf die Umgebung. Nochmals geht es einige Meter bergauf auf die **Holica** ❽, 1340 m (in der Karte: 1341 m), den östlichsten Gipfel der Chočské vrchy. Die schönsten Ausblicke ins Tal und in Richtung Niedere Tatra gibt es kurz vor dem höchsten Punkt. Von einer Wiese dahinter zeigen sich die ersten Berge der Westlichen Tatra.

Von der **Holica** ❽ geht es zunächst auf derselben Strecke zurück bis zum **Parkplatz** ❼, 1067 m. Direkt rechts und unterhalb der Leitplanke beginnt ein Weg, der bis zur ersten Gabelung parallel zur Landstraße verläuft. Wir zweigen dort erst links und an der nächsten Verzweigung rechts auf einen **Weg** ❾, 996 m, ab. Später sind ohne Probleme ein paar umgefallene Bäume zu übersteigen. Am Ende des Wegs führt unsere Strecke nach links und etwas steiler bergab. Nachdem die westlichen Hänge des Ostrý vrch gequert sind, beginnt der Abstieg hinunter ins Kvačianska dolina. Der Weg verwandelt sich in einen Pfad und trifft im Tal auf eine **Aussichtsplattform** ❿, 743 m.

Ein breiter Schotterweg mit roter Markierung bringt uns nach 200 m, vorbei am Aussichtspunkt auf die Jánošikova hlava, zum Wegweiser **Ústie Kvačianska dolina** ⓫, 645 m, dann folgen wir dem gelben Wanderzeichen etwa 500 m entlang der Zufahrtsstraße nach **Kvačany** ❶, 628 m.

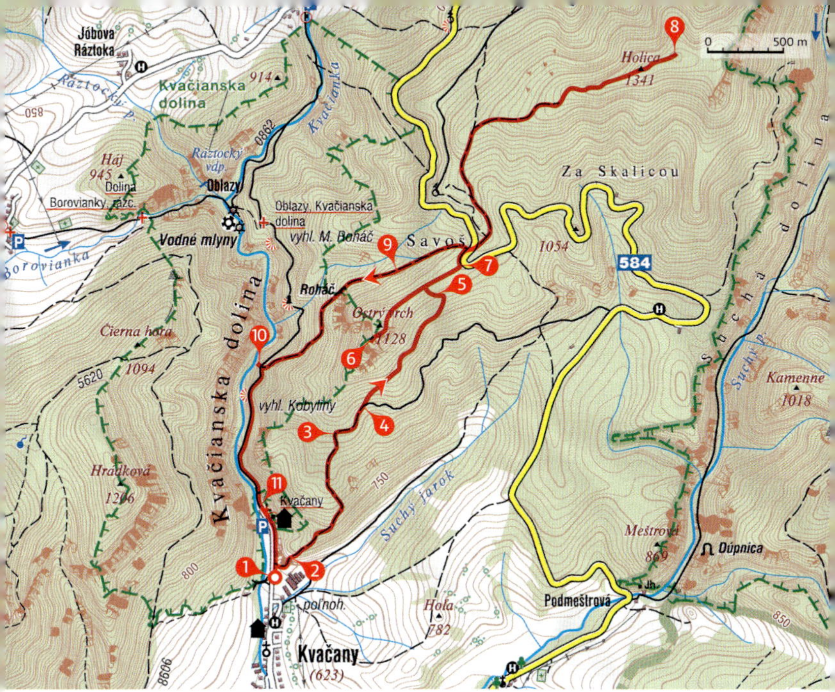

Winterzauber unter der Holica.

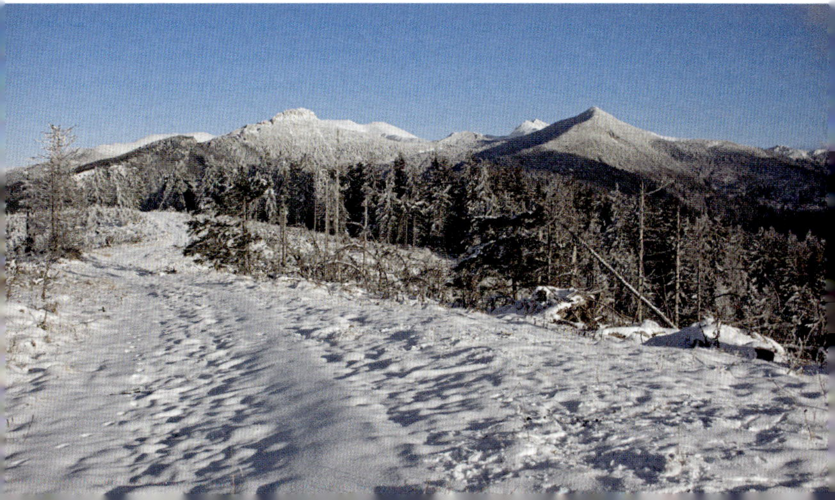

↗ 2470 m | ↘ 2460 m | 58.5 km

10 Über den Hauptkamm der Oravská Magura

2 Tage

Durchquerung der südlichen Ausläufer der Beskiden

Wie der Name es schon ausdrückt, ist die Oravská Magura ein Gebirgszug in der Region Orava. Mit 1394 m ist der Berg Minčol die höchste Erhebung. Die kleine Bergkette ist hauptsächlich bewaldet – trotzdem bieten sich von ihrem Hauptkamm immer wieder lohnende Ausblicke auf die höchsten Gipfel der Beskiden im Norden sowie auf die sich südlich angrenzenden Gebiete. Kulturelle Sehenswürdigkeit der Wanderung ist Oravský Podzámok mit gerade einmal 1800 Einwohnern. Das Dorf wird von einer mittelalterlichen Burg überragt, die zwischen dem 13. und 17. Jh. in mehreren Bauabschnitten errichtet wurde und sich auf drei Felsterrassen ausbreitet. Der höchste Teil der Festung liegt 112 m über dem Wasserspiegel des Flusses Orava und ist über insgesamt 800 Treppenstufen erreichbar. Die Anlage beherbergt ein sehenswertes Museum. In der Vergangenheit wurden auf der Feste mehrere Spielfilme gedreht. Zu den bekanntesten Filmen zählen sicherlich »Nosferatu« im Jahre 1921 und »König Drosselbart« aus dem Jahre 1984. Zuletzt diente die Burg 2019 als Kulisse für eine Netflix-Serie.

Ausgangspunkt: Zázrivá, 600 m, Wegweiser »Zázrivá, ústredie« im Dorfzentrum; Endstation der Busse aus Dolný Kubín, mehrere kostenlose Parkplätze in der Nähe. Bei Anfahrt mit eigenem Pkw ist es sinnvoll, in Dolný Kubín am Einkaufszentrum zu parken und die Zu- und Abfahrten zur Wanderung mit öffentlichen Verkehrsmitteln durchzuführen.

Endpunkt: Trstená, 608 m, Bahnhof. Rückkehr nach Zázrivá mit Bahn und Bus (Umstieg in Dolný Kubín).

Anforderungen: Weitgehend breite Wege und Pfade, die in Abschnitten steil sind. Einige Stellen können im Sommer etwas verwachsen sein. Meist gut markiert, aber bei vielen Wegwechseln ist etwas Orientierungssinn notwendig, um das nächste Wanderzeichen zu finden. Die Etappen sind relativ lang und ein großer Höhenunterschied ist zu bewältigen, gute Kondition notwendig.

Infrastruktur: 1. Tag: In **Zázrivá** Geschäfte, Restaurants und mehrere Unterkünfte. Unterhalb des Wegweisers

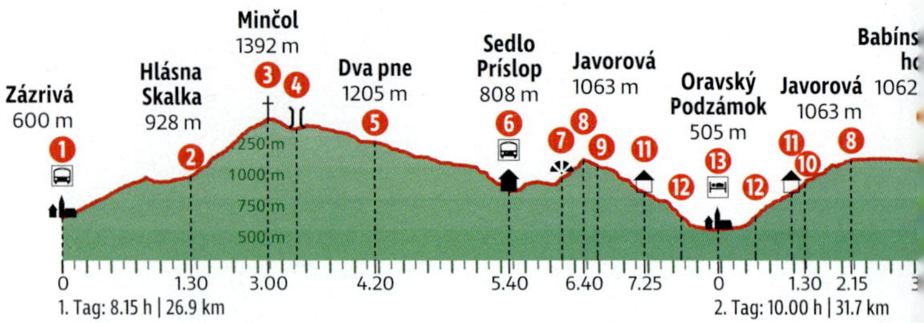

»Sedlo Kubínska hoľa« 4 Berghütte **Chata na Kubínskej holi** (etwa 25 Min. Abstieg; 15 Zimmer und 1 Apartment), Tel. +421 907 040 826 (für Reservierungen); ganzjährig, Übernachtungspreise saisonabhängig, chatakubinskahola.sk (nur auf Slowakisch). Am **Sedlo Príslop** 6 Restaurant an der Landstraße. In **Oravský Podzámok** mehrere Restaurants und Unterkunftsmöglichkeiten sowie Busse und Züge nach Dolný Kubín.
2. Tag: Unterwegs keine Infrastruktur. In **Trstená** Geschäfte, Restaurants und Unterkünfte. Vom Busbahnhof und vom Bahnhof regelmäßige Verbindungen nach Dolný Kubín.

Varianten: 1. Am ersten Tag Abstieg vom Sedlo Kubínska hoľa 4 nach Dolný Kubín (3 Std., 8,7 km und 870 Hm Abstieg).
2. Wer die zweite Etappe abkürzen möchte, kann von Pod Magurkou 18 oder ab der großen Wiese unter der Magurka (vgl. Tour 15) nach Tvrdošín wandern (1.30 Std., 5,2 km, 40 Hm im Auf- und 160 Hm im Abstieg).

Hinweise: 1. Die Hauptroute auf dem Kamm ist durchgängig rot markiert. Der Auf- und Abstieg nach Oravský Podzámok ist blau gekennzeichnet. Leider hat ein Grundstückseigentümer direkt am Ortseingang ein Tor errichtet und so die letzten Meter des blau markierten Wanderwegs hinunter in das Dorf versperrt. In naher Zukunft wird die Strecke umgelegt. Es ist davon auszugehen, dass die hier beschriebene Auf- und Abstiegsroute zum offiziellen Weg wird, da letztlich keine andere sinnvolle Möglichkeit besteht.
2. Auf der zweiten Etappe gibt es zahlreiche Optionen, auf beide Seiten der Bergkette abzusteigen. Von allen Orten existieren Busverbindungen.

Tipps: 1. Für Autofahrer bietet es sich an, das Fahrzeug für die erste Etappe in Dolný Kubín abzustellen und für die zweite Etappe am Bahnhof von Trstená zu parken und mit dem Zug nach Oravský Podzámok zu fahren.
2. Am Ende der ersten Etappe lohnende Besichtigung der Burganlage Oravský hrad (Informationen auf oravskemuzeum.sk, auch auf Englisch).

Karte: SHOCart – Blatt 1086 Oravská Magura 1:50.000 (1. Etappe und ein Teil der 2. Etappe), SHOCart – Blatt 1095 Chočské vrchy 1:50.000 (nur 1. Etappe), SHOCart – Blatt 1096 Západné Tatry 1:50.000 (nur einen Teil der 2. Etappe).

1. Tag: Zázrivá – Oravský Podzámok, 8.15 Std., 26,9 km, 1230 Hm im Auf-, 1330 Hm im Abstieg

Vom Wegweiser »Zázrivá, ústredie« in **Zázrivá** 1, 600 m, gehen wir über die Hauptstraße, am Supermarkt vorbei und auf einer schmalen Seitenstraße aus dem Ort hinaus. Im Aufstieg bieten sich herrliche Aussichten auf die Berge der Kleinen Fatra. An der ersten Kreuzung wird links und nach einem

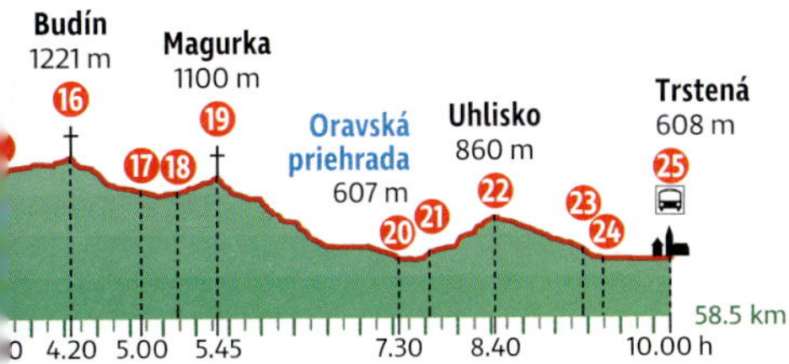

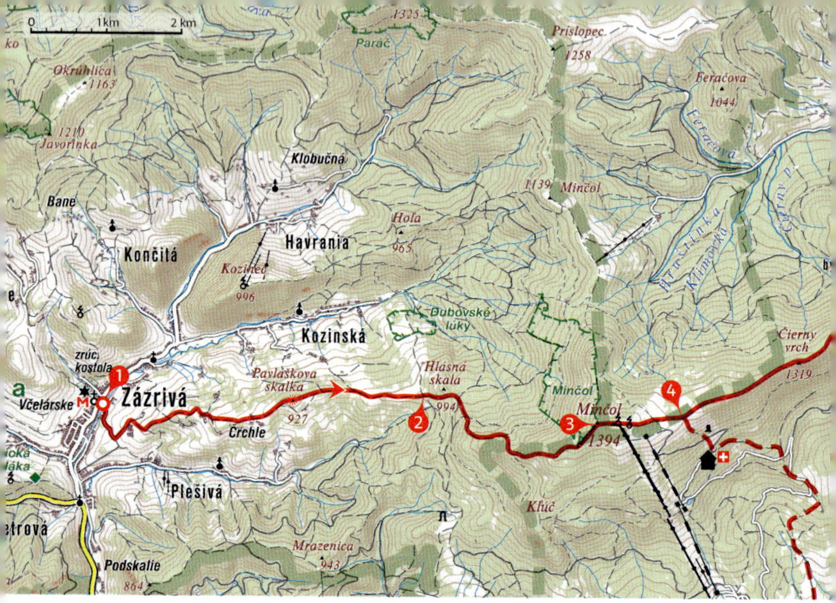
0
1 km
2 km
Okrúhlica
1163
Javorinka
1210
Paráč
1325
Príslopec
1258
Feračova
1044
Klobučná
Bane
Mínčol
1139
Hola
965
Havrania
Končitá
Kozinec
996
Kozinská
Dubovské lúky
zrúc. kostola
Zázrivá
Včelárske
Pavlaškova skalka
927
Hlásna skala
994
Mínčol
Mínčol
1394
Čierny vrch
1319
Črchle
Plešivá
Kľúč
Mrazenica
943
Podskalie
864
1
2
3
4

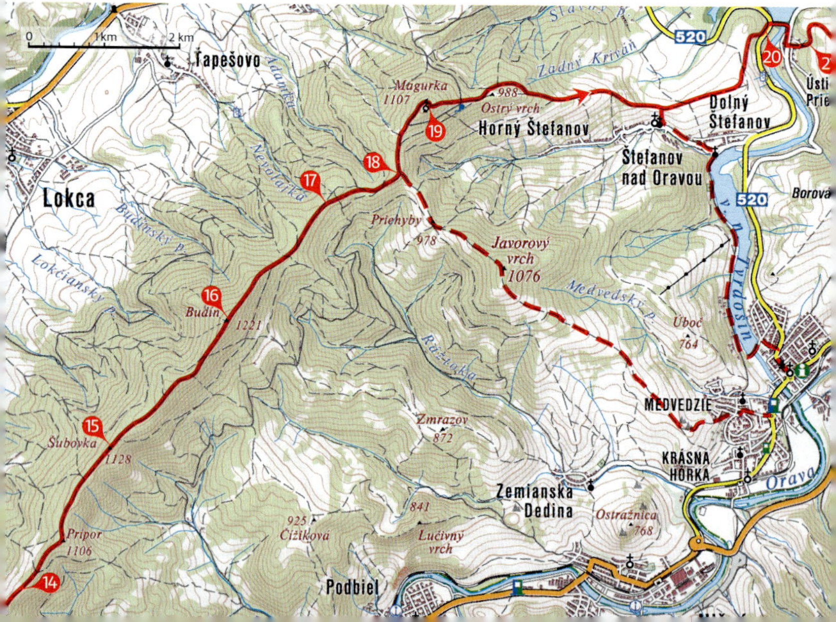
0
1 km
2 km
Ťapešovo
Adamka
520
Zadný Kriváň
Magurka
1107
988
Ostrý vrch
Horný Štefanov
Dolný Štefanov
Štefanov nad Oravou
Lokca
Nevolajka
Budinský p.
Lokčiansky p.
Priehyby
978
Javorový vrch
1076
Medvedský p.
Úboč
764
Budin
1221
Rážtoka
Šubovka
1128
Zmrazov
872
MEDVEDZIE
KRÁSNA HÔRKA
Orava
Zemianska Dedina
Ostražnica
768
925
Čižiková
841
Lučivný vrch
Prípor
1106
Podbiel
Borová
14
15
16
17
18
19
20

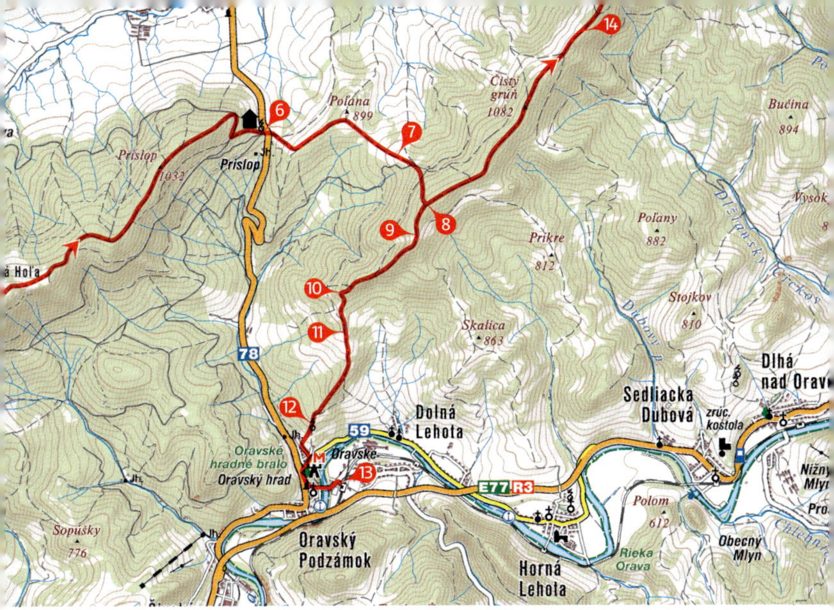

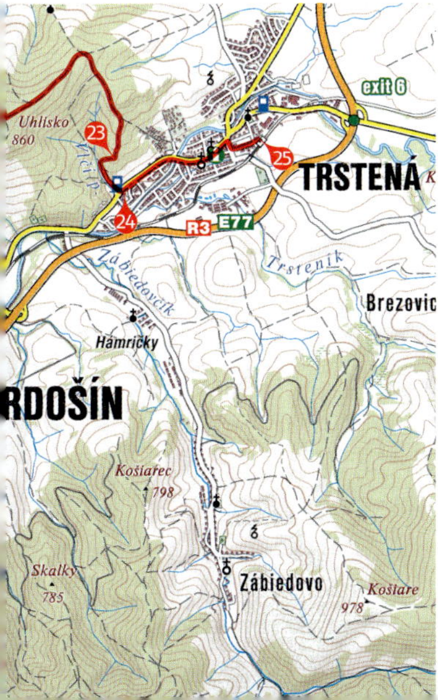

Gehöft rechts abgebogen. Ab einer Kreuzung mit kleiner Kapelle ist der Weg unbefestigt. Nach einigen Ferienhäusern, einer Kuppe und einer weiteren Aussicht auf die Kleine Fatra leitet der Weg in den Wald und südlich am Berg **Hlásna Skalka** ❷, 928 m, vorbei. Sehenswert sind hier zwei handgeschriebene Hinweisschilder aus dem Jahre 1958.

Der Weg wird zu einem Pfad und windet sich hinauf zum höchsten Berg der Oravská Magura – dem **Minčol** ❸, 1392 m. Der höchste Punkt (1394 m) befindet sich leider im Wald. Doch bereits kurz darauf, direkt hinter einer Radarstation und einer Sendeanlage, öffnet sich die Sicht und es bieten sich traumhafte Blicke zu beiden Seiten des Kamms. Über die beiden Kreuzungen »Rázcestie pri Minčole«, 1325 m, und **Sedlo Kubínska hoľa** ④, 1310 m (nach rechts: Variante 1, Abstieg nach nach Dolný Kubín), führt uns die Strecke hinauf zur Kubínska hoľa – im Aufstieg lohnt es sich, einen Blick zurückzuwerfen.

Der folgende Abschnitt verläuft weitgehend angenehm durch Wald mit vielen Heidelbeeren. Nach zwei weiteren Kuppen sowie dem Wegeschild **Dva pne** ⑤, 1205 m, öffnet sich das Gelände und wir wandern über eine große Wiese, die eine traumhafte Sicht auf die höchsten Beskidenberge Pilsko und Babia hora bietet. Später geht es auf einem breiten Waldweg links an einer Hütte vorbei, ein Stück auf dem Kamm entlang und dann hinunter auf einen befestigten Weg. Diesem wird etwa 300 m nach rechts gefolgt, um in einer etwas unscheinbaren Kreuzung nach links abzuzweigen. Dieser Weg führt hinunter zum **Sedlo Príslop** ⑥, 808 m, wo ein Restaurant an der Landstraße zu einer Rast einlädt. Es gibt auch eine Bushaltestelle mit Verbindungen nach Dolný Kubín und Námestovo.

Auf der anderen Straßenseite leitet ein Feldweg hinauf zum Waldrand und dort nach links. Wer möchte, kann hier diagonal abkürzen – eine Markierungsstange ist vorhanden. Nach einem kurzen Stück im Wald beginnt eine weitere große Wiese, und wir folgen einem gut sichtbaren Feldweg durch eine Senke zu einem **Panoramablick** ⑦, 916 m, mit einer weiteren herrlichen Aussicht auf die Region Orava und die Beskiden. Danach geht es an einer Hütte vorbei in den Wald zum Wegweiser **Javorová** ⑧, 1063 m. Hier beginnt ein blau markierter Weg, der uns hinunter zum Zielort der ers-

Oberhalb von Zázrivá zeigen sich die Gipfel der Kleinen Fatra.

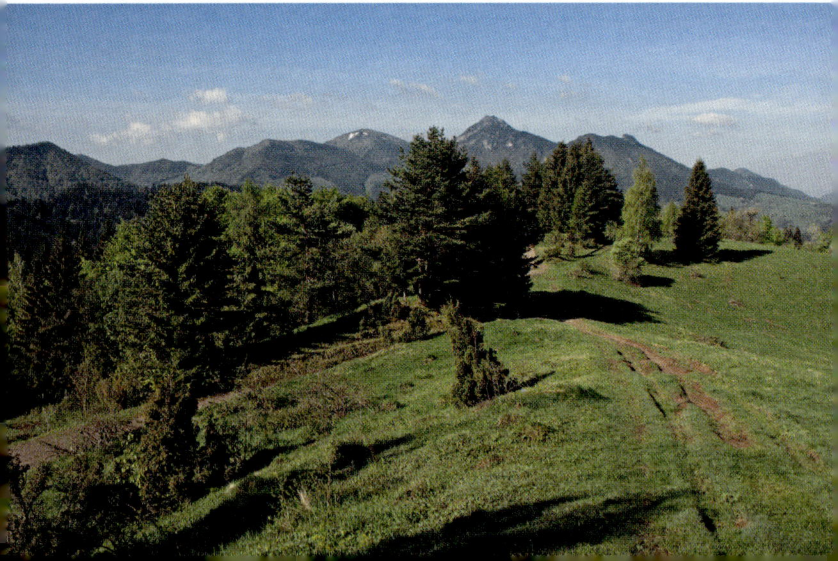

ten Etappe leitet. Der Weg führt anfangs über den Kamm, später, nach einer leichten Linkskurve, öffnet sich die Sicht und im Hintergrund ist die Westliche Tatra zu sehen. Hier gilt es, nach rechts abzuzweigen 9, 1009 m. Der Weg kehrt zum Kamm zurück; knapp 30 Min. später, an einer **Gabelung** 10, 875 m, leitet der linke Weg hinunter auf eine Wiese sowie zu einem **Unterstand** mit **Aussicht** 11, 798 m. Wir steigen erst nahezu weglos direkt über das Gras ab, dann geht es auf breitem Weg durch ein kleines Waldstück und im Anschluss über Trittspuren auf einer schmalen Grasfläche weiter bergab. An einer Kreuzung wird nochmals rechts abgebogen: Auf einem teilweise etwas verwachsenen Abschnitt gelangen wir bergab bis kurz vor eine Sendeanlage. Der markierte Weg würde hier geradeaus in ein Privatgrundstück hineinleiten, das der nicht besonders freundliche Besitzer jedoch mit einem großen Tor verschließt. Daher verlassen wir vor der Antenne die blaue Markierung und schlagen nach rechts einen **Pfad** 12, 601 m, ein.

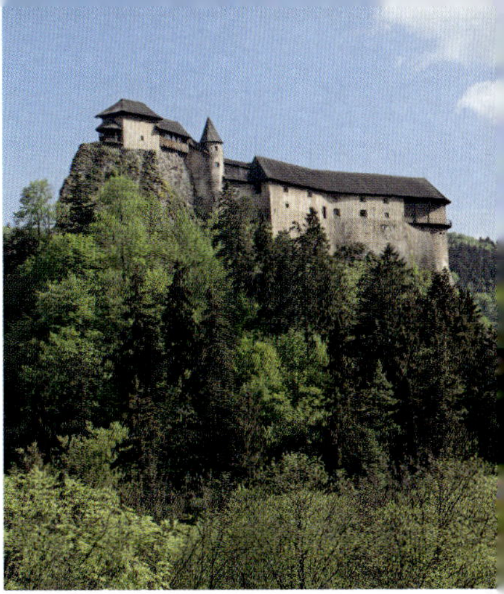

Burg Orava.

Unser Pfad zieht sich geradewegs hinunter zu ersten Häusern und endet an einem Holzschuppen, 555 m. Etwas weiter links versetzt steigen wir zwischen zwei Einzäunungen die wenigen Meter steil durch etwas Gestrüpp zu einer Wohnstraße hinunter. Diese bringt uns nach links wieder zur markierten Strecke zurück und zur Hauptstraße. Dieser folgen wir erst nach rechts bis zur Kreuzung und gehen dann nach links weiter zur Gemeindeverwaltung Oravský Podzámok, OcÚ, 515 m.
Die Bushaltestelle befindet sich etwa 150 m weiter vorne an einer Kreuzung. Wer zum Bahnhof möchte, biegt an dieser links ab und folgt der Straße über den Fluss Orava. Nach dem Fußballplatz befindet sich rechts der Bahnhof von **Oravský Podzámok** 13, 505 m, mit dem Wegweiser »Oravský Podzámok, stanica«.

2. Tag: Oravský Podzámok – Trstená, 10 Std., 31,7 km, 1240 Hm im Auf-, 1130 Hm im Abstieg

Vom Bahnhof von **Oravský Podzámok** 13, 505 m, gehen wir mit der blauen Wandermarkierung auf dem Abstiegsweg der ersten Etappe wieder hinauf auf den Kamm. Morgens bieten sich vor und auf der Brücke über die Orava fantastische Blicke auf die große Burganlage. Wegen des eingezäunten

Privatgrundstücks dient am Ortsausgang das Hinweisschild zur »Penzión Reduta« der Orientierung. Direkt zwischen der Einzäunung der Unterkunft und dem nächsten Grundstück steigen wir über den etwas verwachsenen Hang wenige Meter zu einem Holzschuppen, 555 m, auf. Etwas versetzt beginnt der Pfad, der uns geradewegs wieder auf die blau markierte Strecke leitet. Der weitere Aufstieg ist einfach zu finden. Am **Unterstand** mit **Aussicht** ⑪, 798 m, lohnt es sich jedoch, durchzuschnaufen und die herrliche Gebirgslandschaft von der Kleinen Fatra bis zu der Westlichen Tatra zu genießen. An einer kleinen Wiese mit Blick auf die Tatra-Gipfel führt ein Querweg links hinauf zum Hauptkamm zum Wegweiser **Javorová** ⑧, 1063 m, in unmittelbarer Nähe des gleichnamigen Bergs.

Der folgende Wegverlauf ist logisch durch den breiten Bergrücken vorgegeben. Die schönsten Blicke in Richtung Norden ergeben sich von einer Wiese aus. Ansonsten wandern wir im ersten Teil der Etappe meist durch Wald. Einen weiteren Ausblick bietet die **Babínska hoľa** ⑭, 1062 m: Eine Schautafel mit Namen aller Berge und ein Unterstand laden zu einer Rast ein. Über die Kreuzungen »Pod Príporom«, 1065 m, und **Šubovka** ⑮, 1127 m (Karte: 1128 m), leitet die rote Markierung abwechselnd über Wege und Pfade hinauf zum bewaldeten Berg **Budín** ⑯, 1221 m. Auch im Abstieg bleiben wir auf dem Kamm, später gehen wir an einer **Gabelung** ⑰, 1018 m, rechts und gelangen erneut auf wechselnden Wegen zur Kreuzung **Pod Magurkou** ⑱, 1010 m. Ein rot und blau gekennzeichneter, breiter und etwas zerfahrener Weg führt uns nach links mit Blick auf den Sendeturm auf eine befestigte Zufahrtsstraße. Auf dieser wandern wir hinauf bis zur Einzäunung auf der **Magurka** ⑲, 1100 m (Karte: 1107 m). Dank des fehlenden Baumbestands bietet sie eine herrliche Sicht auf die Westliche Tatra.

Links verläuft unser Weg in einem Bogen hinunter zum Schild »Pri studničke«, 1010 m, direkt daneben befindet sich eine Quelle. Ab hier ist es am einfachsten, geradeaus dem breiten Forstweg zu folgen. Die rote Markierung trifft kurz drauf wieder auf den Weg und ab einer offenen Kapelle orientieren wir uns an den Stationen eines Kreuzwegs. In einer Rechtskurve ist links an einem Pfad bereits die nächste Station zu sehen. Am Ende des Kreuzwegs, unterhalb des Walds, beginnen weite offene Grasflächen mit hervorragenden Aussichten auf beide Kammseiten. Nach einer eingezäunten Vorrichtung der Gasleitung ziehen sich Fahrspuren links über den Bergrücken weiter. Die Stangen, die auf die Gasleitung hinweisen, zeigen uns auf den ersten Metern den Weg. An einem Baum in der Nähe einer Mauer ist eine Markierung auszumachen. Hier wird links abgebogen und später sind ein Hochstand und rote Pfeile an Strommasten zu sehen. Unter einer Stromleitung verläuft ein von Wald gesäumter Pfad bergab und etwas oberhalb der Straße geht es links die letzten Meter zwischen Bäumen hindurch hinab zu einer Bushaltestelle am Stausee **Oravská priehrada** ⑳, 607 m.

Nach dem Überqueren der Staumauer zweigt unsere Strecke nach rechts in eine kleine Siedlung und dort links auf eine Seitenstraße in Richtung Chata

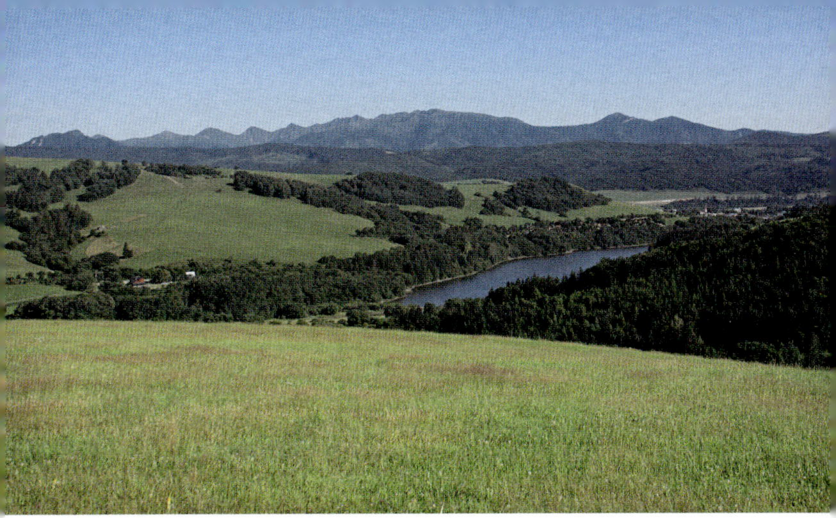

Vom breiten Bergrücken oberhalb des Stausees bieten sich einzigartige Ausblicke auf die Westliche Tatra.

Orava ab. In der Linkskurve der Straße irritiert der rote Pfeil ein wenig. Es geht hier geradeaus von der Straße weg und auf einem etwas zugewachsenen Weg bis zu einem **Abzweig** vor der **Wiese** ㉑, 653 m. Dort biegen wir links ab, und der Weg leitet uns direkt auf eine große Grünfläche. In der Mitte verläuft ein Feldweg, dem wir bergauf folgen. Nach einem Waldstück kommt ein gerodeter Bereich. Erst kurz vor der Sendeanlage geht es rechts zum Wegweiser **Uhlisko** ㉒, 860 m.

Scharf links leitet uns die Markierung leicht absteigend über den Kamm weiter. Im weiteren Verlauf wandern wir auf unterschiedlichen Wegen – rote Zeichen und hölzerne Schaubilder dienen der Orientierung. Etwas unterhalb an einem kleinen See liegt die Quelle »Studnička Luky«. Es folgen weitere Wegwechsel. Vor einer Linkskurve am **Abzweig** nach **Trstená** ㉓, 663 m, fehlt eine Markierung. Hier ist rechts abzubiegen. Wer diese Stelle verpassen sollte, wird jedoch später auch wieder auf den richtigen Weg treffen. Wir steigen in ein Tal ab und verlassen dort den Wald. Kurz hinter einem Steinbruch und neben einer Tankstelle befindet sich das Hinweisschild **Trstená, západ** ㉔, 607 m.

Wir folgen der Landstraße nach links, wechseln später auf den Bürgersteig, gehen am Hauptplatz geradeaus weiter und an der Kirche vorbei. An der zweiten Straße nach dem Rathaus wird rechts zum Busbahnhof abgebogen. Die nächste Querstraße Železničiarov führt nach links in wenigen Minuten zum Wegweiser «Trstená, vlak« wo die Wanderung über die Oravská Magura am Bahnhof von **Trstená** ㉕, 608 m, endet.

↗ 440 m | ↘ 440 m | 12.3 km

11 Zum Aussichtsturm unter der Brabírka

3.15 h

Auf einsamen Wegen durch die Region Orava

Zu den Höhepunkten dieser Wanderung gehört im Aufstieg zunächst ein Kreuzweg mit 14 Stationen, der im Jahr 2016 zu Ehren von Papst Johannes Paul II. angelegt wurde. Der slowakische Künstler Stanislav Kľúčik benötigte für die Schnitzereien drei Jahre. Auf den hölzernen Kunstwerken sind neben Jesus und Papst Johannes Paul II. auch jeweils für den Holzbildhauer persönlich wichtige Personen dargestellt. Ziel der Tour ist der Aussichtsturm unterhalb des bewaldeten Bergs Brabírka. Das 14 m hohe, im Laufe des Jahres 2018 fertiggestellte Gebäude ist der Form eines für die Region typischen Glockenturms nachempfunden. Das ungewöhnliche Bauwerk soll den Tourismus in der ländlichen Region ankurbeln.

Ausgangspunkt: Lokca, 657 m, Kirche; kostenlose Parkplätze, wer mit dem Bus anreist, steigt an der einzigen Bushaltestelle im Dorf aus und beginnt dort am Wegweiser mit der Wanderung.
Anforderungen: Sehr einfache Wanderung auf durchweg breiten Forstwegen, die lediglich im oberen Bereich unter dem Aussichtsturm etwas steiler und steiniger sind. Nach längeren Regenfällen kann es matschig sein.
Infrastruktur: Am Ausgangspunkt gibt es einen Supermarkt und am Weg im Dorf Lokca eine Bar, ansonsten nichts.
Hinweis: Die einzelnen Stockwerke des Aussichtsturms sind mit Holzklappen versehen, die gewöhnlich offen stehen und mit einem Lederriemen gesichert sind. Falls eine der Klappen verschlossen sein sollte, kann diese mit dem Rücken nach oben gedrückt und so einfach geöffnet werden.
Karte: SHOCart – Blatt 1086 Oravská Magura 1:50.000.

Die Westliche Tatra ist im April noch schneebedeckt.

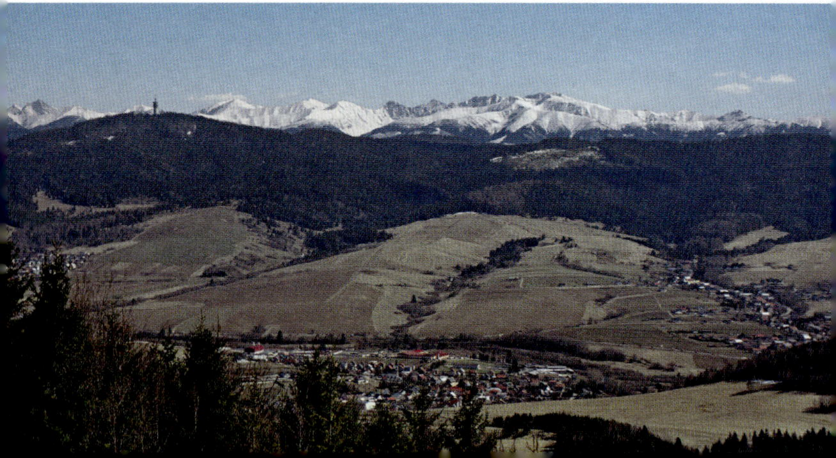

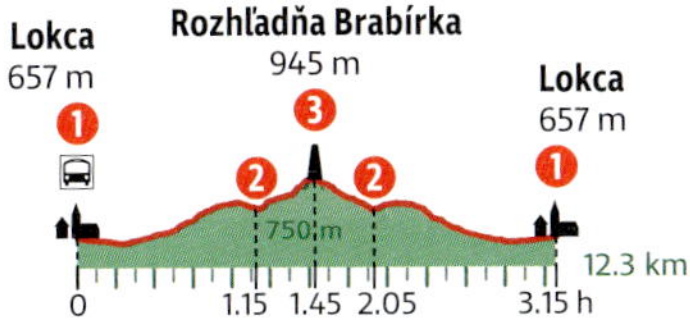

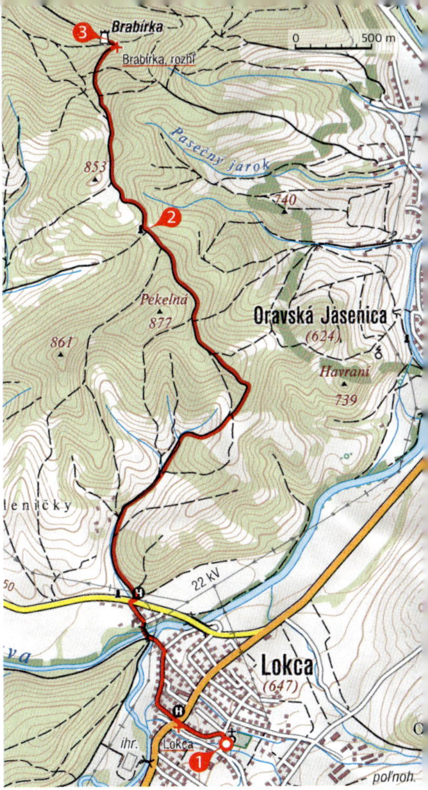

Vom Parkplatz an der Kirche von **Lokca** ❶, 657 m, leitet uns zunächst die grüne Wandermarkierung an einer kleinen Parkanlage, am Kulturhaus und am Supermarkt vorbei zur Hauptstraße hinunter. Am Wegweiser »Lokca, bus« beginnt das gelbe Wegzeichen, das uns bis hinauf zum Aussichtsturm begleiten wird. Zunächst wechseln wir auf die andere Straßenseite; eine hier beginnende Nebenstraße zieht sich durch den Ort. An der zweiten Kreuzung wird nach links abgebogen. Es geht an einer Unterkunft und einer Bar vorbei und über zwei Brücken in das kleine Industriegebiet. An einer Autowerkstatt zweigen wir nochmals links ab und wandern über einen schmalen Weg zur viel befahrenen Landstraße. Etwas rechts versetzt beginnt neben einer Bushaltestelle ein Feldweg. Zur Orientierung dienen ein Holzschild mit Turm und ein Hinweis auf einen Kreuzweg.

Die gelbe Markierung leitet uns auf diesem unbefestigten Weg in einer Rechtskurve zu einem abgelegenen Haus und dort geradeaus weiter über offenes Gelände mit Wiesen und durch Wald bergan. Jetzt beginnt der Kreuzweg mit 14 Stationen, der zusätzlich der Orientierung dient. Am **Ende** des **Kreuzwegs** ❷, 800 m, gibt es ein Schutzdach und einen Tisch mit Bänken. Ein Wegweiser aus Holz ist uns nur für den Rückweg dienlich.

Zunächst geht es geradeaus weiter. Erst später zieht sich der Weg im Wald in einem leichten Rechtsbogen etwas steiler hinauf zur Kammlinie. Dort wird scharf nach links zu einem Unterstand und zur **Rozhľadňa Brabírka** ❸, 945 m, abgebogen. Die Aussicht vom stabilen Turm auf die Babia hora – den höchsten Berg der Beskiden – und die Gipfel der Westlichen Tatra ist ausgezeichnet. Auf demselben Weg kehren wir nach **Lokca** ❶, 657 m, zurück.

↗ 160 m | ↘ 160 m | 3.9 km

12 Červená skala, 695 m

1.30 h

Zu einem Aussichtsbalkon über dem Dorf Podbiel

Podbiel ist ein kleiner Ort in der Region Orava, der für seine alten traditionellen Holzhäuser bekannt ist, die zwischen dem 18. und dem Beginn des 19. Jh. erbaut wurden. Insgesamt 47 Gebäude der ursprünglichen Volksarchitektur gibt es heute noch zu sehen. Die meisten Häuser sind mit Holzschindeln gedeckt und weisen außergewöhnliche Verzierungen auf. Besonders interessant sind die Lüftungsöffnungen an den Giebeln. Typischerweise wurden zwei oder drei Wohngebäude hintereinander errichtet, erst danach folgten die gemeinsam genutzten Wirtschaftsgebäude. Ziel unserer kurzen Wanderung ist ein Aussichtspunkt oberhalb der Červená skala – dem roten Fels. Bei dieser Gesteinsformation handelt sich um Kalkstein, der in der Jura- und Kreidezeit entstanden ist. Von hier oben genießen Wanderer einen wahrlich fantastischen Blick auf die wilden Gipfel der Westlichen Tatra.

Ausgangspunkt: Podbiel, 563 m, am Supermarkt im Zentrum, wenige Meter vom Abzweig nach Zuberec entfernt; Bushaltestelle und kostenlose Parkplätze in unmittelbarer Nähe.
Anforderungen: Recht kurzer Spaziergang über Feldwege und Pfade; stellenweise keine Wandermarkierung vorhanden, Orientierungssinn ist aber nicht erforderlich. Kurze Passagen im Auf- und Abstieg sind etwas steiler.
Infrastruktur: Nur in der Nähe des Ausgangspunkts Gaststätten, eine Bar und ein Supermarkt. Unterwegs nichts.
Variante: Wer nicht über die Kuhweide absteigen möchte, kann auf der Aufstiegsroute zurückkehren.
Tipp: Ab dem frühen Nachmittag hat man die Sonne im Rücken und der Blick auf die Berge der Westlichen Tatra ist am schönsten. Der Aussichtspunkt bietet sich auch für ein Picknick in freier Natur an.
Karte: SHOCart – Blatt 1086 Oravská Magura 1:50.000 (der Wegverlauf dieser Tour ist jedoch nicht eingetragen).

Vom Dorfzentrum von **Podbiel ❶**, 563 m, folgen wir zunächst der blauen Wandermarkierung mit Ziel »Záhradky« und gehen auf dem Bürgersteig an der Durchgangsstraße entlang. Auf der anderen Straßenseite befinden sich einige besonders alte Holzhäuser, die unter Denkmalschutz stehen. Am Ortsausgang wird nach rechts in eine Seitenstraße abgebogen. Eine ziemlich in die Jahre gekommene Brücke bringt uns zum Wegweiser am Bahnhof. Die blaue Markierung führt uns über die Gleise und im Anschluss nach rechts. Wo die blaue Markierung nach links abzweigt, leitet uns ein lokaler Wegweiser geradeaus weiter. Am Ende der Straße geht es ein paar Meter parallel zu den Gleisen entlang und danach auf einem Feldweg bergauf. An einer Verzweigung mit kaputtem Hinweisschild führt ein breiter Wiesenweg rechts zu einer kleinen **Kaska-**

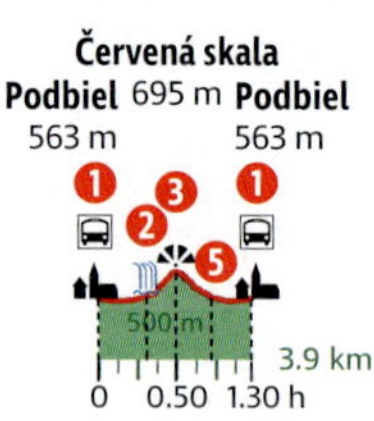

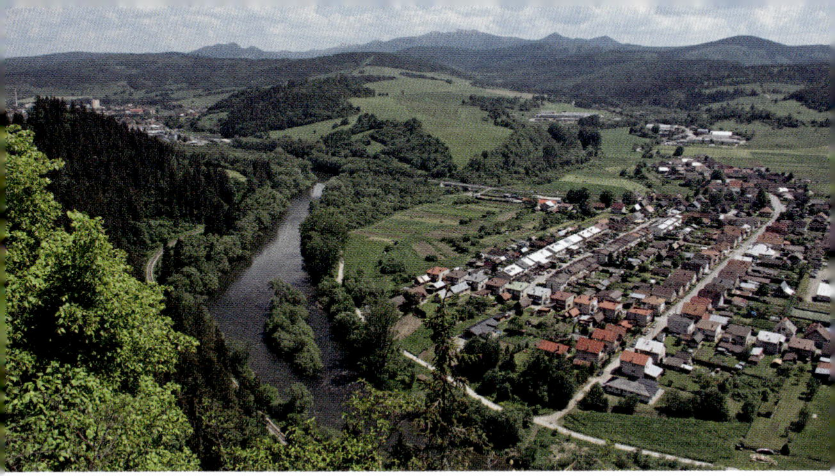

Ausblick von der Červená skala.

de ❷, 575 m, an Felsen. Zurück auf dem Hauptweg sind es noch ein paar Meter hinauf zum Schild »Vodopád Podbiel«: Ein schmaler Pfad zieht sich am Wasserlauf entlang zu einem Loch im Felsen.

Hinter dem Wegweiser verläuft ein Pfad rechts neben einer Kuhweide durch den Wald bergan. Eine geschnitzte Eule auf einem Baumstumpf und etwas zurückgesetzt ein Bärenkopf sorgen für etwas Abwechslung. Mithilfe einiger Holzstufen und Serpentinen gelangen wir zur **Červená skala** ❸, 695 m, einer wilden Abbruchkante mit fantastischem Ausblick auf Podbiel und die Westliche Tatra. Eine Rasthütte und ein im Sommer 2022 errichtetes Gipfelkreuz laden zu einer ausgiebigen Pause ein.

Um nicht auf demselben Weg abzusteigen, folgen wir der Wiese vor dem Aussichtspunkt ein paar Meter geradeaus und zweigen danach im rechten Winkel auf einen Wiesenweg nach links ab. Im Sommer ist dieser nicht immer gut auszumachen. Unter Umständen muss in diesem Bereich auch unter einem Elektrozaun durchgekrochen werden – zur Orientierung dienen blaue Dreiecke. Da der Weg über eine Kuhweide führt, kann es besonders nach Niederschlägen etwas matschig werden. Am Wegweiser **Rázcestie Červená skala** ❹, 620 m, treffen wir auf die blaue Markierung und wandern vorbei an einem namenlosen Wegweiser an einer Bank hinunter zum Hinweisschild **Záhradky** ❺, 566 m. Die Dorfstraße leitet uns an die Bahngleise und auf bekannter Strecke geht es nach **Podbiel** ❶ zurück.

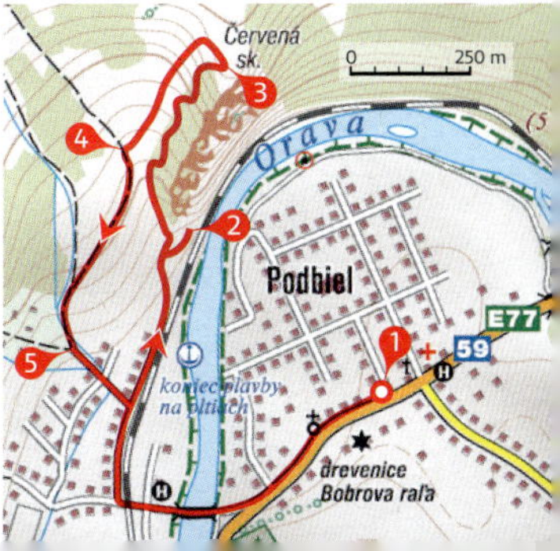

↗ 210 m | ↘ 210 m | 4.4 km

13 Ostražica, 768 m

1.45 h

Spaziergang auf einen wenig bekannten Hügel

Mit etwas mehr als 4000 Einwohnern zählt unser Ausgangspunkt – die Gemeinde Nižná – bereits zu den größeren Ortschaften der Region Orava. Neben einigen Industriebetrieben gibt es hier auch eine Berufs- und eine Kunstschule. Der Hügel Ostražica (auch Ostražnica) in direkter Nähe zum Dorf ist zwar ein beliebter Ausflugs- und Erholungsort der örtlichen Bevölkerung – trotzdem werden uns nur sehr wenige Menschen begegnen. Von mehreren Sitzbänken bieten sich herrliche Aussichten auf die Umgebung und etwas unterhalb des höchsten Punkts wurde sogar ein Fernrohr installiert, um die Landschaft besser betrachten zu können. Besonders interessant ist die historische Bedeutung des Hügels. Auf dem Gipfelplateau der Ostražica wurde bereits vor etwa 2300 Jahren gesiedelt; Archäologen haben mehrere Tongefäße, ein Eisenrad und Webutensilien ausgegraben. Früher soll hier eine massive Zitadelle gestanden haben, um die sich mehrere Holzhütten gruppierten. Von der Siedlung ist heute außer einer kleinen Mauer leider nichts mehr zu sehen.

Ausgangspunkt: Nižná, 560 m, Platz am Bahnhof und der zentralen Bushaltestelle; kostenlose Parkplätze in unmittelbarer Nähe des Ausgangspunkts.
Anforderungen: Spaziergang über Feldwege und Pfade, kurze Abschnitte sind steil, im Abstieg gibt es keine Markierungen – hier ist etwas Orientierungssinn erforderlich, der Weg ist aber gut zu finden.
Infrastruktur: In der Nähe des Ausgangspunkts gibt es einen Imbiss und in der Ortschaft selbst ein Restaurant an der Hauptstraße. Unterwegs nichts.
Tipp: Für den Spaziergang darf man sich ruhig einen ganzen Nachmittag Zeit nehmen. Es lohnt sich, an den Bänken ausgiebig zu rasten und die Seele beim Blick auf die Umgebung baumeln zu lassen.
Karte: SHOCart – Blatt 1086 Oravská Magura 1:50.000 (der Wegverlauf dieser Tour ist jedoch nicht eingetragen).

In unmittelbarer Nähe der Bushaltestelle und des Bahnhofs von **Nižná ❶**, 560 m, befindet sich der Wegweiser »Nižná, vlak, bus«. Wir folgen anfangs der gelben Streifenmarkierung, später im Aufstieg einem lokalen Zeichen mit einem gelben und weißen Dreieck. Zunächst gehen wir vor zur Hauptstraße, dort nach links und über den Zebrastreifen in die erste Seitenstraße nach rechts hinein. Die Straße biegt im Verlauf nach links in Richtung Kirche ab. Die Markierung leitet uns um diese herum und aus dem Dorf hinaus zu einem **Feldweg ❷**, 586 m, der links der Straße beginnt. Wir gehen auf diesem Weg an einem Gebäude des Wasserwerks vorbei zu einer Kreuzung und zweigen links ab. Oberhalb des Ortes wandern wir nun um die westliche Seite des Bergs herum.

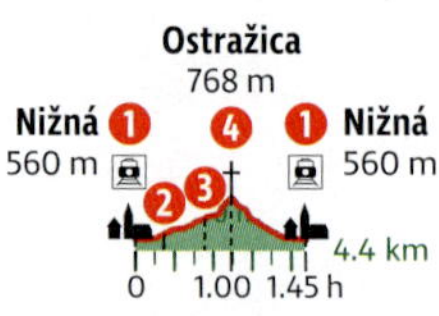

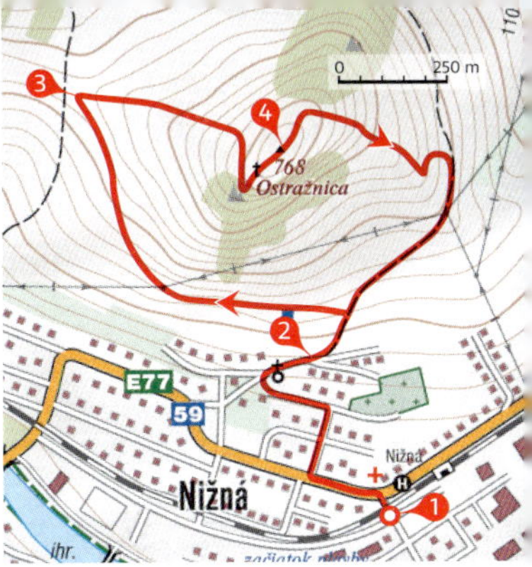

Die lokalen Markierungen sind immer vorhanden. Im Verlauf dient am Wegesrand ein Baum mit mehreren Heiligenbildern der Orientierung. Bei einem **Strommast** 3, 663 m, biegen wir scharf nach rechts ab. Der Pfad wird sehr steil und er wurde mit Steinen und kleinen Betonplatten befestigt, damit man bei Feuchtigkeit nicht zu stark einsinkt. Über einige Trittstufen, die mit einem Geländer aus Hanfseil gesichert sind, wird eine Steilstufe überwunden. Weiter oben führen rechts Fahrspuren an eine Bank unter dem Gipfel heran. Mit dem fest installierten Fernglas lässt sich von hier bestens die Umgebung betrachten. Links von einer Informationstafel ziehen sich Spuren hinauf zur **Ostražica** 4, 768 m.

Der Abstieg ist nicht markiert – der Weg ist aber praktisch nicht zu verfehlen. Wir überschreiten den Gipfel und folgen dem vorhandenen Pfad abwärts. Anfangs geht es an einigen Bäumen vorbei, später über eine Weide in einen namenlosen Sattel hinunter. Ein paar Meter oberhalb steht eine Bank auf einem Hügel. Nochmals bieten sich herrliche Blicke auf die Umgebung. Von hier gehen wir ein paar Meter zurück in den Sattel und nun nach rechts auf schwach ausgeprägten Spuren um den kleinen Hügel herum. Im Verlauf ist deutlich ein Weg zu erkennen, der nach der Umrundung in einen anderen breiten Weg mündet. Auch dieser endet nochmals an einem Feldweg, dem wir nach rechts bis zur Kreuzung des Aufstiegswegs folgen. Auf bekanntem Weg kehren wir nach **Nižná** 1, 560 m, zurück.

Weite Wiesenflächen unter der Ostražica.

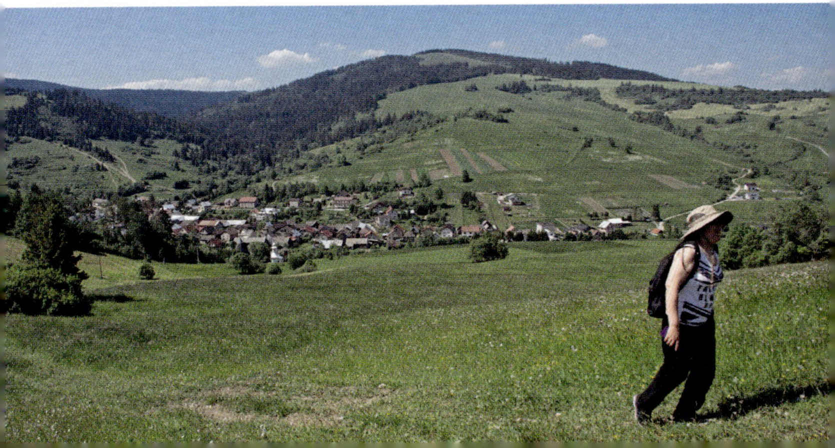

↗ 450 m | ↘ 450 m | 9.1 km

14 Rundweg von Zuberec auf den Aussichtsturm Machy

3.30 h

Einsame Wege in Ortsnähe mit Tatrablick

Ausgangspunkt für den Spaziergang auf den Berg Machy, 1186 m, ist das Orava-Dorf Zuberec. Erste schriftliche Erwähnungen stammen aus dem Jahr 1593. Der Name leitet sich vom slowakischen Wort »zubor« ab, was auf Deutsch Wisent bedeutet. Etwas mehr als 1800 Einwohner leben heute in dem kleinen Ort und es gibt noch einige der für die Region typischen Holzhäuser zu sehen. Die Wege im Aufstieg zum Aussichtsturm sind zwar relativ breit, aber nicht markiert und äußerst selten begangen. Mehrere Bären leben oberhalb der Ortschaft und mit etwas Glück zeigen sie sich auch den Wanderern. Der hölzerne, 10 m hohe Turm wurde im Jahre 2021 nach dem Entwurf des aus Zuberec stammenden Ingenieurs Dávid Bažík errichtet. Zum Nachmittag mit der Sonne im Rücken bieten sich traumhafte Ausblicke hinunter auf den Ort und die dahinterliegenden Gipfel der Westlichen Tatra. Über markierte Wanderwege mit fortwährender Aussicht geht es wieder hinunter nach Zuberec.

Ausgangspunkt: Zuberec, 762 m, Wegweiser »Zuberec« gegenüber der Bushaltestelle; Busverbindungen nach Liptovský Mikuláš und Trstená; kostenlose Parkplätze direkt am Wegweiser oder in der Nähe an der Hauptstraße.
Anforderungen: Der erste Abschnitt der Tour ist nicht markiert. Die Wege sind in der Regel breit und mit Ausnahme eines kurzen Stücks oberhalb von Zuberec auch immer gut auszumachen. Der Aufstieg auf den Bergrücken ist steil.
Infrastruktur: Im Ortsgebiet von Zuberec liegen eine Pizzeria und ein Restaurant am Weg, kurz vor Ende der Tour bietet eine Koliba traditionelle Speisen und Getränke an.
Variante: Etwa 100 m vor Tourende an einer Scheune nach rechts auf einem breiten Schotterweg hinauf zu einem neuen Aussichtsturm (kann gegen eine Gebühr bestiegen werden: Erwachsene 3 €, Kinder 2 €; 30 Min., 1,2 km, 100 Hm im Auf- und Abstieg).
Tipp: Die Wanderung bietet sich für einen Nachmittag an, da der Blick auf die Berge der Westlichen Tatra mit der Sonne im Westen am schönsten ist.
Karte: SHOCart – Blatt 1096 Západné Tatry 1:50.000.

Beim Wegweiser in **Zuberec** ❶, 762 m, wird zunächst die Hauptstraße überquert, dann geht es über die Ortsstraße Andreja Bažíka an der Kirche, an alten Holzhäusern, an der Pizzeria und am Restaurant vorbei. Hinter dem Haus mit der Nummer 217 zweigen wir nach links in eine Nebenstraße ab, wandern aus der Ortschaft hinaus und an zwei Skiliften und einer Unterkunft vorbei. Am zweiten **Abzweig** vom **Schotterweg** ❷, 772 m, biegen wir rechts auf einen Feldweg ab. Wenn der Weg nach wenigen Metern nicht mehr so gut zu sehen ist, dient eine erodierte Regenrinne, die geradeaus nach oben verläuft, der Orientierung. Nach einem kurzen Waldstück folgt erneut eine große Wiese und an einer **Gabelung** ❸, 942 m, leitet der rechte

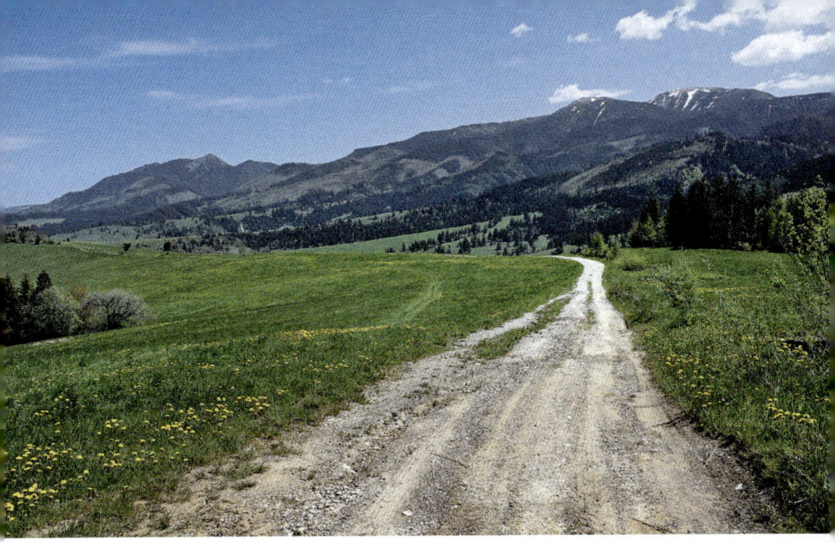

Im Abstieg nach Zuberec.

Weg sehr steil und nochmals im Wald hinauf zum rot markierten **Kammweg** ❹, 1068 m. Auch wenn die Markierungen nicht besonders häufig zu sehen sind, führt ein breiter Feldweg links in wenigen Minuten hinauf zum **Aussichtsturm Machy** ❺, 1186 m. Der Blick hinunter auf Zuberec mit den

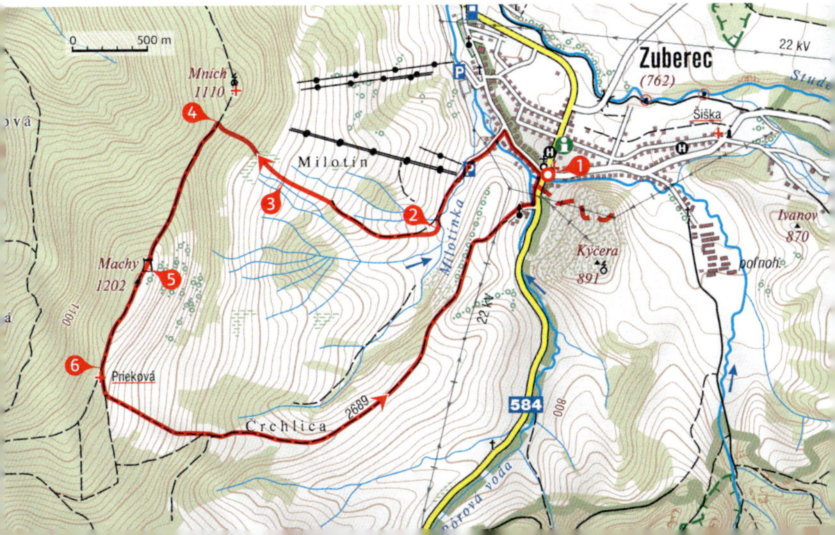

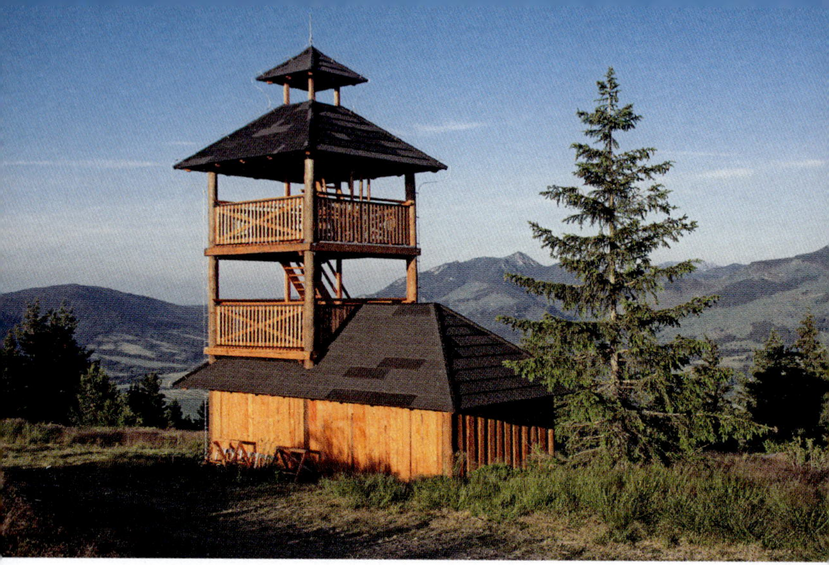

Der hölzerne Aussichtturm unterhalb des Bergs Machy.

dahinterliegenden Gipfeln der Westlichen Tatra ist ein absoluter Hochgenuss. Vom Turm aus sind es nur noch wenige Meter bis zum höchsten Punkt des Machy auf 1202 m; dieser wird zur Bergkette der Skorušinské vrchy gezählt. Etwas weiter unterhalb folgt etwas überraschend der Wegweiser **Sedlo Prieková** 6, 1164 m. Hier bietet sich eine herrliche Sicht auf den Veľký Choč und die südliche Region Orava.

Wir biegen nach links auf einen blau markierten Feldweg ab. Ziemlich steil geht es bergab und an einer Gabelung leitet der linke Weg über einen kleinen Bergrücken in Richtung Zuberec. Der unbefestigte Weg wird zu einer schlecht erhaltenen Asphaltstraße; diese führt uns an die ersten Häuser der Ortschaft heran. Nach einigen Holzhütten befindet sich rechts ein großes Restaurant und kurz darauf ist die Landstraße erreicht. Ein Bürgersteig verläuft am linken Straßenrand entlang nach **Zuberec** 1, 762 m, zurück.

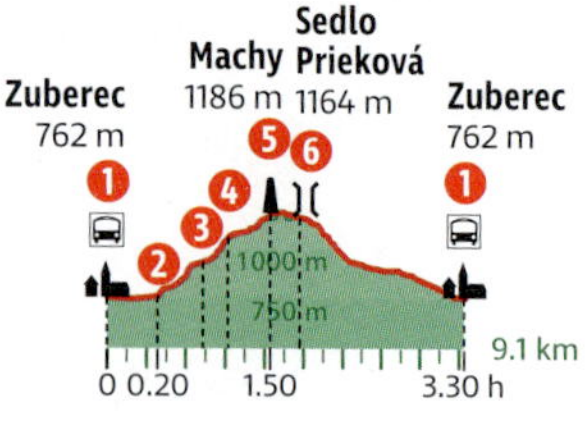

↗ 470 m | ↘ 470 m | 14.7 km

4.15 h

Rundweg von Tvrdošín zur Oravská priehrada

15

Abwechslungsreiche Wanderung über die nördlichen Ausläufer des Orava-Hochlands

Mit etwas mehr als 9000 Einwohnern zählt Tvrdošín zu den kleineren Kreisstädten der Slowakei. Hauptsehenswürdigkeit ist die römisch-katholische Holzkirche Allerheiligen, die etwa in der Mitte des 15. Jh. errichtet wurde und 2008 von der UNESCO als Welterbe anerkannt wurde. Das Gotteshaus befindet sich etwa 300 m vom Ausgangspunkt entfernt auf dem Gelände des Friedhofs. Vom Stadtzentrum wandern wir in das weiche Hügelland der nördlichen Orava hinein und haben praktisch dauernd traumhafte Ausblicke auf die Umgebung. Später wird die Staumauer der Oravská priehrada überquert. Der Stausee wurde zwischen den Jahren 1941 und 1953 angelegt und ist mit 35,2 km² das größte Gewässer der Slowakei. Nach dem Übersteigen eines weiteren Höhenzugs geht es von Štefanov nad Oravou am zweiten und deutlich kleineren Staubecken entlang zurück nach Tvrdošín.

Ausgangspunkt: Tvrdošín, 572 m, Wegweiser »Tvrdošín, centrum« im Zentrum; Bushaltestelle und kostenlose Parkplätze in unmittelbarer Nähe; wer mit dem Zug anreist, geht vom Bahnhof 650 m nach links zum Ausgangspunkt.
Anforderungen: Einfache Wanderung auf meist breiten Wegen und schmalen Asphaltstraßen. Lediglich im Abstieg vor der Staumauer und im Aufstieg danach sind die Waldwege und Pfade etwas verwachsen. Der Abstieg nach Horný Štefanov ist sehr steil.
Infrastruktur: Beim Ausgangspunkt mehrere Einkehr- und Einkaufsmöglichkeiten. Unterwegs nichts.
Variante: Ab dem eingezäunten Bereich der Gasleitung ❽ Aufstieg auf die Magurka, 1100 m, mit lohnender Aussicht. Hierzu dem rot markierten Feldweg bis in den Wald hinein folgen. Dort beginnt ein Kreuzweg. An der Station VI rechts auf einen schlecht erhaltenen Waldweg abzweigen. Nach Station XI geht es auf einem Schotterweg an einer Kapelle vorbei zum Wegweiser »Pri studničke«. Von hier zieht sich ein Waldweg mit roter und blauer Markierung zur Einzäunung vor dem Sendeturm hinauf (2 Std., 7 km und 420 Hm zusätzlich).
Tipp: Besuch der römisch-katholischen Holzkirche Allerheiligen (10. Juni–12. Sept., Di–So 10–16 Uhr, Eintritt 1 €). Vom Parkplatz neben dem Ausgangspunkt ist der Weg zu ihr mit lokalen Wegweisern (»Drevený gotický kostol«) gekennzeichnet.
Karte: SHOCart – Blatt 1086 Oravská Magura 1:50.000 und SHOCart – Blatt 1096 Západné Tatry 1:50.000.

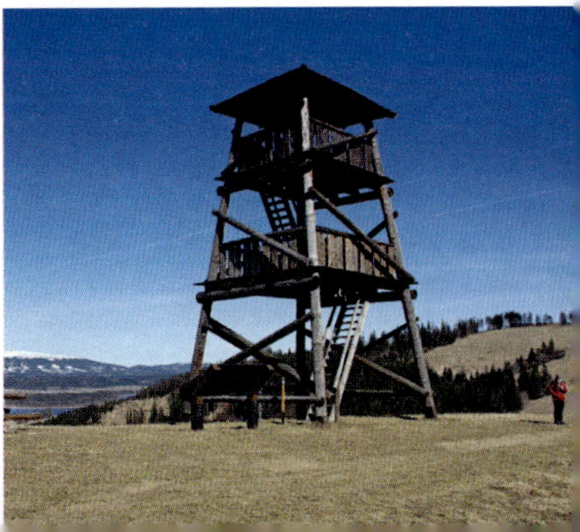

Rozhladňa na Borovej.

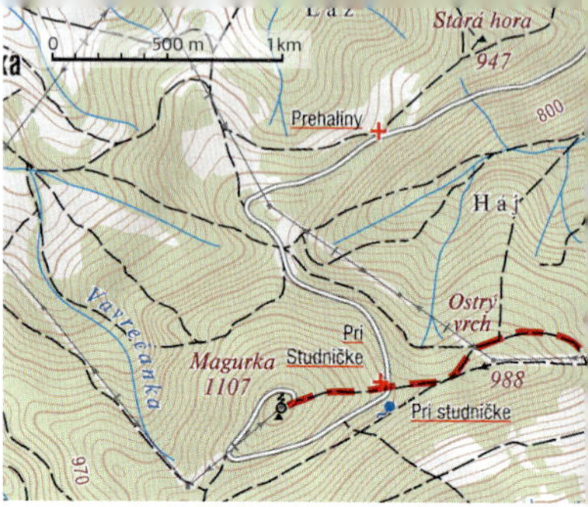

Die Wanderung beginnt am Wegweiser »Tvrdošín, centrum« gegenüber der Kirche von **Tvrdošín** ❶, 572 m, und ist auf dem ersten Teil nicht markiert. Wir gehen zunächst über die Hauptstraße und rechts an der Kirche vorbei durch eine parkähnliche Anlage. Kurz vor Ende des Parks leitet uns die Straße Spiežová nach rechts; am ersten Abzweig geht es links über eine Nebenstraße und einen Fußweg zur Hauptstraße nach Námestovo zurück. Wir folgen dieser erst nach rechts, und in der nächsten Linkskurve führt uns die Nebenstraße Pod Žiarcom geradeaus aus der Ortschaft hinaus. Ein gut erkennbarer Wiesenweg steigt leicht nach links in Richtung einer ersten Kuppe an. Kurz davor zweigt ein Pfad zum Kreuz auf dem **Žiarec** ❷, 694 m, ab, der einen tollen Blick auf Tvrdošín bietet.

Von diesem ersten Gipfel leitet ein Pfad wieder auf den Hauptweg zurück, dann geht es über den breiten Kamm direkt über die nächste Anhöhe hinauf zur **Rozhladňa na Borovej** ❸, 780 m. Der hölzerne Turm bietet eine

Die ersten Anhöhen über Tvrdošín.

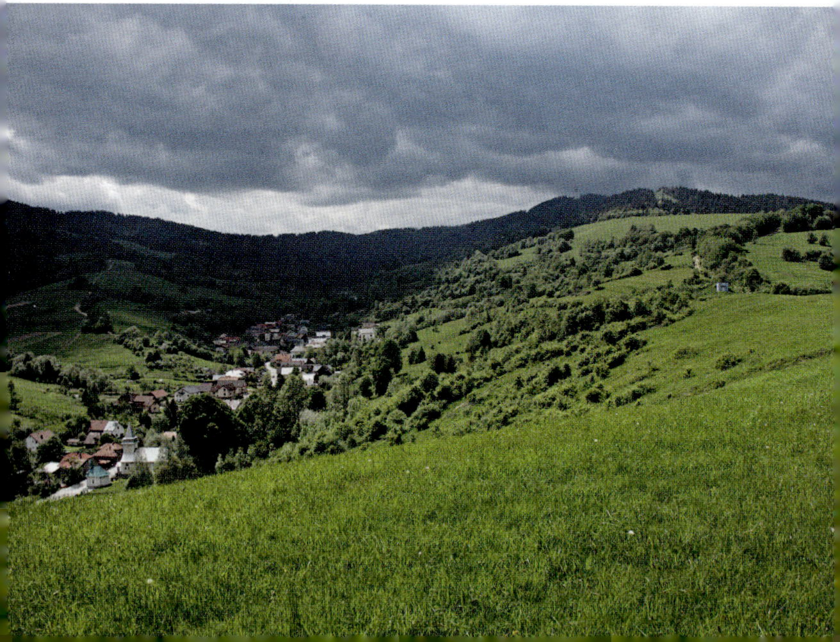

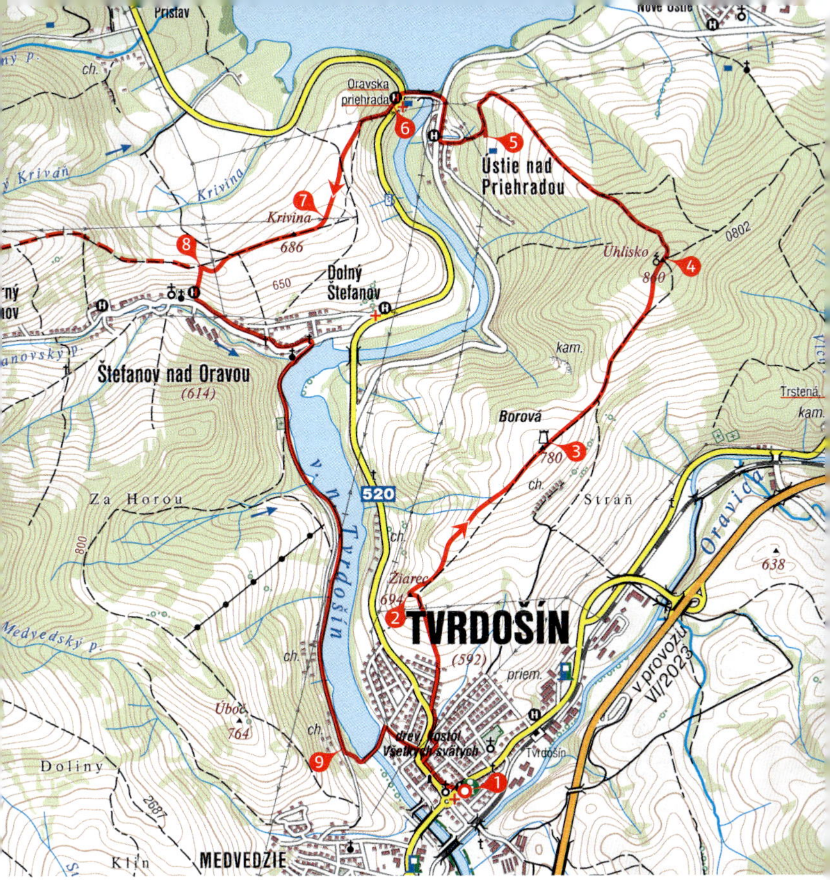

traumhafte Aussicht auf die Babia hora, den höchsten Gipfel der Beskiden im Norden und auf die Westliche Tatra im Süden. Wir steigen in eine Senke ab und gelangen danach auf den höchsten Punkt der heutigen Etappe, den **Uhlisko** ❹, 860 m, der mit seiner Sendeanlage von weither gut zu erkennen ist.

Auf dem nächsten Abschnitt weist die rote Wandermarkierung den Weg. Etwa 50 m links hinter der Sendeantenne zweigt linker Hand ein schmaler Weg ab. Aufgrund von Rodungsarbeiten ist von den Markierungen in diesem Bereich nicht viel übrig geblieben. Nach einem kurzen Waldstück folgt eine große Wiese. Die Oravská priehrada liegt zu unseren Füßen. In Höhe

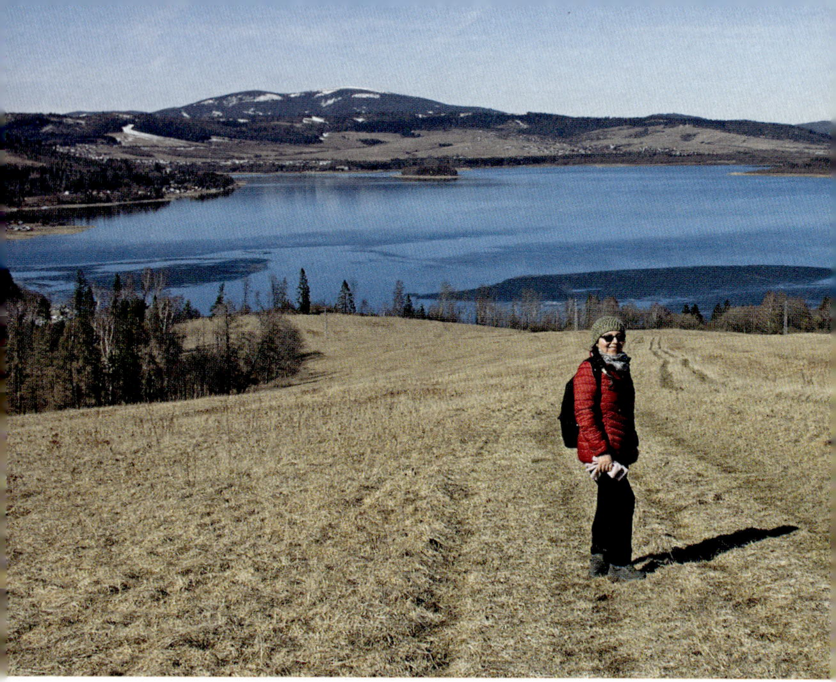

Vor uns breitet sich die Oravská priehrada aus.

der Stromleitung zweigt unser Weg nach links ab und führt in den Wald hinein. Rechts von einer Viehfutterstelle geht es bis zu einem **Abzweig** vor einer **Wiese** 5, 653 m. Rechts beginnt ein etwas verwachsener Weg, der sich hinunter zu einer unbefestigten Zufahrtsstraße zieht. Diese bringt uns in eine kleine Siedlung; dort biegen wir rechts auf eine Pflasterstraße ab, die direkt zur Staumauer führt. Von der betonierten Mauer bietet sich erneut ein herrlicher Blick auf die markante Kuppe der Babia hora. Auf der anderen Seite wird die Landstraße erreicht; der Wegweiser **Oravská priehrada** 6, 607 m, befindet sich an der gegenüberliegenden Bushaltestelle.

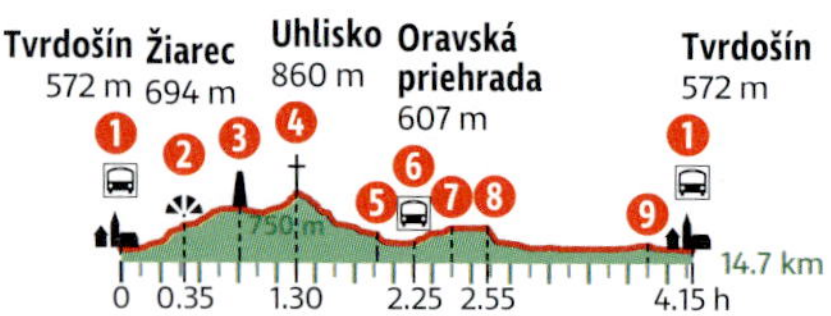

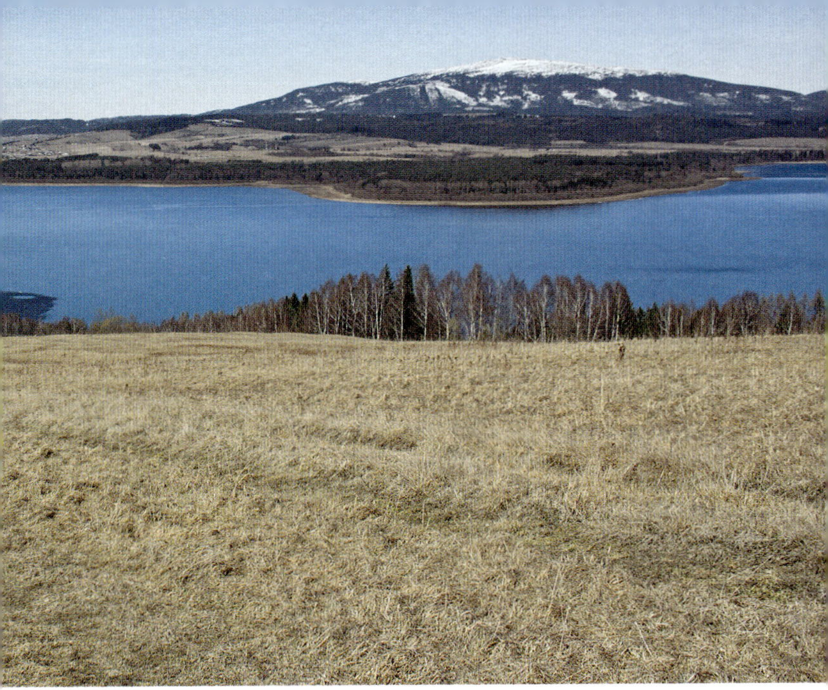

Direkt hinter dem Wartehäuschen zieht sich ein Pfad erst oberhalb der Straße nach links und in der Folge unter einer Stromleitung entlang hinauf auf eine weite Grasfläche. Wir gehen hier weglos nach links weiter. Als Orientierungspunkt dient ein **Strommast** 7, 681 m, der bereits gut sichtbar ist. Direkt dahinter wird ein Feldweg erreicht, der rechter Hand über einen breiten Bergrücken führt. Erneut bieten sich fantastische Aussichten auf die gesamte Umgebung. An einer Kreuzung vor einem eingezäunten Teil der **Gasleitung** 8, 684 m, verlassen wir das rote Wegzeichen nach links (geradeaus: Variante auf die Magurka) und steigen steil zum Ortsrand von Horný Štefanov, 615 m, ab.
Die Zufahrtsstraße leitet links hinunter in die Ortschaft Štefanov nad Oravou. An der Kreuzung am kleineren Stausee geht es im spitzen Winkel nach rechts und in der Folge im Auf und Ab am Ufer entlang. An einem **Abzweig** zur **Staumauer** 9, 600 m, leitet ein schmaler Schotterweg zum Ende des Stausees hinunter. Wir queren die Staumauer und gehen auf der anderen Seite die erste Straße nach rechts an einem Tennisplatz vorbei bis zur Hauptstraße. Auf der anderen Seite beginnt wieder die parkähnliche Anlage und auf bekanntem Weg kehren wir zurück nach **Tvrdošín** 1, 572 m.

↗ 540 m | ↘ 540 m | 9.4 km

16 Zum Aussichtsturm auf der Skorušina, 1314 m

3.30 h

Stählerner Aussichtsturm mit Weitblick

Die Skorušina ist der höchste Gipfel eines etwa 25 km langen Bergrückens, der nördlich der Westlichen Tatra von West nach Ost verläuft. Die bewaldeten Hügel gehören zur Region Orava. Weite Teile des Bergrückens sind oder waren bewaldet, denn auch hier hat der Borkenkäfer bereits ganze Arbeit geleistet; Bereiche unter dem Gipfel sind derzeit im Nachwachsen begriffen. Der als Stahlkonstruktion errichtete Aussichtsturm auf der Skorušina hat eine Höhe von 13 m und ermöglicht es damit, über die Baumwipfel zu schauen. Nach Süden bietet sich ein herrlicher Blick auf die Westliche Tatra. Nach Norden hin öffnet sich die Aussicht auf den Stausee Oravská priehrada und die dahinterliegenden Gipfel der Beskiden. Auf dem Gipfelplateau befindet sich auch ein Unterstand und etwas unterhalb des höchsten Punktes ist eine Quelle im Wald versteckt.

Ausgangspunkt: Tvrdošín, Ortsteil Oravice (15 km Luftlinie nach Osten durch Berge von der Stadt getrennt), 790 m, Wegweiser »Rázcestie Oravice«; gute Busanbindung aus Trstená, kostenpflichtige Parkplätze in unmittelbarer Nähe des Ausgangspunktes, kostenlose Parkplätze am Ortsausgang in Richtung Vitanová.
Anforderungen: Durchweg markierte Wanderung, meist breite Wege, die nur an wenigen Stellen etwas steiler sind.
Infrastruktur: Am Ausgangspunkt gibt es ein Buffet, im Ort Oravice zwei Restaurants, unterwegs nichts.
Tipp: In Oravice gibt es Thermalwasser und zwei Bäder: Der Meander Park bietet ein herrliches, aber nicht ganz billiges überdachtes Badevergnügen (meanderoravice.sk, Eintritt 10–17 €). Die Stadtverwaltung Tvrdošín betreibt ein Freibad, wo man sich in 36–38 °C warmem Thermalwasser zum Preis von nur 7 € entspannen kann.
Karte: SHOCart – Blatt 1096 Západné Tatry 1:50.000.

Am Wegweiser »Rázcestie Oravice« in **Oravice** ❶, 790 m, folgen wir der roten Wandermarkierung in Richtung »Skorušina« nach links, gehen über die Brücke und biegen zwischen dem Buffet und dem Parkplatz nochmals links von der Hauptstraße ab. Über einen Schotterweg geht es an Baumstümpfen vorbei, in die Gesichter geschnitzt wurden, und in einem Bogen weiter zu Ferienhütten hinauf. Links des letzten Gebäudes beginnt ein Feldweg, der sich über eine lang gezogene Wiese bergan zieht. Es lohnt sich, immer wieder einen Blick zurückzuwerfen, denn mit jedem Meter an Höhe verbessert sich die Sicht auf die Westliche Tatra. Auch wenn sich der Weg im weiteren Verlauf ein wenig verliert, so dient die Mitte der Wiese

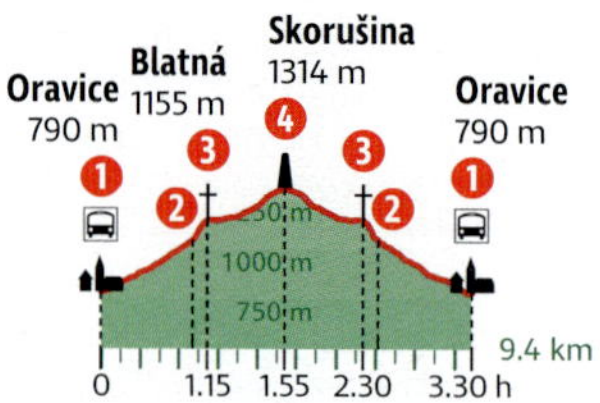

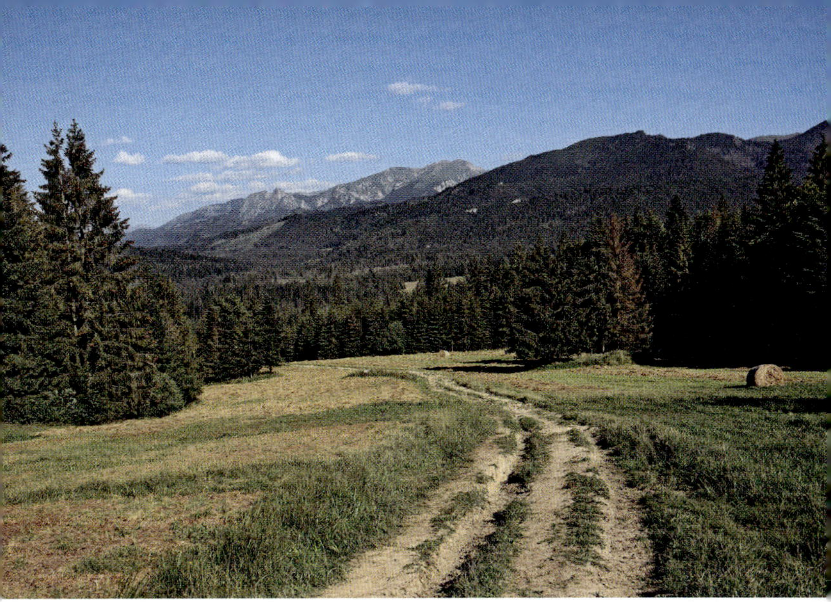

Im Aufstieg werden die polnischen Gipfel der Westlichen Tatra sichtbar.

der Orientierung; die Wiese endet unterhalb des Walds an einem Fahrweg. Etwas links versetzt kennzeichnet eine Markierungsstange den Abzweig rechts auf einen **Pfad** ❷, 1053 m. Dieser führt jetzt im Wald etwas steiler bergan auf den bewaldeten Gipfel der **Blatná** ❸, 1155 m.

Wir folgen dem breiten Kammweg, der auf den ersten Metern ziemlich zerfahren ist, nach links. Von einer gerodeten Stelle aus bietet sich etwas weiter oben ein herrlicher Blick nach rechts in Richtung Polen und nach hinten auf die Gipfel der Westlichen Tatra. An einer Gabelung beginnt geradeaus der letzte Anstieg hinauf zur **Skorušina** ❹, 1314 m. Vom stählernen Aussichtsturm eröffnet sich ein durchaus lohnendes Panorama mit zahlreichen Gebirgen der Umgebung. Etwas links des Unterstands ist ein schmaler Pfad zu sehen, der ein paar Meter hinunter zu einer Quelle mit sehr kaltem Wasser führt.

Mangels sinnvoller Alternative wandern wir auf derselben Strecke nach **Oravice** ❶, 790 m, zurück.

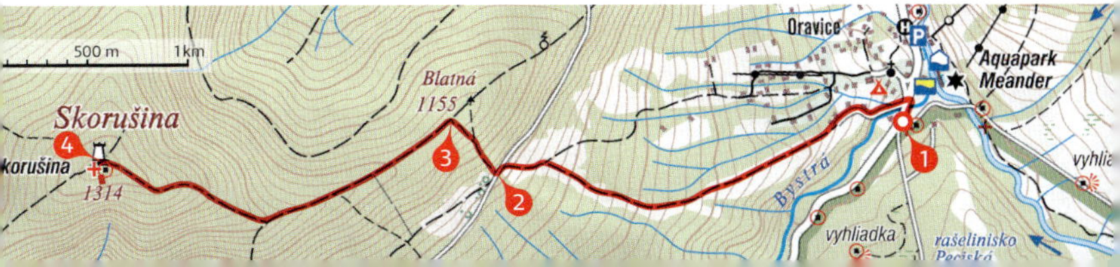

↗ 400 m | ↘ 400 m | 18.2 km

17 Zur höchsten Christus-Statue in der Slowakei

4.30 h

»Rio de Klin« – ein Hauch von Rio de Janeiro in der Region Orava

»Rio de Janeiro in der Slowakei« ist ein liebevoller Werbespruch, um den Tourismus in der etwas abgelegenen nördlichen Region der Slowakei anzukurbeln. Am nördlichen Rand des Orava-Stausees, oberhalb der Gemeinde Klin, wurde im Jahr 2008 vom örtlichen Künstler Peter Ganobjak auf dem Berg Grapa eine 9,5 m hohe Christus-Statue erschaffen. Die Spannbreite von Hand zu Hand beträgt 7 m und mit Sockel wiegt das Kunstwerk 23 Tonnen. Zuerst wurde eine Eisenkonstruktion mit Beton ummantelt. Dann brachte man den Betonblock auf den Berg und überzog ihn mit einem speziellen Werkstoff. Schließlich schnitzte der Künstler die Christus-Statue mit Axt und Hacke heraus. Neben Lissabon ist dies die einzige Nachbildung der berühmten Jesus-Figur von Rio de Janeiro. Der Ausblick auf die Oravská priehrada und die Westliche und Hohe Tatra sind ein absoluter Höhepunkt im Norden des Landes.

Ausgangspunkt: Námestovo, 607 m, Wegweiser »Námestovo, bus« beim Busbahnhof; mehrere kostenpflichtige Parkplätze in der Nähe, kostenlose Parkplätze nur außerhalb des Zentrums in Nebenstraßen.
Anforderungen: Einfache Wanderung auf asphaltierten Nebenstraßen und breiten Forst- und Feldwegen.
Infrastruktur: In Námestovo Einkehr- und Einkaufsmöglichkeiten, unterwegs nichts.
Tipp: Alles für ein Picknick mitbringen und entweder in der Nähe der Jesus-Statue oder auf den weiten Wiesenflächen um den Berg Kopanica im Umfeld der Kapelle ausgiebig rasten und die schönen Ausblicke auf die nördlichen Berge der Westlichen und Hohen Tatra genießen.
Karte: SHOCart – Blatt 1086 Oravská Magura 1:50.000.

In unmittelbarer Nähe zum Busbahnhof von **Námestovo** ❶, 607 m, beginnt unsere Wanderung am Wegweiser »Námestovo, bus«; zu großen Teilen ist der Weg mit der gelben Wandermarkierung gekennzeichnet. Diese leitet uns zunächst nach rechts und am Kreisverkehr unterhalb der Kirche vorbei. An der ersten Seitenstraße Ulica Mieru biegen wir leicht links ab, passieren die letzten Wohngebiete sowie einen Gewerbepark und verlas-

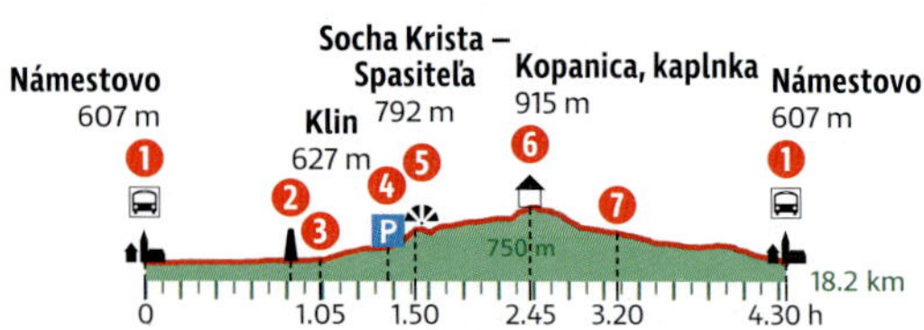

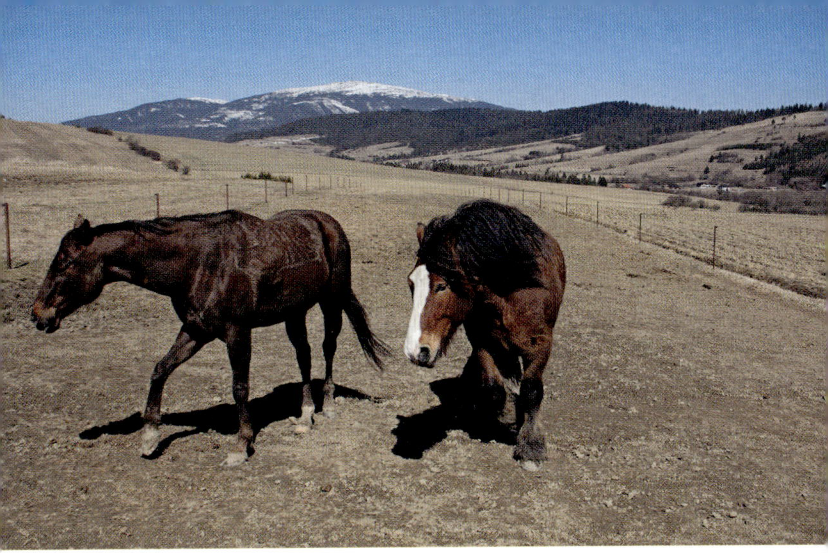

Unterhalb des Bergs Grapa bietet sich ein fantastischer Blick auf die Babia hora.

sen die Stadt. Eine asphaltierte und für den öffentlichen Verkehr gesperrte Straße führt an Feldern vorbei zum Ortseingang von Klin. Am Fahrradwegweiser »Roveň« bietet es sich an, einen Abstecher nach rechts zum kleinen Moor **Klinské rašelinisko** ❷, 618 m, zu machen. Ein Aussichtsturm ermöglicht einen Blick auf Námestovo, das Umland und das Moor selbst. Die Fläche des Hochmoors beträgt 15,3 ha und bietet Lebensraum für seltene Tier- und Pflanzenarten.

Wir gehen zum Fahrradwegweiser »Roveň« zurück und nach rechts an der Schule vorbei, dann ein paar Meter hinunter zur Hauptstraße von **Klin** ❸, 627 m, mit dem Wegeschild »Klin, ZŠ«. Etwa 100 m links finden wir den Radwegweiser »Klin, most Valas«, verlassen mit dem grünem »C« den Ort und wandern über Felder mit Traumblick zum Parkplatz **Altánok** ❹, 695 m. Hier leitet erneut die gelbe Wandermarkierung auf breitem Weg hinauf zur Christus-Statue. Der offizielle Wegweiser **Socha Krista – Spasiteľa** ❺, 792 m, steht etwas links des Areals und noch unter dem Gipfel des Bergs Grapa. Neben der Jesus-Figur befindet sich die Statue des knienden Papsts Johannes Paul II. Der Ort bietet eine fantastische Aussicht auf die Oravská priehrada und die Tatragipfel.

Bis zum Ende der Tour wird nun der gelben Markierung gefolgt. Der Weg zieht sich über den breiten und weitgehend bewaldeten Kamm hinauf; nur an vereinzelten Stellen ist er von kleinen Wiesen unterbrochen. Vorbei an den gelben Hinweisschildern »Pod Kohútovou«, »Kohútová, odbočka na Stankovku«, »Kohútová, odbočka na Rabču« und »Kohútová« gelan-

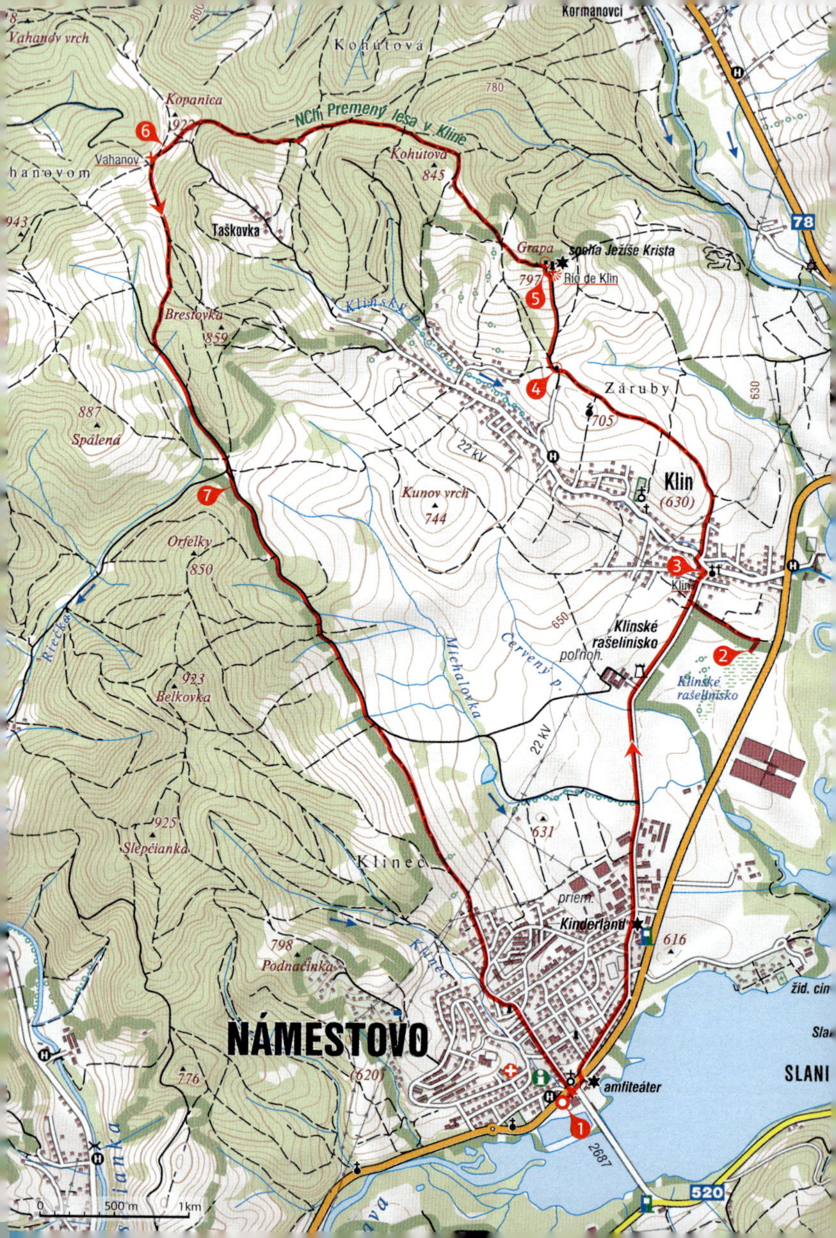

Vahanov vrch
Kohútová
Kormanovci
Kopanica
922
NCH Premený lesa v Kline
Kohútová
845
780
Vahanov
943
Taškovka
78
Grapa
socha Ježiše Krista
797
Río de Klin
Klinský p.
Brestovka
859
Záruby
705
630
887
Spálená
22 kV
Klin
(630)
Kunov vrch
744
Orfelky
850
Klin
Riečka
650
Klinské rašelinisko
poľnoh.
Klinské rašelinisko
Michalovka
Červený p.
923
Belkovka
22 kV
631
925
Slepčianka
Klinec
priem.
Kinderland
616
798
Podnačinka
Klinec
žid. cin
NÁMESTOVO
(620)
amfiteáter
SLANI
776
2687
520
0
500 m
1 km

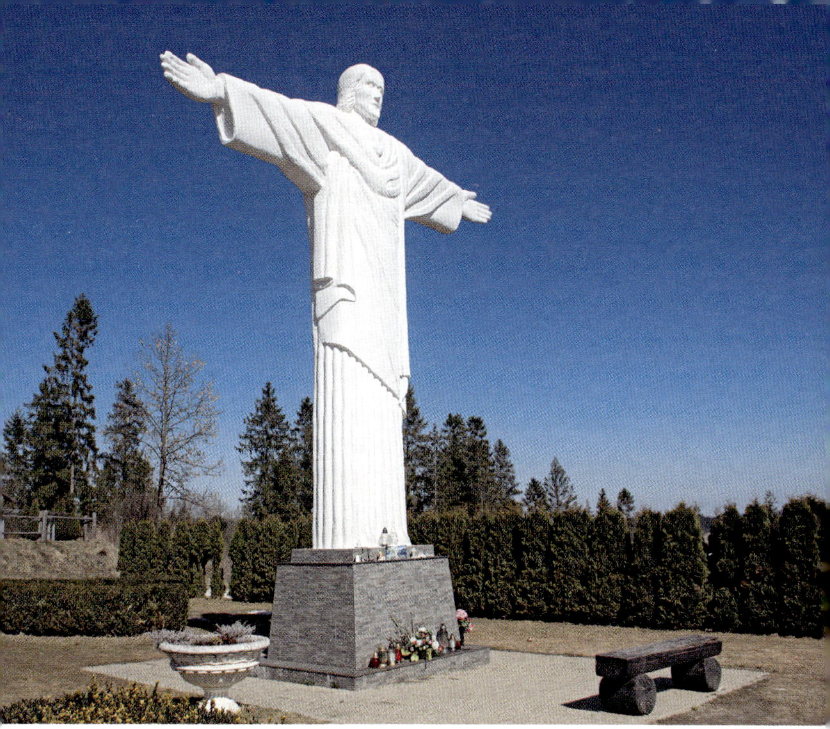

Die Jesus-Statue oberhalb von Klin.

gen wir zu einer Wiese auf dem weitläufigen Gipfelplateau der Kopanica. Etwas hinter dem höchsten Punkt stehen eine kleine Kapelle mit Gelegenheit zum Beten und ein Unterstand mit dem Wegweiser **Kopanica, kaplnka** ❻, 915 m.

Nun beginnt der Abstieg. Wir gehen weiter geradeaus und nach etwa 200 m nach links am Waldrand entlang bis zum unteren Ende der Wiese. Wer nochmals einen traumhaften Blick auf die Tatragipfel genießen möchte, sollte kurz auf die gegenüberliegende Seite wechseln. Am Ende der Grasfläche beginnt ein Waldweg, der hinunter zu einer Kreuzung führt. Dort verläuft ein zum Teil befestigter Weg nach links weiter dem Ziel entgegen. Später ist das Gelände offener, nochmals bieten sich tolle Aussichten. Vorbei am **Kríž pri Brestovke** ❼, 775 m (Jesus-Kreuz), führt ein später wieder unbefestigter Feldweg hinunter zu den ersten Häusern von Námestovo. Die Straßen Poľanová, SNP und Štefánikova leiten geradeaus an einem großen Supermarkt vorbei hinunter zum Kreisverkehr. Wenige Meter rechts befindet sich unser Ausgangspunkt in **Námestovo** ❶, 607 m.

↗ 1000 m | ↘ 1000 m | 23.5 km

18 Von Oravská Polhora auf den Pilsko, 1557 m

7.00 h

Ansprechende Runde an der slowakisch-polnischen Grenze

Der Pilsko ist der zweithöchste Berg der Beskiden und ähnlich wie seine östliche Nachbarin – die Babia hora (Babia Góra) – ein markanter Berg, der von weither sichtbar ist. Das Gipfelplateau mit dem höchsten Punkt liegt vollständig auf slowakischem Staatsgebiet. Die polnische Grenzlinie befindet sich etwa 400 m weiter nördlich am Rande der flachen Gipfelkuppe. Trotz der vielen Latschenkiefern bieten sich sehr gute Aussichten auf die Umgebung. Auf polnischer Seite wurde ein Wintersportzentrum gebaut, und die Skilifte reichen bis kurz vor die Grenzlinie. Über den Berg verläuft auch die Europäische Hauptwasserscheide, die die Abflüsse der Bäche entweder über die Weichsel (poln. Wisła) in die Ostsee oder aber über verschiedene Wege in die Donau und somit ins Schwarze Meer leiten.

Ausgangspunkt: Oravská Polhora, 703 m, Bushaltestelle »Oravská Polhora, rázcestie k štátnej hranici« oder die Endstation »Oravská Polhora, píla« rund 20 Min. nach dem Ausgangspunkt; gute Busverbindung aus der Kreisstadt Námestovo, kostenlose Parkplätze außerhalb der Ortschaft rechts an der Landstraße neben einem Restaurant.
Anforderungen: Mittelschwere Wanderung mit großem Höhenunterschied, die Kondition und Ausdauer verlangt. Die Strecke führt meist über Waldwege und Pfade. Der Aufstieg auf der Grenzlinie unter dem Pilsko ist anstrengend und steil. Ein kleiner Teil der Wanderung ist nicht markiert, besonderer Orientierungssinn ist trotzdem nicht notwendig.
Infrastruktur: Das einzige Restaurant in Oravská Polhora befindet sich 5 km vom Ausgangspunkt entfernt im unteren Zentrum des Dorfs. Unterwegs Abstecher (vgl. Variante 1) zur **Schronisko na Hali Miziowej** (Speisen und Getränke sowie 90 Betten in verschiedenen Zimmerkategorien), Tel. +48 33 488 72 54, Reservierung über halamiziowa.pl (auch auf Englisch); ganzjährig, Übernachtung je nach Kategorie zwischen 75 PLN (ca. 17 €) und 240 PLN (ca. 52 €). Kurz vor Ende der Etappe gibt es links an der Landstraße eine Koliba. Leider sind die Öffnungszeiten oft willkürlich festgelegt.
Varianten: 1. An der Verzweigung unter dem Pilsko ❻ mit der roten Wandermarkierung nach rechts an den Nordosthängen des Pilsko vorbei zur Berghütte na Hali Miziowej (bis zur Hütte 1 Std., 2,3 km, 170 Hm im Auf- und 40 Hm im Abstieg). Von der Hütte mit schwarzer Markierung Aufstieg zum

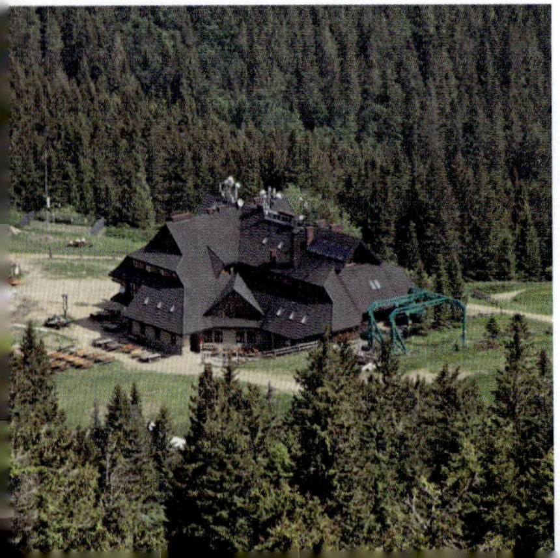

Blick auf die Schronisko Hali Miziowej.

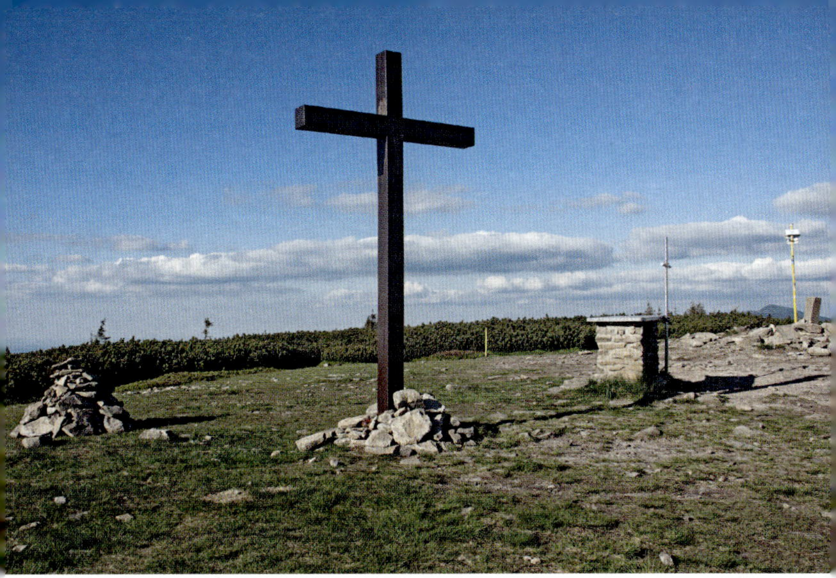

Das Gipfelkreuz auf dem Pilsko.

Wegweiser »Pilsko, hranica« 7 (50 Min., 1,4 km, 270 Hm im Aufstieg).
2. Abstieg vom Wegweiser »Pilsko, hranica« 7 mit schwarzer Markierung zur Berghütte na Hali Miziowej (etwa 25–30 Min., 1,4 km, 270 Hm im Abstieg).

Tipp: Alles für ein Picknick mitnehmen und das weitläufige und grasbewachsene Gipfelplateau des Pilsko für eine ausgiebige Rast nutzen.
Karte: SHOCart – Blatt 1086 Oravská Magura 1:50.000.

Von der Bushaltestelle »Oravská Polhora, rázcestie k štátnej hranici« in **Oravská Polhora** 1, 703 m, folgen wir zunächst der Ortstraße ins Tal. Die gelbe Markierung wird uns auf den ersten knapp 3 km den Weg weisen. Am Ende des Dorfs bei **Oravská Polhora, píla** 2, 717 m, wurde im vorhandenen Bachlauf ein Naturschwimmbad geschaffen. Es geht weiter geradeaus. Etwa 200 m nach einem einsamen Haus beginnt an der Kreuzung mit Radwegweiser **Vydrovka** 3, 739 m, linker Hand eine asphaltierte Forststraße, die in ein Seitental führt. Von der Wendeschleife zieht sich ein etwas zerfahrener Waldweg geradeaus weiter in den Wald hinein. Nach einer Kurve und dort, wo sich links ein nachwachsender Bereich befindet, zweigt ein Pfad nach rechts ab. Dieser leitet direkt hinauf zum **Kammweg** auf der **Grenze** 4, 881 m. Der rot gekennzeichnete Weitwanderweg durch die Beskiden führt uns jetzt links über einen bewaldeten Hügel, auf dem ein alter Grenzstein zu sehen ist, und danach sehr steil hinunter zur Landstraße am Grenzpass **Przełęcz Glinne** 5, 809 m.

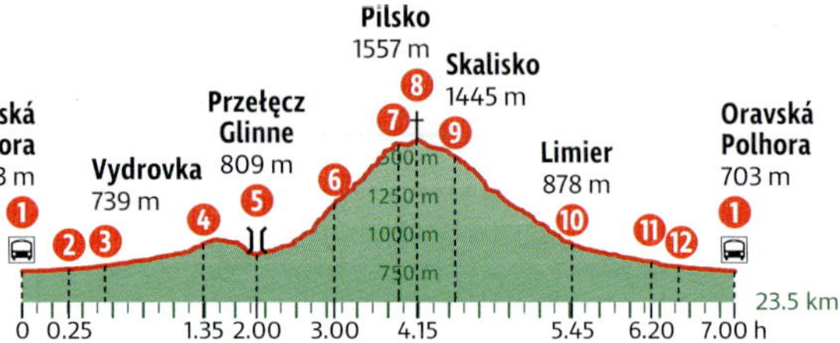

Direkt am gleichnamigen Hinweisschild beginnt ein Waldweg, der weiterhin an der Grenzlinie entlangführt. Anfangs ist der Weg noch relativ flach, im Verlauf wird er jedoch deutlich steiler. An der **Verzweigung** ⑥, 1140 m, unter dem Pilsko besteht die Möglichkeit, nach rechts zur Berghütte na Hali Miziowej auf polnischer Seite zu gehen (vgl. Variante 1). Wir steigen jedoch geradeaus weiter auf und folgen jetzt der blauen Wandermarkierung. Der Weg splittet sich später in zwei Pfade auf, die nach einiger Zeit jedoch wieder zusammenlaufen. Nach einer sehr anstrengenden Passage mit losem Geröll teilt sich ein Bächlein den Weg mit uns, bevor der Wegweiser **Pilsko, hranica** ⑦, 1535 m, erreicht wird. Etwa 70 m und 100 m vor uns befinden sich zwei Quellen und nach rechts besteht nochmals die

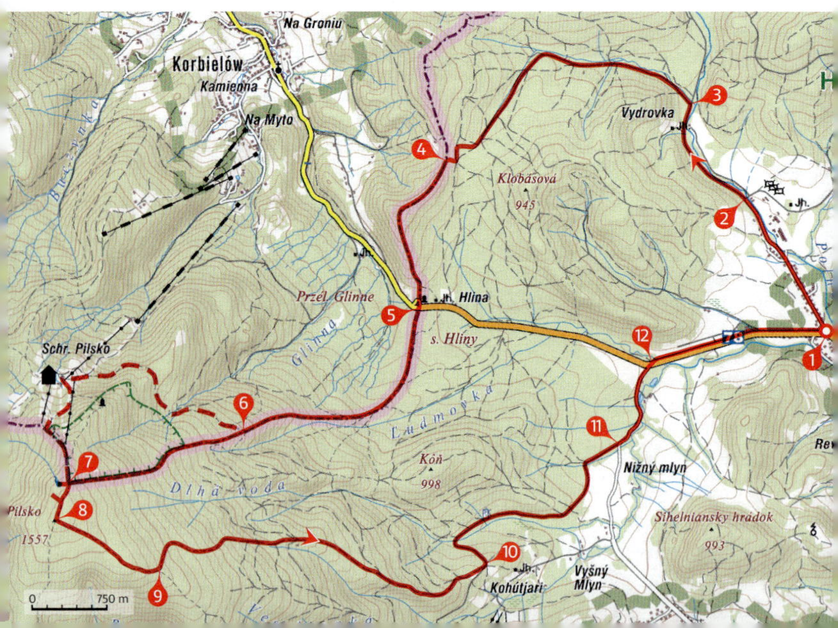

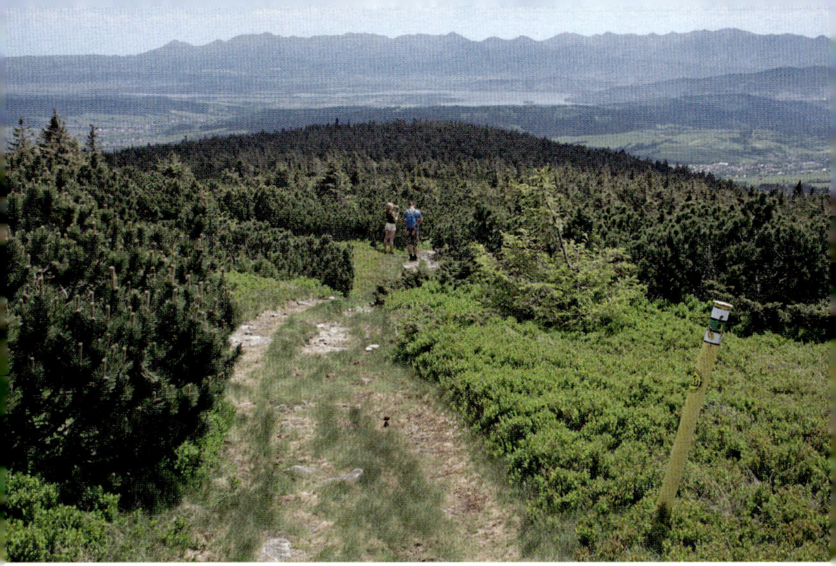

Im Abstieg vom Gipfel.

Gelegenheit, zur Berghütte na Hali Miziowej abzusteigen (vgl. Variante 2). Links zieht sich zwischen Latschen ein grün markierter Pfad weiter. Es lohnt sich, an einer offenen Stelle einen kurzen Abstecher nach rechts zu machen und von dort eine traumhafte Aussicht auf die westlichen Beskiden zu genießen. Zurück auf dem Hauptpfad sind es noch zwei bis drei Minuten bis zum **Pilsko** ❽, 1557 m, dem zweithöchsten Berg des Gebirges.
Der erste Teil des Abstiegs verläuft zunächst mit dem grünen Zeichen bis zur Kreuzung **Skalisko** ❾, 1445 m (laut Schild: 1460 m). Ab dort geht es links mit der blauen Markierung auf schmalem Pfad vom Gipfelplateau hinunter. Mit der Zeit wird der Pfad immer breiter und verwandelt sich später in einen Waldweg. Wir wandern weiter abwärts bis zu einer gerodeten Schneise und gehen dort nach rechts. Eine Gabelung hat keine Bedeutung, da auch hier beide Möglichkeiten sich weiter unten wieder vereinigen. Der Weg endet an der Kreuzung **Limier** ❿, 878 m, wo sich die Wandermarkierung ungewöhnlicherweise aufteilt. Während die rechte Variante nach Sihelné führt, leitet uns eine alte Forststraße nach links hinunter zum Radwegweiser **Sihelné, Nižný mlyn** ⓫, 763 m, und dort geradeaus weiter. Etwas rechts vom Weg werden vorzügliche Käseprodukte von einem lokalen Schäfer angeboten. Nach einem Hotel und mehreren Bauruinen wird beim Wegweiser **Biela Farma, rázcestie** ⓬, 732 m, die Landstraße erreicht. Mangels Alternative gehen wir am Straßenrand nach rechts zurück nach **Oravská Polhora** ❶, 703 m.

↗ 2840 m | ↘ 2840 m | 61.5 km

19 Durch die slowakisch-polnischen Beskiden

3 Tage

Dreitägiger Rundweg über die zwei höchsten Berge der Beskiden

Pilsko, 1557 m, und Babia hora (poln. Babia Góra), 1725 m, sind die mit Abstand höchsten Berge der Beskiden. Auf dieser kontrastreichen Rundwanderung werden beide Gipfel bestiegen. Während die weitläufigen Gipfelplateaus in der Regel sehr gut besucht sind, wandern wir in den anderen Bereichen der Tour nahezu alleine. Aufgrund der abgelegenen Lage fühlen sich in der Umgebung auch Bären und Wölfe sehr wohl. Höhepunkt der Wanderung ist sicherlich der traumhafte Ausblick von der Babia hora, die liebevoll auch als »Königin der Beskiden« bezeichnet wird. Dank ihrer Höhe von 1725 m dürfen sich die Oravské Beskidy hinter der Hohen, der Westlichen und Niederen Tatra auch als vierthöchstes Gebirge der Slowakei bezeichnen. Ausgangspunkt der Wanderung ist Oravská Polhora, das den Beinamen »nördlichste Gemeinde der Slowakei« trägt. In dem 1550 erstmals schriftlich erwähnten Ort leben heute etwas mehr als 4000 Einwohner. Das lang gezogene Straßendorf ist die einzige Ortschaft auf unserer dreitägigen Tour.

Ausgangspunkt: Oravská Polhora, 703 m, Bushaltestelle »Oravská Polhora, rázcestie k štátnej hranici«; gute Busverbindung aus der Kreisstadt Námestovo, kostenlose Parkplätze außerhalb der Ortschaft rechts an der Landstraße neben einem Restaurant.

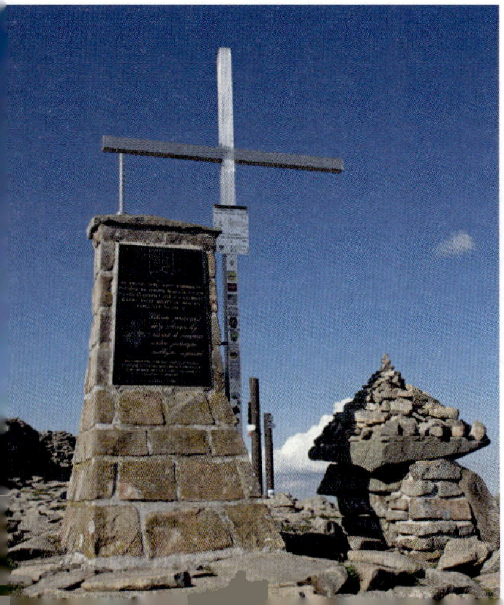

Anforderungen: Durchgängig breite Wege und Pfade, die in der Regel sehr gut markiert sind. Einige Passagen sind sehr steil. Die zweite und dritte Etappe sind recht lang und erfordern eine gute Kondition.

Infrastruktur: Das einzige Restaurant in Oravská Polhora befindet sich 5 km vom Ausgangspunkt entfernt im unteren Zentrum des Dorfs.

1. Tag: Am Ausgangspunkt kleiner Supermarkt (eingeschränkte Öffnungszeiten). In der Nähe **Starý dom** (einfache Übernachtungsstätte, ab 12 € pro Person und Nacht, Kontakt Magdalena und Tomáš Tel. +421 907 573 300 und +421 950 354 275 – beide sprechen Englisch). Die **Koliba Poľana** hinter dem Ortsausgang an den Parkplätzen bietet leckere Speisen, hat aber leider nicht immer geöffnet. Nach dem Abzweig von der Landstraße **Biela Farma** (Unterkunft, bielafarma.com). Am Etappenende **Schronisko na Hali Miziowej** (Speisen und Getränke sowie 90 Betten in verschiedenen Zim-

Auf der Babia hora.

merkategorien), Tel. +48 33 488 72 54, Reservierung über halamiziowa.pl (auch auf Englisch); ganzjährig, Übernachtung je nach Kategorie zwischen 75 PLN (ca. 17 €) und 240 PLN (ca. 52 €).
2. Tag: Unterwegs gibt es zwei sehr einfache Campingplätze, aber keine Einkehrmöglichkeiten. Am Etappenende **Schronisko na Markowych Szczawinach** (Speisen und Getränke; 40 Betten in verschiedenen Zimmerkategorien; Rezeption an der Theke), Tel. +48 33 877 5 105 oder +48 604 527 417, Reservierung über markoweszczawiny.pttk.pl (nur auf Polnisch); ganzjährig, Übernachtung im Mehrbettzimmer ab 70 PLN (ca. 16 €)/ Person, Doppelzimmer 220 PLN (ca. 48 €).
3. Tag: Unterwegs keine Einkehrmöglichkeiten und Unterkünfte.
Varianten: Für die Besteigung der Babia hora (Babia Góra) gibt es zwei Varianten: 1. Von der Schronisko na Markowych Szczawinach Aufstieg mit der roten Wandermarkierung geradeaus auf großteils angelegtem Steinpfad zum Sattel Przełęcz Brona und nach links (diese Tour in umgekehrte Gehrichtung; vgl. auch Tour 20) auf den Gipfel (1.50 Std., 5,5 km sowie 160 Hm im Aufstieg weniger).
2. Der mit Abstand kürzeste, aber schwierigste Aufstieg erfolgt über den gelb gekennzeichneten Akademikerweg (Trittsicherheit und Schwindelfreiheit erforderlich, Schwierigkeit schwarz/schwierig. Nur für erfahrene Wanderer!): am Abzweig Perć Akademików 17 rechts auf einen Steig. Mehrere kleine Bächlein ermöglichen im unteren Abschnitt das Befüllen der Trinkflaschen. Über teils hohe Holz- und später Steinstufen windet sich der zum Teil angelegte Steig bergan. An einer ersten versicherten Stelle wird ein Felsband gequert, danach ebenfalls mit Ketten Querung einer feuchten Rinne. Kurz darauf folgt die wohl schwierigste Stelle: über Eisentritte und Ketten ist mit sehr hohen Tritten eine Felsstufe zu überwinden. In allen Bereichen Absturzgefahr! Dann auf angelegtem Steinpfad sehr steil

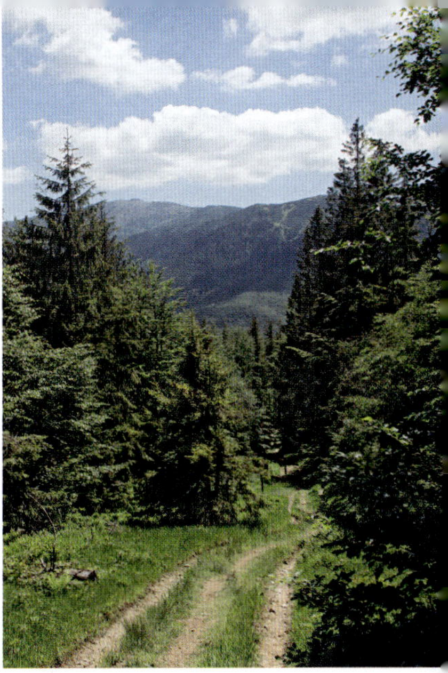

Einsamer Waldweg mit Blick auf die Babia hora.

und mühevoll hinauf bis kurz unter den Gipfel. Links hinter einem Bildstock mündet der Akademikerweg in den normalen Aufstiegsweg, ab dort nur noch wenige Meter rechts bis zum Gipfel (1.50 Std., 5,8 km und 150 Hm weniger).
Hinweise: 1. Auf den polnischen Berghütten ist mit Złoty zu bezahlen. Wer keine besitzt, kann auch Kleinstbeträge mit gängigen Zahlkarten begleichen.
2. Im gesamten Nationalparkgebiet auf polnischer Seite im Bereich der Babia hora (Babia Góra) besteht ein absolutes Hundeverbot!
Tipp: Da es auf den Berghütten vor allem während der Sommerferien im Juli und August sehr voll wird, ist die Reservierung eines Schlafplatzes dringend zu empfehlen.
Karte: SHOCart – Blatt 1086 Oravská Magura 1:50.000.

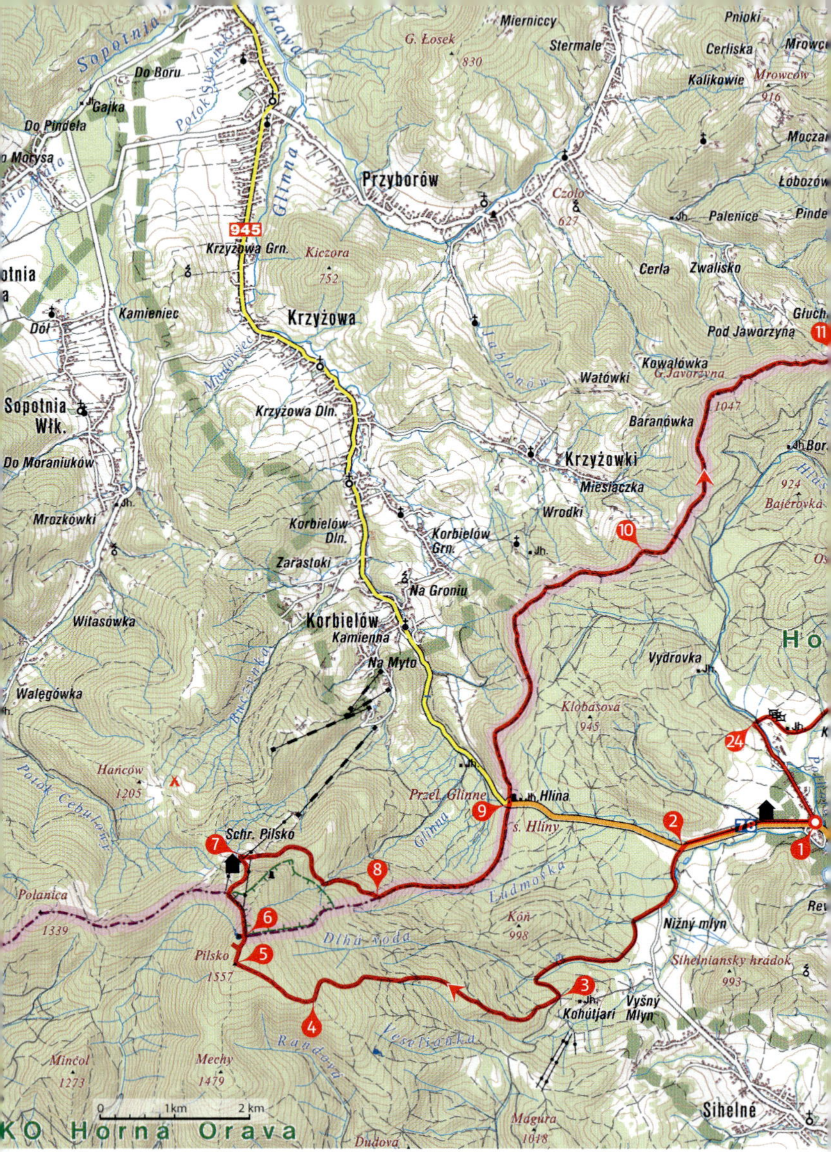
Przyborów
Krzyżowa
Krzyżowa Grn.
Kiczora
752
Krzyżowa Dln.
Krzyżowki
Korbielów Dln.
Korbielów Grn.
Zarastoki
Na Groniu
Korbielów
Kamienna
Na Myto
Hlina
Przeł. Glinne
Schr. Pilsko
Pilsko
1557
Hańców
1205
Polanica
1339
Mincol
1273
Mechy
1479
Magura
1018
Sihelné
Kohútjari
Vyšný Mlyn
Nižný mlyn
Sihelniansky hrádok
993
Kôň
998
Klobásová
945
Vydrovka
Sopotnia Wlk.
Mrozkówki
Witasówka
Walęgówka
Kamieniec
Dól
Gajka
Do Boru
Do Pindeła
Miernicczy
Stermale
G. Łosek
830
Czoło
627
Cerla
Zwalisko
Pod Jaworzyną
Kowalówka
G. Jaworzyna
1047
Watówki
Baranówka
Miesiączka
Wrodki
Bajerovka
924
Pnioki
Cerliska
Kalikowie
Mrowców
916
Palenice
945
0
1km
2 km
KO Horna Orava

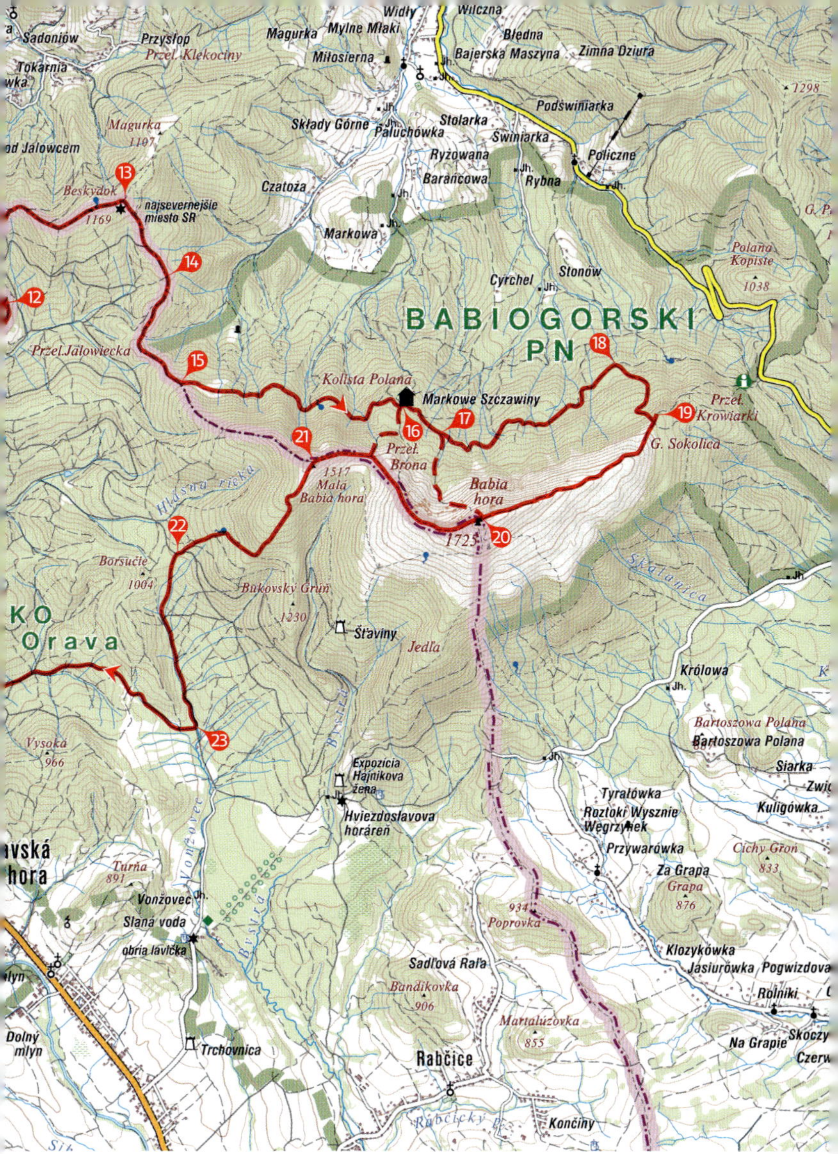
BABIOGORSKI PN
KO Orava
Babia hora
1725
Malá Babia hora
1517
Markowe Szczawiny
Kolista Polana
Przeł. Brona
G. Sokolica
Przeł. Krowiarki
Przeł. Jałowiecka
Beskydok
1169
najsevernejšie miesto SR
Magurka
Przysłop
Przeł. Klekociny
Sadoniów
Tokarnia
Hlásna rieka
Borsučie
1004
Bukovský Grúň
1230
Šťaviny
Jedľa
Skalanica
Bystrá
Vonžovec
Expozícia Hájnikova žena
Hviezdoslavova horáreň
Vysoká
966
Turňa
891
Slaná voda
obria lavička
Trchovnica
Dolný mlyn
Rabčice
Rabčický p.
Končiny
Poprovka
934
Sadľová Raľa
Bandikovka
906
Martalúzovka
855
Królowa
Bartoszowa Polana
Siarka
Kuligówka
Tyrałówka
Roztoki Wysznie
Węgrzynek
Przywarówka
Za Grapą
Grapa
876
Cichy Groń
833
Klozykówka
Jasiurówka
Pogwizdowa
Rolniki
Na Grapie
Skoczy
Markowa
Czatoża
Składy Górne
Paluchówka
Stolarka
Świniarka
Ryżowana
Barańcowa
Rybna
Policzne
Podświniarka
Cyrchel
Stonów
Magurka
Mylne Młaki
Miłosierna
Widły
Wilczna
Błędna
Bajerska Maszyna
Zimna Dziura
1298
Polana Kopiste
1038
12
13
14
15
16
17
18
19
20
21
22
23

1. Tag: Oravská Polhora – Schronisko na Hali Miziowej, 4.45 Std., 12,6 km, 930 Hm im Auf-, 350 Hm im Abstieg

Unsere Wanderung beginnt im oberen Dorfteil von **Oravská Polhora** ❶, 703 m, an der Rechtskurve der Hauptstraße direkt beim kleinen Lebensmittelladen und der Bushaltestelle. Zunächst folgen wir der Landstraße aus dem Ort hinaus und biegen dann beim Wegweiser **Biela Farma, rázcestie** ❷, 732 m, nach links auf eine kleine Nebenstraße ab. Ab hier ist die Strecke blau markiert. Neben mehreren Bauruinen steht hier auch ein Hotel. Kurz darauf werden links von uns aus einer Hütte heraus hervorragende Käseprodukte verkauft. An der Verzweigung »Sihelné, Nižný mlyn«, 763 m, geht es geradeaus auf einer teilweise geteerten Forststraße weiter. Nach einer Quelle und einer weiten Linkskurve folgt die Kreuzung **Limier** ❸, 878 m. Direkt rechts am Wegweiser beginnt ein Waldweg, der nun deutlich stärker ansteigt. An einer Gabelung ohne Wanderzeichen leitet uns der rechte Weg bergauf, obwohl beide Wege weiter oben erneut zusammentreffen. An einer gerodeten Schneise verlassen wir den Weg nach links – die Markierung an einem Baum ist aber gut auszumachen. Später wird an zwei Gabelungen rechts abgebogen, und im weiteren Verlauf leitet uns ein Pfad, der sich zunehmend verschmälert, bergan. Nachdem einige Latschen recht dicht an den Pfad herangewachsen sind, endet der Pfad an der Kreuzung **Skalisko** ❹, 1445 m (laut Schild: 1460 m). Deutlich flacher geht es jetzt mithilfe der grünen Markierung nach rechts weiter über das weitläufige Gipfelplateau zum zweithöchsten Berg der Beskiden – dem **Pilsko** ❺, 1557 m. Ein Kreuz und ein Altar markieren den Gipfel. Bei guter Sicht bieten sich herrliche Ausblicke auf die Kleine Fatra sowie die Niedere und die Westliche Tatra.

Der Abstieg zur Grenze erfolgt auf einem von Latschen gesäumten Pfad. An einer offenen Stelle besteht die Möglichkeit, auf einer Wiese einige Meter nach links zu einem weiteren Aussichtspunkt zu gehen. Bei besten Verhältnissen reicht die Sicht bis zur Lysá hora in Tschechien. Wenig später wird am Wegweiser **Pilsko, hranica** ❻, 1535 m, die Landesgrenze erreicht. Etwas weiter links entspringen zwei Quellen. Auf polnischer Seite ist das

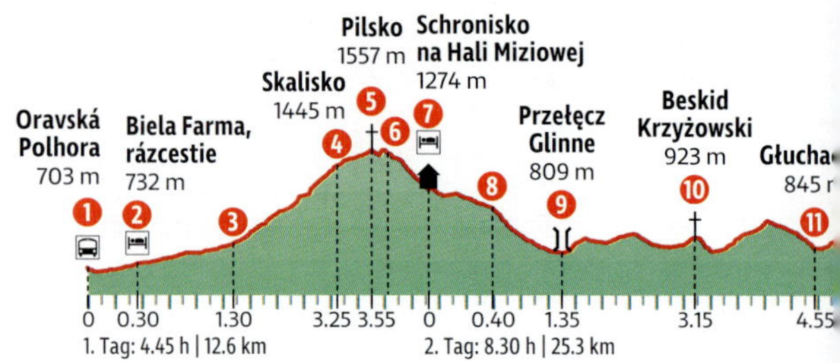

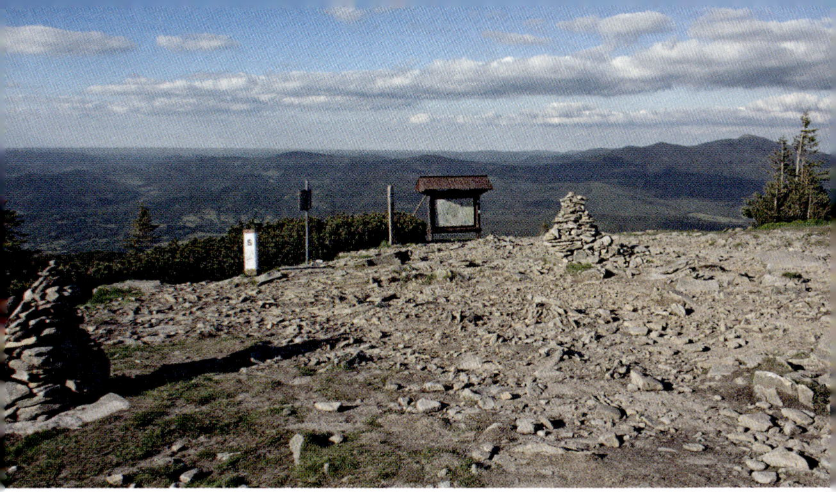

Die Landesgrenze unterhalb des Pilsko.

Etappenziel bereits gut zu erkennen. Die schwarze Wandermarkierung leitet zunächst geradeaus zu einem Skilift und dort nach links steil und mit viel losem Geröll hinunter zu einem Schlepplift. Gut sichtbare Spuren bzw. ein Weg führen jetzt über die Skipiste hinunter zum Ende der Etappe an der **Schronisko na Hali Miziowej** 7, 1274 m.

2. Tag: Schronisko na Hali Miziowej – Schronisko na Markowych Szczawinach, 8.30 Std., 25,3 km, 1050 Hm im Auf-, 1150 Hm im Abstieg

Vom Wegweiser neben der der **Schronisko na Hali Miziowej** 7, 1274 m, leitet uns heute die rote Wandermarkierung bis zum Etappenziel. Die Strecke ist Teil des Weitwanderweges durch die polnischen Beskiden. Das nächste Wanderzeichen befindet sich an einer Hütte des Skilifts; von dort wird

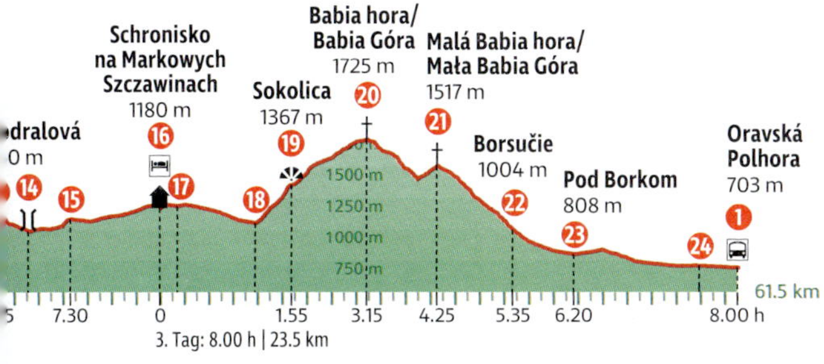

schräg über eine Wiese in den Wald abgestiegen. Ein steiniger Wurzelpfad zieht sich in leichtem Auf und Ab an den Nordosthängen des Pilskos entlang. An einer Kreuzung biegen wir rechts ab und sollten an einem Bach nochmals die Trinkvorräte auffüllen, bevor der Pfad an der Landesgrenze an der **Verzweigung** 8, 1140 m, unter dem Pilsko endet. Wir folgen dem vom Gipfel kommenden Weg und steigen so zur Landstraße am Grenzpass **Przełęcz Glinne** 9, 809 m, hinunter.

Auf der anderen Straßenseite geht es hinter den Parkplätzen zunächst über eine Wiese und danach eine extrem steile Rampe hinauf. Danach verläuft der Weg im Auf und Ab immer auf der Grenzlinie und meist durch Wald. Wir übersteigen den Berg **Beskid Krzyżowski** 10, 923 m, der keine Ausblicke ermöglicht. Erst von einer Wiese kann man zurück zum Pilsko schauen. An der Strecke befindet sich erst die Baza namiotowa Jaworzyna – ein Campingplatz mit einer Nothütte. Später liegt rechts von der Verzweigung **Głuchaczki** 11, 845 m, ein weiterer Campingplatz. Die zwei Plätze bieten in der Regel nur einfachste sanitäre Einrichtungen und nichts zu kaufen.

Ab dem slowakischen Hinweisschild **Horné Gluchačky** 12, 920 m, steigt der Weg wieder steiler an zum polnischen Wegweiser, 1050 m, in unmittelbarer Nähe des Vorgipfels Mędralowa Zachodnia. Der roten Markierung wird geradeaus gefolgt. Ein Querweg leitet rechts auf einem Kamm hinauf zur Mędralowa, 1169 m. Im Bereich des höchsten Punkts ermöglicht eine Wiese Ausblicke in Richtung Norden. Nach einem weiteren kurzen Waldstück erwartet uns an der Kreuzung **Modralová** 13, 1150 m, eine geografische Sehenswürdigkeit: Der Grenzstein markiert an dieser Stelle den nördlichsten Punkt der Slowakei.

Wir wandern nach rechts weiter und steigen in den **Jalovecké sedlo** 14, 995 m, ab. Die polnische Bezeichnung »Przełęcz Jałowiecka Północna«

Herrlicher Rastplatz mit Aussicht: die Mędralowa.

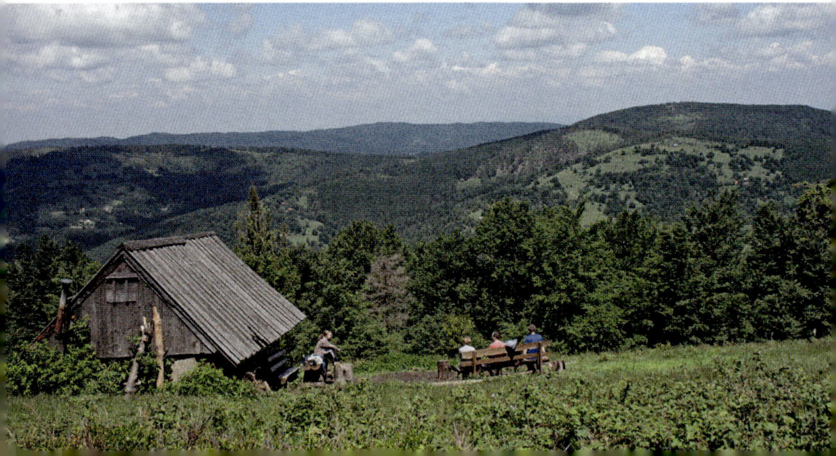

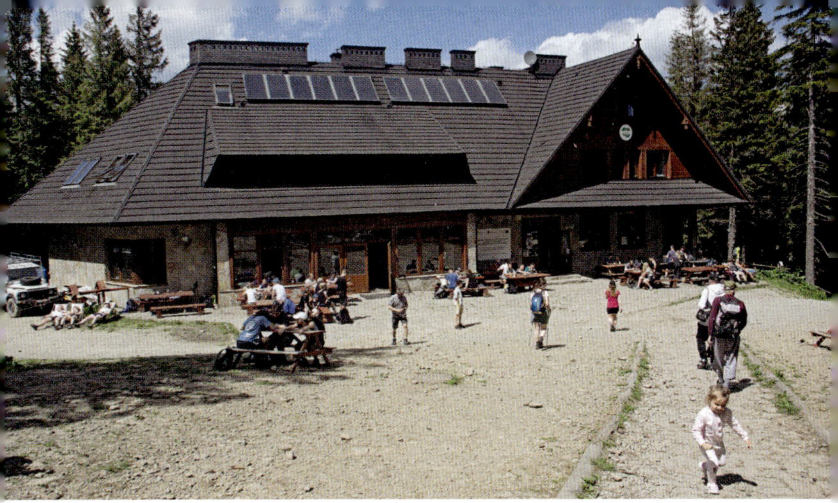

Die Schronisko na Markowych Szczawinach.

ist nur wenige Meter entfernt auf einem anderen Schild zu finden. Immer wieder zweigen im weiteren Verlauf Wege auf die polnische Seite ab, die für uns aber keinen Nutzen haben. Hinter einer kleinen Kuppe beginnt an einem Unterstand der polnische Nationalpark. Nach einem weiteren Anstieg biegt die rote Markierung bei **Żywieckie Rozstaje** ⑮, 1093 m, nach links ab und verlässt den Grenzverlauf. Wer seine Trinkflaschen auffüllen möchte, kann dies an mehreren Bächen bedenkenlos machen. Der Pfad verläuft jetzt unterhalb des Bergmassivs. Am Wegweiser »Fickowe Rozstaje«, 1090 m, leitet uns die Markierung nach rechts. Nach drei kleinen Taleinschnitten folgt mit der **Schronisko na Markowych Szczawinach** ⑯, 1180 m, das heutige Etappenziel. An Wochenenden ist es ein Spektakel, wenn mit extremem Geräuschpegel die Essensausgabe erfolgt.

3. Tag: Schronisko na Markowych Szczawinach – Babia hora (Babia Góra) – Oravská Polhora, 8 Std., 23,5 km, 860 Hm im Auf-, 1340 Hm im Abstieg
Drei Möglichkeiten bieten sich von der **Schronisko na Markowych Szczawinach** ⑯, 1180 m, auf die Babia hora (Babia Góra) aufzusteigen: Vor der Hütte führt die rote Wandermarkierung geradeaus zum Sattel Przełęcz Brona (Variante 1). Wir aber folgen am Wegweiser vor der Hütte dem blau und gelb markierten breiten Weg nach links. Mit nur wenig Höhenunterschied verläuft dieser unterhalb unseres Gipfelziels. Am Abzweig **Perć Akademików** ⑰, 1197 m, beginnt mit dem Akademikerweg sicherlich der schwierigste Anstieg (Variante 2). Für uns geht es jedoch geradeaus weiter bis zur Verzweigung **Szkolnikowe Rozstaje** ⑱, 1060 m. Ein grün gekennzeichneter Pfad zweigt nach rechts ab und leitet auf einem teilweise mit Steinen

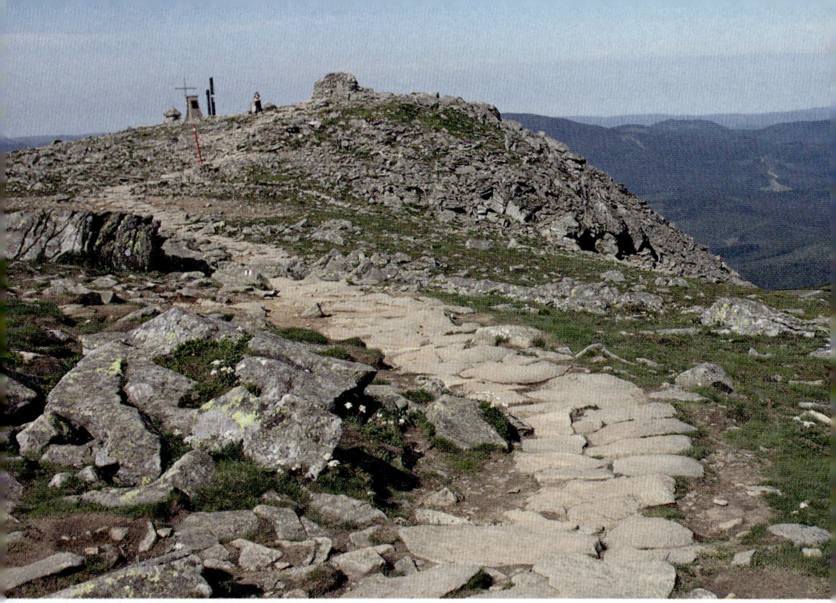

Das Gipfelplateau der Babia hora.

befestigten Weg und vor allem im zweiten Teil sehr steil hinauf zum Wegweiser »Sokolica«. Es lohnt sich, einen Abstecher von gut 100 m nach links zum Aussichtspunkt **Sokolica** ⑲, 1367 m, zu unternehmen. Ab hier bis zum Gipfel orientieren wir uns jetzt wieder an der roten Wandermarkierung des Weitwanderwegs. Der angelegte Steinweg zieht sich erst durch die Latschenzone und weiter oben über offene Flächen und zwei Vorberge hinauf zur **Babia hora** ⑳, 1725 m, (Babia Góra). Der 360-Grad-Rundblick vom höchsten Beskidenberg mit dem unvergesslichen Panorama ist wahrlich königlich.

Im Abstieg überschreiten wir den Berg und steigen zuerst durch Blockwerk auf Steinplatten ab. Später geht es über die weiten Grashänge auf einem angelegten Steinpfad

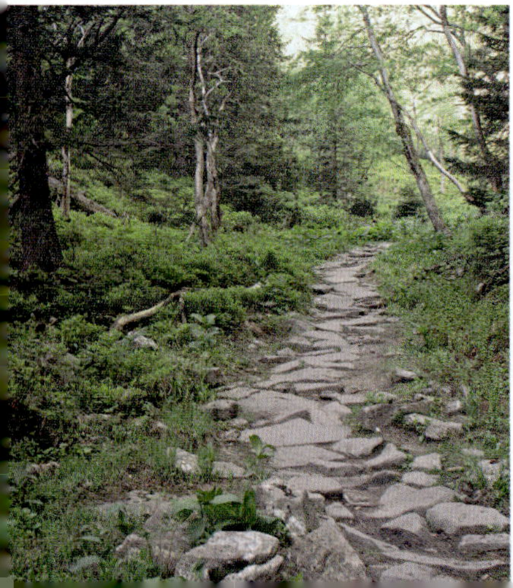

Typisch für Polen: angelegte Steinwege.

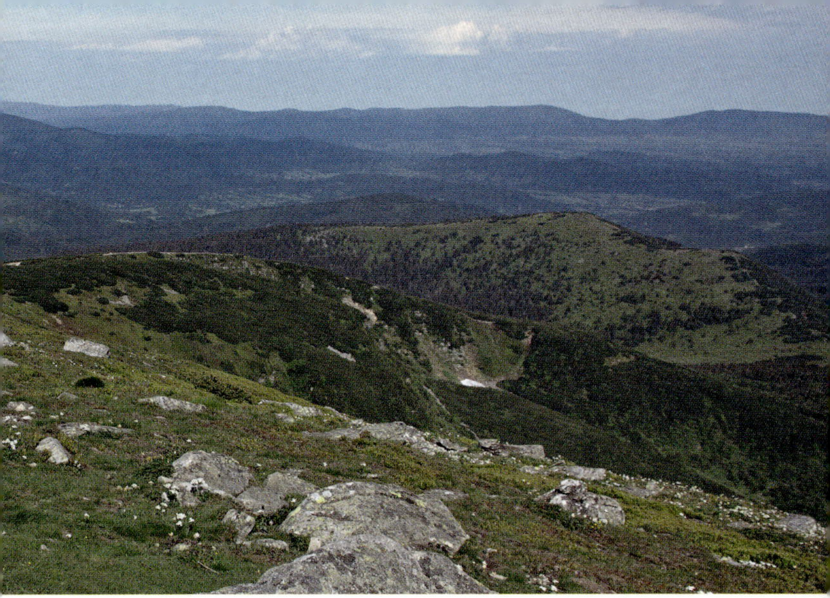

wieder in Latschen hinein und dann nochmals steiler in den Przełęcz Brona, 1408 m, hinab. Während die rote Markierung nach rechts zur Hütte zurückläuft (vgl. Variante 1), zieht sich unser Weg nochmals auf dem Kamm mit blauer und grüner Markierung hinauf zur **Malá Babia hora** 21, 1517 m, (Mała Babia Góra). Ein erneut rot gekennzeichneter Pfad beginnt an der linken Seite und führt anfangs durch meist offenes Gelände in den Wald hinunter. Der Pfad wird allmählich breiter und wendet sich an einer Kreuzung nach rechts. Nach einer Holzhütte besteht die Gelegenheit, einige Meter rechts des Wegs an einer Quelle die Trinkvorräte aufzufüllen. Danach geht es weiter abwärts; an einer Gabelung ist der rechte Weg vorteilhafter. Wenige Meter rechts von einem Holzsammelplatz wurde das Hinweisschild **Borsučie** 22, 1004 m, an einem Baum angebracht.
Genau links des Schilds beginnt ein Pfad, der durch einen nachwachsenden Bereich in den Wald leitet und später in einen Waldarbeiterweg mündet. Nach einiger Zeit stoßen wir auf einen Schotterweg, der sich aus dem Tal herauszieht. Hinter einer Holzhütte und einer Schranke ist der Weg asphaltiert und führt zur Kreuzung **Pod Borkom** 23, 808 m. Eine schmale Waldstraße zweigt hier nach rechts ab und verläuft über eine Anhöhe in das Kohútová dolina hinein. Das Tal endet an einem großen Sägewerk, das an seiner rechten Seite umgangen wird. Hinter einem Bach befindet sich der Wegweiser **Oravská Polhora, píla** 24, 717 m. Von hier sind es über eine gelb markierte Nebenstraße noch etwa 20 Min. zurück nach **Oravská Polhora** 1, 703 m.

↗ 1280 m | ↘ 1280 m | 29.3 km

20 Von Oravská Polhora auf die Babia hora, 1725 m

10.00 h

Große Runde auf den höchsten Berg der Beskiden

Unser heutiges Gipfelziel hat mehrere Namen. Neben den bekannten Bezeichnungen Babia hora auf Slowakisch und Babia Góra auf Polnisch wird der Berg auf Deutsch auch als Weiberberg bezeichnet. Der höchste Punkt ist in Polen darüber hinaus auch als Diablak (dt. Teufelsspitze) bekannt. Der Gipfel ist aufgrund seiner flachen Kegelform bereits von Weitem auszumachen. Die Flora und Fauna rund um die Babia hora ist außerordentlich vielfältig. Über 500 Pflanzenarten sind hier heimisch – eine der seltensten Pflanzen ist das Engelwurz-Laserkraut. Diese hat es sogar auf das Logo des 1954 gegründeten polnischen Nationalparks geschafft. Neben 127 Vogelarten, die hier beobachtet wurden, sind auch größere Säugetiere wie Luchs, Wolf und Bär heimisch. Diese sind mit Ausnahme des Bären aber nur extrem selten anzutreffen. Der Braunbärbestand hat sich in den letzten Jahren wieder erholt und mit etwas Glück zeigen sich Bären auch den Wanderern. Durch die exponierte Lage des Gipfelplateaus bietet sich eine traumhafte – wenn nicht vielleicht sogar die beste Aussicht in den Beskiden.

Ausgangspunkt: Oravská Polhora, 717 m, Wegweiser »Oravská Polhora, píla« am nördlichen Ortsrand; Busendstation etwa 800 m unterhalb an der Ortsstraße, mehrere kostenlose Parkplätze auf der anderen Seite des Bachs am Straßenrand.

Anforderungen: Mittelschwere Wanderung, die jedoch sehr lang ist und einen großen Höhenunterschied aufweist. Die Strecke verläuft auf asphaltierten oder unbefestigten Wegen sowie Pfaden und ist vollständig markiert.

Infrastruktur: Das einzige Restaurant

Oberhalb des Przełęcz Brona.

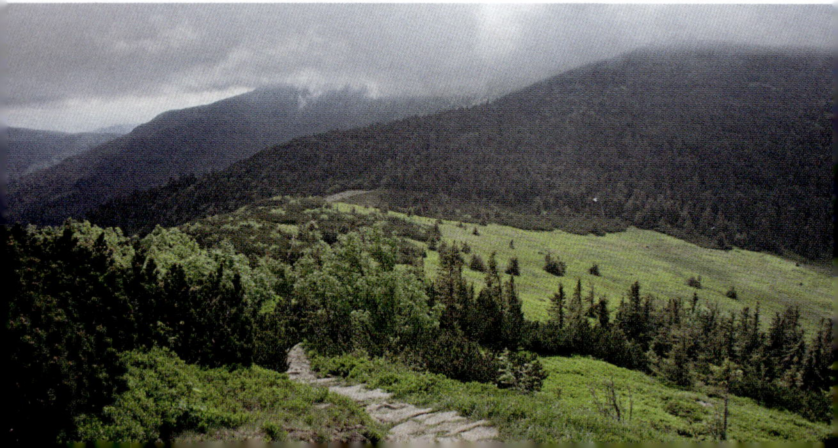

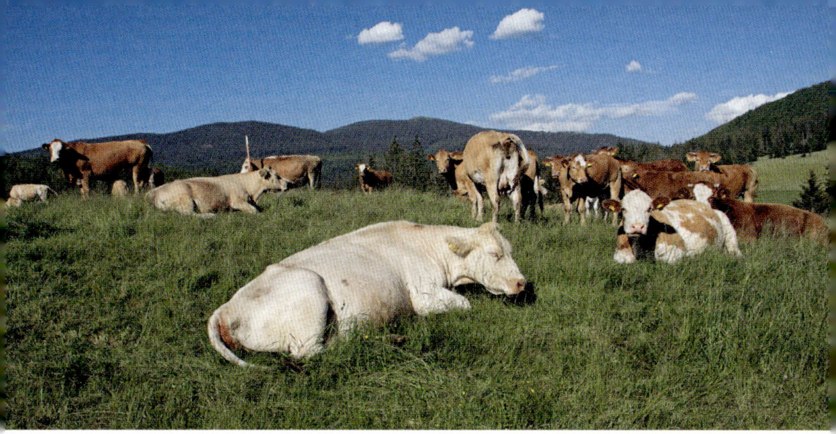

Kuhweiden etwas oberhalb des Ausgangspunkts.

in Oravská Polhora befindet sich 5 km vom Ausgangspunkt entfernt im unteren Ortsteil. Unterwegs an Variante 1 auf polnischer Seite Berghütte **Schronisko na Markowych Szczawinach** (Speisen und Getränke sowie 40 Betten in verschiedenen Zimmerkategorien), Tel. +48 33 877 5 105 oder +48 604 527 417, Reservierung über markowes-zczawiny.pttk.pl (nur auf Polnisch); ganzjährig, Übernachtung im Mehrbettzimmer ab 70 PLN (ca. 16 €)/ Person, Doppelzimmer 220 PLN (ca.48 €).
Varianten: 1. Wer nur zur polnischen Berghütte Schronisko na Markowych Szczawinach absteigen möchte, folgt am Przełęcz Brona ❺ der roten Markierung nach rechts (insgesamt etwa 2 km und 230 Hm zusätzlich: Abstieg etwa 25 Min., Aufstieg etwa 40 Min.).
2. Rundweg auf polnischer Nordseite der Babia hora (Babia Góra): ab dem Gipfel mit der roten Markierung bis zur Verzweigung Sokolica (100 m geradeaus Aussichtspunkt), dann mit grüner Markierung nach links. Nach einem steilen Abstieg an der nächsten Kreuzung mit blauer Markierung nach links zur Schronisko na Markowych Szczawinach. Dort auf rot markiertem Steinweg nach links hinauf zum Przełęcz Brona ❺ (3.45 Std., 9,6 km, 400 Hm im Auf- und 720 Hm im Abstieg).
3. Um die weitere Schleife nach Norden auszulassen, ab der Malá Babia hora auf derselben Strecke absteigen.
Hinweis: Im gesamten Nationalparkgebiet auf polnischer Seite besteht ein absolutes Hundeverbot!
Tipp: Wer genügend Zeit mitbringt, sollte eine Übernachtung in der Schronisko na Hali Miziowej einplanen und auch die alternativen Aufstiegsrouten auf den Berg ausprobieren.
Karte: SHOCart – Blatt 1086 Oravská Magura 1:50.000.

Am Wegweiser »Oravská Polhora, píla« am Nordrand von **Oravská Polhora** ❶, 717 m, beginnt rechts eine schmale, mit blauer Markierung gekennzeichnete Asphaltstraße, die in einem Bogen zunächst an einem Sägewerk vorbei und ab dort tief in das Kohútová dolina hineinführt. Nach der Übersteigung eines unscheinbaren Passes verläuft die Straße hinunter zur Kreuzung **Pod Borkom** ❷, 808 m. Das rote Wanderzeichen leitet hier links weiter, und nach einer Schranke zieht sich ein Schotterweg ins Tal hinein. In einer deutlichen Rechtskurve ist links ein Waldarbeiterweg zu sehen, dem jetzt gefolgt wird. Ein kleines Stück des Wegs wird rechts über einen Pfad abgekürzt. Später fängt ein neuer Pfad an und windet sich zum Wegweiser **Borsučie** ❸, 1004 m, hinauf, der an einem Baum hängt. Etwas rechts davon zweigt an einem Holzsammelplatz ein Waldweg links ab; an einer Gabelung führt erneut der linke Weg weiter steil hinauf. Nach einer Rechtskurve und einer Holzhütte folgt eine Kreuzung, wo es nochmals links weitergeht. Der Weg verschmälert sich zu einem Pfad, und neben Heidelbeeren tauchen auch die ersten Latschenkiefern auf. Durch offenes Gelände gelangen wir zum Gipfel der **Malá Babia hora** ❹, 1517 m, (Mała Babia Góra), wo die rote Markierung endet.

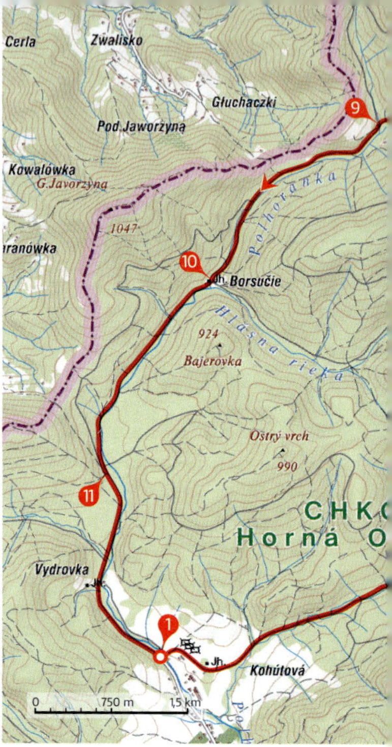

In zwei Stufen leitet die grüne Markierung mit Blick auf die Babia hora hinunter in den **Przełęcz Brona** ❺, 1408 m. Die rote Wandermarkierung des Weiterwanderwegs über die Beskiden stößt von der Berghütte Schronisko na Hali Miziowej kommend zu uns (vgl. Variante 1). Wir wandern geradeaus weiter über einen meist mit Steinen angelegten Pfad bergan. Besonders der erste Teil des Aufstiegs ist sehr steil und mühsam – später wird es im offenen Bereich unter dem Berg flacher und auch die Aussichten nehmen von Meter zu Meter zu. Der jetzt etwas breitere Weg verläuft auf der Grenzlinie dem Gipfel entgegen. Die letzten Meter ziehen sich durch eine riesige Schutthalde – hier weisen uns Steinplatten den einfachsten Weg hinauf zur **Babia hora** ❻, 1725 m, (Babia Góra). Die fantastische Rundsicht ist mehr als beeindruckend (geradeaus: Variante 2). Auf demselben Weg kehren wir über den **Przełęcz Brona** ❺, 1408 m, zur **Malá Babia hora** ❹, 1517 m, zurück und folgen dort der grünen Wandermarkierung geradeaus. Nach einer Zwischenkuppe beginnt ein etwas steilerer Abstieg zur Verzweigung **Żywieckie Rozstaje** ❼, 1093 m. Hier geht es aus dem Nationalpark hinaus zum **Jalovecké sedlo** ❽, 995 m, hinunter. Links zweigt die hier beginnende gelbe Markierung ab. Ein Pfad zieht sich zum Fahrradwegweiser »Pod Jaloveckým sedlom« an einer schmalen Asphaltstra-

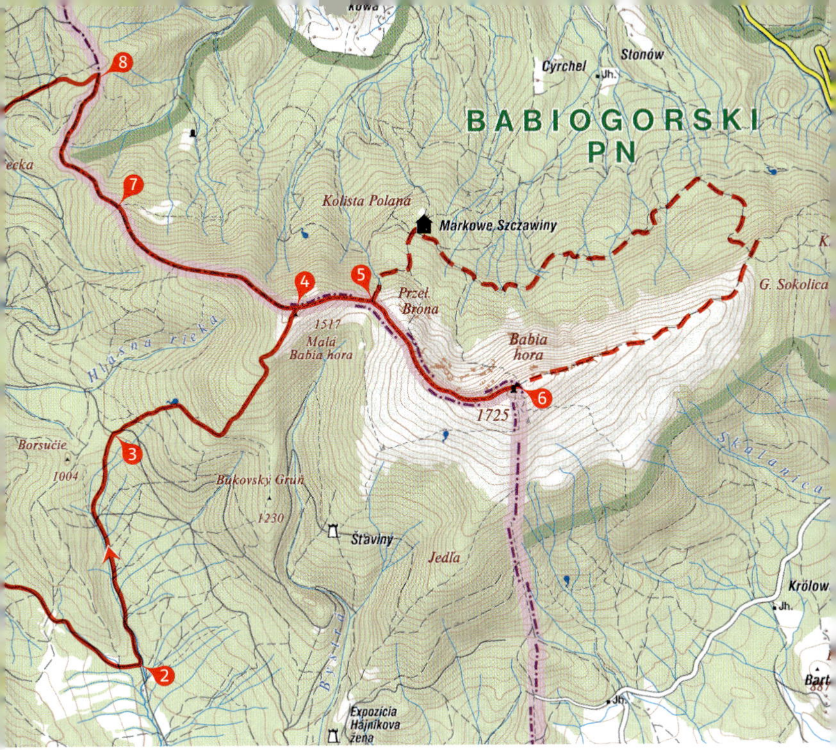

ße hinunter. Die Straße leitet uns nach links zur Kreuzung **Vyšný tajch** ⑨, 850 m. Hier wird nochmals links auf eine befestigte Straße abgebogen, die über das Forsthaus **Horáreň Borsučie** ⑩, 790 m, und die Kreuzung **Pod Martošou** ⑪, 755 m, zurück nach **Oravská Polhora** ①, 717 m, führt.

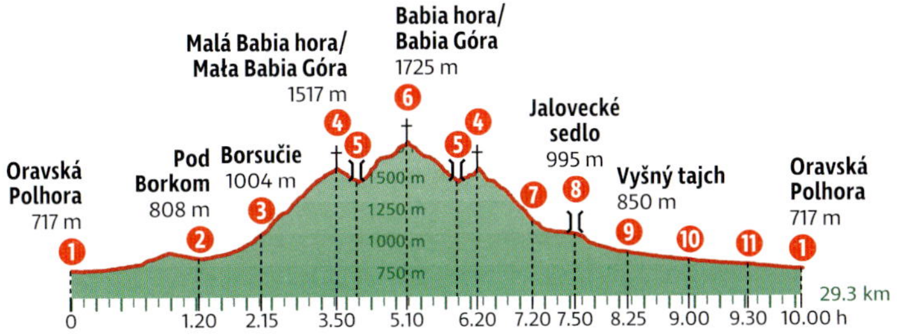

TOP

21 Über Slaná voda auf die Babia hora, 1725 m

↗ 1200 m | ↘ 1200 m | 24.4 km

8.45 h

Über den Milo-Urban-Gedächtnisweg auf die »Königin der Beskiden«

Etwas mehr als 2 km östlich von Oravská Polhora befinden sich die Mineralquellen von Slaná voda, die bereits seit dem 16. Jh. für ihre Heilwirkung bekannt sind. Im späten 19. und Anfang des 20. Jh. wurden mit dem Wasser Hautkrankheiten und Frauenleiden behandelt, da besonders viel Salz und Jod darin enthalten ist. Die Quelle ist frei zugänglich und das Heilwasser sollte auf jeden Fall probiert werden. Mit der Babia hora (Babia Góra) besteigen wir die höchste Erhebung der Beskiden. Durch die besondere Lage des Bergmassivs am äußersten Rand der Westkarpaten werden vom Atlantischen Ozean kommende Windströmungen abgehalten. Dadurch entsteht ein feuchtes und kühles Klima, das zur Nebelbildung neigt. Plötzliche Wetterumschwünge sind an diesem Berg keine Seltenheit. Wenn jedoch die Sonne scheint, zählt die mächtige Kuppe zu einem der schönsten Aussichtsberge der Slowakei. Der höchste Punkt befindet sich übrigens einige Meter zurückgesetzt auf polnischem Staatsgebiet. Geologisch gesehen besteht die Babia hora in den oberen Bereichen aus widerstandsfähigen Sandsteinen und sonst aus dem sogenannten Karpatenflysch – eine Mischung aus Sand- und Tonsteinen. Charakteristisch dafür sind die vielen kleinen Moore und Sümpfe, die sich auf dem gesamten Orava-Gebiet erstrecken.

Ausgangspunkt: Oravská Polhora, 676 m, Wegweiser »Oravská Polhora, Jednota« im unteren Teil des lang gezogenen Straßendorfs; gleichnamige Bushaltestelle direkt an der Durchgangsstraße, kostenlose Parkplätze in der Umgebung des Restaurants. Wer mit eigenem Fahrzeug anreist, kann an der Chata Slaná voda parken (kostenlose Parkplätze vorhanden; insgesamt 5 km weniger).
Anforderungen: Mittelschwere Wanderung auf breiten Wegen und Pfaden, die durchgängig markiert sind. Einige Abschnitte sind sehr steil und mühevoll. Es ist ein großer Höhenunterschied zu überwinden, der eine gute Kondition voraussetzt.
Infrastruktur: Am Ausgangspunkt gibt es einen kleinen Supermarkt und ein extrem günstiges Restaurant. Im Weiler Slaná voda Hütte **Chata Slaná voda** (Speisen und Getränke sowie 180 Betten in verschiedenen Zimmerkategorien), Tel. +421 903 942 994 / +421 903 607 511 / +421 903 607 520, slanavoda.sk (auch auf Englisch); ganzjährig, Übernachtung 12 € bis 20 €/Person. An Variante 2 auf polnischer Seite Berghütte **Schronisko na Markowych Szczawinach** (Speisen und Getränke sowie 40 Betten in verschiedenen Zimmerkategorien), Tel. +48 33 877 5 105 oder +48 604 527 417, Reservierung über markowes-zczawiny.pttk.pl (nur auf Polnisch); ganzjährig, Übernachtung im Mehrbettzimmer ab 70 PLN (ca. 16 €)/Person, Doppelzimmer 220 PLN (ca. 48 €).
Varianten: 1. In einer Runde auf polnischer Seite einmal um die Nordseite der Babia hora (Babia Góra), (zusätzlich 4.30 Std., 11,5 km und etwa 700 Hm; Wegbeschreibung siehe S. 137).
2. Wer nur zur polnischen Berghütte Schronisko na Markowych Szczawinach absteigen möchte, folgt am Przełęcz Brona 7 der roten Markie-

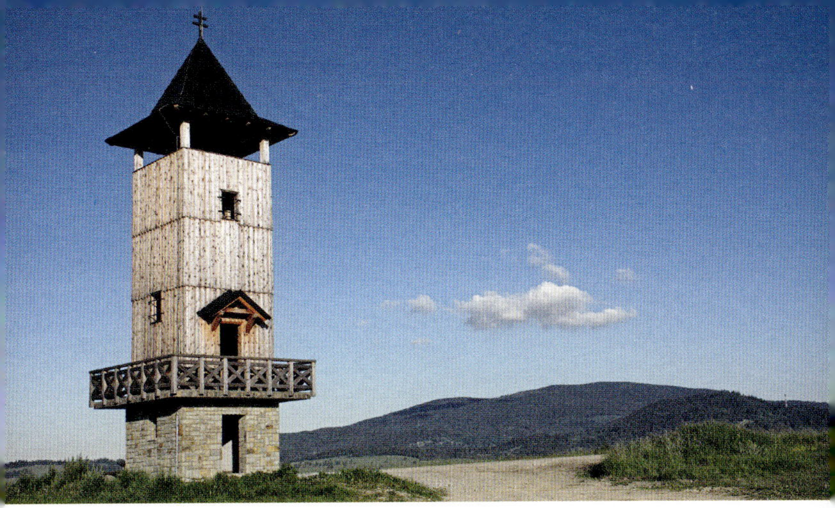

Der Aussichtsturm Trchovnica bietet Traumblicke auf weite Teile der Region Orava.

rung nach rechts (insgesamt etwa 2 km und 230 Hm zusätzlich: Abstieg etwa 25 Min., Aufstieg etwa 40 Min.)
Hinweise: 1. Im gesamten Nationalparkgebiet auf polnischer Seite besteht ein absolutes Hundeverbot!
2. Milo Urban, der Namensgeber des Aufstiegswegs, war ein bekannter tschechoslowakischer Schriftsteller, Übersetzer und Journalist. Am Weg liegen zwei kleine Museen, die an ihn und an Pavol Hviezdoslav, den wohl bekanntesten slowakischen Autor und Dichter, erinnern (oravskemuzeum.sk, auch auf Englisch, unter »Other exhibitions – Forester's House«).
Tipp: Wer genügend Zeit mitbringt, sollte eine Übernachtung auf der polnischen Hütte Schronisko na Markowych Szczawinach einplanen und auch die alternativen Aufstiegsrouten auf den Berg ausprobieren.
Karte: SHOCart – Blatt 1086 Oravská Magura 1:50.000.

Am Wegweiser »Oravská Polhora, Jednota« im unteren Teil von **Oravská Polhora** ❶, 676 m, beginnt eine Nebenstraße, die aus dem Ort hinaus und in einer Kurve zunächst zur Rozhľadňa Trchovnica, 737 m, führt: Der Aussichtsturm gewährt Traumblicke auf die gesamte Umgebung. Ab dort verläuft die Straße an Feldern und Bäumen vorbei in den kleinen Weiler Slaná voda. Die Heilquellen befinden sich hinter den Informationstafeln. Kurz darauf steht die Berghütte **Chata Slaná voda** ❷, 755 m, am Weg. Gegenüber dient eine übergroße Bank als Aussichts- und Rastplatz. An der nächsten Kreuzung gehen wir der gelben Markierung folgend nach rechts und kommen an einer Gänse- und Truthahnzucht vorbei. Nach einem Bach und noch vor Ferienhütten beginnt links ein unbefestigter Weg mit ziemlich groben Steinen, der fast wie mit dem Lineal gezogen geradewegs auf die Berge und zur Kreuzung Paseky leitet.

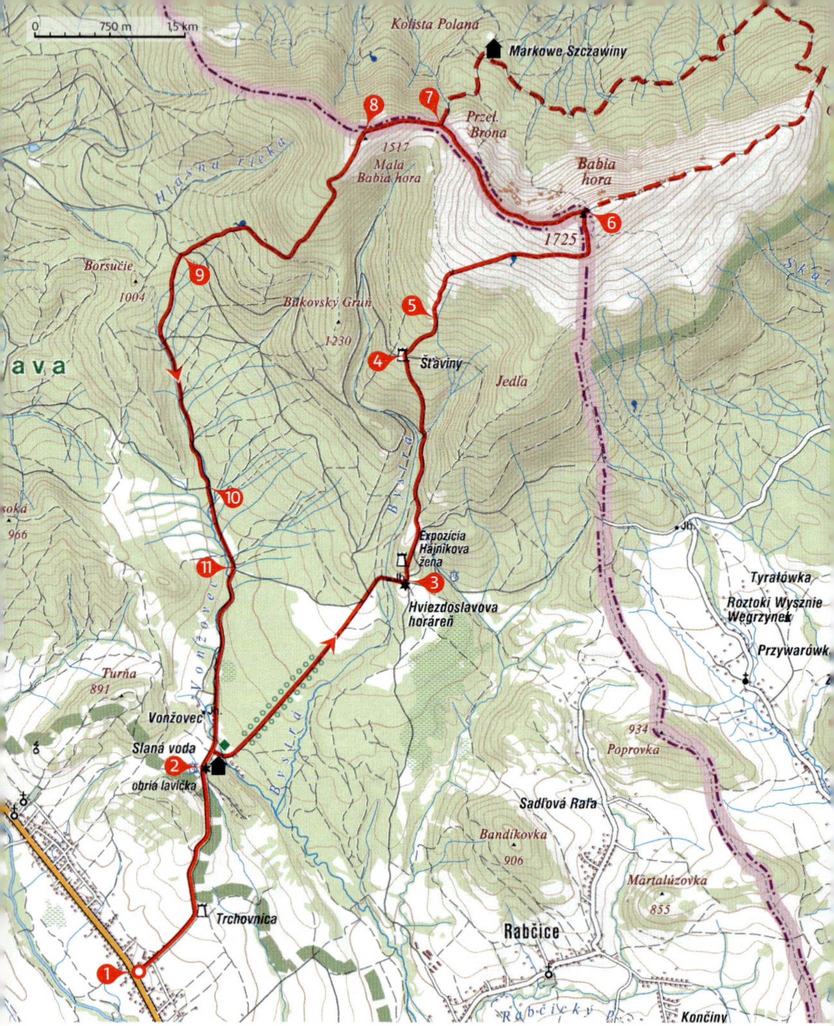

Ab hier folgen wir einer schmalen Asphaltstraße. Hinter einer Rechtskurve liegen die beiden Museen, die an Pavol Hviezdoslav und Milo Urban erinnern. An einer Scheune hängt das Hinweisschild **Hájovňa na Rovniach** ❸, 885 m. Wir zweigen links ab und kommen an einem kleinen Turm vorbei.

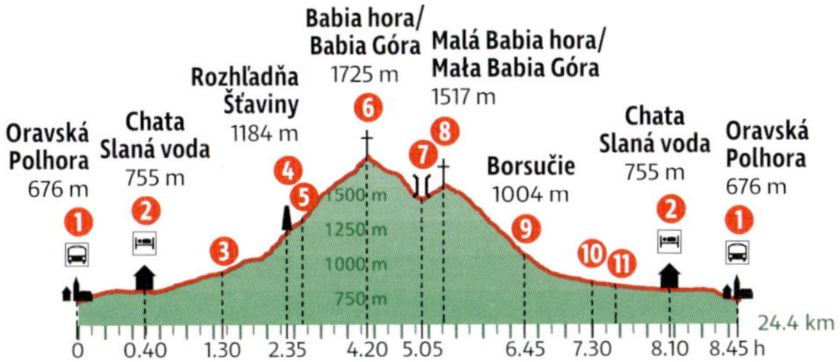

Der kommende Abschnitt ist gut markiert, und an zwei Gabelungen leiten jeweils gelbe Pfeile nach links. Nach der Querung eines Hangs und eines Bachs steigt der Weg hinter einem Rastplatz steil an. Ziemlich viele große und lose Steine liegen herum, die das Gehen etwas unbequem gestalten. Später folgt ein weiterer Aussichtsturm mit dem Namen **Rozhľadňa Šťaviny** 4, 1184 m. Leider sind hier die Bäume gewachsen und schränken die Sicht deutlich ein. Direkt dahinter beginnt ein mit Steinen befestigter Weg, der immer wieder durch unbefestigte Abschnitte unterbrochen wird. Über den Wegweiser **Šťaviny** 5, 1275 m, der im Giebel eines Unterstands angebracht ist, geht es an einer Quelle vorbei weiter bergauf. Die Aussichten von hier sind bereits fantastisch und werden mit jedem Meter noch besser. Nach einer Linkskurve öffnet sich der Blick auf den Gipfel und über

Blick auf den Pilsko vom angelegten Aufstiegsweg.

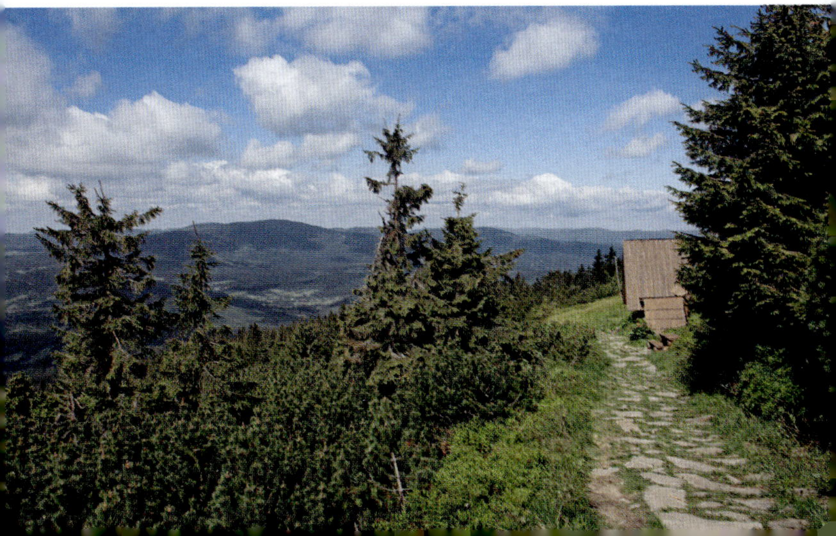

einen mit Steinplatten angelegten Weg geht es zur **Babia hora** ❻, 1725 m (Babia Góra), hinauf.

Vom Gipfel steigen wir zuerst auf Steinplatten durch Blockwerk, später auf einem angelegten Steinpfad über weite Grashänge ab. Wieder in Latschen bringt uns der erneut steilere Weg in den **Przełęcz Brona** ❼, 1408 m (Abstiegsmöglichkeit zur polnischen Berghütte, vgl. Variante 2). Danach zieht sich der Weg nochmals auf dem Kamm (blaue und grüne Markierung) hinauf zur **Malá Babia hora** ❽, 1517 m (Mała Babia Góra). An der linken Seite führt ein abermals rot gekennzeichneter Pfad anfangs durch meist offenes Gelände in den Wald hinunter. Der Pfad wird allmählich breiter und wendet sich an einer Kreuzung nach rechts. Nach einer Holzhütte kann man einige Meter rechts des Wegs an einer Quelle die Trinkvorräte auffüllen. Danach geht es weiter abwärts; an einer Gabelung ist der rechte Weg vorteilhafter. Wenige Meter rechts von einem Holzsammelplatz befindet sich das Hinweisschild **Borsučie** ❾, 1004 m, an einem Baum. Genau links des Schilds beginnt ein Pfad, der durch einen nachwachsenden Bereich in den Wald leitet und später in einen Waldarbeiterweg mündet. Nach einiger Zeit stoßen wir auf einen Schotterweg, auf dem es aus dem Tal herausgeht. Hinter einer Holzhütte und einer Schranke ist der Weg asphaltiert und führt zur Kreuzung **Pod Borkom** ❿, 808 m.

Im Abstieg vom Gipfel der Babia hora.

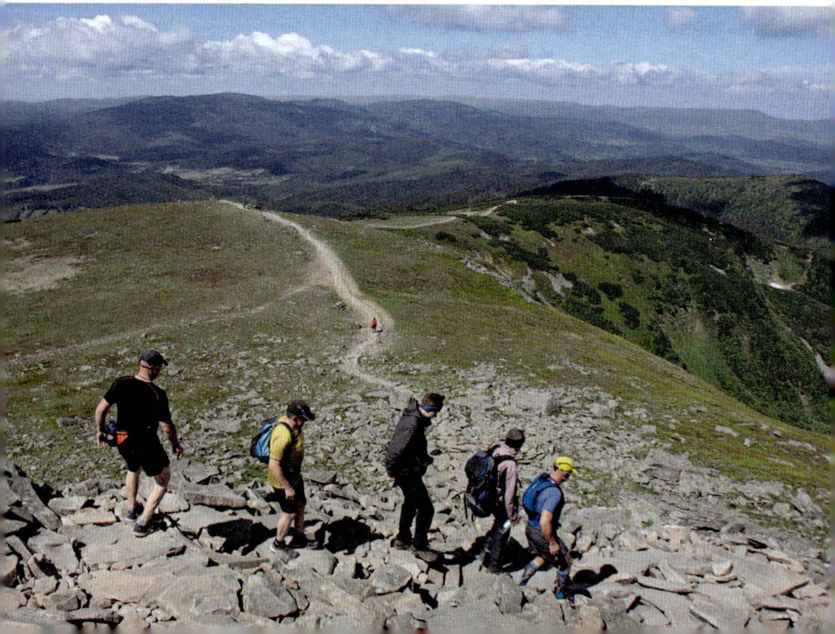

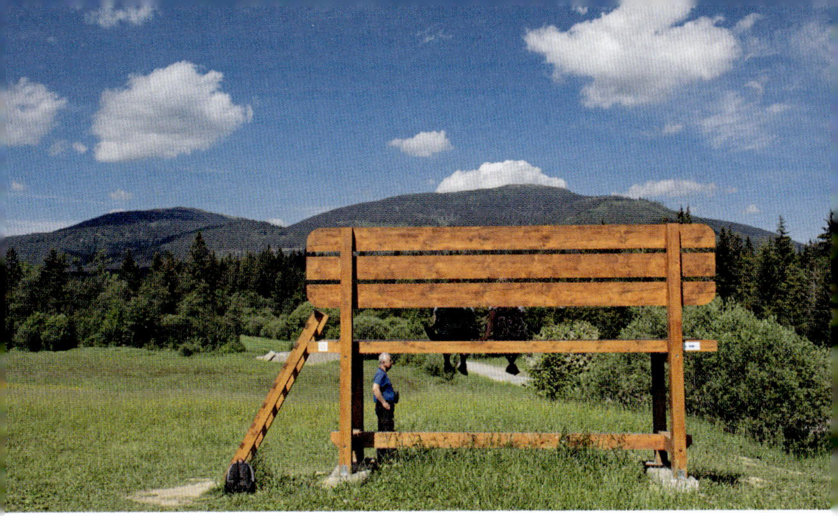

Interessanter Aussichtspunkt: eine übergroße Bank mit Blick auf die Babia hora.

Hier wird der roten Markierung über die Asphaltstraße gefolgt. Nach einer Hütte und der Kreuzung **Vonžovec** ⓫, 784 m, geht es geradeaus weiter. Kurz vor Slaná voda befindet sich rechts ein Wildschweingehege. Nur wenig später passieren wir wieder die **Chata Slaná voda** ❷, 755 m, und wandern auf bekanntem Weg nach **Oravská Polhora** ❶, 676 m, zurück.

Variante Rundweg nördlich der Babia hora (Babia Góra): Diese lohnende Variante sei allen empfohlen, die etwas mehr Zeit mitbringen. Von der **Babia hora** ❻, 1725 m, steigen wir zunächst auf der normalen Route zum **Przełęcz Brona** ❼, 1408 m, ab und folgen dort der roten Markierung nach rechts auf großteils angelegten Steinwegen hinunter zur **Schronisko na Markowych Szczawinach**, 1180 m.
Am Wegweiser vor der Hütte beginnt ein angelegter Weg, der blau und gelb gekennzeichnet ist und nur sehr geringe Höhenunterschiede aufweist. Nach 15 Min. zweigt rechts der sehr anspruchsvolle **Akademiker-Weg** (Perć Akademików) zum Gipfel der Babia hora (Babia Góra) ab (vgl. Tour 19, laut Schild rund 1.15 Std. zum Gipfel, mehrere Kettensicherungen und Absturzgelände!). Wir gehen hier aber geradeaus weiter bis zur nächsten Kreuzung **Szkolnikowe Rozstaje**, 1060 m, und wechseln dort auf die grüne Markierung. Sehr steil zieht sich ein überwiegend angelegter Steinpfad hinauf zur Verzweigung **Sokolica**, 1367 m. Es lohnt sich, einen kurzen Abstecher nach links zu einem sehenswerten Aussichtspunkt zu machen. Mit der roten Wandermarkierung zieht sich der Pfad meist über oder am östlichen Grat entlang über Vorgipfel hinauf zur **Babia hora** ❻, 1725 m.

↗ 1160 m | ↘ 1160 m | 20.0 km

22 Rundweg von Zuberec auf den Sivý vrch, 1805 m

8.30 h

Anspruchsvolle Bergtour auf die westlichsten Tatragipfel

Von Zuberec aus steigen wir zunächst auf die Biela skala, 1351 m – ein Kalksteinmassiv, um das sich mehrere Legenden ranken. Laut mündlicher Überlieferungen soll im Berg eine Goldader existieren, und in den kleinen Höhlen hätte Banditen ihre erbeuteten Schätze versteckt. Der in der Nähe lebende Július Baňády soll Aufzeichnungen darüber gefunden haben und war besessen von der Idee, den ganz großen Fund zu machen. Er begann in den 1920er-Jahren mit der Suche nach dem Gold. Trotz horrender Kosten und dem Aufbrauchen aller Ersparnisse blieb er erfolglos. Im weiteren Verlauf wandern wir auf den felsigen Gipfel Sivý vrch, der bereits von weither auszumachen ist. Das Gebiet um den Berg gehört zu den wenigen Teilen des gesamten Tatramassivs, in denen die Kalksteindecke des kristallinen Kerns des Gebirges erhalten geblieben ist. Dank dieser besonderen geologischen Bedingungen beherbergen beide Gipfel viele geschützte Arten Kalkstein liebender Pflanzen. Besonders interessant sind im Aufstieg zum Sivý vrch die Karstformationen der Radové skaly. Mit etwas Fantasie können Besucher hier eine Felsenstadt erkennen. Dort befindet sich auch eine über 80 m tiefe Schlucht.

Ausgangspunkt: Zuberec, 762 m, Wegweiser; Bushaltestelle auf der gegenüberliegenden Straßenseite; Busverbindungen nach Liptovský Mikuláš und Trstená, kostenlose Parkplätze direkt am Wegweiser oder in der Nähe an der Hauptstraße. Wer mit dem eigenen Fahrzeug anreist, kann beim Forsthaus/Wegweiser »Horáreň pod Bielou skalou« 3 parken und die Wanderung dort beginnen.
Anforderungen: Nur für geübte, konditionsstarke und erfahrene Wanderer! Der Zustieg zur Biela skala und der Abstieg vom Sedlo Pálenica erfolgen auf normalen Bergpfaden und Wegen ohne besondere Schwierigkeiten. Der Aufstieg zum Aussichtspunkt bei der Biela skala ist sehr steil und der Steig zum Gipfel beinhaltet eine Kletterstelle (Schwierigkeitsgrad I) mit vielen losen Steinchen. Im weiteren Verlauf wird der Pfad hinauf zum Sivý vrch immer anspruchsvoller. An mehreren Stellen im Auf- und Abstieg Einsatz der Hände notwendig, an drei Stellen sind Kettensicherungen angebracht. Es gibt viel loses Geröll. Um den Sivý vrch herum sind Trittsicherheit und Schwindelfreiheit erforderlich! Außerdem ist ein großer Höhenunterschied zu überwinden.
Infrastruktur: Nur in Zuberec Einkehrmöglichkeiten. Unterwegs nichts!
Varianten: 1. An der Landstraße mit grüner Markierung zum Wegweiser »Horáreň pod Bielou skalou« 3 gehen. Achtung: viel Verkehr! (Ersparnis ca. 50 Min.).
2. Auslassen der Besteigung des höchsten Punkts der Biela skala. Trotzdem bleiben die schwierigen Wegstellen im Bereich des Sivý vrch erhalten.
Hinweise: 1. Die Besteigung der beiden Berge ist aus naturschutzrechtlichen Gründen nur vom 15. Juni bis 31. Okt. möglich.
2. Man kann die Kammwanderung über die Westliche Tatra beliebig fortsetzen.
Tipp: Ausreichend Getränke mitnehmen, da es im Kammbereich keine Quellen gibt.
Karte: SHOCart – Blatt 1096 Západné Tatry 1:50.000.

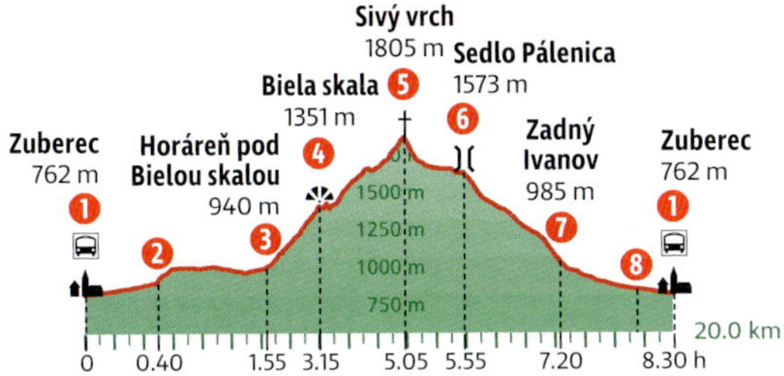

Normalerweise würde die grüne Markierung von **Zuberec** ❶, 762 m, auf direktem Wege über die Landstraße zum offiziellen Einstieg in die Tour führen. Da es sich dort aber nicht so gut wandern lässt, ist es einfacher, zunächst dem roten Wanderzeichen über die Ortsstraße zu folgen. An der ersten Linkskurve am Haus mit der Nr. 147 gehen wir ohne Wandermarkierung geradeaus bis kurz vor einen großen landwirtschaftlichen Betrieb und dort rechter Hand an der Einzäunung vorbei über einen Feldweg auf die Berge zu. Nach der Querung eines Bachs folgt eine **Infotafel** ❷, 840 m, wo nach rechts abgezweigt wird. Der Waldweg führt erneut über den Bach und danach sehr steil auf eine weitläufige Wiese. Dort verlaufen nur noch wenige ausgeprägte Fahrspuren, die am Waldrand in einen breiten Weg münden. Etwa 50 m weiter links beginnt eine schmale Asphaltstraße. Diese zieht sich am Hang entlang und endet an einer Schranke – von hier leitet ein mit Pflanzen bewachsener Schotterweg zu einer Kreuzung; hier geht es rechts zur Landstraße hinunter. Ab hier sind es noch knapp 700 m links hinauf bis zum Wegweiser **Horáreň pod Bielou skalou** ❸, 940 m.

Die rote Wandermarkierung führt uns abwechselnd auf Forstwegen und Pfaden durch einen nachwachsenden Hang hinauf bis zu einem Steg über einen Bach. Ab dort geht es nach rechts dauerhaft auf einem Pfad weiter bergan. In sumpfigem Gelände wurde ein Holzsteg angelegt, um trockenen Fußes queren zu können. Im weiteren Verlauf zweigt links ein schmaler Pfad ab, der steil hinauf zur Aussicht auf einem Felskegel der **Biela skala** ❹, 1351 m, leitet. Von hier aus bietet sich ein

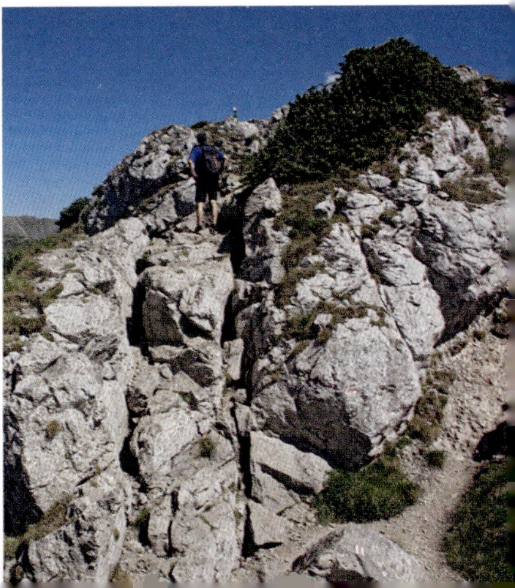

Wilde Kalksteinformationen unter dem Gipfel.

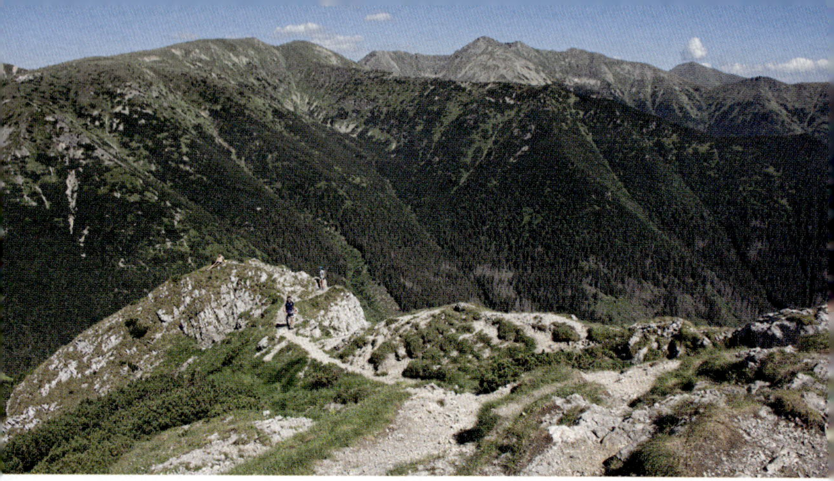

In Blickrichtung Osten erheben sich die Gipfel des felsigen Roháče-Grats.

erster fantastischer Blick auf die Regionen Liptau und Orava sowie die dahinterliegende Niedere Tatra mit den anschließenden westlichen Gebirgen. Zurück auf dem Hauptpfad sind es nur 100 m, bis erneut am linken Rand ein schmaler Pfad auszumachen ist. Dieser leitet uns an Felsen heran und etwas links davon durch loses Geröll zu einer etwa 2 m langen kniffligen Kletterstelle mit vielen losen Steinchen. Hier gilt es, aufzupassen und Vorsicht walten zu lassen! Oberhalb davon führt der Steig in einem Bogen auf den höchsten Punkt der **Biela skala**, 1370 m, hinauf. Auf derselben Strecke wird wieder zum markierten Hauptweg abgestiegen.
Der Pfad verläuft weiter durch Wald steil bergauf; rechts folgen mehrere herrliche Ausblicke in Richtung Südwesten. Latschenkiefern gesellen sich dazu und am Grat entlang zieht sich ein Steig in Richtung der vor uns liegenden Kalksteinpyramide des Sivý vrch. Nach kurzen Kletterstellen im Abstieg beginnt mit den Radové skaly eine imposante Karstlandschaft. Der Steig windet sich mittendurch und leitet etwas links über Felsen, die erneut die Zuhilfenahme der Hände erfordern. An der nächsten schwierigen Stelle wurden eine Kettensicherung und Trittbügel angebracht – trotzdem ist die unterste Stufe sehr hoch. Danach leitet der Pfad sehr steil im losen Geröll mit kurzen Kletterstellen hinauf auf die andere Seite des Grats, wo uns eine weitere Kettensicherung erwartet. Die Felsstufe mit Trittbügel im Blockwerk ist jedoch nicht besonders schwierig. Im Anschluss daran stellt sich eine letzte, etwa 3 m hohe Felspassage im Schwierigkeitsgrad I in den Weg. Es ist die letzte komplizierte Stelle und nur wenige Meter später ist der Gipfel des **Sivý vrch** 5, 1805 m (in Karte 1806 m), erreicht. Die traumhafte Rundsicht ist der Lohn für die Mühen des Aufstiegs.

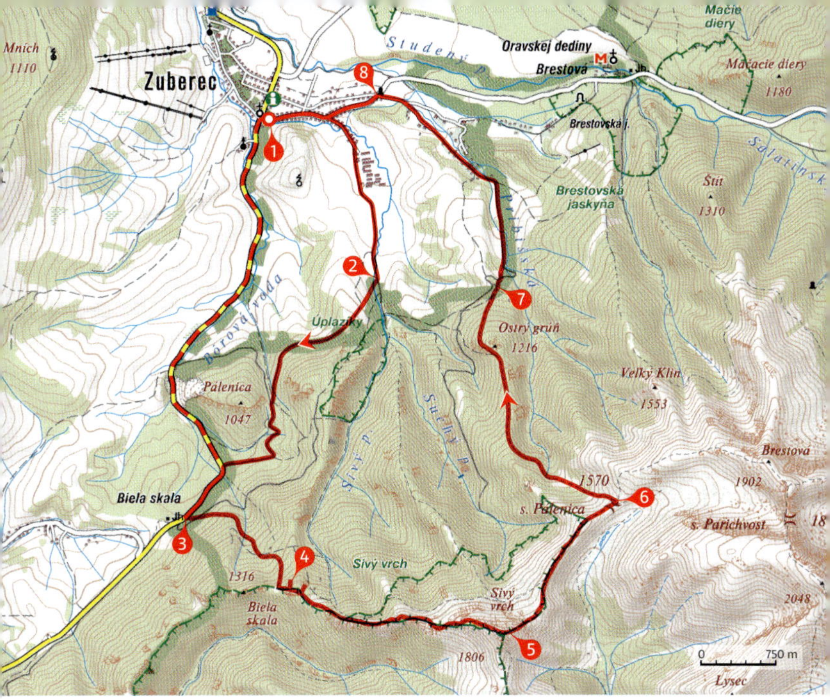

Der Abstieg ist zum Glück nicht mehr ganz so schwierig. Es geht zwar steil über Felsen hinab, doch werden die Hände nur zum Abstützen benötigt. Eine Passage über Felsplatten ist nochmals mit zwei Ketten versichert. Es folgt noch eine kurze exponierte Stelle an einer Rinne, und danach sind alle Schwierigkeiten gemeistert. Über den jetzt breiten Bergrücken leitet uns ein Pfad durch Latschen hindurch zum **Sedlo Pálenica** ❻, 1573 m (laut Karte 1570 m).

Vom Sattel bringt uns die gelbe Wandermarkierung links hinunter nach Zuberec zurück. Im oberen Teil ist der Pfad mit vielen größeren Steinen bedeckt, später führt er angenehm und sanft abfallend im Wald bergab. Im Verlauf geht es durch nachwachsende Bereiche und später über einen Waldarbeiterweg steil hinunter zum Wegweiser **Zadný Ivanov** ❼, 985 m. Zwei Schleifen des Forstwegs kürzen wir ab und wandern danach auf diesem aus dem Tal heraus. Nach der Querung eines Bachs und einem Gebäude des Wasserwerks stehen erste Ferienhäuser am Wegesrand. Der unbefestigte Weg verwandelt sich am Ortseingang von Zuberec in eine Asphaltstraße. Diese mündet an der Kreuzung **Rázcestie Prte** ❽, 795 m, in die Zufahrtsstraße zu den Roháče-Bergen. Auf dieser sind es nach links nur noch etwa 15 Min. bis ins Zentrum von **Zuberec** ❶, 762 m.

↗ 1200 m | ↘ 1200 m | 23.0 km

23 Rundweg von Zuberec auf die Brestová, 1934 m

9.30 h

Über den einfachsten Teil des Hauptkamms der Westlichen Tatra

Die Wanderung führt von Zuberec auf den westlichsten Kammabschnitt des Gebirges. Die Strecke ist zwar technisch nicht schwierig, aber es ist ein großer Höhenunterschied zu überwinden. Die Aussichten hinunter in die Region Orava, auf die Oravská priehrada – das größte Gewässer der Slowakei – und auf die dahinterliegenden Beskiden sind mehr als lohnend. Höchster Punkt der Tour ist die Brestová – ein Berg mit zwei Gipfeln. Die Malá Brestová befindet sich auf einer Höhe von 1903 m und besitzt ein Gipfelkreuz. Die sich daran anschließende Kuppe ist mit 1934 m ein wenig höher und bietet fantastische Blicke auf die wilden Felsgipfel des Roháče-Massivs und die Berge auf der polnischen Seite des Gebirges. Während sich rechts das gewaltige Massiv des Salatíns befindet, wandern wir über den östlichen Seitenkamm mit fortwährenden Ausblicken ins Tal hinunter. Weiterer Höhepunkt auf dem Rückweg nach Zuberec ist ein Museumsdorf mit Gebäuden, die an ihren ursprünglichen Orten in der Region Orava ab- und hier wieder originalgetreu aufgebaut wurden.

Ausgangspunkt: Zuberec, 762 m, Wegweiser; Bushaltestelle auf der gegenüberliegenden Straßenseite; Busverbindungen nach Liptovský Mikuláš und Trstená, kostenlose Parkplätze direkt am Wegweiser oder in der Nähe an der Hauptstraße.
Anforderungen: Bergwege und Pfade. Auf dem ersten Abschnitt durchgängig markiert, auf dem zweiten Abschnitt ist etwas Orientierungssinn gefragt. Einige Passagen im Auf- und Abstieg sind steil. Großer Höhenunterschied, sehr gute Kondition erforderlich.
Infrastruktur: In Zuberec mehrere Einkehrmöglichkeiten. Unterwegs an der Talstation des Sessellifts ⑩ ein Restaurant, ein weiteres in der Pension Šindľovec (über die Ausfahrt des großen Parkplatzes in 5 Min. erreichbar) sowie Einkehrmöglichkeit in der Chata Zverovka (nach Wegweiser »Pomník SNP« ⑪ an der Kreuzung mit der grünen Balkenmarkierung geradeaus knapp 10 Min.). Beim Museumsdorf und in der ersten Siedlung danach jeweils ein Restaurant.
Varianten: 1. Ab Wegweiser »Predný Salatín – hrebeň« ⑦, 1790 m, mit grüner Markierung ca. 45 Min., 1,4 km und 300 Hm Abstieg zu einem Sessellift und mit diesem hinunter zum Parkplatz »Pod Spálenou« ⑩ (Ersparnis 1 Std., 2 km und 360 Hm im Abstieg).

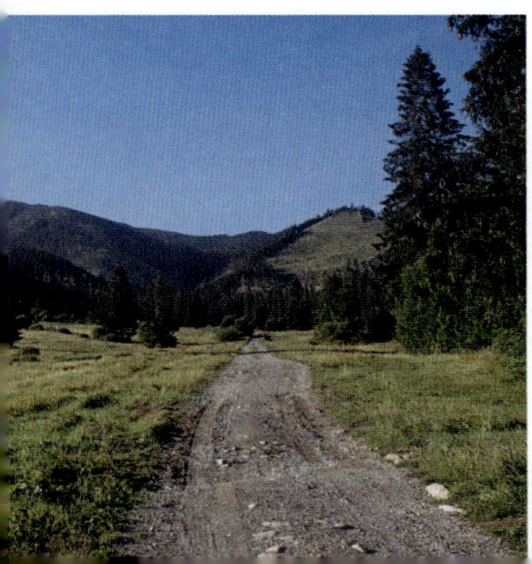

Ein Schotterweg führt auf die Berge zu.

2. Ab Wegweiser »Pomník SNP« ⓫ 150 m nach rechts zur Bushaltestelle und mit Bus zurück nach Zuberec (Ersparnis ca. 2.15 Std., 8,5 km und 260 Hm im Abstieg).
Kombi-Tipp: Mit Tour 26 weiter dem Kammweg folgen.
Hinweise: 1. Ausreichend Getränke mitnehmen, da es im Kammbereich keine Quellen gibt.
2. Die Besteigung der Kammbereiche ist aus naturschutzrechtlichen Gründen nur vom 15. Juni bis 31. Okt. möglich.
Tipps: 1. Das Museumsdorf Orava ist eines der schönsten in der Slowakei (muzeum.zuberec.sk/en/orava-vilage-museum). Der Besuch lohnt unbedingt!
2. Direkt gegenüber dem Museumsdorf kann die Höhle Brestovská jaskyňa besichtigt werden (Info und Öffnungszeiten auf ssj.sk, auch auf Deutsch).
Karte: SHOCart – Blatt 1096 Západné Tatry 1:50.000.

Von **Zuberec** ❶, 762 m, leitet zunächst die rote Wandermarkierung über die Straße in Richtung »Zverovka« bis zur Kreuzung **Rázcestie Prte** ❷, 795 m. Dort wird nach rechts auf eine mit gelbem Wanderzeichen versehene Nebenstraße abgezweigt. Am Ortsende geht die Straße in einen Schotterweg über und führt tief in ein Tal hinein. Hinter einem Bach an einem Rastplatz können zwei Schleifen des Wegs bis zum Wegweiser **Zadný Ivanov** ❸, 985 m, abgekürzt werden. Direkt links von einem Unterstand zieht sich ein Waldarbeiterweg durch einen gerodeten Bereich steil nach oben und geht im Verlauf in einen Pfad über. Mit jedem Meter verbessert sich die Aussicht in Richtung Norden und Westen. Später wandern wir angenehm durch intakten Bergwald. Nach einer Wiese mit ersten Latschen und vielen Heidelbeersträuchern wird der Pfad steiniger und windet sich hinauf zur Wegekreuzung auf dem **Sedlo Pálenica** ❹, 1573 m (laut Karte: 1570 m).
Wir biegen hier nach links ab und folgen fortan der roten Markierung durch Latschenkiefern über den breiten Rücken bergauf. Die erste markante Erhebung ist der Berg **Zuberec** ❺, 1753 m, der einen fantastischen Blick auf den gleichnamigen Ort bietet. Die Latschen werden lichter, und unser Weg zieht sich etwas steiler hinauf zur Malá Brestová, 1903 m, auf der ein stählernes Kreuz errichtet wurde. Der Pfad steigt weiter zur nächsten Kuppe an – der 1934 m hohen **Brestová** ❻ (laut Schild: 1903 m). Von hier sind die wilden Felsgipfel des Roháče-Massivs bereits bestens zu sehen.
Nach links über den östlichen blau markierten Seitenkamm erfolgt der Abstieg. Mehrere Pfade haben sich in losem Geröll ausgebildet, die steil bergab und über einen kleinen Zwischenberg führen; dieser kann optional auch rechts umgangen werden. Die fortwährenden Aussichten auf die Berge der Westlichen Tatra sind ein absoluter Traum. Am Wegweiser **Predný Salatín – hrebeň** ❼, 1790 m, leitet die grüne Markierung zu einem Sessellift (vgl. Variante 1). Wir wandern aber geradeaus auf dem Grat weiter und steigen vor einer kleinen Wetterstation nach links um ein Geröllfeld herum ab zum **Predný Salatín** ❽, 1624 m. Es lohnt sich, hier noch ein paar Meter geradeaus auf ein weitläufiges Plateau zu gehen und dort eine ausgiebige Rast einzulegen. Die Brestová wirkt von dieser Seite viel wuchtiger als von unserer Aufstiegsroute.

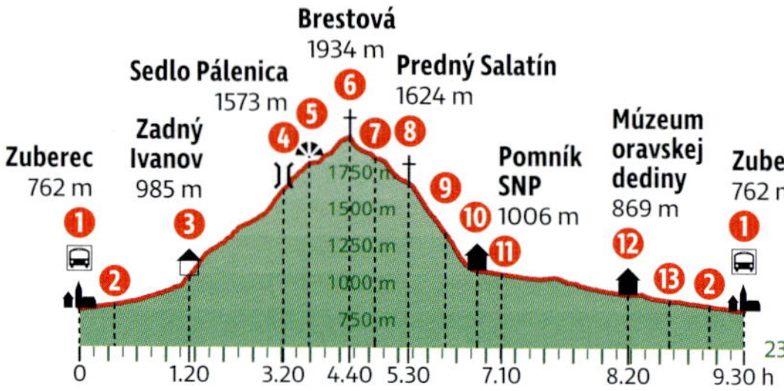

Ab hier führt der Pfad wieder durch die Latschenzone über Wurzeln und Steine in Serpentinen steil den Hang hinab. Später geht es oberhalb einer Rinne im Wald hinunter zum Wegweiser **Spálený žlab** ⑨, 1280 m, der sich an einem breiten Querweg befindet. Auf der anderen Seite beginnt erneut ein Pfad, der sich in einer Furche hinunter zur Talstation des Lifts zieht. Wir wandern entweder über die Skipiste oder folgen dem markierten Pfad am Waldrand entlang zum Parkplatz »**Pod Spálenou«** ⑩, 1030 m. Dessen Zufahrtsstraße leitet uns zur Hauptstraße und zum Hinweisschild **Pomník SNP** ⑪, 1006 m.

Normalerweise würde von hier die rote Wandermarkierung großteils über die Landstraße zurück nach Zuberec leiten. Es lohnt sich aber, einen kleinen Umweg in Kauf zu nehmen und dafür über einsame Wege zurückzuwandern. Zunächst geht es rechts über die Brücke und gleich danach links

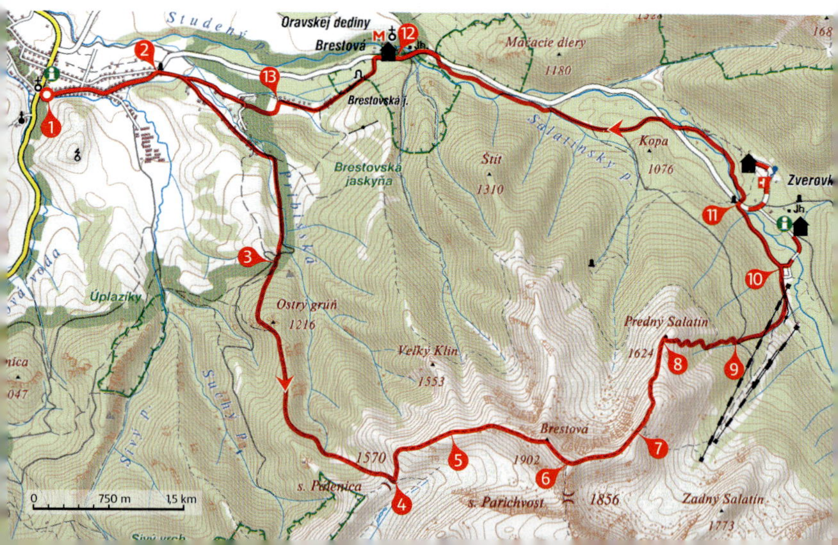

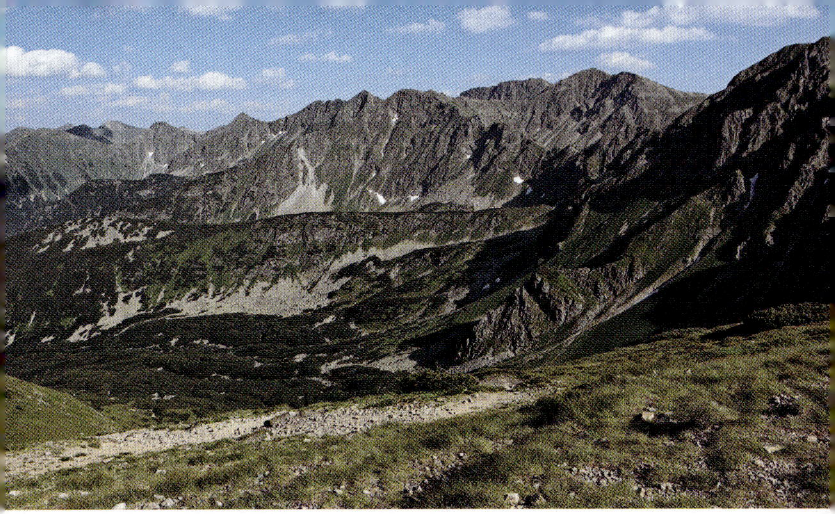

Fantastische Aussicht auf die Rohače-Berge.

hinunter in den Wald und über einen Bach. Dort folgen wir der grünen Balkenmarkierung eines Lehrpfads bis zu einem Hotel und gehen über die Zufahrt zurück zur Landstraße. Gut 100 m weiter rechts beginnt am linken Straßenrand ein Waldweg, der zunächst wenige Höhenmeter ansteigt und danach durch ein einsames Seitental parallel zur Straße verläuft. Direkt vor einer Schranke zweigt links ein schmaler unmarkierter Pfad ab, der immer parallel zur Landstraße sanft an Höhe verliert. Rechts von uns befindet sich eine interessante Felsformation. Der Pfad endet an einer Kreuzung. Entweder wird bereits hier auf die Landstraße gewechselt oder noch ein Stück einem Weg gefolgt, der an einer Wiese endet. Kurz vor dem Waldrand zweigen wir auf die Straße ab und gelangen nach nur noch etwa 200 m zum **Múzeum oravskej dediny** ⓬, 869 m.
Vom Museum gehen wir zunächst auf dem Fußweg zum Parkplatz, an dessen hinterem Ende auf einem Schotterweg ein paar Meter hinauf und danach hinunter zu einer Siedlung der Universität von Žilina. Hinter einem kleinen Propellerflugzeug wird die asphaltierte Straße nochmals auf einen Schotterweg nach links verlassen. Es folgen eine weitere Hüttensiedlung und im Verlauf ein hölzerner Wegweiser am **Abzweig** ⓭, 829 m, nach **Zuberec**. Dort wird nach links abgebogen und im Verlauf eine Wiese gequert. Oberhalb davon zieht sich ein breiter unbefestigter Weg rechts hinab zu den ersten Häusern von Zuberec. Ab einem Hotel leitet uns eine Ortsstraße zur Kreuzung mit der gelben Markierung des Aufstiegswegs. Nicht ganz 300 m rechts befindet sich die Verzweigung **Rázcestie Prte** ❷, 795 m, von wo aus die Durchgangsstraße links nach **Zuberec** ❶, 762 m, zurückführt.

↗ 890 m | ↘ 890 m | 14.3 km

24 Rundweg von Zverovka auf die Lúčna (Grześ), 1653 m

6.15 h

Über die einsamsten Wege der Westlichen Tatra

Mit Ausnahme der Gipfelkuppe der Lúčna (Grześ) werden uns auf dieser Wanderung nur sehr wenige Menschen begegnen. Hauptattraktion ist neben herrlichen Ausblicken auf die Gipfel der Roháče-Gruppe der etwas isolierte Gipfel der Osobita, 1687 m. Aus naturschutzrechtlichen Gründen darf der Berg heute nicht mehr bestiegen werden, obwohl der ehemals gelb markierte Steig vom unterhalb gelegenen Sattel Sedlo pod Osobitou, 1521 m, noch gut zu erkennen ist. Früher galt die Osobita als das offizielle Ende der Tatra. In der Eiszeit war die Gegend um den Berg nicht vergletschert – die vorhandenen Täler haben sich durch Wassererosion gebildet. Polnischen Legenden zufolge sollen sich in den Karsthöhlen des Massivs früher Räuberbanden versteckt gehalten haben. Fest steht aber, dass die Osobita früher ein beliebtes Weidegebiet war und bereits im 17. Jh. dort bis zu 1500 Schafe und Kühe gehalten wurden. Die Aussicht auf die Gipfel der Tatra soll vom Gipfel aus hervorragend sein. Auch wenn wir heute nicht mehr aufsteigen dürfen, bieten sich von den Wiesen und natürlich auch von der Lúčna (Grześ) noch genügend traumhafte Ausblicke auf die umliegende Bergwelt.

Am Sedlo pod Osobitou.

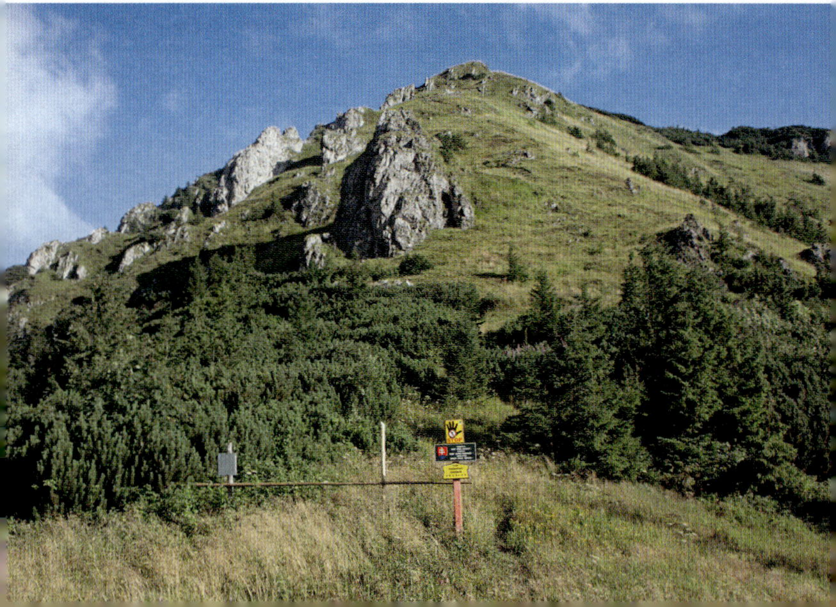

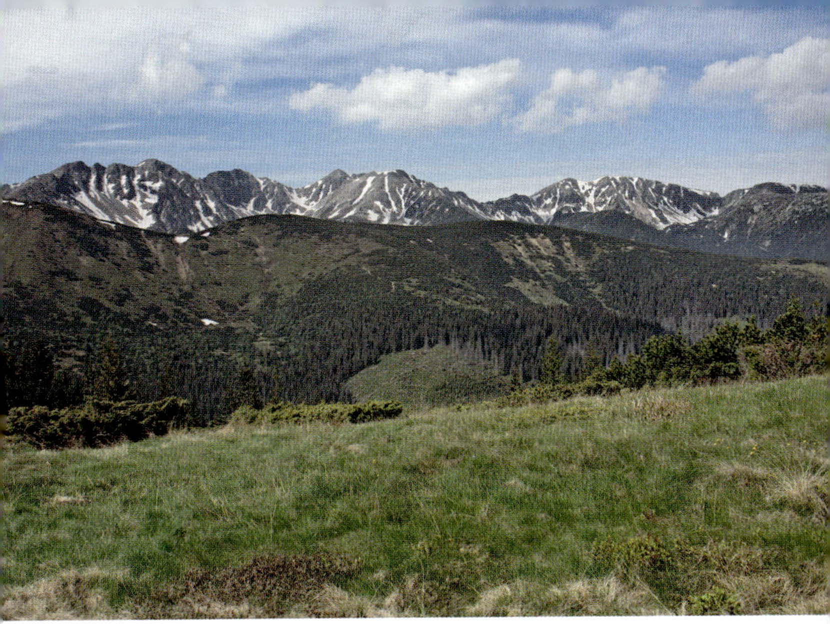

Wiese unter der Javorina.

Ausgangspunkt: Zverovka, 1025 m, am gleichnamigen Wegweiser; Endstation des Busses aus Zuberec und Trstená, kostenpflichtige Parkplätze der Nationalparkverwaltung in unmittelbarer Nähe des Ausgangspunktes.
Anforderungen: Mittelschwere Wanderung über stellenweise steile Bergpfade, die für das Gebirge einen nicht ganz so großen Höhenunterschied aufweist.
Infrastruktur: Am Ausgangspunkt **Chata Zverovka** (Speisen und Getränke; 71 Betten in verschiedenen Zimmerkategorien und 6 separate Holzhüttchen), Tel. +421 905 973 201, chatazverovka.sk (nur auf Slowakisch), ganzjährig, Übernachtung ab 20 €/Person. Unterwegs nichts. Ein weiteres Restaurant am Parkplatz »Pod Spálenou« (vgl. »Hinweise«) sowie an dessen Ausfahrtstraße im Rest.-Pension Šindľovec.
Kombi-Tipps: Ab der Lúčna (Grześ) mit Tour 32 geradeaus nach Oravice oder nach rechts über den Rákoň zum Volovec oder mit Tour 45 nach Polen.
Hinweise: 1. Das Auto kann auch auf dem großen Parkplatz »Pod Spálenou« (kostenpflichtig; beim Sessellift) abgestellt werden. Über die Zufahrt des Parkplatzes folgt man der blauen Wandermarkierung zum Wegweiser »Pomník SNP« und durch den Wald sowie über eine Wiese hinauf zum Startpunkt in Zverovka (etwa 15 Min. zusätzlich pro Strecke).
2. Der Großteil der Wanderung ist aus naturschutzrechtlichen Gründen nur vom 15. Juni bis 31. Okt. begehbar.
3. Da die Wege allesamt eher selten begangen werden, fühlen sich hier auch Braunbären sehr wohl.
Tipp: Am frühen Vormittag mit der Sonne im Osten wird die Bergkette des Roháče-Massivs am eindrucksvollsten beleuchtet.
Karte: SHOCart – Blatt 1096 Západné Tatry 1:50.000.

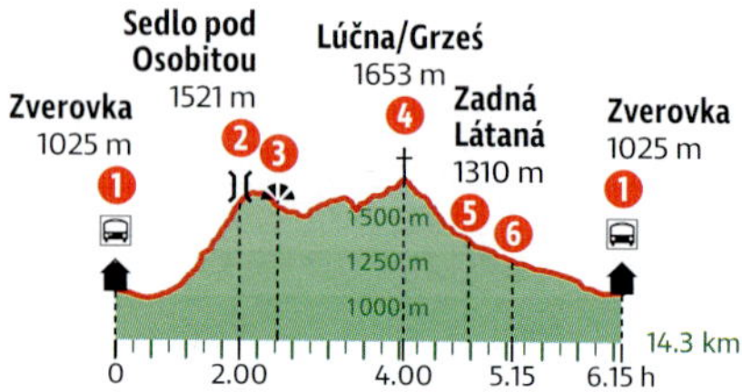

Vom Wegweiser **Zverovka** ❶, 1025 m, gehen wir zunächst mit der grünen Wandermarkierung nach rechts an der gleichnamigen Hütte vorbei. Kurz hinter dem Gebäude der Bergwacht und ein paar letzten Ferienunterkünften zweigt ein Weg nach rechts ab und zieht sich oberhalb eines Hotels und eines kleinen Teichs durch nachwachsenden Wald bis zu einer großen Wiese. An deren oberem rechten Rand beginnt hinter einem Holzsteg ein Weg. Später wird er zu einem Pfad, der weitgehend im Bereich der Rinne »Teplý žlab« in einigen Windungen und Serpentinen teilweise recht steil hinauf in den **Sedlo pod Osobitou** ❷, 1521 m, führt. Der Gipfel der Osobita liegt zu unserer Linken bereits zum Greifen nah, doch die etwas übergroßen Verbotsschilder sollen die Wanderer von der Besteigung abhalten.
Der weitere Verlauf des Pfads führt in südöstliche Richtung über den breiten Bergrücken. Nach der Überschreitung einer bewaldeten Anhöhe folgt

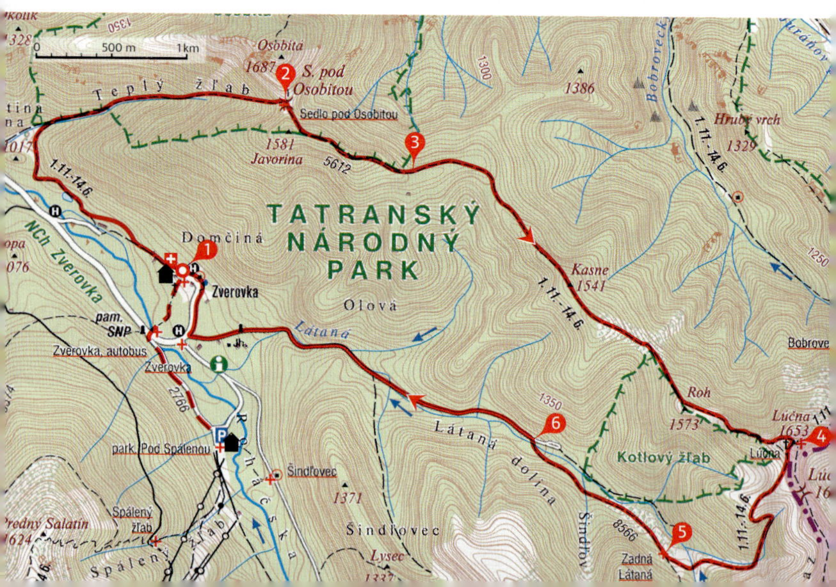

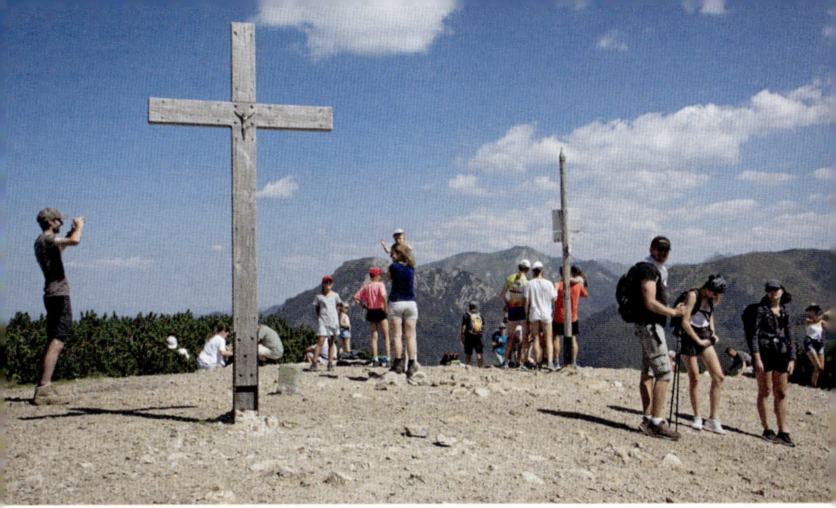

Auf dem Grenzgipfel Lúčna.

die **Wiese** unter der **Javorina** ❸, 1490 m. Es lohnt sich, hier den Weg ein paar Meter nach rechts zu verlassen und die überaus lohnende Aussicht auf die Roháče-Berge zu genießen. In der Folge sind wir meist im Wald unterwegs, der an einigen Stellen auch stark geschädigt ist. Im Auf und Ab werden Kuppen umgangen oder überschritten und später bieten sich erneut Ausblicke von einer offenen Fläche. Der Pfad zieht sich nochmals steiler und rechts von einem kleinen Geröllfeld hinauf zum Gipfel der **Lúčna** ❹, 1653 m (Grześ), über den die Grenze zwischen der Slowakei und Polen verläuft. Ein fabelhaftes Panorama lädt zu einer ausgiebigen Rast ein. Viele Wanderer steigen von Polen kommend auf, sodass es um das Gipfelkreuz herum vor allem in den Sommermonaten doch recht voll werden kann.
Die grüne Markierung zweigt vom Gipfelplateau schärfer nach rechts ab und führt anfangs durch eine Latschenzone etwas steiler auf eine weitere Wiese hinunter. Dort wurden zwei Bänke und ein Holztisch aufgestellt – einer der besten Plätze, um in Ruhe mit Aussicht zu rasten. Eine weite Schleife leitet uns im Wald in ein Tal mit Quelle hinab. Später wird mithilfe eines Holzstegs ein feuchter Abschnitt überquert. Unser Pfad führt aus dem Tal hinaus und hinter einer Lichtung befindet sich die Kreuzung **Zadná Látaná** ❺, 1310 m (laut Schild: 1280 m), an der die grüne Wandermarkierung endet.
Auf gelb gekennzeichnetem Weg wird nach rechts zum Wegweiser **Rázcestie Látaná dolina** ❻, 1197 m (laut Schild: 1170 m), abgestiegen. Ein asphaltierter Weg zieht sich nun durch das Látaná dolina und an einem Partisanenfriedhof vorbei zur Zufahrtsstraße zur Chata Zverovka. Von hier sind es nur noch knapp 10 Min. nach rechts zurück nach **Zverovka** ❶, 1025 m.

↗ 880 m | ↘ 880 m | 14.8 km

25 Durch das Látaná-Tal auf den Rákoň (Rakoń), 1879 m

5.45 h

Aussichtsreiche Kuppe auf einem Seitenkamm

Das Látaná dolina ist ein relativ einsames Tal, das parallel zum wesentlich bekannterem Roháčska dolina verläuft und von diesem durch einen hohen Bergrücken abgetrennt ist. Kurz hinter dem Einstieg ins Tal befindet sich auf der linken Seite ein kleiner Partisanenfriedhof, der an die Kämpfer des Slowakischen Nationalaufstands erinnert. Zum Ende des Tals steigen wir auf den rechten Kamm und dort aus einem Sattel heraus auf den Gipfel des Rákoň (Rakoń). Dieser befindet sich auf einem Seitenkamm des Gebirges und ermöglicht einen fantastischen Rundblick auf große Teile der Westlichen Tatra. Über den Berg und den gesamten Grat verläuft die polnisch-slowakische Grenze. Da der Rákoň relativ sanfte und grasbewachsene Hänge aufweist, haben polnische Hirten den Berg bis zur Gründung des Nationalparks im Jahre 1954 zur Weidehaltung genutzt. Danach steigen wir zur Ťatliakova chata ab – die Hütte wurde zuletzt im Jahr 2017 umgebaut und renoviert und erstrahlt seither in neuem Glanz.

Ausgangspunkt: Zverovka, 1025 m, am gleichnamigen Wegweiser; Endstation des Busses aus Zuberec und Trstená, kostenpflichtige Parkplätze der Nationalparkverwaltung in unmittelbarer Nähe des Ausgangspunktes.

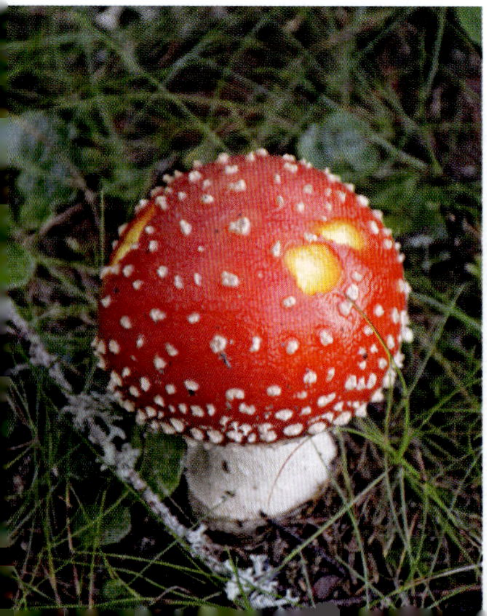

Anforderungen: Mittelschwere Wanderung über stellenweise steile Bergwege und -pfade. Der erste Abschnitt durch das Látaná dolina und der letzte Abschnitt von der Ťatliakova chata verlaufen auf asphaltierten Wegen.

Infrastruktur: Am Ausgangspunkt **Chata Zverovka** (Speisen und Getränke; 71 Betten in verschiedenen Zimmerkategorien und 6 separate Holzhüttchen), Tel. +421 905 973 201, chatazverovka.sk (nur auf Slowakisch), ganzjährig, Übernachtung ab 27 €/Person. Unterwegs **Ťatliakova chata** (Speisen und Getränke; 25 Betten in Zwei- und Mehrbettzimmern), Tel. +421 905 973 201, tatliacka.sk (nur auf Slowakisch); 15. Juni–30. Sept. tägl., im Okt. eingeschränkte Öffnungszeiten, im Winter geschlossen; eine Nacht im Mehrbettzimmer ab 26 €/Person, Doppelzimmer 104 €; ab mind. zwei Nächten im Mehrbettzimmer ab 20 €/Person, Doppelzimmer 80 €. Gut 800 m nach dem Wegweiser »Rázcestie Šindľovec« bietet kurz vor Ende der Tour

Fliegenpilz (Amanita muscaria).

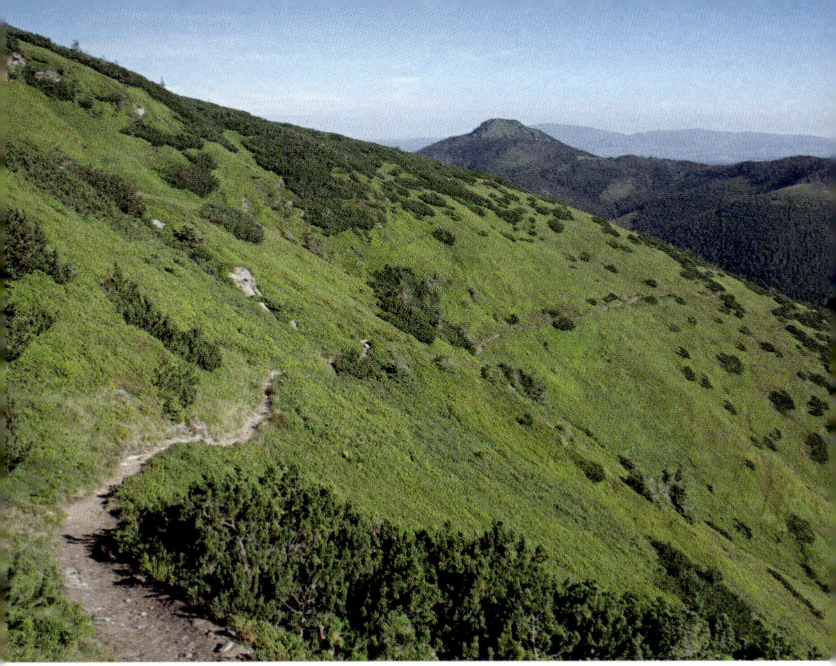

Aufstiegspfad zum Sedlo Zábrať.

die Pension Šindľovec Speisen und Getränke. Ein weiteres Restaurant am Parkplatz »Pod Spálenou« (vgl. »Hinweise«).
Varianten: 1. An der Gabelung »Zadná Látaná« ❸ der grünen Markierung hinauf zur Lúčna (Grześ), 1653 m, folgen und ab dort mit Tour 32 über den blau markierten und aussichtsreichen Kamm zum Rákoň (Rakoń) wandern (knapp 1 Std., 1,8 km und ca. 40 Hm im Aufstieg zusätzlich).
2. Wer noch über Kraftreserven verfügt, sollte ab dem Rákoň (Rakoń) ebenfalls mit Tour 32 den Abstecher auf den Volovec (Wołowiec) wagen (etwa 1.30 Std., 2,2 km und 220 Hm im Auf- und Abstieg zusätzlich).
Hinweise: 1. Das Auto kann auch auf dem großen Parkplatz »Pod Spálenou« (kostenpflichtig; beim Sessellift) abgestellt werden. Über die Ausfahrt des Parkplatzes an der Pension Šindľovec vorbei zum Wegweiser »Rázcestie Zverovka«. Etwa 10 m weiter rechts beginnt das Tal. Im Abstieg am Wegweiser »Rázcestie Šindľovec« ❽ links auf die grüne Markierung wechseln und auf einem Waldweg in knapp 10 Min. zum Parkplatz zurück.
2. Das Teilstück zwischen Rázcestie Látaná dolina ❷ und der Ťatliakova chata ❻ ist aus naturschutzrechtlichen Gründen nur vom 15. Juni bis 31. Okt. begehbar.
Tipp: Eine Übernachtung auf der Ťatliakova chata ist ein besonderes Erlebnis und sollte auf jeden Fall frühzeitig gebucht werden.
Karte: SHOCart – Blatt 1096 Západné Tatry 1:50.000.

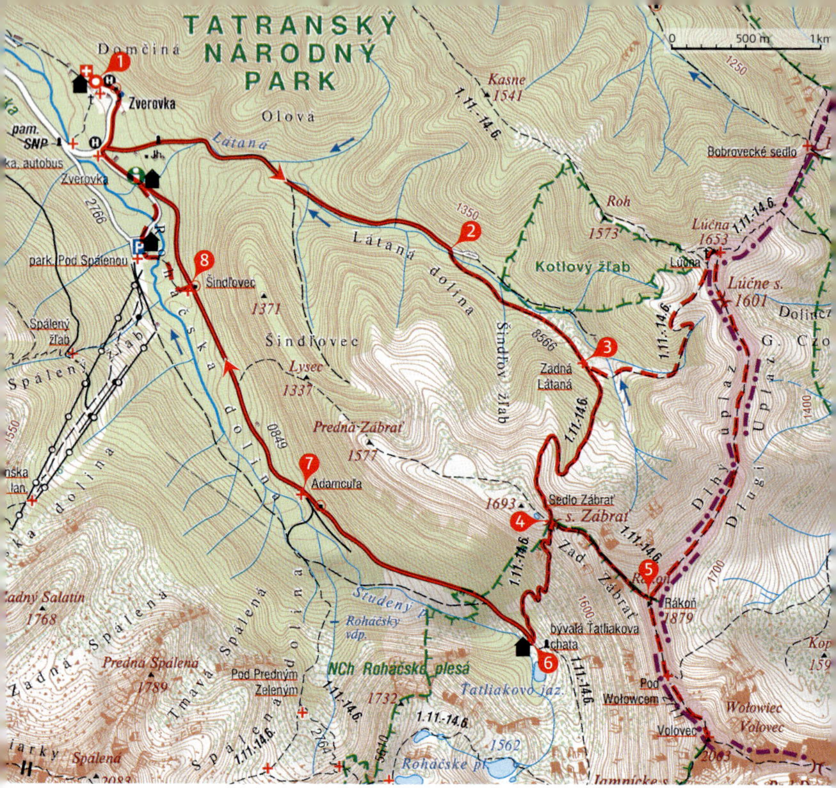

Vom Wegweiser **Zverovka** ❶, 1025 m, leitet uns zunächst die gelbe Markierung nach links über die Zufahrtsstraße hinunter bis zum Einstieg ins Látaná dolina. Dort zweigt eine schmale Asphaltstraße links ins Tal ab. Hinter einem Hotel und einem Forsthaus folgt der Partisanenfriedhof. Danach zieht sich die schmale Straße am Bach entlang durch das Tal bis zur Kreuzung **Rázcestie Látaná dolina** ❷, 1197 m (laut Schild: 1170 m).
Dort verlassen wir die asphaltierte Straße nach rechts, gehen über einen Bach, danach im Wald aufwärts bis zur Gabelung **Zadná Látaná** ❸, 1310 m (laut Schild: 1280 m), und dort geradeaus weiter (nach links: Variante 1). Nach einigen Serpentinen wird der Wald lichter – eine Pfadteilung hat keine Auswirkung, da beide Wege wieder zusammenlaufen. In offenem Gelände macht der Pfad eine weite Schleife nach rechts und leitet danach in den **Sedlo Zábrať** ❹, 1656 m, hinein. Die Aussicht auf den wilden Hauptkamm der Westlichen Tatra ist fantastisch. Unser Weg führt jetzt über den breiten

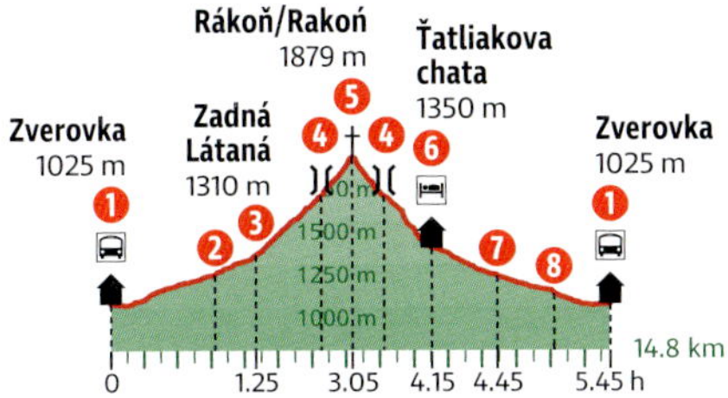

Bergrücken hinauf zum **Rákoň** ❺, 1879 m (Rakoń). Dort verläuft die Landesgrenze zu Polen (nach Süden: Variante 2).

Auf demselben Weg steigen wir wieder zum **Sedlo Zábrať** ❹, 1656 m, hinunter und wechseln hier links auf die grüne Markierung. Nach einer Quelle mit erfrischendem Wasser verliert der Pfad mithilfe etlicher Serpentinen schnell an Höhe. Im Wald geht es hinunter zur **Ťatliakova chata** ❻, 1350 m, – es lohnt sich, an der Hütte wenige Meter nach links zum gleichnamigen See zu gehen und von dort den Ostrý Roháč zu betrachten. Ab der Hütte verläuft die rot gekennzeichnete Zufahrtsstraße durch das Roháčska dolina über die Wegweiser **Adamcuľa** ❼, 1189 m, und **Rázcestie Šindľovec** ❽, 1087 m, hinunter zur Kreuzung »Rázcestie Zverovka«. Die Landstraße leitet rechts in einem Bogen zurück nach **Zverovka** ❶, 1025 m.

Rákoň – Kuppe mit fantastischer Aussicht auf den Hauptkamm.

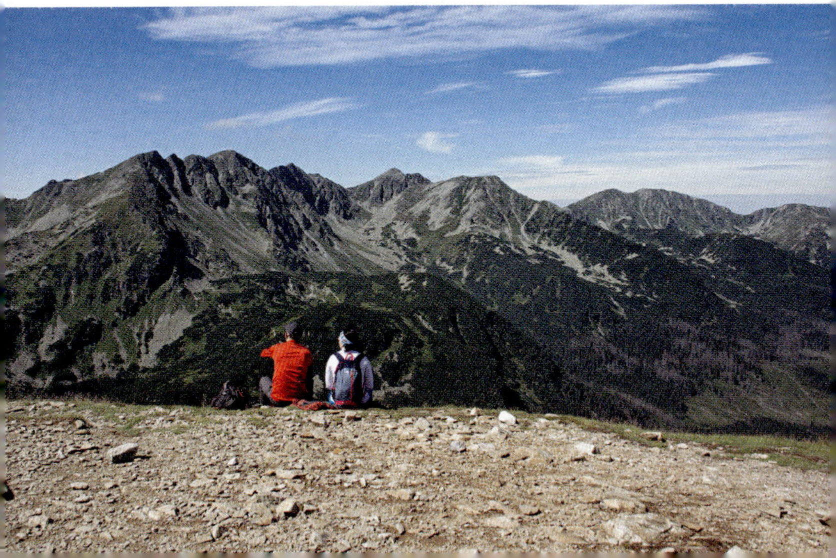

TOP

26

↗ 1710 m | ↘ 1710 m | 21.6 km

Großer Rundweg von Zverovka auf den Baníkov, 2178 m

12.15 h

Anspruchsvoller Kammweg mit atemberaubenden Ausblicken

Dieser Rundweg führt uns über den westlichen Teil des berühmten Roháče-Massivs. Mit Erreichen der Kammlinie eröffnen sich auch die ersten herrlichen Aussichten. Während über die zwei ersten Berge noch normale Wanderwege verlaufen, beginnt hinter dem Salatín ein Steig, der immer wieder durch felsiges Gelände führt und die Zuhilfenahme der Hände nötig macht. Hinter der Spálená folgt mit der Pachoľa ein weiterer mit Ketten versicherter Aufstieg. Danach wartet der Baníkov auf uns. Mit seinen 2178 m ist er der vierthöchste Berg der Westlichen Tatra. Hinter dem höchsten Punkt beginnt der schwierigste Abschnitt der gesamten Wanderung. Bis zum Smutné sedlo reihen sich zahlreiche sehr ausgesetzte und mit Ketten versicherte Abschnitte hintereinander auf. Die Aus- und Tiefblicke vom Grat sind ein wahrer Hochgenuss. Hinter dem Sattel geht es auf normalem Pfad zur Berghütte Ťatliakova chata hinunter und weiter durch das Roháčska dolina zum Ausgangspunkt zurück. Auch auf den letzten Metern eröffnen sich immer wieder herrliche Blicke auf den zuvor erwanderten Grat.

Ausgangspunkt: Zverovka, 1025 m, am gleichnamigen Wegweiser; Endstation des Busses aus Zuberec und Trstená, kostenpflichtige Parkplätze der Nationalparkverwaltung in unmittelbarer Nähe des Ausgangspunktes.
Anforderungen: Überaus anspruchsvolle Bergtour mit extremem Höhenunterschied. Nur für geübte, erfahrene Wanderer mit hervorragender Kondition. Trittsicherheit, Schwindelfreiheit und stabile Wetterbedingungen sind Grundvoraussetzungen für diese extrem anspruchsvolle Wanderung. Teilweise sehr steile An- und Abstiege, die hohe Konzentration erfordern. Im Aufstieg zur Spálená und zur Pachoľa jeweils eine Kettensicherung. Mehrmals sind im Fels bei kleineren Kletterstellen die Hände notwendig. Der Abschnitt vom Baníkov bis zum Smutné sedlo verläuft über einen zum Teil versicherten und stellenweise sehr ausgesetzten Steig. Immer wieder kurze Kletterstellen (Schwierigkeitsgrad I) ohne Sicherungen! An mehreren Stellen besteht Absturzgefahr!
Infrastruktur: Am Ausgangspunkt **Chata Zverovka** (Speisen und Getränke; 71 Betten in verschiedenen Zimmerkategorien und 6 separate Holzhüttchen), Tel. +421 905 973 201, chatazverovka.sk (nur auf Slowakisch), ganzjährig, Übernachtung ab 27 €/Person. Am Parkplatz »Pod Spalenou« ein Restaurant. **Ťatliakova chata** (Speisen und Getränke; 25 Betten in Zwei- und Mehrbettzimmern), Tel. +421 905 973 201, tatliacka.sk (nur auf Slowakisch); 15. Juni–30. Sept. tägl., im Okt. eingeschränkte Öffnungszeiten, im Winter geschlossen; eine Nacht im Mehrbettzimmer ab 26 €/Person, Doppelzimmer 104 €; ab mind. zwei Nächten im Mehrbettzimmer ab 20 €/Person, Doppelzimmer 80 €. Gut 800 m nach dem Wegweiser »Rázcestie Šindľovec« bietet kurz vor Ende der Tour die Pension Šindľovec Speisen und Getränke.
Varianten: 1. Verkürzung der Wanderung: mit Tour 27 Aufstieg zum Baníkovské sedlo, ab dort auf der beschriebenen Route weiter (Ersparnis ca. 1.45 Std., 2,9 km, und gut 400 Hm im Auf- und Abstieg).

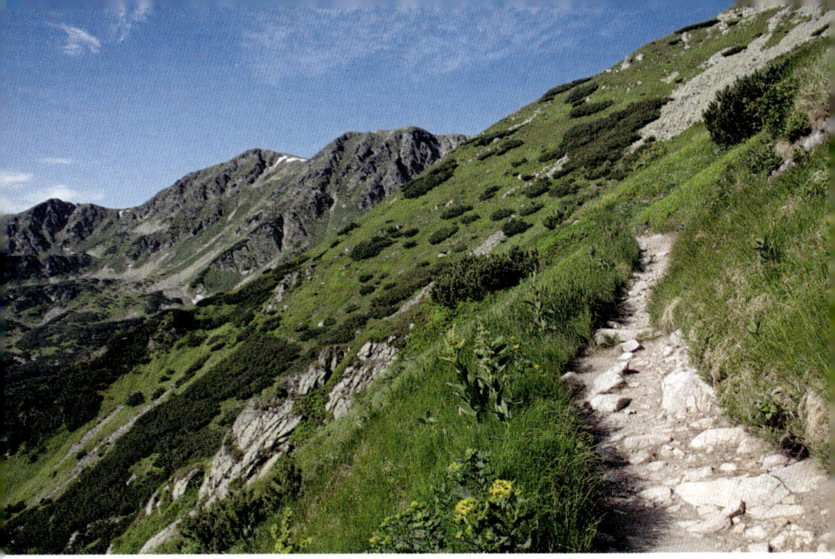

Unter der Brestová zeigt sich der Salatín von seiner schönsten Seite.

2. Wem die Schwierigkeiten ab dem Salatín zu groß sind, sollte auf dem Hinweg zurückkehren (Schwierigkeit in diesem Fall nur rot/mittel).
3. Wem der Weg bis zur Pachoľa ❾ zu schwer war, sollte am Baníkovské sedlo auf den Verlauf von Tour 27 wechseln (etwa 1.30 Std. kürzer bei annähernd gleicher Länge und Steigungen).

Hinweise: 1. Das Auto kann auch auf dem großen Parkplatz »Pod Spálenou« (kostenpflichtig; beim Sessellift) abgestellt werden. Einstieg in die Tour beim Wegweiser »Pod Spálenou« ❷ (etwa 15 Min. kürzer). Auf dem Rückweg ab dem Wegweiser »Rázcestie Šindľovec« ⓱ auf dem grün gekennzeichneten Zuweg in 10 Min. zum Parkplatz zurück.
2. Der komplette Hauptkamm ist aus naturschutzrechtlichen Gründen nur vom 15. Juni bis 31. Okt. begehbar.
3. An den zahlreichen Kettensicherungen kann es zu Wartezeiten kommen. Daher ausreichend Zeit einplanen!

Tipp: Wer sich gut 1.45 Std., 2,4 km sowie 470 Hm ersparen möchte, fährt vom Parkplatz »Pod Spálenou« ❷ mit einem Sessellift bis etwas oberhalb des Wegweisers »Salatínska dolina – lanovka« ❹ und steigt dort wieder in die Tour ein (Mai, Juni, 16.–30. Sept. und Okt. nur an Wochenenden, 1. Juli–15. Sept. tägl. in Betrieb).

Karte: SHOCart – Blatt 1096 Západné Tatry 1:50.000.

Vom Ausgangspunkt **Zverovka** ❶, 1025 m, führt die blaue Wandermarkierung zunächst über eine Wiese hinunter in den Wald und dort über zwei Bäche hinauf zur Landstraße und zum Wegweiser »Pomník SNP«. Über die Zufahrtsstraße gelangen wir zu einem großen Parkplatz und zu einem Sessellift. Etwas rechts davon beginnt am Hinweisschild **»Pod Spálenou«** ❷, 1030 m, ein Pfad, der zu Beginn am Waldrand entlang und danach unter

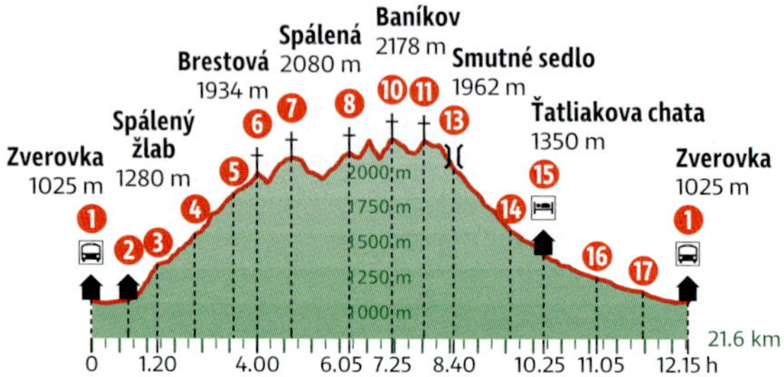

einem Schlepplift verläuft. Später wird der Sessellift untergequert (letztes Trinkwasser an einem kleinen Bach) und in einer Rinne zur Kreuzung **Spálený žlab** ❸, 1280 m, aufgestiegen.

Hier beginnt die grüne Wandermarkierung und leitet uns auf breitem Waldweg nach links zu einer Skipiste; über diese geht es hinauf bis kurz unterhalb der Bergstation, wo die Hinweistafel **Salatínska dolina – lanovka** ❹, 1499 m, auf einen Pfad nach rechts weist. Wer mit dem Lift hinaufkommt, steigt die wenigen Meter bis hierher ab. Erst im Wald, später durch die Latschenzone und oberhalb davon im offenen Hang windet sich unser Pfad immer weiter hinauf bis auf den Kamm am Wegweiser **Predný Salatín – hrebeň** ❺, 1790 m. Hier zweigen wir nochmals links auf die blaue Markierung ab und steigen zum Teil steil über den Grat und durch losen Schotter zur **Brestová** ❻, 1934 m (laut Schild: 1902 m), empor.

Blick zurück auf Salatín und Brestová.

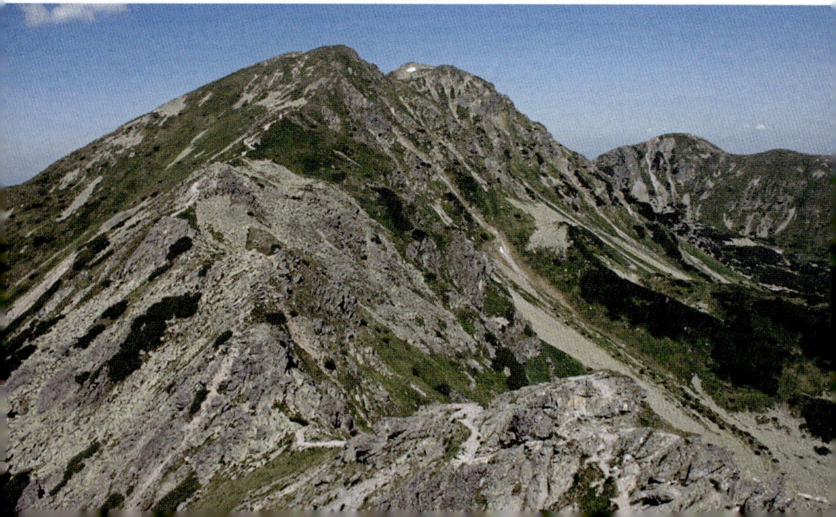

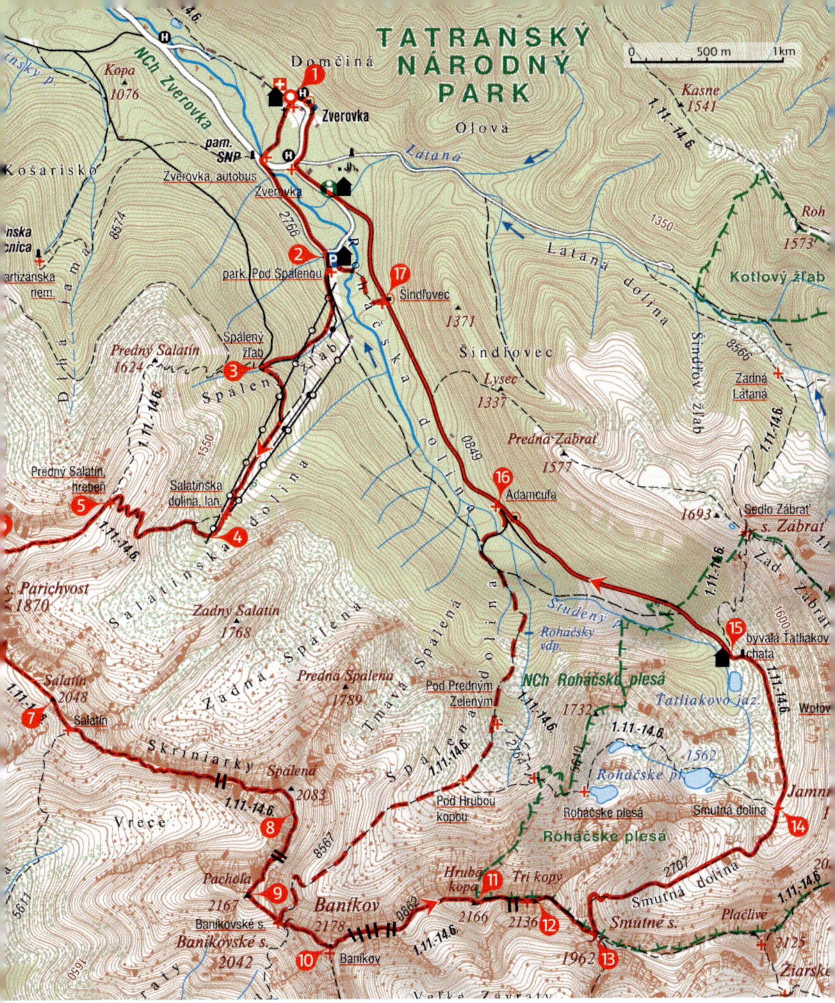

Jetzt wechseln wir links auf die rote Wandermarkierung und steigen in einen kleinen Sattel ab. Anschließend geht es in losem Schotter auf einem der vielen schmalen Pfade in Serpentinen auf den vor uns liegenden Bergrücken. Im Sattel weist uns der Wegweiser nach links auf den nächsten Gipfel, den **Salatín** ❼, 2048 m. Durch Geröll steigen wir vom Gipfel ab, dann führt der Steig um Felszacken herum. Später werden im Blockwerk auch

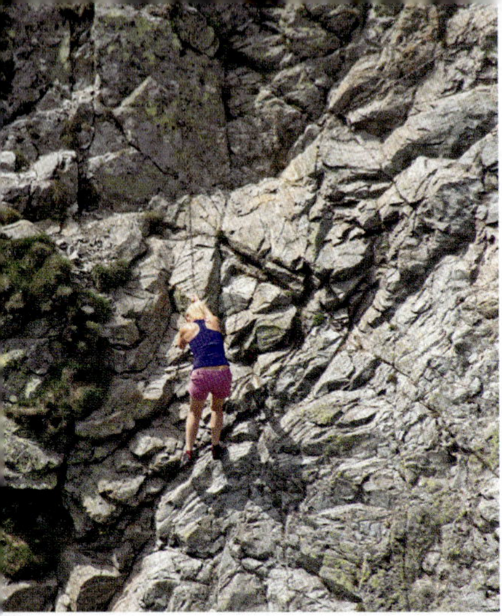

Abschnitt mit Ketten an den Tri kopy.

erstmals die Hände zum Festhalten benötigt, an einer kleinen Felswand wartet eine kurze Kletterstelle. Kurz darauf wird erneut geklettert – hier wurde jedoch eine Kettensicherung angebracht. Danach zieht sich der Steig durch Geröll steil bergauf und rechts am höchsten Punkt vorbei zu einem felsigen Kegel, dem **Südgipfel** der **Spálená** 8, 2080 m.
Weiter geht es auf dem Grat mit kurzen felsigen Abschnitten – später wird ein Fels rechts unterhalb umgangen. Kurz darauf gelangen wir an eine weitere Kletterstelle, die mit Ketten versichert wurde. Danach führt ein Steig die letzten Meter auf den Gipfel der **Pachoľa** 9, 2167 m, hinauf. Wer sich die schwierige Passage ersparen möchte, kann den Berg auch links umwandern. Vom kleinen Gipfelkreuz bietet sich ein fantastischer Rundblick. Der Abstieg hinunter in den **Baníkovské sedlo**, 2040 m, ist erneut ziemlich steil – wem der bisherige Wegverlauf zu schwierig war, sollte spätestens hier über die gelbe Markierung absteigen (Variante 3). Der Steig überwindet zunächst die erste Felsstufe und verläuft später etwas rechts unterhalb des Grats an felsigen Bereichen vorbei. Eventuell werden die Hände kurz gebraucht. Die letzten Meter schlängelt sich ein Pfad durch Geröll hinauf zum Wegweiser »Baníkov« – der eigentliche Gipfel des **Baníkov** 10, 2178 m, befindet sich etwas weiter links.
Hinter dem höchsten Punkt würde eine erste Kettensicherung über eine Felswand hinunterführen. Es ist aber einfacher, vor dem Gipfel auf einem schmalen Pfad ein paar Meter abzusteigen und diese Stelle zu umgehen. Direkt dahinter wartet eine ausgesetzte Felsquerung über den Grat mit schmalen Tritten auf uns. Glücklicherweise wurde auch hier eine Kette angebracht. Danach zieht sich ein Steig zu einem Sattel hinunter. Direkt am Ende der nächsten gesicherten Stelle thront links eine gewaltige Felsnadel – die Baníkovská ihla. Mittels einer weiteren Sicherung geht es wieder ein paar Meter nach oben und auf normalem Pfad ohne Schwierigkeiten hinauf zur **Hrubá kopa** 11, 2166 m. Ein aus Skiern gefertigtes Holzkreuz und eine fantastische Aussicht laden zu einer Pause vor den nächsten komplizierten Stellen ein.
Tri kopy heißt der letzte Berg der Wanderung, was übersetzt so viel wie »Drei Hügel« bedeutet. Es gibt lediglich einen kurzen Zwischenabstieg und im Aufstieg zum Westgipfel werden nur an kurzen Stellen die Hände benötigt. Etwas rechts unterhalb davon führt der Steig an die nächste Felsfor-

mation heran. Der Mittelgipfel wird mit einer Kettensicherung über einen kaminartigen Felsen erklommen. Eine längere versicherte Passage leitet zunächst zu einem kurzen Quergang und in den nächsten Zwischensattel hinunter. Die letzte versicherte Stelle zieht sich erst bergauf und quert danach sehr ausgesetzt zum Beginn eines Pfads. Von hier sind es nur noch wenige Meter bis zum Ostgipfel der **Tri kopy** 12, 2136 m. Der Abstieg in den letzten Sattel fordert nochmals höchste Konzentration. Im steilen Hang durch loses Geröll schauen wir nach den Markierungen und suchen den einfachsten Weg heraus. Rechts von einem Felskopf erfolgt der Abstieg in den **Smutné sedlo** 13, 1962 m.
Die schwierigsten Passagen sind gemeistert. Mithilfe der blauen Markierung geht es jetzt links in einer weiten Schleife hinunter ins Smutná dolina und an den Ausläufern der Geröllfelder von Plačlivé und Ostrý Roháč vorbei zur Kreuzung **Rázcestie Smutná dolina** 14, 1522 m. Wir wandern rechts mit blauer und grüner Markierung und von Latschen begleitet weiter zur **Ťatliakova chata** 15, 1350 m. Vom See vor der Hütte bietet sich ein traumhafter Blick auf die wilden Felsen des Bergs Ostrý Roháč – den vielleicht schönsten Berg des Gebirges. Ab hier verläuft die rot gekennzeichnete Zufahrtsstraße durch das Roháčska dolina über die Wegweiser **Adamcuľa** 16, 1189 m, und **Rázcestie Šindľovec** 17, 1087 m, hinunter zur Kreuzung »Rázcestie Zverovka«. Die Landstraße bringt uns rechts in einem Bogen zurück nach **Zverovka** 1, 1025 m.

Die erste sehr ausgesetzte Kettensicherung unter dem Baníkov.

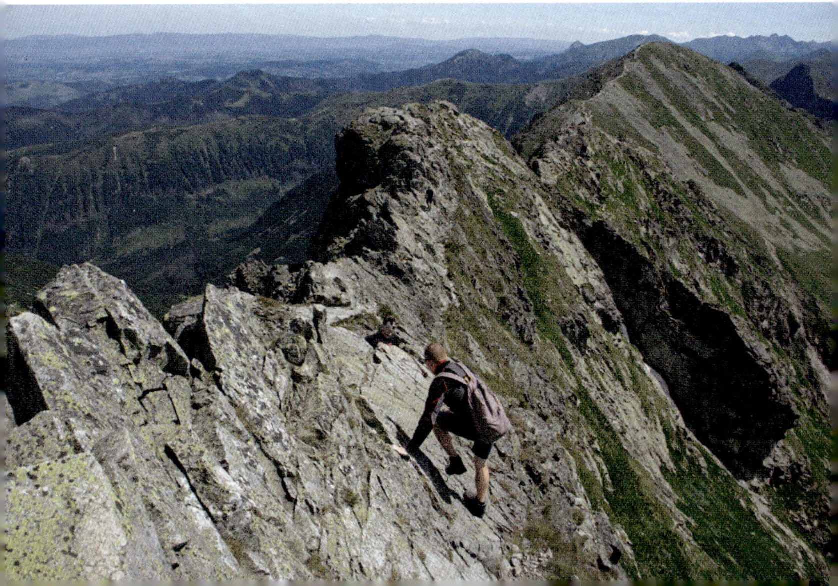

↗ 1350 m | ↘ 1350 m | 20.4 km

27 Kleiner Rundweg von Zverovka auf den Baníkov, 2178 m

8.45 h

Gipfeltour mit romantischen Bergseen

Für Wanderer ist es immer interessant, wenn eine Tour einen aussichtsreichen Gipfel zu bieten hat. Mit dem Baníkov besteigen wir bei dieser Wanderung den vierthöchsten Berg des Gebirges. Von ihm aus bietet sich ein herrlicher Blick auf das gesamte Roháče-Massiv, auf zahlreiche weitere Erhebungen der Westlichen und der gegenüberliegenden Niederen Tatra sowie auf das sich vor uns ausbreitende Waag-Tal. Die Besteigung ist im Vergleich zu den anderen Roháče-Bergen nicht ganz so schwierig. Ein weiterer Höhepunkt sind zweifelsfrei die malerisch gelegenen Seen im Herzen der Westlichen Tatra, die auch zu den meistbesuchten Orten des slowakischen Teils des Gebirges zählen. An den Ufern der Gewässer gibt es zahlreiche Rastmöglichkeiten und vor allem ab Nachmittag mit der Sonne im Rücken bieten sich unvergessliche Ausblicke auf die wilden Nordflanken der Roháče-Kette. Nach so vielen Erlebnissen wandern wir weiter zur Ťatliakova chata und genießen zum Abschluss noch vom dort gelegenen See einen Traumblick auf den Ostrý Roháč – den vielleicht schönsten Berg des Gebirges.

Ausgangspunkt: Zverovka, 1025 m, am gleichnamigen Wegweiser; Endstation des Busses aus Zuberec und Trstená, kostenpflichtige Parkplätze der Nationalparkverwaltung in unmittelbarer Nähe des Ausgangspunktes.

Frühherbstliche Schneefelder unter dem Baníkov.

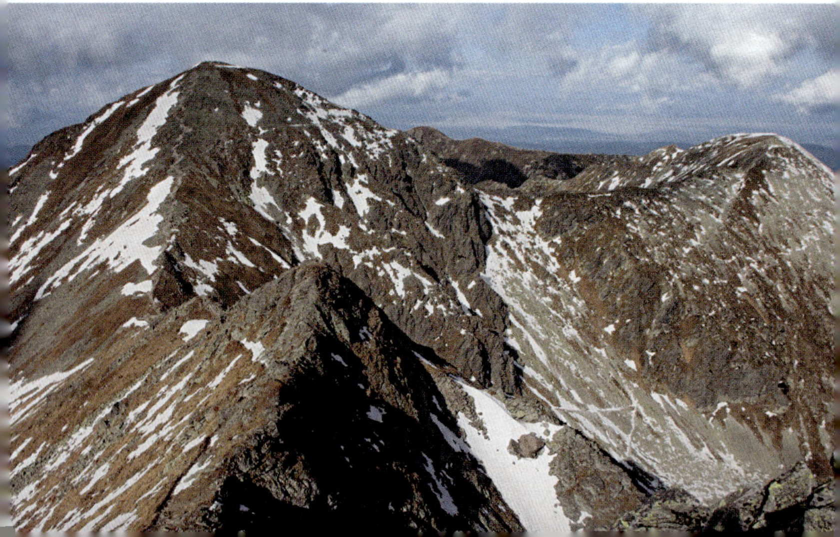

Anforderungen: Anspruchsvolle Bergtour mit sehr großem Höhenunterschied. Teilweise sehr steile An- und Abstiege, die hohe Konzentration erfordern. Im Auf- und Abstieg werden an kleineren Stellen die Hände zur Unterstützung benötigt. Kletterstellen gibt es aber nicht! Kurze Passagen sind etwas ausgesetzt. Trittsicherheit und Schwindelfreiheit sind daher erforderlich. Zwischen dem Baníkovské sedlo und dem Baníkov kleinere Abschnitte mit Absturzgefahr!
Infrastruktur: Am Ausgangspunkt **Chata Zverovka** (Speisen und Getränke; 71 Betten in verschiedenen Zimmerkategorien und 6 separate Holzhüttchen), Tel. +421 905 973 201, chatazverovka.sk (nur auf Slowakisch), ganzjährig, Übernachtung ab 27 €/Person. Kurz nach dem Start bietet die Pension Šindľovec Speisen und Getränke. Restaurant am Parkplatz »Pod Spálenou« (vgl. »Hinweise«). **Ťatliakova chata** (Speisen und Getränke; 25 Betten in Zwei- und Mehrbettzimmern), Tel. +421 905 973 201, tatliacka.sk (nur auf Slowakisch); 15. Juni–30. Sept. tägl., im Okt. eingeschränkte Öffnungszeiten, im Winter geschlossen; eine Nacht im Mehrbettzimmer ab 26 €/ Person, Doppelzimmer 104 €; ab mind. zwei Nächten im Mehrbettzimmer ab 20 €/Person, Doppelzimmer 80 €.
Hinweise: 1. Das Auto kann auch auf dem großen Parkplatz »Pod Spálenou« (kostenpflichtig; beim Sessellift) abgestellt werden. Dann vom südöstlichen Wegweiser der Parkfläche mit grüner Markierung Aufstieg zur »Rázcestie Šindľovec« ❷ (insg. ca. 20 Min. Zeitersparnis).
2. Der komplette Abschnitt zwischen dem Wasserfall Roháčsky vodopád ❹ und der Berghütte Ťatliakova chata ⓫ ist aus naturschutzrechtlichen Gründen nur vom 15. Juni bis 31. Okt. begehbar.
Tipp: Eine Übernachtung auf der Ťatliakova chata ist ein besonderes Erlebnis und sollte auf jeden Fall frühzeitig gebucht werden.
Karte: SHOCart – Blatt 1096 Západné Tatry 1:50.000.

Vom Wegweiser **Zverovka** ❶, 1025 m, gehen wir zunächst mit der gelben Markierung auf der Straße an einer Quelle vorbei und in einer Rechtskurve hinunter zur Bushaltestelle an der Kreuzung »Rázcestie Zverovka«. Dort wechseln wir links auf die mit rotem Wanderzeichen gekennzeichnete Zufahrtsstraße zur Berghütte. Die schmale Straße führt zunächst an einem Hotel und der hübschen Pension Šindľovec vorbei zur Verzweigung **Rázcestie Šindľovec** ❷, 1087 m (von links Variante ab Parkplatz Parkovisko pod Spálenou). Weiter geradeaus geht es auf breitem befestigten Weg durchs Roháčska dolina zum Abzweig **Adamcuľa** ❸, 1189 m, und dort rechts mit blauer und gelber Markierung bis zu einem großen asphaltierten Platz auf der anderen Talseite. Dort beginnt am Waldrand ein breiter Weg, der nach und nach schmaler und steiniger wird. Am nächsten Wegweiser, 1340 m, kann man einen Abstecher von wenigen Minuten zum Wasserfall **Roháčsky vodopád** ❹, 1330 m, unternehmen. An einem Fels werden unter Umständen die Hände zum Festhalten gebraucht.
Mit vielen Steinen und Wurzeln und ab und zu ziemlich hohen Tritten führt unser Weg im Wald weiter steil hinauf bis zur **Rázcestie pod Predným zeleným** ❺, 1473 m. Dort zweigt die gelbe Markierung nach rechts ab. Der Pfad verläuft weiter bergan, und nur wenige Minuten später folgt das Hinweisschild **Rázcestie pod Hrubou kopou** ❻, 1577 m, wo das grüne Zeichen dazustößt. Wir wandern hier rechts weiter und kurz darauf neben einem

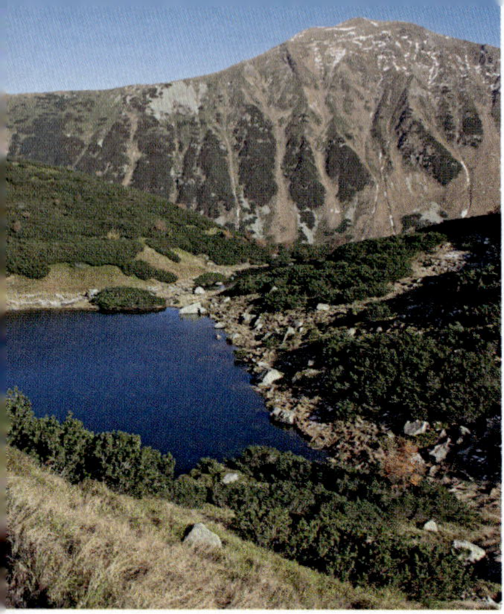

Roháčske plesá.

Geröllfeld hinauf, das später nach rechts gequert wird. Der Pfad zieht sich in einem Bogen mithilfe einiger Serpentinen in eine Hochebene des Tals. Unter den Geröllfeldern von Spálená und Pachoľa vorbei geht es in Richtung Talende, wo nochmals ein paar Serpentinen in den **Baníkovské sedlo**, 2040 m, leiten. Der Steig überwindet zunächst linker Hand die erste Felsstufe und führt später etwas rechts unterhalb des Grats an felsigen Bereichen vorbei. Eventuell werden kurz die Hände gebraucht. Die letzten Meter schlängelt sich ein Pfad durch Geröll hinauf zum Wegweiser »Baníkov«, 2175 m, – der eigentliche Gipfel des **Baníkov** 7, 2178 m, befindet sich etwas weiter links. Die Aussicht ist fantastisch.

Auf demselben Weg zurück zur **Rázcestie pod Hrubou kopou** 6, 1577 m, und mit der grünen Markierung geradeaus weiter. Nach einem kurzen Abstieg und der Querung von kleineren Geröllfeldern folgt der Aufstieg zum Wegweiser **Rázcestie pod Troma kopami** 8, 1589 m. Der grün und blau gekennzeichnete Pfad zieht sich steil bergauf; an einem Fels werden kurz die Hände gebraucht. Am Schild **Roháčske plesá** 9, 1719 m, erwartet uns der erste von vier traumhaft gelegenen Bergseen in atemberaubender Szenerie unter den Roháče-Bergen. Wir gehen am linken Ufer entlang und danach hinunter zum zweiten und dritten See. Unzählige Plätze laden zum Verweilen ein. Der teilweise mit Steinen angelegte Pfad führt erst zum Veľké Roháčske pleso, 1562 m, und von dort zur **Rázcestie Smutná dolina** 10, 1522 m, hinab.

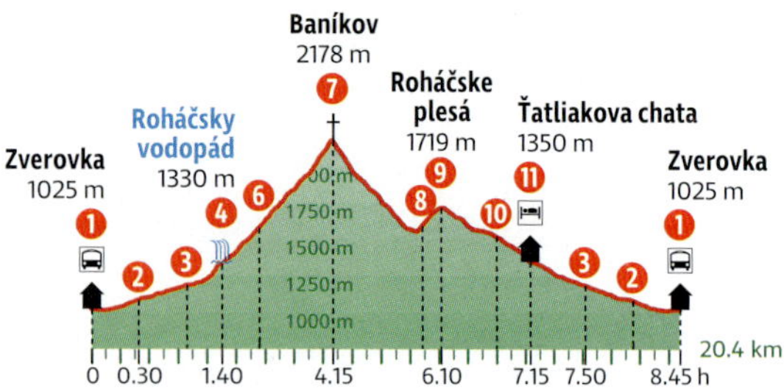

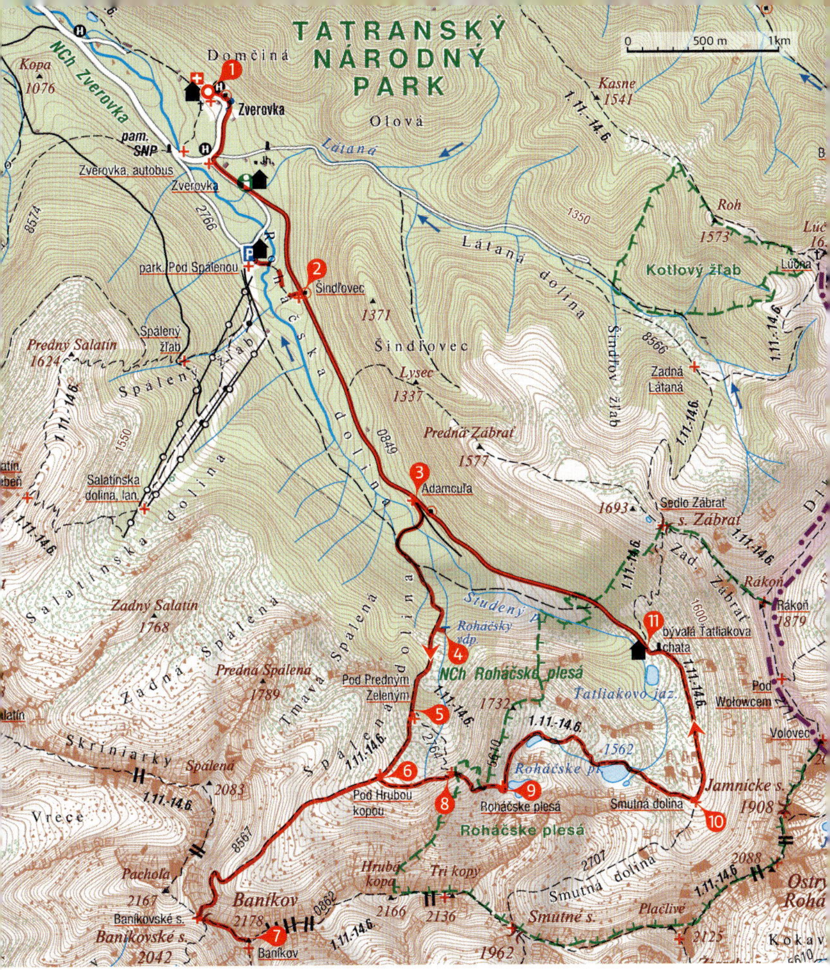

Wir wandern links mit blauer und grüner Markierung und von Latschen begleitet weiter zur **Ťatliakova chata** ⑪, 1350 m. Vom See vor der Hütte bietet sich ein traumhafter Blick auf die wilden Felsen des Ostrý Roháč – des vielleicht schönsten Bergs des Gebirges. Von der Hütte verläuft die rot gekennzeichnete Zufahrtsstraße durch das Roháčska dolina zum Wegweiser **Adamcuľa** ③, 1189 m, und von dort auf bekannter Strecke zurück nach **Zverovka** ①, 1025 m.

TOP

↗ 740 m | ↘ 740 m | 15.1 km

28 Traumhafte Seenrunde in der Westlichen Tatra

5.30 h

Fantastische Szenerie unter den rauhen Roháče-Bergen

Diese Wanderung im Herzen der Westlichen Tatra gehört zu den absoluten Höhepunkten eines jeden Besuchs der Region. Der Zustieg zum ersten See, der sich in unmittelbarer Nähe der Berghütte Ťatliakova chata befindet, erfolgt noch auf einer breiten Asphaltstraße. Ab hier zieht sich ein herrlicher Pfad bis fast an die Felswände des Roháče-Massivs heran. Auf mehreren Terrassen unter den felsigen Gipfeln befinden sich in einer Höhe zwischen 1562 m und 1719 m vier weitere Bergseen, die jeweils bis zu 7 m tief sind. Jedes dieser traumhaft gelegenen Gewässer bietet einen unvergesslichen Ausblick auf die wilde Umgebung der Felsriesen des Gebirges. An den Ufern erwarten uns unzählige Rastmöglichkeiten mit Traumblicken. Im Abstieg bietet sich noch ein Abstecher zum Roháčsky vodopád an – einem größeren Wasserfall, der sich in einer Höhe von 1340 m befindet und mit einer Fallhöhe von 23 m und je nach Jahreszeit mit einem Durchfluss zwischen 500 und 1000 Litern pro Sekunde ein echter Blickfang ist.

Ausgangspunkt: Zverovka, 1025 m, am gleichnamigen Wegweiser; Endstation des Busses aus Zuberec und Trstená, kostenpflichtige Parkplätze der Nationalparkverwaltung in unmittelbarer Nähe des Ausgangspunktes.
Anforderungen: Mittelschwere Tour auf asphaltierten Straßen, Wegen und stellenweise steilen Bergpfaden; im Abstieg von den Seen ist Trittsicherheit erforderlich.
Infrastruktur: Am Ausgangspunkt **Chata Zverovka** (Speisen und Getränke; 71 Betten in verschiedenen Zimmerkategorien und 6 separate Holzhüttchen), Tel. +421 905 973 201, chatazverovka.sk (nur auf Slowakisch), ganzjährig, Übernachtung ab 27 €/Person. Kurz nach dem Start bietet die Pension Šindľovec Speisen und Getränke. Restaurant am Parkplatz »Pod Spálenou« (vgl. »Hinweise«). **Ťatliakova chata** (Speisen und Getränke; 25 Betten in Zwei- und Mehrbettzimmern), Tel. +421 905 973 201, tatliacka.sk (nur auf Slowakisch); 15. Juni–30. Sept. tägl., im Okt. eingeschränkte Öffnungszeiten, im Winter geschlossen; eine Nacht im Mehrbettzimmer ab 26 €/Person, Doppelzimmer 104 €; ab mind. zwei Nächten im Mehrbettzimmer ab 20 €/Person, Doppelzimmer 80 €.
Variante: Aufstieg zum Gipfel des Baníkov, 2178 m: ab dem Wegweiser »Rázcestie pod Troma kopami« 7 mit der grünen Markierung bis zum Gipfel. Im Abstieg bis zur Verzweigung »Rázcestie pod Hrubou kopou«, ab dort mit gelber Markierung hinunter zur »Rázcestie pod Predným Zeleným« 8 (ca. 3.30 Std., 5,6 km und gut 600 Hm Auf- und Abstieg zusätzlich).
Hinweise: 1. Das Auto kann auch auf dem großen Parkplatz »Pod Spálenou« (kostenpflichtig; beim Sessellift) abgestellt werden; dann am südöstlichen Wegweiser der Parkfläche mit grüner Markierung zur »Rázcestie Šindľovec« 2 (insg. ca. 20 Min. Zeitersparnis).
2. Der Weg von der Berghütte Ťatliakova chata 4 über die Seen bis kurz unter den Wasserfall Roháčsky vodopád 9 ist aus naturschutzrechtlichen Gründen nur vom 15. Juni bis 31. Okt. begehbar.
Tipps: 1. Im Hochsommer werden ab dem späten Nachmittag auch die wil-

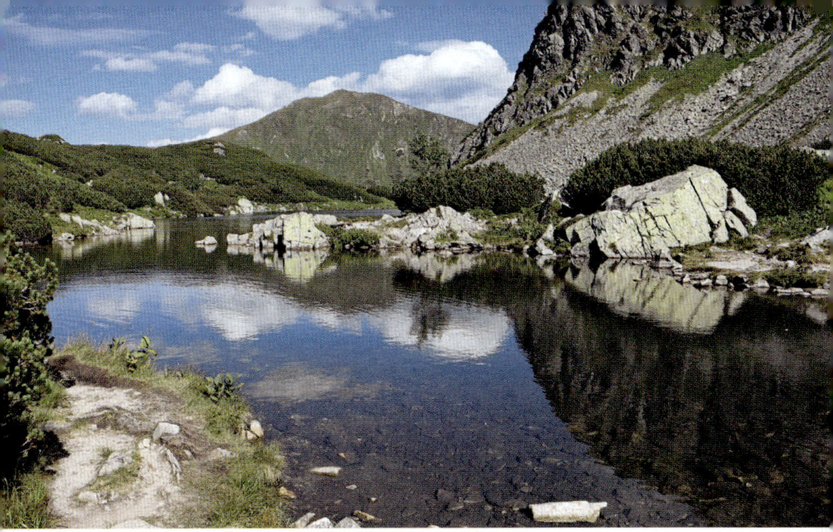

Vom obersten See bietet sich ein schöner Blick auf den Volovec.

den Bergmassive des Plačlivé und des Ostrý Roháč vom Sonnenlicht angestrahlt. Von den Bergseen bieten sich dann wahrlich majestätische Ausblicke. Ab Ende September steht die Sonne hingegen bereits so tief, dass Teile der Seen entweder längere Zeit oder sogar dauerhaft im Schatten liegen.
2. Eine Übernachtung auf der Ťatliakova chata ist ein besonderes Erlebnis und sollte auf jeden Fall frühzeitig gebucht werden.
Karte: SHOCart – Blatt 1096 Západné Tatry 1:50.000.

Vom Wegweiser **Zverovka** ❶, 1025 m, gehen wir zunächst mit der gelben Markierung auf der Straße an einer Quelle vorbei in einer Rechtskurve hinunter zur Bushaltestelle an der Kreuzung Rázcestie Zverovka. Dort wechseln wir links auf die mit rotem Wanderzeichen gekennzeichnete Zufahrtsstraße zur Berghütte. Die schmale Straße führt zunächst an einem Hotel und der hübschen Pension Šindľovec vorbei zur Verzweigung **Rázcestie Šindľovec** ❷, 1087 m (von links Variante ab Parkplatz Parkovisko pod Spálenou). Weiter geradeaus geht es auf breitem befestigten Weg durchs Roháčska dolina zum Abzweig **Adamcuľa** ❸, 1189 m, und hinauf zur **Ťatliakova chata** ❹, 1350 m. Unterwegs bieten mehrere Unterstände eine Rastmöglichkeit und es gibt immer wieder Ausblicke auf die Berge. An der Hütte endet die asphaltierte Straße. Hinter dem Gebäude liegt ein kleiner See mit grandioser Sicht auf den Ostrý Roháč.
Ab der Hütte leitet die grüne Markierung hinauf zu den Bergseen. Ein herrlicher Pfad führt weiter in das Tal hinein und direkt auf das markante Felsmassiv des Ostrý Roháč zu. Eine Quelle lädt zum Füllen unserer Trink-

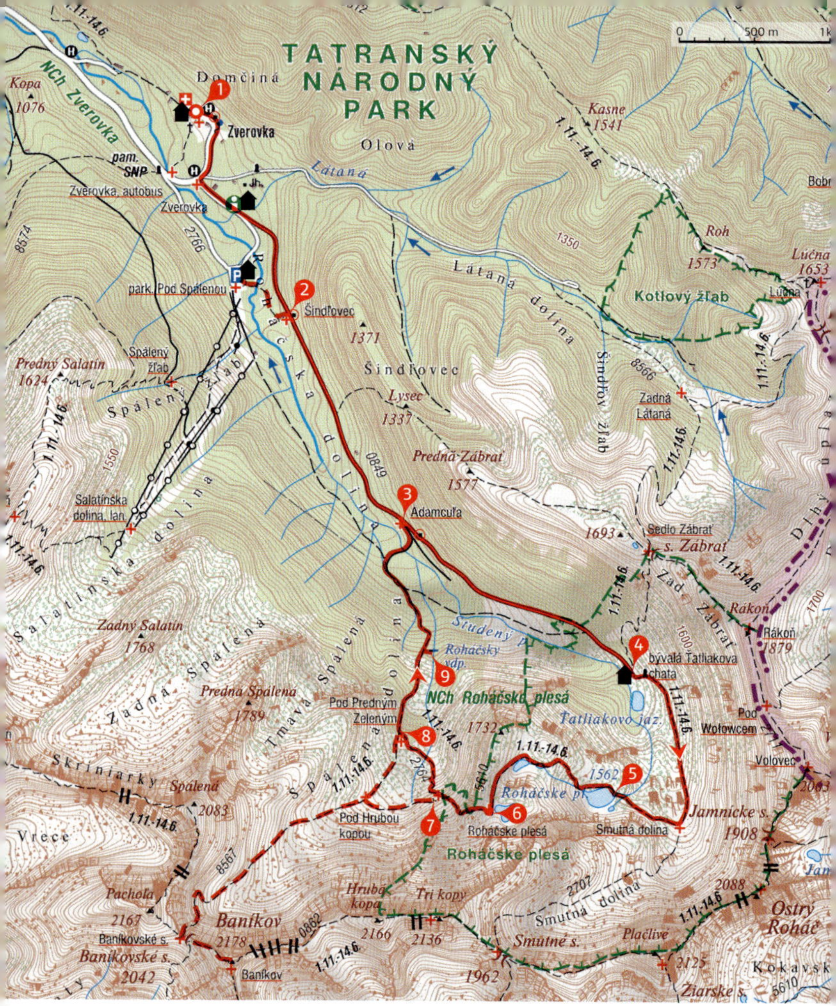

flaschen ein, bevor es hinauf zum Wegweiser »Rázcestie Smutná dolina«, 1522 m, geht. Wir bleiben auf dem grün gekennzeichneten Pfad, queren zunächst den Hang nach rechts und können uns im Sommer an Heidelbeeren laben. Nach einer Steilstufe ist der **Veľké Roháčske pleso** ❺, 1562 m, der erste See, erreicht. Die Szenerie verbessert sich von Meter zu Meter.

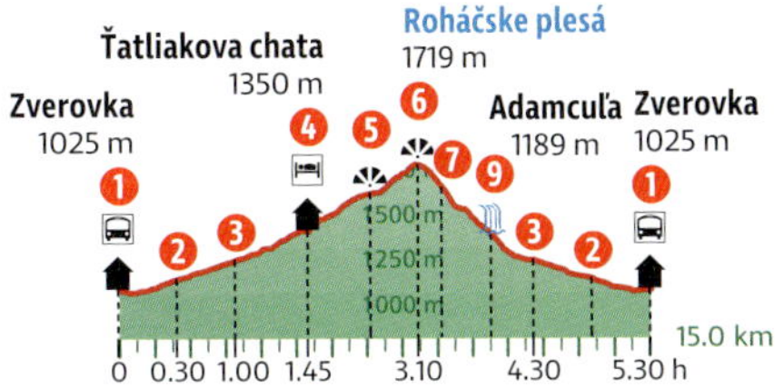

Nochmals wartet ein steiler Hang auf uns. Ein Steig zieht sich zunächst zum zweiten See und zum in unmittelbarer Nähe liegenden dritten See empor. Jetzt folgt ein letzter kurzer Anstieg hinauf zum vierten und letzten See beim Wegweiser **Roháčske plesá** 6, 1719 m. An allen Gewässern bietet sich eine Vielzahl von ausgezeichneten Rastmöglichkeiten mit Traumblicken auf die fantastischen Felsgipfel der Roháčé-Kette.

Der Abstieg erfolgt mit der hier beginnenden blauen Markierung. Der Pfad zieht sich anfangs nur mäßig und später deutlich steiler und mit losem Geröll hinab zum Wegweiser **Rázcestie pod Troma kopami** 7, 1589 m (nach links: Variante). Es liegen viele lose Steine herum und es werden auch kleinere Geröllfelder gequert. Neben Trittsicherheit ist in diesem Bereich auch unsere volle Konzentration gefordert. Über die Kreuzung **Rázcestie pod Predným Zeleným** 8, 1473 m, geht es wieder in den Wald hinein und mit blauem und gelbem Wanderzeichen zum Abzweig »Roháčsky vodopád«, 1340 m, hinunter. Nach rechts lohnt sich der knapp 100 m lange Abstecher zum Wasserfall **Roháčsky vodopád** 9, 1330 m, der spektakulär in mehreren Felsstufen in die Tiefe stürzt. An einer kurzen Stelle werden unter Umständen die Hände benötigt. Auf demselben Weg geht es zurück zum Abzweig.

Der Pfad wird zunehmend breiter. In der Talsohle beginnt eine Asphaltstraße, der wir nochmals ein paar Höhenmeter hinauf zur Verzweigung **Adamcuľa** 3, 1189 m, folgen. Auf bekanntem Weg kehren wir über **Rázcestie Šindľovec** 2, 1087 m, nach **Zverovka** 1, 1025 m, zurück.

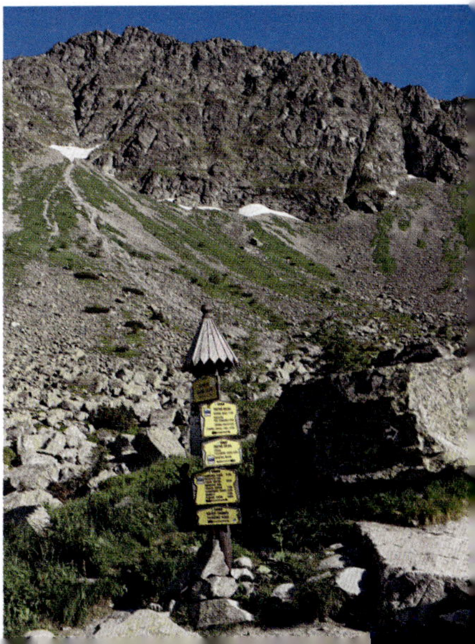

Wegweiser Roháčske plesá.

TOP 29

↗ 1440 m | ↘ 1440 m | 20.3 km

Von Zverovka auf den Ostrý Roháč, 2088 m

10.00 h

Ambitionierter Rundweg über scharfe Grate

Der östliche Teil des Roháče-Massivs besteht aus drei markanten Bergen und beginnt hinter dem Smutné sedlo. Ein Pfad zieht sich durch Grashänge und Felspartien hinauf zum Plačlivé, 2125 m, der in einigen Publikationen auch als Plačlivô bezeichnet wird. Es bietet sich auch ein traumhafter Blick auf die vier romantisch gelegenen Roháče-Seen und die wilde Umgebung. Von hier steigen wir in einen Sattel mit etlichen großen Felsblöcken ab, dann führt ein Steig sehr steil hinauf zum Doppelgipfel des Ostrý Roháč. Er ist wohl einer der schönsten und vor allem bekanntesten Berge der gesamten Westlichen Tatra. Der Abstieg ist mit Ketten versichert und erfordert nochmals vollste Konzentration. Am Jamnícke sedlo sind alle Schwierigkeiten gemeistert. Es erfolgt nur noch ein letzter Anstieg auf den Volovec (Wołowiec), 2063 m, der sich bereits auf der slowakisch-polnischen Grenze befindet. Von hier ist im Osten bereits die Hohe Tatra zu sehen.

Ausgangspunkt: Zverovka, 1025 m, am gleichnamigen Wegweiser; Endstation des Busses aus Zuberec und Trstená, kostenpflichtige Parkplätze der Nationalparkverwaltung beim Ausgangspunkt.
Anforderungen: Überaus anspruchsvolle Bergtour mit sehr großem Höhenunterschied. Nur für geübte, erfahrene Wanderer mit ausgezeichneter Kondition. Trittsicherheit, Schwindelfreiheit und stabile Wetterbedingungen sind Grundvoraussetzungen für diese extreme Wanderung. An mehreren Stellen besteht Absturzgefahr! Kletterstellen (Schwierigkeitsgrad I) ohne Sicherungen müssen sicher bewältigt werden können! Teilweise sehr steile An- und Abstiege, die hohe Konzentration erfordern. Im Aufstieg zum Plačlivé werden mehrmals die Hände im Fels benötigt – hier kleinere Kletterstellen ohne Sicherungen. Im Aufstieg zum Ostrý Roháč eine mit Ketten versicherte Stelle, im weiteren Verlauf werden nochmals die Hände benötigt. Der Abstieg vom Westgipfel ist ebenfalls versichert. Am Ostgipfel beginnt eine weitere zum Teil ausgesetzte Querung von Felsen, dann folgt ein Abstieg mit weiteren Hilfsmitteln.
Infrastruktur: Am Ausgangspunkt **Chata Zverovka** (Speisen und Getränke; 71 Betten in verschiedenen Zimmerkategorien und 6 Holzhüttchen), Tel. +421 905 973 201, chatazverovka.sk (nur auf Slowakisch), ganzjährig, Übernachtung ab 27 €/Person. Kurz nach dem Start Pension Šindľovec (Speisen und Getränke). Restaurant am Parkplatz »Pod Spálenou« (vgl. »Hinweise«). **Ťatliakova chata** (Speisen und Getränke; 25 Betten in Zwei- und Mehrbettzimmern), Tel. +421 905 973 201, tatliacka.sk (nur auf Slowakisch); 15. Juni–30. Sept. tägl., im Okt. eingeschränkte Öffnungszeiten, im Winter geschl.; eine Nacht im Mehrbettzimmer ab 26 €/Person, Doppelzimmer 104 €; ab mind. zwei Nächten im Mehrbettzimmer ab 20 €/Person, Doppelzimmer 80 €.
Kombi-Tipp: Wer auf einer Hüttentour durch die Westliche Tatra unterwegs ist, kann vom Volovec entweder direkt oder über den Rákoň nach Polen zur Schronisko na Polanie Chochołowskiej absteigen (vgl. Tour 30 oder 45).
Hinweise: 1. Man kann auch auf dem großen Parkplatz »Pod Spálenou«

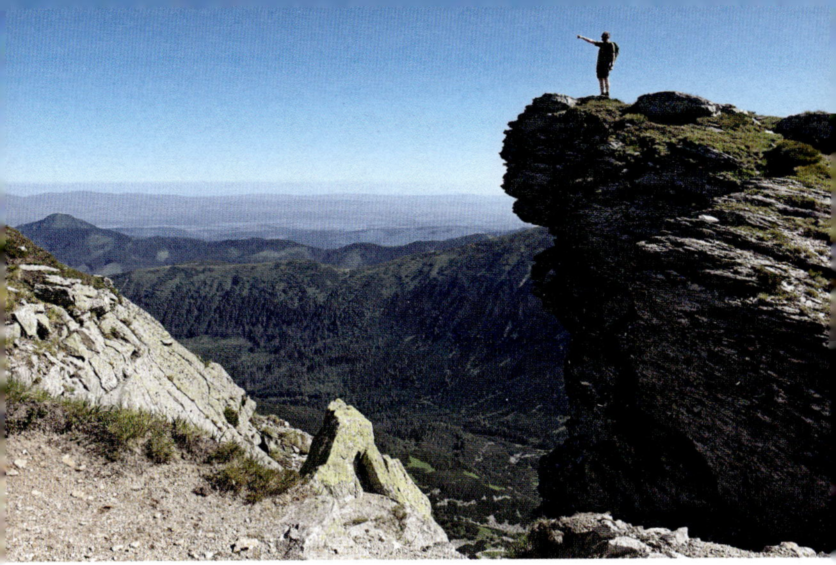

Felsvorsprung unter dem Plačlivé.

(kostenpflichtig; beim Sessellift) parken; dann am südöstlichen Wegweiser der Parkfläche mit grüner Markierung zur »Rázcestie Šindľovec« ❷ (insg. ca. 20 Min. Zeitersparnis).
2. Alle Abschnitte hinter der Ťatliakova chata ❹ sind im An- und Abstieg aus naturschutzrechtlichen Gründen nur vom 15. Juni bis 31. Okt. begehbar.
3. An den Kettensicherungen kann es zu Wartezeiten kommen. Daher ausreichend Zeit einplanen!
4. Im Abstieg vom Volovec wurden Jute-Matten aus- und Holzverbauungen angelegt, um die Berghänge zu renaturieren. In diesem Bereich sollte der Weg nicht verlassen werden.
Tipp: Mit einer Übernachtung in der Ťatliakova chata kann die Tour auf zwei Tage verteilt werden. Frühzeitig buchen!
Karte: SHOCart – Blatt 1096 Západné Tatry 1:50.000.

Von **Zverovka** ❶, 1025 m, zunächst mit der gelben Markierung auf der Straße an einer Quelle vorbei und in einer Rechtskurve hinunter zur Bushaltestelle an der Kreuzung Rázcestie Zverovka. Dort links auf der mit rotem Wanderzeichen gekennzeichneten Zufahrtsstraße zur Berghütte. Diese Straße führt an einem Hotel und der Pension Šindľovec vorbei zur Verzweigung **Rázcestie Šindľovec** ❷, 1087 m (von links Variante ab Parkplatz Parkovisko pod Spálenou). Weiter geradeaus auf breitem befestigten Weg durchs Roháčska dolina zum Abzweig **Adamcuľa** ❸, 1189 m, und hinauf zur **Ťatliakova chata** ❹, 1350 m. Unterwegs bieten mehrere Unterstände eine Rastmöglichkeit und es gibt immer wieder Ausblicke auf die Berge. An der Hütte endet die asphaltierte Straße. Hinter dem Gebäude liegt ein kleiner See mit grandioser Sicht auf den Ostrý Roháč.

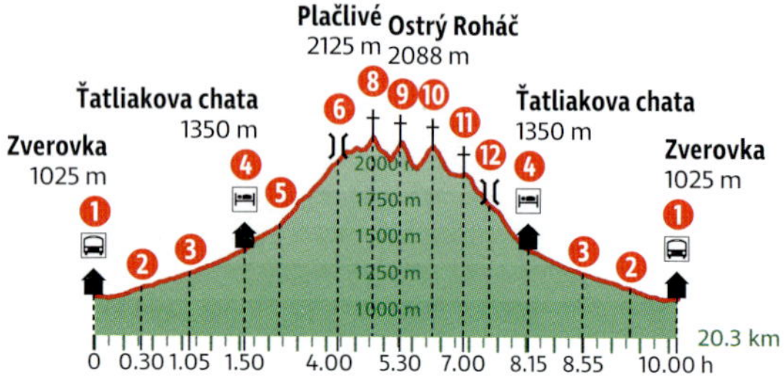

Ab der Hütte leitet die blaue und grüne Markierung auf einem herrlichen Pfad weiter in das Tal hinein und direkt auf das markante Felsmassiv des Ostrý Roháč zu. Eine Quelle lädt zum Füllen der Trinkflaschen ein, bevor es hinauf zum Wegweiser **Rázcestie Smutná dolina** 5, 1522 m, geht. Nun folgen wir nach links dem blau gekennzeichneten Pfad in das Smutná dolina hinein und an den Geröllfeldern des Ostrý Roháč und des Plačlivé vorbei. Es ist kaum vorstellbar, dass der Wanderweg später über die mächtigen Felsriesen verläuft. Zum Talende hin wird es deutlich steiler; durch Serpentinen und eine weite Schleife gelangen wir hinauf zum **Smutné sedlo** 6, 1962 m (laut Karte: 1965 m), wo der Hauptkamm der Westlichen Tatra erreicht wird.
Wenige Meter links vom hölzernen Wegweiser beginnt unser jetzt rot markierter Steig, der links um eine erste Felspartie herum auf den Grat führt. Es lohnt ein Blick zurück auf die wilden Felsgipfel der westlichen Roháče-Berge. Immer wieder geht es über Felspassagen, die anfangs noch sehr einfach zu bewältigen sind. Später ist es besser, die Hände zur Unterstützung heranzuziehen. Danach leitet ein Pfad direkt über den Grat, ein zweiter hält sich etwas rechts unterhalb davon. Beide treffen wieder zusammen. Jetzt folgt ein einfacher Abschnitt und ein paar Meter links vom Weg befindet sich die Kuppe **Nohavica** 7, 2051 m. Von hier ist es nur ein kurzer Abstieg an die Felsen des nächsten Bergs heran. Der Steig zieht sich etwas rechts des Kamms steil durch Felseinlagerungen empor. In einer Schleife gelangen wir wieder auf den Grat und müssen kurz darauf nochmals nach rechts steile Felsen umgehen. In diesem Bereich gilt es, genau auf die Markierung zu achten! Kurz unterhalb des Gipfels wartet eine etwas längere Kletterstelle (Schwierigkeitsgrad I), die nicht versichert ist. An deren Ende sind es nur noch wenige Meter hinauf zum **Plačlivé** 8, 2125 m.
Ein schmaler Pfad windet sich in engen Serpentinen durch loses Geröll hinunter zur Kreuzung »Rázcestie pod Plačlivým, 2075 m, wo nach links abgezweigt wird. Erneut geht es in Schotter abwärts zu großem Blockwerk auf dem Grat, das links umgangen wird. In der Folge verläuft der Steig rechts von kleineren Felsbrocken und später auch etwas unterhalb der Kammlinie entlang. An mehreren Stellen werden die Hände benötigt. An einer ausgesetzten Stelle besteht die Möglichkeit, direkt abzusteigen oder diese links

zu umgehen. Jetzt beginnt bereits der Aufstieg zum nächsten Gipfel. Sehr steil steigen wir zu einer kleineren Felswand auf, die mithilfe einer Kettensicherung überwunden wird. Besonders im unteren Bereich sind die Tritte sehr hoch gelegen. Im Anschluss folgt eine Kletterstelle ohne Sicherung, die am einfachsten von links nach rechts schräg hinaufgeklettert wird. Es ist nicht allzu schwierig, aber ausgesetzt. Die letzten wenigen Meter hinauf zum Westgipfel des **Ostrý Roháč** ⑨, 2088 m, sind einfach zu bewältigen. Wenige Meter unterhalb wurde für den etwa 5 m hohen Abstieg durch Felsen eine Kette angebracht. Auch hier sind die Tritte teilweise ziemlich hoch und besonders für kleinere Personen etwas schwierig zu erreichen. Unten beginnt ein Pfad, der direkt zum Ostgipfel, 2087 m, leitet. Nochmals warten mehrere versicherte Abschnitte auf uns – zunächst wird ein Felsen sehr ausgesetzt gequert, danach erfolgt der Abstieg über luftige Passagen. Nach der zweiten Kette ist ein Steig zu sehen, der wieder sehr steil durch loses Geröll in etlichen zum Teil engen Serpentinen abwärtsführt. Nur auf den ersten Metern werden vielleicht nochmals die Hände benötigt.

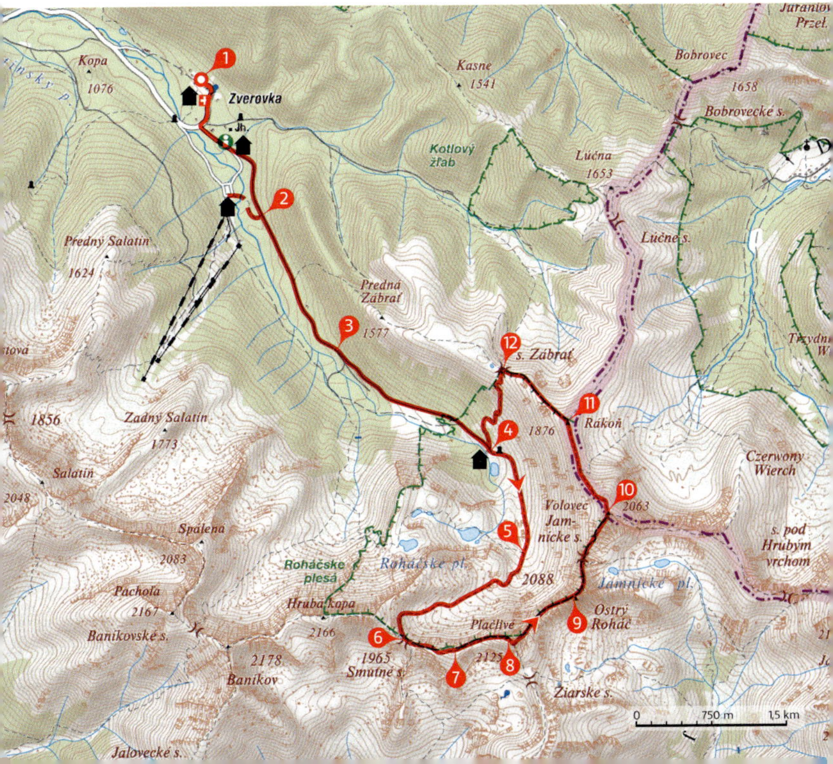

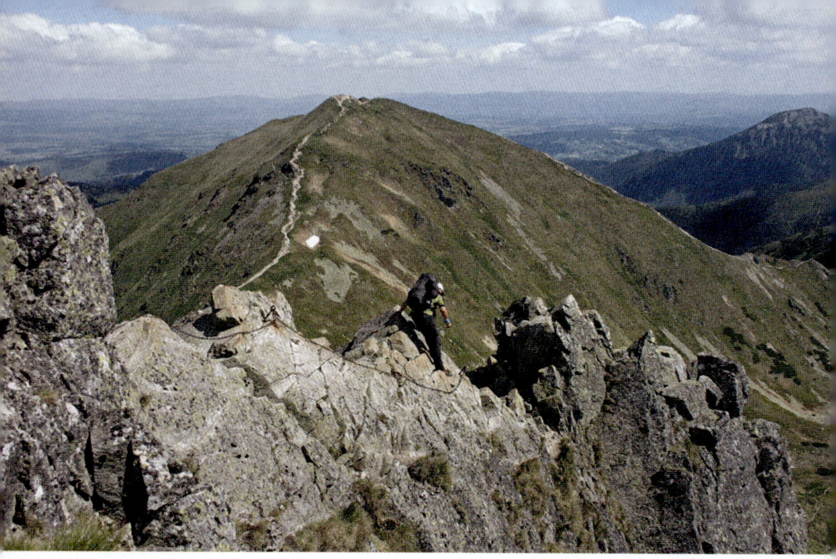

Gratkletterei am Ostrý Roháč.

Ansonsten sollte genau auf die Markierung geachtet werden. Dort, wo es mehrere Pfadspuren gibt, wird die einfachste Variante gewählt. Vor dem Jamnícke sedlo, 1908 m, wird es deutlich flacher – es kann durchgeatmet werden, denn alle schwierigen Wegabschnitte sind absolviert. Der Blick hinunter auf beide Talseiten und insbesondere auf den romantischen Bergsee Vyšné Jamnícke pleso ist lohnend.

Der nächste Wegabschnitt ist rot und blau gekennzeichnet. Direkt hinter einem kleinen Geröllfeld haben sich erneut mehrere Pfade ausgebildet, die jedoch alle über den grasigen Hang hinauf zum **Volovec** ⑩, 2063 m (Wołowiec), führen. Wer den Gipfel auslassen möchte, kann diesen auf einem schmalen Pfad links umgehen. Über den Berg verläuft die Grenzlinie, und die Aussicht auf weite Teile der Westlichen und Hohen Tatra ist mehr als lohnend. Die blaue Wandermarkierung verläuft über den nördlichen Seitenkamm des Bergs sehr steil und zum Teil über stufenartig angelegte Holzverbauungen bergab. Am Wegweiser unter dem Volovec besteht die Option, auf die polnische Seite des Gebirges abzusteigen. Wir wandern geradeaus zur vor uns liegenden Kuppe des **Rákoň** ⑪, 1876 m (Rakoń).

Dann steigen wir linker Hand mit gelbem Zeichen ab zum **Sedlo Zábrať** ⑫, 1656 m, und wechseln links auf die grüne Markierung. Nach einer Quelle mit erfrischendem Wasser verliert der Pfad mithilfe etlicher Serpentinen schnell an Höhe. Im Wald geht es hinunter zur **Ťatliakova chata** ④, 1350 m. Ab hier kehren wir auf dem Hinweg nach **Zverovka** ①, 1025 m, zurück.

↗ 1840 m | ↘ 1840 m | 25.5 km

11.30 h

Von Zverovka auf den Volovec, 2063 m

30

Kontrastreiche Wanderung durch den slowakischen und polnischen Teil des Gebirges

Die hier vorgestellte Wanderung verläuft auf der nördlichen Seite des Hauptkamms der Westlichen Tatra und hat einiges zu bieten. Bereits im Aufstieg zur Ťatliakova chata erwarten uns erste schöne Ausblicke auf die Berge der Roháče-Gruppe. Später, ab dem Sedlo Zábrať, wird die Aussicht mit jedem Meter bis hinauf zum Volovec (Wołowiec) besser. Nicht umsonst wird der slowakisch-polnische Grenzgipfel als einer der schönsten Aussichtsberge des ganzen Gebirges bezeichnet. Dann steigen wir auf die polnische Seite ab und kommen zur bekannten Almwiese Polana Chochołowska. Besonders sehenswert ist hier vor allem die kleine Holzkapelle am Waldrand. Nach einem Besuch auf der Berghütte na Polanie Chochołowskiej folgt der erneute Aufstieg hinauf zur Grenze. Am Berg Lúčna (Grześ) wird wieder komplett auf slowakisches Gebiet gewechselt. Es beginnt ein einsamer Abschnitt bis zum Sattel unter der Osobita. Unterwegs ergeben sich mehrfach herrliche Aussichten auf die umliegende Bergwelt. Ein letzter Abstieg führt uns zum Ausgangspunkt zurück.

Ausgangspunkt: Zverovka, 1025 m, am gleichnamigen Wegweiser; Endstation des Busses aus Zuberec und Trstená, kostenpflichtige Parkplätze der Nationalparkverwaltung in unmittelbarer Nähe des Ausgangspunktes.
Anforderungen: Mittelschwere, aber sehr lange Wanderung über asphaltierte Straßen, Wege und Bergpfade, die eine gute Kondition voraussetzt; die Aufstiege zum Volovec und zur Lúčna sind sehr steil und mühevoll. Es ist ein extremer Höhenunterschied zu überwinden!
Infrastruktur: Am Ausgangspunkt **Chata Zverovka** (Speisen und Getränke; 71 Betten in verschiedenen Zimmerkategorien und 6 Holzhüttchen), Tel. +421 905 973 201, chatazverovka.sk (nur auf Slowakisch), ganzjährig, Übernachtung ab 27 €/Person. Kurz nach Start Pension Šindľovec (Speisen und Getränke). Restaurant am Parkplatz »Pod Spálenou« (vgl. »Hinweise«) **Ťatliakova chata** (Speisen und Getränke; 25 Betten in Zwei- und Mehrbettzimmern), Tel. +421 905 973 201, tatliacka.sk (nur auf Slowakisch); 15. Juni–30. Sept. tägl., im Okt. eingeschränkte Öffnungszeiten, im Winter geschl.; eine Nacht im Mehrbettzimmer ab 26 €/Person, Doppelzimmer 104 €; ab mind. zwei Nächten im Mehrbettzimmer ab 20 €/Person, Doppelzimmer 80 €. **Schronisko na Polanie Chochołowskiej** (Speisen und Getränke; 121 Betten in verschiedenen Zimmerkategorien), Tel. +48 18 20 705 10 oder +48 660 144 510 (Reservierung über chocholowska.com (auch auf Englisch); ganzjährig, Übernachtung im Mehrbettzimmer ab 70 PLN (ca. 16 €), im Doppelzimmer ab 250 PLN (ca. 56 €), Bettwäsche 20 PLN (ca. 4,50 €).
Kombi-Tipps: 1. Den Abstieg zur polnischen Seite auslassen und mit Tour 32 über den Rákoň zur Lučna (Ersparnis gut 2.15 Std., 4,4 km sowie 500 Hm im Auf- und Abstieg weniger).
2. An der Lučna scharf links mit grüner Markierung ins Látaná dolina absteigen und mit Tour 24 zurück zum Ausgangs-

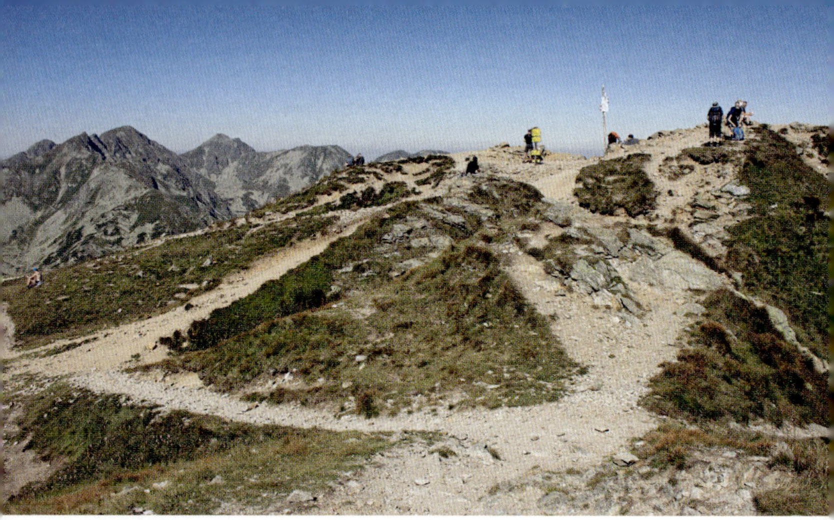

Der Volovec ist einer der schönsten Aussichtsgipfel der Westlichen Tatra.

punkt (Ersparnis 1.15 Std., 2 km sowie gut 230 Hm im Auf- und Abstieg weniger).

Hinweise: 1. Das Auto kann auch auf dem großen Parkplatz »Pod Spálenou« (kostenpflichtig; beim Sessellift) abgestellt werden; dann am südöstlichen Wegweiser der Parkfläche mit grüner Markierung zur »Rázcestie Šindľovec« ❷.
2. Alle Abschnitte in der Slowakei ab der Ťatliakova chata ❹ und bis kurz vor Zverovka ❶ sind aus naturschutzrechtlichen Gründen nur vom 15. Juni bis 31. Okt. begehbar – auf polnischer Seite gibt es dagegen keinerlei Beschränkungen.
3. Im Auf- und Abstieg vom Volovec wurden Jute-Matten aus- und Holzverbauungen angelegt, um die Berghänge zu renaturieren. In diesem Bereich sollte der Weg nicht verlassen werden.
4. In der Kaplica na Polanie Chochołowskiej findet jeweils sonntags um 13 Uhr ein Berggottesdienst statt.

Tipp: Wer genügend Zeit mitbringt, sollte auf der slowakischen oder der polnischen Hütte übernachten. Es ist jedoch sinnvoll, rechtzeitig zu reservieren.

Karte: SHOCart – Blatt 1096 Západné Tatry 1:50.000.

Vom Wegweiser **Zverovka** ❶, 1025 m, gehen wir zunächst mit der gelben Markierung auf der Straße an einer Quelle vorbei und in einer Rechtskurve hinunter zur Bushaltestelle an der Kreuzung Rázcestie Zverovka. Dort wechseln wir links auf die mit rotem Wanderzeichen gekennzeichnete Zufahrtsstraße zur Berghütte. Die schmale Straße führt zunächst an einem Hotel und der hübschen Pension Šindľovec vorbei zur Verzweigung **Rázcestie Šindľovec** ❷, 1087 m (von links Variante ab Parkplatz Parkovisko pod Spálenou). Weiter geradeaus geht es auf breitem befestigten Weg durchs Roháčska dolina zum Abzweig **Adamcuľa** ❸, 1189 m, und hinauf zur **Ťatliakova chata** ❹, 1350 m. Unterwegs bieten mehrere Unterstände eine Rastmöglichkeit und es gibt immer wieder Ausblicke auf die Berge. An der

Hütte endet die asphaltierte Straße. Hinter dem Gebäude liegt ein kleiner See mit grandioser Sicht auf den Ostrý Roháč.

Vom Wegweiser vor der Hütte zieht sich die grüne Wandermarkierung nach links am Gedenkstein für den Namensgeber der Hütte, Ján Ťatliak, vorbei in den Wald hinein. In etlichen Serpentinen windet sich der Pfad bergauf und erreicht kurz hinter einer Quelle den **Sedlo Zábrať** 5, 1656 m. Mit jedem Meter Aufstieg verbessert sich jetzt die Aussicht auf das wilde Felsmassiv der Roháče-Gruppe. Unser Weg führt vom Sattel über den breiten Bergrücken hinauf zum **Rákoň** 6, 1876 m (Rakoń). Dort verläuft die Landesgrenze zu Polen. Die blaue Markierung leitet nun nach rechts auf das nächste Gipfelziel zu. Über einen Seitengrat geht es in südliche Richtung und am Wegweiser unter dem Volovec vorbei. Ab hier steigt der Pfad deutlich steiler an. Zum Schutz vor Erosion und zur Renaturierung wurden Jutematten ausgelegt und Holzverbauungen errichtet. Dem polnisch-slowakischen Grenzverlauf folgend wandern wir sehr steil und vor allem mühevoll zum Gipfel des **Volovec** 7, 2063 m (Wołowiec), hinauf. Die Aussicht auf nahezu die gesamte Westliche und auf Teile der Hohen Tatra ist fantastisch.

Auf demselben Weg steigen wir bis zum letzten Wegweiser unter dem Berg ab und wechseln hier nach rechts auf die grüne Markierung. Wie in Polen

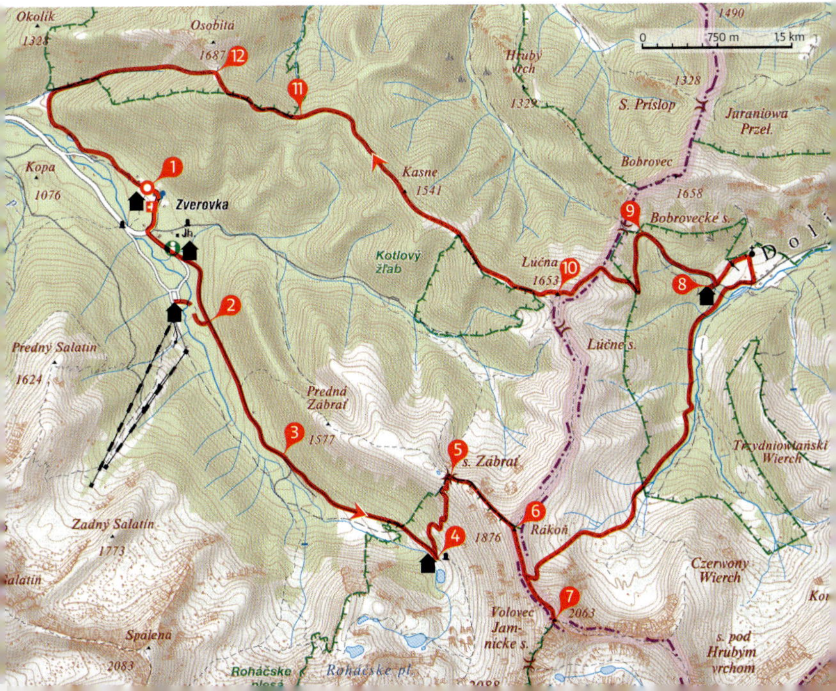

üblich, ist der Weg größtenteils mit Steinen befestigt. Zunächst steigen wir im offenen Gelände in einer weiten Schleife bergab. Später geht es ziemlich direkt durch Latschen und danach im Wald bis zu einem Bachlauf im Talgrund. Ein Weg, der ab und an mit großen losen Steinen bedeckt ist, führt aus dem Tal hinaus zu einer Kreuzung an einer ehemaligen Alm. Der nun folgende Abschnitt der Wanderung ist vor allem in den Sommermonaten extrem stark frequentiert. Über eine gepflasterte Zufahrtsstraße kann man nach links direkt zur Hütte wandern. Es lohnt sich aber, gut 300 m nach rechts bis zum Wegweiser »Polana Chochołowska«, 1105 m, zu gehen, dort links auf die schwarze Wandermarkierung abzubiegen und über den abgesteckten Bereich der großen Wiese direkt hinauf zur Kaplica na Polanie Chochołowskiej aufzusteigen. Vor der hölzernen Kapelle sind etliche Bänke zum Beten aufgestellt. Ein Pfad zieht sich links am Waldrand entlang bis kurz vor die Hütte. Am Ende des Pfads leitet ein angelegter Weg direkt zur **Schronisko na Polanie Chochołowskiej** 8, 1148 m.

Am Wegweiser vor der Hütte folgen wir der gelben Wandermarkierung auf einem breiten Waldarbeiterweg durch nachwachsenden und aktuell sehr lichten Wald hinauf zur Kreuzung **Bobrowiecki Żleb** 9, 1320 m. Ab hier führt die gelbe und blaue Markierung in zwei sehr lang gezogenen Schleifen ziemlich steil bergauf und zurück zur Landesgrenze am Berg **Lúčna** 10, 1653 m (Grześ) – nochmals bieten sich traumhafte Ausblick auf die Umgebung.

Der touristische Trubel bleibt am Gipfel zurück und der folgende Abschnitt der Tour ist sehr einsam. Die grüne Markierung führt uns geradeaus weiter und an kleinen Geröllfeldern vorbei in den Wald. An einem offenen Bereich zeigen sich nochmals die Berge. Im Auf und Ab zieht sich der Pfad über Kuppen oder daran vorbei und meist auf dem breiten Bergrücken entlang. In einigen Bereichen sind Bäume abgestorben. Im Verlauf folgt die nächste **Wiese** 11, 1490 m, unter der **Javorina**. Es lohnt sich, ein paar Meter nach links zu gehen und das herrliche Panorama mit den Gipfeln des Roháče-Massivs zu genießen. Nach dem Übersteigen eines weiteren bewaldeten Berges geht es hinunter zum **Sedlo pod Osobitou** 12, 1521 m. Die Osobita liegt direkt vor uns und übergroße Verbotsschilder machen darauf auf-

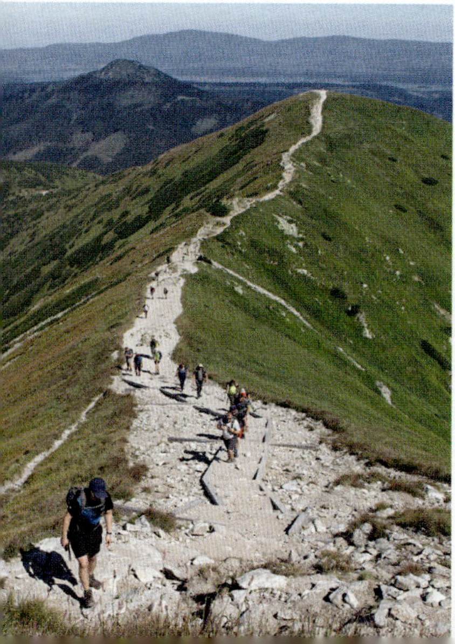

Gratverlauf zwischen Rákoň und Volovec.

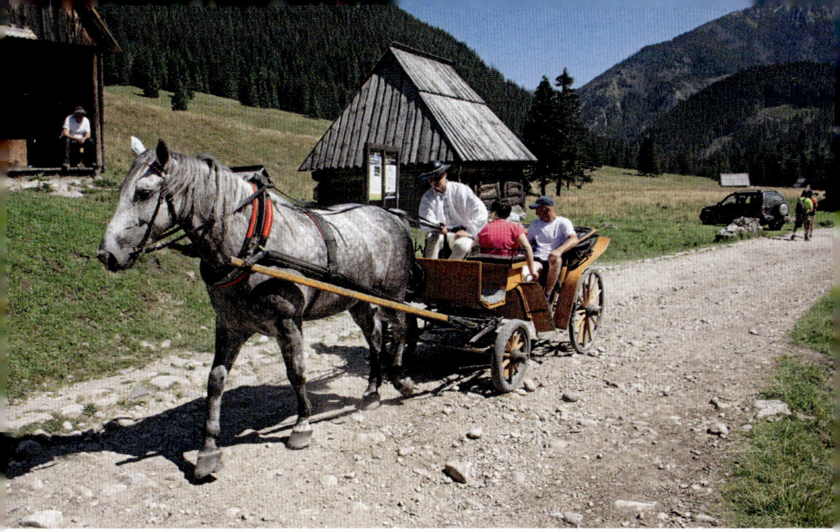

Pferdekutsche im Dolina Chochołowska.

merksam, dass die Besteigung aus Naturschutzgründen verboten ist. Der alte Steig ist aber noch gut erkennbar.

Vom Sattel weist das grüne Wanderzeichen nach links in den Wald hinein. Es folgen einige Serpentinen, die in eine Rinne mit dem Namen »Teplý žlab« hinunterleiten. An deren rechten Rand zieht sich der Pfad nochmals steil und in ein paar Windungen hinunter auf eine große Wiese im Tal. Diese wird direkt bis zu einem gerodeten Bereich gequert; dort wechseln wir links auf einen Weg. An der Gabelung nach einem Teich zweigen wir links ab, wandern oberhalb eines Hotels bis zu einem Querweg und gehen dort links weiter zu ersten Ferienhütten. Der Weg ist ab dem Gebäude der Bergwacht wieder asphaltiert und bringt uns zurück nach **Zverovka** ❶, 1025 m.

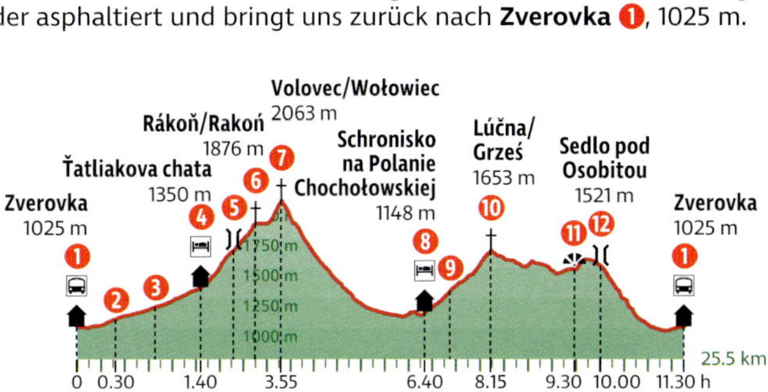

↗ 210 m | ↘ 210 m | 9.8 km

31 Juráňova dolina

3.15 h

Durch ein romantisches Tal im Norden der Westlichen Tatra

Das Juráňova dolina ist ein 4 km langes Tal mit einer felsigen Engstelle von etwa 1 km Länge. Forscher fanden heraus, dass das Tal während der Eiszeit nicht vergletschert war. Im 18. Jh. wurde hier Eisenerz abgebaut und später Holzwirtschaft betrieben. Um die Stämme und das Erz möglichst einfach abtransportieren zu können, wurde 1885/1886 ein 903 m langer Holzsteg oberhalb des Bachs gebaut. Nach dem Ersten Weltkrieg wurde die Konstruktion nur noch sporadisch genutzt und schließlich durch eine Flutwelle im Juli 1934 vollständig zerstört. Danach begann man, den heutigen Wanderweg anzulegen, der zum Teil aufwendig in den Fels geschlagen wurde. Seit 1974 ist das Tal als Naturschutzgebiet ausgewiesen, mit Gründung des Tatra-Nationalparks 1987 wurde es in diesen integriert. Eine kleine Besonderheit im Tal sind Latschenkiefern in einer Höhe von nur 880 m: Es ist das niedrigste Vorkommen von Latschen im gesamten Karpatenraum. Sehenswert ist auch das kleine Hochmoor Peciská, das man über einen Holzbohlenweg erkunden kann.

Ausgangspunkt: Oravice (Ortsteil von Tvrdošín, 15 km Luftlinie nach Osten durch Berge von der Stadt getrennt), 790 m, Wegweiser »Rázcestie Oravice«; gute Busanbindung aus Trstená, kostenpflichtige Parkplätze in unmittelbarer Nähe, kostenlose Parkplätze am Ortsausgang in Richtung Vitanová.
Anforderungen: Im Tichá dolina und Bobrovecká dolina asphaltierte Forststraßen. Der Pfad durch das Juráňova dolina führt über Stege und kleine Brücken. Eine Felsstufe ist mittels eingeschlagener Stufen und einem Geländer aus Ketten im Auf und Ab sehr einfach zu überwinden. Sonst keine weiteren Schwierigkeiten.
Infrastruktur: Am Ausgangspunkt gibt es ein Buffet und im Ort Oravice zwei Restaurants, auf der Strecke nichts.
Hinweis: Das Juráňova dolina darf aus naturschutzrechtlichen Gründen nur vom 1. Mai bis 31. Okt. betreten werden.
Tipp: Im Tichá dolina verkauft ein Schäfer im Salaš Oravice frische Käseprodukte. Ein Abstecher zur Hirtenhütte lohnt.
Karte: SHOCart – Blatt 1096 Západné Tatry 1:50.000.

Vom Wegweiser in **Oravice** ❶, 790 m, leitet uns die rote Wandermarkierung über ein Asphaltsträßchen links ins Tichá dolina hinein und an der Verzweigung »Rázcestie pod Čistým Grúňom« vorbei zu einem Aussichtsturm. Von hier aus ist die Osobitá (ein frei stehender nördlicher Gipfel der Westlichen Tatra) besonders gut zu sehen. Kurz darauf lädt ein Schäfer links in den **Salaš Oravice** ❷, 824 m, ein. Der frische Schafskäse ist ein Hochgenuss und sollte auf jeden Fall probiert werden. Wir folgen der schmalen Stra-

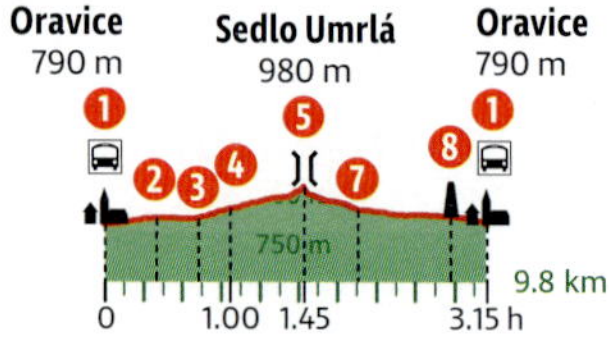

ße bis zur Kreuzung **Rázcestie pod Šatanovou** 3, 820 m, und zweigen dort nach rechts ab. Nach einer Brücke zieht sich ein Pfad über eine größere Wiese in den Wald zur Gabelung **Juráňova dolina, ústie** 4, 870 m. Mithilfe der gelben Markierung könnte hier rechts ins Nachbartal abgekürzt werden.

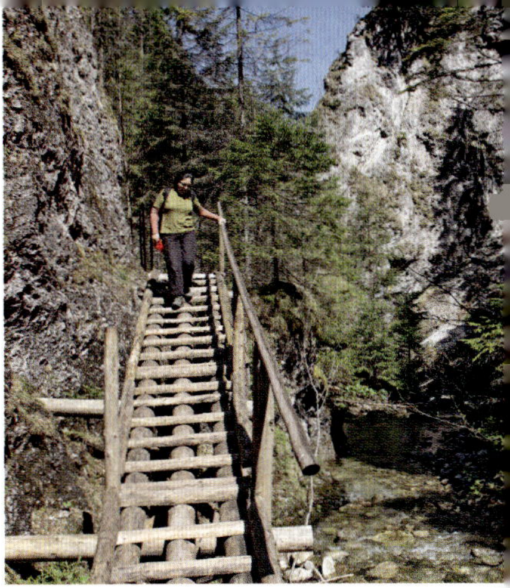

Holztreppe im Tal.

Wir aber folgen der roten Markierung ins Juráňova dolina. Am Wegesrand befinden sich mehrere Schautafeln (auch auf Englisch). Jetzt beginnt der schönste Teil der Wanderung. Mehrere Holzstege führen durch einen sehr engen Felsdurchbruch. Der Pfad wurde stellenweise in den Felsen geschlagen. Einige Holzstämme zwischen Weg und Felswand zeigen, wo früher das Holz über einen Bohlenweg transportiert wurde. Eine felsige Passage wird mittels ins Gestein gemeißelter Stufen und einem Geländer aus Stahlketten im Auf und Ab ohne größere Schwierigkeiten überwunden. Dann öffnet sich das Tal und der Pfad zieht sich in einer Rechtskurve hinauf zum **Sedlo Umrlá** 5, 980 m.

Ein breiter Weg führt hinunter ins Bobrovecká dolina, wo am Wegweiser **Rázcestie pod Umrlou** 6, 910 m, wieder ein Asphaltsträßchen erreicht wird. Wir wandern nach rechts mit blauer Markierung über die Kreuzung **Rázcestie pod Suchou dolinou** 7, 865 m, und an zwei Forsthäusern vorbei zum linken Rand des Rašelinisko Peciská. Am Eingang zum Moor beginnt links ein Holzbohlenweg, der als Rundweg durch das Feuchtgebiet leitet. Zur Hälfte der Strecke ermöglicht ein hölzerner Aussichtsturm einen guten Blick auf das sumpfige Moor **Peciská** 8, 831 m. Der Bohlenweg endet an der schmalen Straße. Nach links geht es in knapp 10 Min. zurück nach **Oravice** 1.

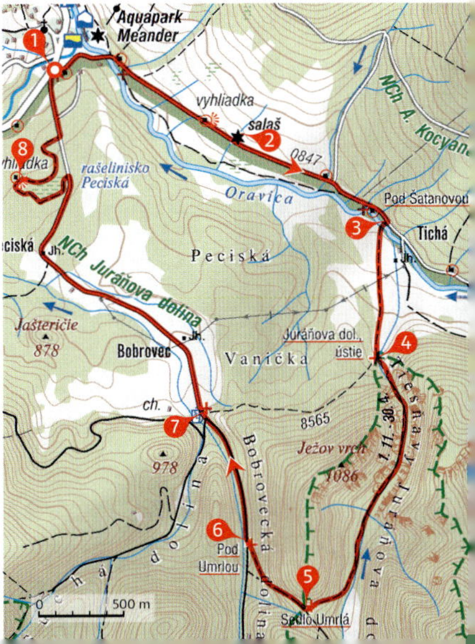

↗ 1420 m | ↘ 1420 m | 26.2 km

32 Von Oravice auf den Volovec, 2063 m

10.30 h

Über einen der schönsten Seitenkämme der Westlichen Tatra

Wer den Volovec (Wołowiec) besteigen möchte, wird sicherlich nicht gleich auf die Idee kommen, von Oravice aus zu starten. Trotzdem ist es sehr lohnend, die Tour am nördlichen Startpunkt der blauen Markierung zu beginnen, denn der Weg durch das Bobrovecká dolina hinauf bis zur Grenze ist sehr einsam und ein guter Kontrast zum doch ziemlich überlaufenen Kammweg zum Gipfel. An sonnigen Tagen sind es sicherlich einige Tausend Wanderer, die sich vor allem von der polnischen Seite aufmachen, um den Volovec zu erklimmen. Mit Erreichen der Lúčna (Grześ) öffnet sich ein unvergessliches Panorama der wilden Roháče-Berge und einer Vielzahl anderer Gipfel der Westlichen Tatra. Die fantastische Aussicht bleibt auf dem gesamten Kammbereich bis zum Volovec erhalten. Der Abschnitt bis dorthin gehört sicherlich zu den sehenswertesten Gebieten des gesamten Gebirges.

Ausgangspunkt: Oravice (Ortsteil von Tvrdošín, 15 km Luftlinie nach Osten durch Berge von der Stadt getrennt), 790 m, Wegweiser »Rázcestie Oravice«; gute Busanbindung aus Trstená, kostenpflichtige Parkplätze in unmittelbarer Nähe, kostenlose Parkplätze am Ortsausgang in Richtung Vitanová.

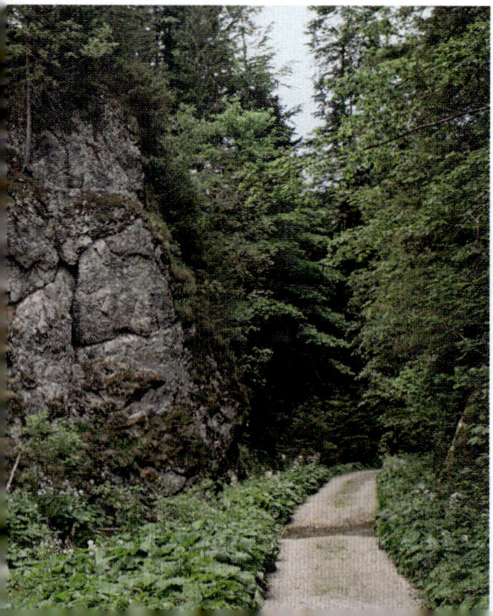

Anforderungen: Durch das Bobrovecká dolina zunächst Asphalt- und Schotterwege, anschließend über einen Pfad hinauf bis zur Grenze. Von dort bis zum Gipfel meist breite, steinige Bergwege. Die Anstiege auf alle drei Berge sind steil und mühevoll und es ist ein sehr großer Höhenunterschied zu überwinden.

Infrastruktur: Direkt am Ausgangspunkt gibt es ein Buffet, im Ort Oravice zwei Restaurants. Unterwegs Abstecher (vgl. Variante) zur **Schronisko na Polanie Chochołowskiej** (Speisen und Getränke; 121 Betten in verschiedenen Zimmerkategorien), Tel. +48 18 20 705 10 oder +48 660 144 510 (Reservierung über chocholowska.com (auch auf Englisch); ganzjährig, Übernachtung im Mehrbettzimmer ab 70 PLN (ca. 16 €), im Doppelzimmer ab 250 PLN (ca. 48 €), Bettwäsche 20 PLN (ca. 4,50 €).

Varianten: 1. Lohnender Abstecher zur polnischen Berghütte Schronisko na Polanie Chochołowskiej (hin und zurück ca. 1 Std., 2,1 km und 180 Hm im Auf- und Abstieg).

2. Wer genügend Kondition mitbringt,

Engstelle im Bobrovecká dolina.

kann ab dem Wegweiser unter dem Volovec mit Tour 30 über das Dolina Chochołowska zur Hütte Schronisko na Polanie Chochołowskiej ab- und von dort zur Kreuzung »Bobrowiecki Żleb« aufsteigen, dann auf bekanntem Weg zurück zum Ausgangspunkt (Wegweiser bis Hütte: 2.15 Std., 5,5 km, 70 Hm Auf- und 800 Hm Abstieg; Hütte bis Bobrowiecki Żleb: 30 Min., 1,1 km, 180 Hm Aufstieg).
3. Kurz nach Start oder vor Ende der Tour kleiner Abstecher in ein Moor südlich von Oravice (siehe auch Tour 31).
Kombi-Tipp: Ab dem Volovec mit Tour 42 und 46 bis zur Bushaltestelle an der Hauptstraße bei Pribylina.
Hinweise: 1. Der Abschnitt zwischen Rázcestie pod Umrlou ❸ und dem Bobrovecké sedlo ❹ darf aus Naturschutzgründen nur vom 15. Juni bis 31. Okt. begangen werden.
2. Im Aufstieg zum Rákoň und zum Volovec wurden in steilen Abschnitten Jute-Matten verlegt und Holzverbauungen errichtet, um die Erosion aufzuhalten und die Renaturierung zu fördern. In diesen Bereichen sollte der Weg nicht verlassen werden!
Tipp: Die Übernachtung auf der polnischen Berghütte Schronisko na Polanie Chochołowskiej ist ein besonderes Erlebnis (frühzeitige Reservierung empfohlen).
Karte: SHOCart – Blatt 1096 Západné Tatry 1:50.000.

Vom Wegweiser »Rázcestie Oravice« in **Oravice** ❶, 790 m, bis hinauf zum Gipfel wird uns die blaue Wandermarkierung leiten. Rechts vom hölzernen Hinweisschild beginnt eine schmale Asphaltstraße, die zunächst an einem kleinen Moor (Variante 3) vorbei- und nach einem Forsthaus in einer Linkskurve in das Bobrovecká dolina hineinführt. Wir wandern über die Kreuzung **Ráz-**

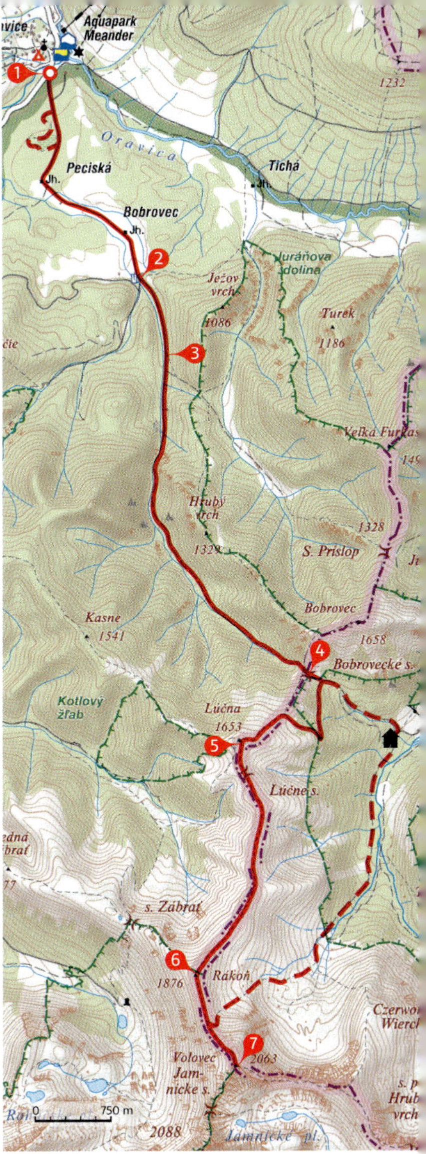

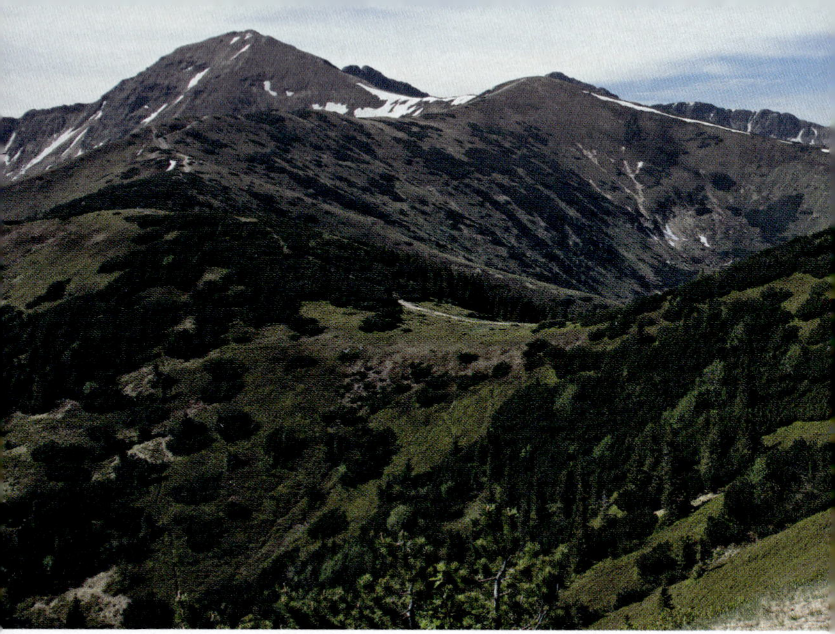

Frühsommer unter der Lučna.

cestie pod Suchou dolinou 2, 865 m, zur Verzweigung **Rázcestie pod Umrlou** 3, 910 m, wo der Asphalt endet und sich ein Schotterweg tief ins Tal hineinzieht. Nach einer felsigen Engstelle treffen wir auf einen großen Platz mit Unterstand und wandern nun auf einem grasbewachsenen Weg weiter durch das Tal. An zwei Gabelungen halten wir uns zunächst links, später geht es geradeaus weiter. Der Weg wird schmaler und entwickelt sich zu einem Pfad. Nach drei Stegen entfernt sich dieser vom Bachlauf,

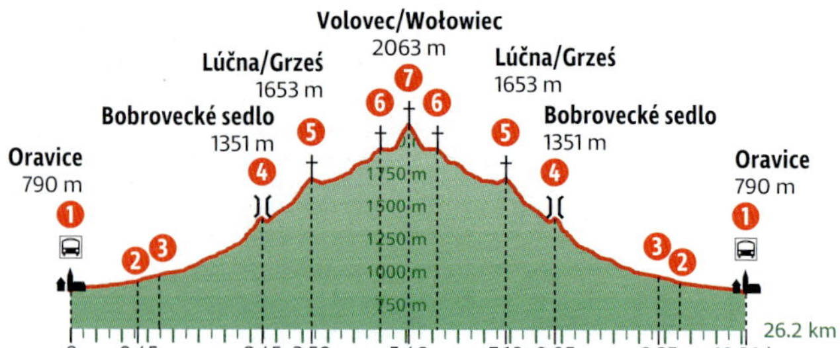

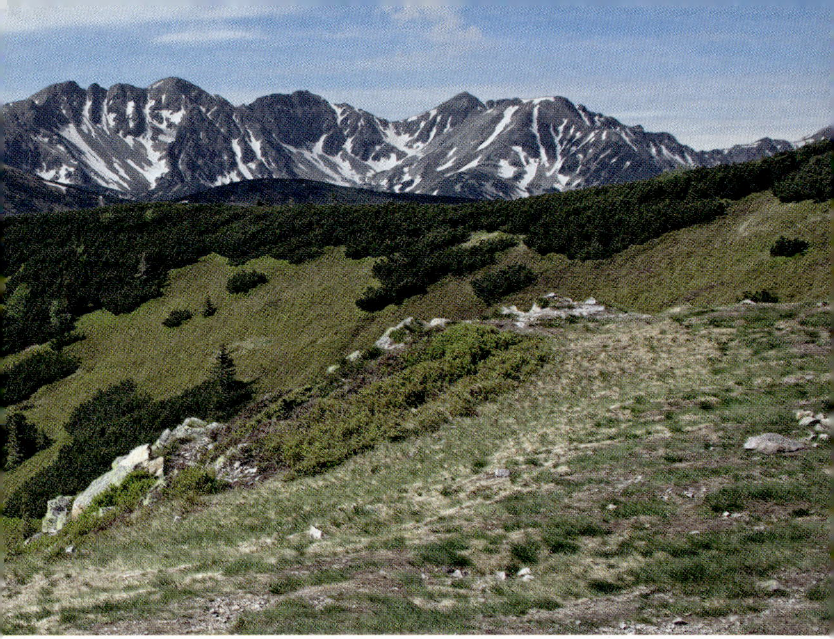

wird deutlich steiler und windet sich durch teilweise stark geschädigten Wald hinauf zum **Bobrovecké sedlo** 4, 1351 m. Nach Überschreiten der Landesgrenze geht es auf einem Holzstufenweg hinunter zur Kreuzung »Bobrowiecki Żleb« 1320 m (geradeaus: Variante 1 zur Schronisko na Polanie Chochołowskiej). Wir steigen nach rechts mit der gelben und blauen Markierung in zwei sehr weiten Schleifen steil hinauf zur **Lúčna** 5, 1653 m (Grześ) – dem ersten Gipfel auf dem Seitenkamm. Einen so fantastischen Ausblick auf die wilden Felsgipfel des Roháče-Massivs hätte an dieser Stelle wohl niemand erwartet.
Vom Gipfelkreuz leitet uns die blaue Markierung in südliche Richtung über den Kamm weiter. Zunächst führt der Weg von Latschen gesäumt in einen namenlosen Sattel und danach rechts unter einem Zwischengipfel vorbei recht steil hinauf zum **Rákoň** 6, 1876 m (Rakoń). Wir gehen weiter über den meist breiten Kammweg am Wegweiser unter dem Volovec vorbei (nach links: Variante 2 zur Schronisko na Polanie Chochołowskiej). Ab jetzt wird es deutlich anstrengender. Holzverbauungen leiten in einigen Windungen sehr steil hinauf zum **Volovec** 7, 2063 m (Wołowiec). Auf den südwestlichen Grashängen unterhalb des höchsten Punkts lässt es sich herrlich rasten und die traumhafte Aussicht genießen.
Wir wandern auf derselben Strecke zurück nach **Oravice** 1, 790 m.

↗ 280 m | ↘ 280 m | 9.8 km

33 Zu den Wasserfällen von Bobrovec

2.30 h

Einfacher Spaziergang im Liptauer Land

An den südlichen Hängen des Grenzgebiets zwischen den Chočské vrchy und der Westlichen Tatra gibt es zwei Wasserfälle, die sich für einen gemütlichen Ausflug mit Kindern bestens eignen. Die erste und eher kleinere Kaskade trägt den Namen Bobrovecká vápenica und fällt über mehrere Felsstufen ab. Der zweite Wasserfall, der Poľovnícky vodopád, auch Jäger-Wasserfall genannt, führt wesentlich mehr Wasser und ist mit seiner Fallhöhe von 12 m spektakulärer. Beide Orte werden auf jeden Fall auch Kinderherzen höherschlagen lassen, denn an den ungefährlichen Ausläufen lässt es sich herrlich spielen. Sehenswert ist die typische Liptauer Landschaft, die wir auf dieser kleinen Wanderung durchqueren – weite Wiesen und Felder, die sich mit Wald abwechseln und in welliges weiches Hügelland eingebettet sind. Auch Ausblicke auf die Niedere Tatra bieten sich kurz vor dem Jäger-Wasserfall.

Ausgangspunkt: Jalovec (Ortsteil von Bobrovec), 685 m, am Wanderwegweiser und Bushaltestelle »Jalovec, most« direkt an der Brücke am Ortseingang. Wer mit dem Auto anreist, sollte der Straße geradeaus folgen und am Parkplatz neben dem Wegweiser »Bobrovecká Vápenica« ❷ parken (insg. 4,8 km weniger Gehstrecke). Auch am Ende der Straße kurz vor dem ersten Wasserfall kann das Fahrzeug abgestellt werden.
Anforderungen: Einfache Wanderung

Am Jäger-Wasserfall.

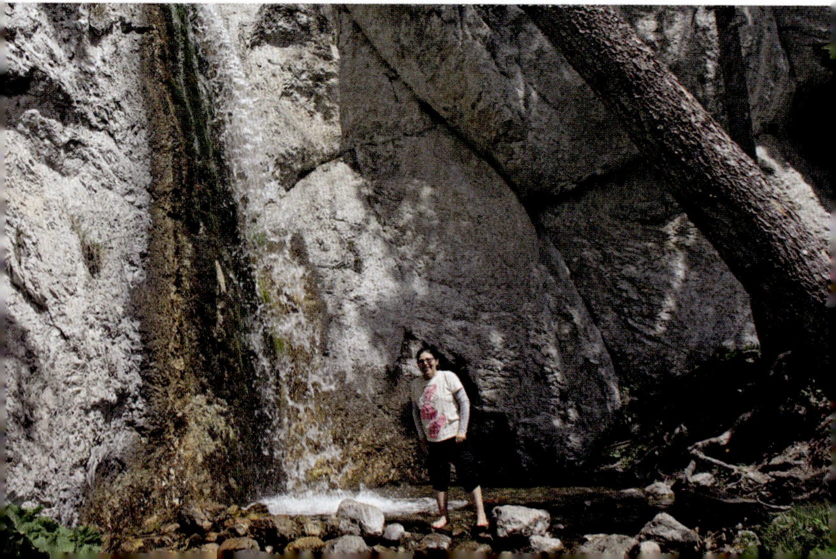

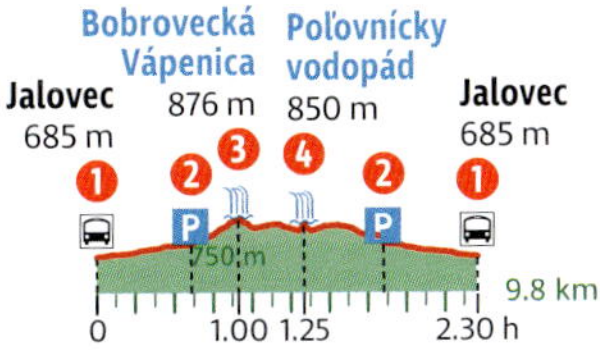

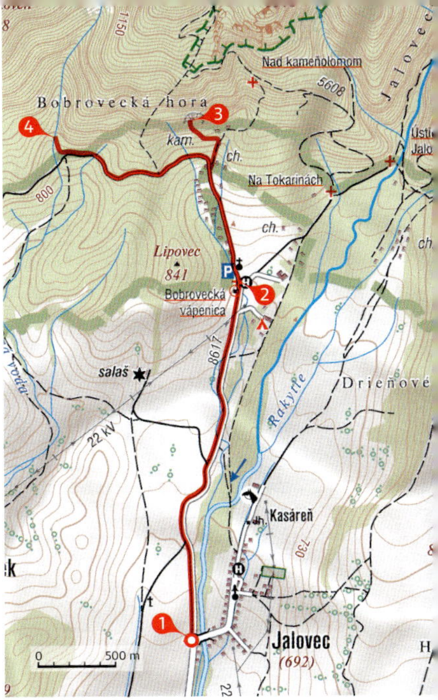

auf durchweg breiten und meist asphaltierten Wegen.

Infrastruktur: Keine.

Tipp: Etwa 800 m westlich von unserer Strecke (siehe Ausschilderung zwischen Jalovec und der Verzweigung Bobrovecká vápenica) befindet sich der Salaš Pastierska, wo die für die Region typische Schafzucht betrieben wird. Die frischen Milchprodukte werden auch zum Verkauf angeboten. Mit etwas Glück können Besucher den Schäfern bei ihrer Arbeit über die Schulter blicken (1. Mai –30. Sept. tägl. 12–18 Uhr).

Karte: SHOCart – Blatt 1095 Chočské vrchy 1:50.000 oder SHOCart – Blatt 1096 Západné Tatry 1:50.000 (der Wegverlauf dieser Tour ist jedoch nicht eingetragen).

Vom Wegweiser am Ortseingang von **Jalovec** ❶, 685 m, folgen wir der gelben Wandermarkierung auf der Straße geradeaus auf die Berge zu. Am einzigen Abzweig besteht die Möglichkeit, einen Abstecher zum Salaš Pastierska zu unternehmen. Am Wegweiser **Bobrovecká vápenica** ❷, 750 m, gibt es einen Parkplatz, den Autofahrer nutzen sollten. Die blaue Wandermarkierung leitet uns jetzt links auf einer schmalen Asphaltstraße an einer kleinen Kapelle vorbei und über Wiesenflächen hinauf zu einer Gabelung mit Wegweiser aus Holz. Etwa 200 m oberhalb zweigt die blaue Markierung am Ende der Straße an einem Parkplatz rechts in die Berge ab. An dessen Ende führt uns ein breiter, steiniger Weg zum Wasserfall **Bobrovecká vápenica** ❸, 876 m. Zurück am Wegweiser aus Holz folgen wir der schmalen Straße nach rechts durch den Wald. Zur Orientierung dient die Fahrradmarkierung mit dem roten »C«. An einer Wiese bietet sich ein fantastischer Blick auf die westlichen Gipfel der Niederen Tatra. In einer Linkskurve bei einer Hütte in offenem Gelände zweigen wir vom Asphaltweg nach rechts ab. Ein unbefestigter Weg leitet in 2 Min. an den **Poľovnícky vodopád** ❹, 850 m, den Jäger-Wasserfall, heran.
Auf demselben Weg kehren wir zurück nach **Jalovec** ❶, 685 m.

↗ 1320 m | ↘ 1320 m | 19.5 km

34 Babky, 1566 m, Ostrá, 1764 m, und Sivý vrch, 1805 m — 8.45 h

Aussichtsreiche Bergtour am westlichen Rand des Gebirges

Die hier vorgestellte Wanderung führt auf drei eher wenig bekannte Berge, die jedoch aufgrund ihrer Lage jeweils eine fantastische Aussicht ermöglichen. Während die Babky und die Ostrá südlich liegen, befindet sich der Sivý vrch bereits auf dem Hauptkamm der Westlichen Tatra. Der »graue Berg« ist der westlichste richtige Gipfel des Gebirges und hat seinen Namen wohl wegen des Kalksteins, der in diesem Bereich gut sichtbar ist. Die Berghütte Chata Pod Náružím – Červenec ist eine kleine Besonderheit: Sie gehört der Gemeinde Bobrovec und wird durch einen Verein betrieben. Die ehrenamtlich tätigen Mitglieder führen Renovierungsarbeiten durch und organisieren auch, dass in den Sommermonaten und sonst an den Wochenenden immer mindestens eine Person die Hütte vor Ort betreut. Im Abstieg lohnt es sich, auf einem unmarkierten Pfad den Mních zu besteigen. Hier steht ein kleines Gipfelkreuz und von der felsigen Abbruchkante bietet sich ein fantastischer Panoramablick auf den westlichen Teil des Roháče-Massivs und die Niedere Tatra.

Ausgangspunkt: Gemeindegebiet Bobrovec, Wegweiser »Bobrovecká vápenica«, 750 m; kostenlose Parkplätze in direkter Umgebung, Busanbindung nur bis »Jalovec, most« am Ortseingang von Jalovec, von dort zu Fuß entlang der Straße 2,4 km in Richtung Berge bis zum Ausgangspunkt.
Anforderungen: Mittelschwere Bergtour mit sehr großem Höhenunterschied; meist breite Wege und Bergpfade. Einige An- und Abstiege sind sehr steil. Nach Niederschlägen ist es unter dem Berg Babky sehr rutschig. Im Aufstieg zur Ostrá werden an einer Felseinlagerung die Hände benötigt. Auch Latschenkiefern drücken in den Weg hinein. Unter dem Sivý vrch sind Felsen eingelagert, die man aber ohne Klettern überwinden kann. Nur eine kurze Stelle erfordert hier die Zuhilfenahme der Hände.
Infrastruktur: **Chata Pod Náružím – Červenec** (keine Speisen, dafür große Selbstversorgerküche, wenn ein Hüttenwirt vor Ort ist, werden Getränke verkauft; 30 Betten in drei 10-Bett-Zimmern sowie 20 Betten im separaten Winterraum), Tel. +421 911 163 670 (Ivan Ogáry), chatacervenec.sk (nur auf Slowakisch); im Juli und August täglich, ansonsten nur am Wochenende oder nach persönlicher Absprache mit dem Hüttenwirt, Übernachtung 12 €/Person.
Varianten: 1. Besteigung des Sivý vrch auslassen (ideale Winterwanderung). In diesem Fall am Sedlo Predúvratie 7 nach rechts auf die blaue Wandermarkierung wechseln und direkt zur Hütte absteigen.
2. Die Ostrá kann an ihrer Ostseite auf einem Pfad umgangen werden.
3. Den Abstecher zum Mních auslassen.
4. Ab dem Wegweiser »Rázcestie nad kameňolomom« 2 auf dem Hinweg absteigen (Zeitersparnis etwa 15 Min.).
Kombi-Tipp: Man kann die Wanderung über den Hauptkamm der Westlichen Tatra ab dem Sivý vrch mit den Touren 22, 23, 26 und 29 nach Belieben fortsetzen.
Hinweis: Der Abschnitt vom Sedlo Predúvratie 7 bis zum Sivý vrch 9 ist aus naturschutzrechtlichen Gründen nur vom 15. Juni bis 31. Okt. begehbar.

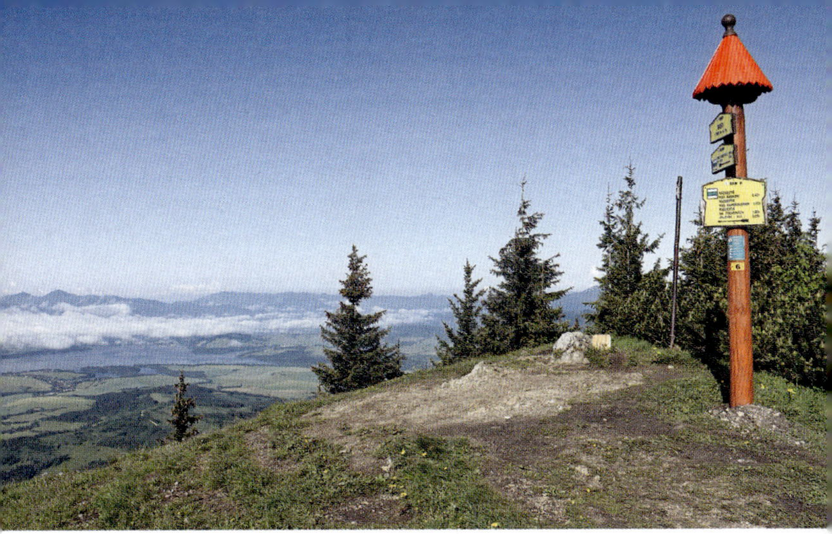

Unter dem Gipfel Babky breitet sich die Region Liptau aus.

Tipps: 1. Wer ausreichend Zeit mitbringt, sollte eine Übernachtung in der gemütlichen Chata Pod Náružím – Červenec einplanen. 2. Die Wanderung ist auch im Winter bis zum Sedlo Predúvratie ein Hochgenuss!
Karte: SHOCart – Blatt 1096 Západné Tatry 1:50.000.

Das Hinweisschild **Bobrovecká vápenica** ❶, 750 m, befindet sich direkt an der Gabelung der Asphaltstraße. Die blaue Markierung leitet uns nach links auf einem schmalen Sträßchen an einer Kapelle und einer weitläufigen Wiese vorbei zu Ferienhäusern am Waldrand und einem Wegweiser aus Holz. Etwas oberhalb davon endet der Asphalt an einem kleinen Parkplatz. Hier besteht die Möglichkeit, in zwei Minuten zu einer Kaskade zu gelangen (vgl. Tour 33). Unser Pfad beginnt jedoch direkt hinter dem letzten Gebäude und zieht sich im Wald steil hinauf zu einem Querweg mit der Hinweistafel **Rázcestie nad kameňolomom** ❷, 1040 m (laut Schild: 1140 m). Wir folgen dem Weg nach links mit jetzt blauem und grünem Wanderzeichen. Nach einer Schleife geht es unter Felswänden vorbei und in der kommenden Rechtskurve zweigt links ein Pfad zu einem 50 m entfernten Aussichtspunkt ab. Nur 200 m später ist am linken Wegrand der Abzweig zu einem Bunker zu sehen: Etwas weiter unten befindet sich eine kleine **Höhle** ❸, 1098 m, die im Januar und Februar 1945 Partisanenkämpfer drei Wochen lang als Unterschlupf nutzten, während der Frontabschnitt durch das Gebiet verlief.
In der nächsten Linkskurve ist ein **Abzweig** ❹, 1180 m, zu sehen: Über einen Pfad lässt sich so eine weite Schleife des Wegs abkürzen. Etwas weiter

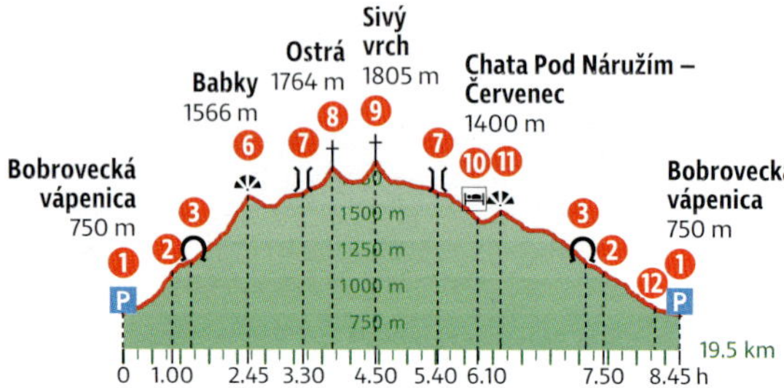

oben folgt der Wegweiser **Rázcestie pod Babkami** ❺, 1247 m (laut Schild: 1220 m), wo nach links auf den grün markierten Pfad abgebogen wird. Dieser verläuft anfangs durch einen nachwachsenden Waldbereich, später an zwei Quellen vorbei und über eine Wiese steil hinauf zur **Babky** ❻, 1566 m. Von der Kuppe bietet sich ein herrliches Panorama der Niederen Tatra, des Waag-Tals und der Großen Fatra.

Der Abstieg ist relativ flach und führt rechts an einer Felsformation vorbei. Von einem Seitengrat bietet sich links ein herrlicher Blick auf die Kleine Fatra sowie die Bergkette der Chočské vrchy. Im weiteren Verlauf ist der Pfad mit auffälligen hellen Steinchen bedeckt. Wir bleiben auf diesem und lassen uns nicht von einem nach rechts leitenden schmaleren Trampelpfad ablenken. Später wandern wir links um den Berg Malá kopa herum zum **Sedlo Predúvratie** ❼, 1585 m. Die Aussichten lassen das Herz eines jeden

Markant und weithin sichtbar: der Sivý vrch.

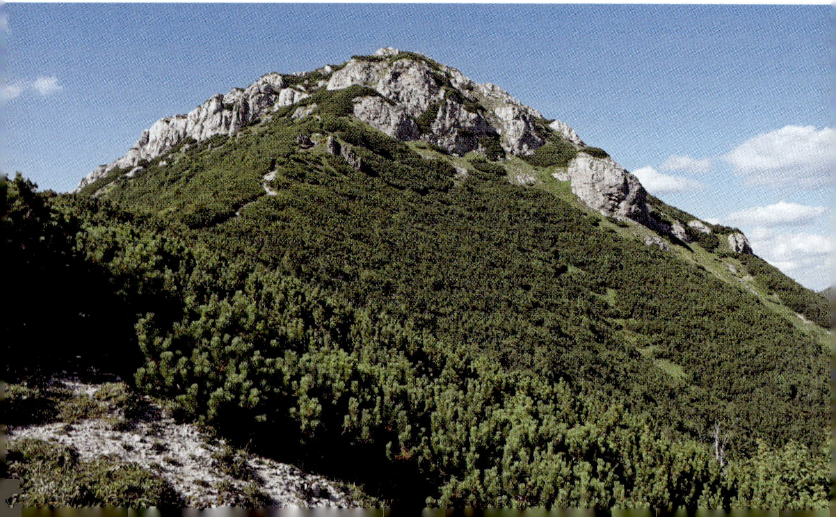

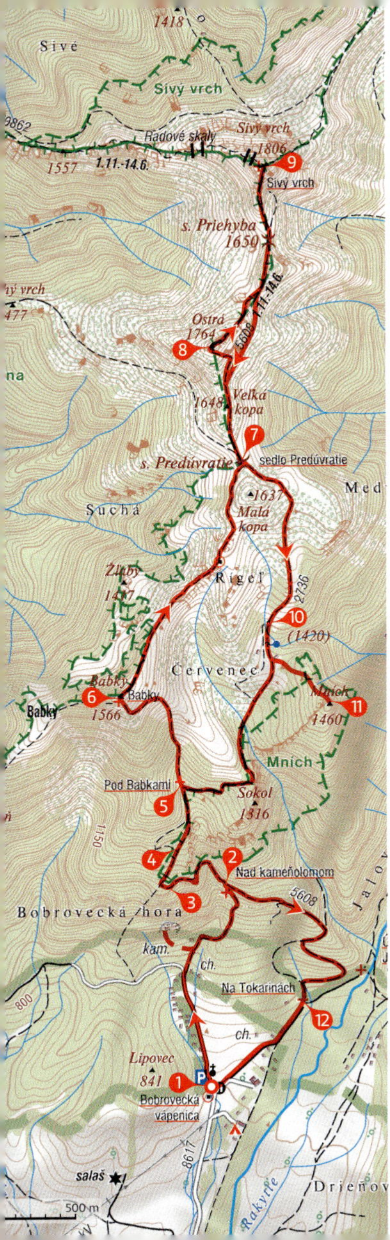

Wanderers höherschlagen. Kurz nach dem Sattel teilt sich der Pfad. Geradeaus kann man den Gipfel der Ostrá ohne Anstieg umgehen. Die Wandermarkierung zieht sich aber links hinauf. Der schmale Pfad wird von einigen Latschenkiefern bereits bedrängt – die Mühen lohnen sich aber, denn von der pyramidenförmigen Spitze der **Ostrá** 8, 1764 m, genießen wir dank der isolierten Lage einen herrlichen Rundblick.

Der schmale Pfad führt über den Gipfel hinweg und danach hinunter in einen namenlosen Sattel, wo er mit dem Weg, der den Berg umgeht, zusammentrifft. Wir wandern nach links direkt auf den vor uns liegenden Sivý vrch zu. Im Aufstieg sind einige Felsen eingelagert und an einer Stelle sollten die Hände zum Festhalten genutzt werden. Später stellt sich eine felsige Passage in den Weg. Unser Steig leitet jedoch in einer Schleife nach links um diesen Abschnitt herum. Auf den letzten Metern geht es an Felsen vorbei steil hinauf zum Gipfel des **Sivý vrch** 9, 1805 m (in der Karte 1806 m). Der fabelhafte Rundblick ist ausgesprochen lohnend.

Der Abstieg erfolgt zunächst auf derselben Strecke und auf den ersten Metern gilt es, im losen Geröll besonders aufzupassen, um nicht auszurutschen. Die grüne Pyramide der Ostrá wird auf dem Rückweg ausgelassen. Ein Pfad führt geradeaus an deren Ostflanke vorbei zum **Sedlo Predúvratie** 7, 1585 m. Wir zweigen mit der blauen Markierung nach links ab und genießen immer wieder großartige Blicke auf die Berge der Westlichen Tatra. Nach

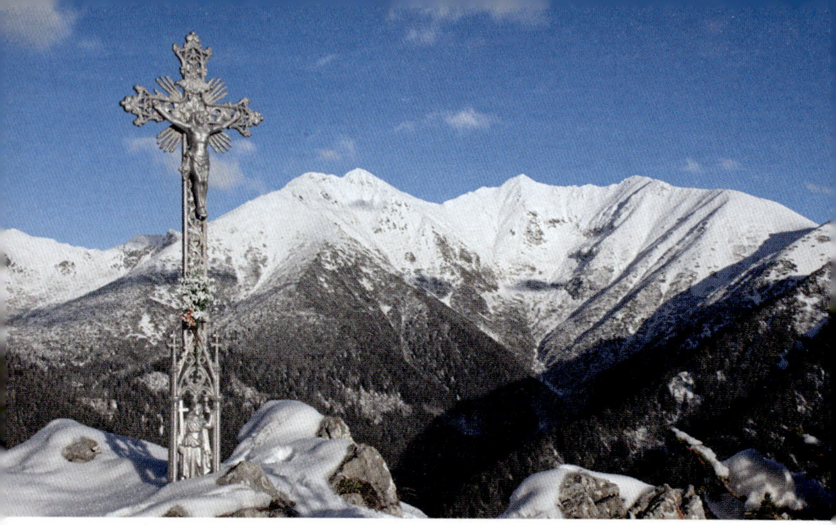

Gedenkkreuz auf dem Mních.

der Umrundung eine Kuppe folgt eine kleine Wetterstation auf einer Wiese. Von hier zieht sich unser Weg steiler bergab bis zur unbefestigten Zufahrt zur Hütte **Chata Pod Náružím – Červenec** ⑩, 1400 m (auf Gebäude: 1420 m).

Unterhalb des Gebäudes leitet der Weg an einer Quelle vorbei zu einer großen Wiese. Es lohnt sich, hier noch den Abstecher nach links zu machen. Wenige Meter neben dem Schild mit slowakischem Staatswappen, das ein Schutzgebiet ausweist, beginnt ein schmaler Pfad, der an eine felsige Abbruchkante heran- und somit zu mehreren Aussichtspunkten führt. Am vorletzten Ausblick wurde auf dem **Mních** ⑪, 1460 m, ein kleines Gipfelkreuz aufgestellt. Der Platz eignet sich hervorragend für eine ausgiebige Pause mit Blick auf die Berge.

Zunächst geht es auf demselben Pfad zurück zur Wiese und dort nach links hinunter zu einem Schotterweg. Diesen schlagen wir ebenfalls nach links ein. Direkt vor einer markanten Rechtskurve zweigt nochmals ein schmaler Pfad nach links zu Aussichtspunkten ab. Genau in der Kurve wird wieder der Hauptweg erreicht, der jetzt hinunter zur Verzweigung **Rázcestie pod Babkami** ⑤, 1247 m, führt. Auf bereits bekannter Strecke wandern wir zum Wegweiser **Rázcestie nad kameňolomom** ②, 1040 m, und bleiben jetzt auf dem breiten Weg. Dieser zieht sich erst am Hang entlang abwärts und verläuft später in Serpentinen hinunter zu seinem Ende am Hinweisschild **Rázcestie na Tokarinách** ⑫, 790 m. Ein breiter Weg leitet uns rechts im Wald zu ein paar Ferienhäusern und danach über eine Wiese zum Hinweisschild **Bobrovecká vápenica** ①, 750 m, zurück.

↗ 1400 m | ↘ 1400 m | 21.8 km

9.15 h

Rundweg von Jalovec auf den Salatín, 2048 m

35

Von Süden auf den westlichen Teil des Hauptkamms

Diese Wanderung führt im ersten Abschnitt durch das Jalovecká dolina – es ist das westlichste Tal des Gebirges und wurde von Gletschern geformt. Auffällig ist, dass durch das Tal keine Forststraße verläuft. Grund hierfür ist eine große Überschwemmung im Jahr 1958, die die vorhandene Straße einfach wegspülte. Es ist heute das einzige Tal in der Westlichen Tatra, das nur von einem Pfad durchzogen wird. Dank jener Katastrophe konnte sich auf einer Fläche von über 5000 ha eine unberührte Wildnis bilden und viele seltene Pflanzenarten sind erhalten geblieben. Über die sich anschließenden Täler Parichvost und Hlboká dolina geht es dem Hauptkamm der Westlichen Tatra entgegen. Mit jedem Meter Aufstieg verbessert sich die Aussicht, bevor uns vom Salatín und der Brestová fantastische Weitblicke auf die umliegenden Berge und Nachbargebirge erwarten. Der Abstieg erfolgt durch das Bobrovecká dolina, das die nördliche Verlängerung unseres Einstiegstals bildet. In seinem Oberlauf gibt es Wiesen, von wo aus der lang gezogene Bergrücken des Salatíns und der Sivý vrch zu sehen sind, sowie zwei kleinere Bergseen.

Ausgangspunkt: Gemeindegebiet Bobrovec, Wegweiser »Bobrovecká vápenica«, 750 m; kostenlose Parkplätze in direkter Umgebung, Busanbindung nur bis »Jalovec, most«, am Ortseingang von Jalovec, von dort zu Fuß an der Straße 2,4 km in Richtung Berge bis zum Ausgangspunkt.
Anforderungen: Anspruchsvolle Bergtour mit sehr großem Höhenunterschied, die gute Kondition voraussetzt. Teilweise sehr steile An- und Abstiege auf Bergpfaden.
Infrastruktur: Keine.
Variante: Ab dem Sedlo Pálenica ❽ bis zum Sivy vrch (Kettensicherung im Aufstieg!) weiter der roten Markierung folgen (Tour 22 in umgekehrte Richtung), dann mit grünem und blauem Wegzeichen (vgl. Tour 34) zum Ausgangspunkt zurück (ca. 30 Min., 2 km sowie 240 Hm Auf- und Abstieg zusätzlich).
Kombi-Tipps: 1. Ab dem Gipfel der Brestová mit Tour 23 ins Roháčska dolina absteigen.
2. Ab dem Sedlo Pálenica ❽ mit Tour 22 nach rechts nach Zuberec wandern.
Hinweis: Die Täler Parichvost und Bobrovecká dolina sowie der Hauptkamm der Westlichen Tatra sind aus naturschutzrechtlichen Gründen nur vom 15. Juni bis 31. Okt. begehbar.
Karte: SHOCart – Blatt 1096 Západné Tatry 1:50.000.

An der Gabelung beim Hinweisschild **Bobrovecká vápenica** ❶, 750 m, leitet der rechte, gelb markierte Weg über ein Feld zu Ferienhütten im Wald und an der Kreuzung »Rázcestie na Tokarinách« vorbei zum Wegweiser **Ústie Jaloveckej doliny** ❷, 805 m, am Einstieg ins Tal. Dort biegen wir links auf einen Weg ab, der sich schnell in einen Pfad verwandelt und am linken Rand des Bachs entlang durch das romantische Tal führt. Einige Stege über

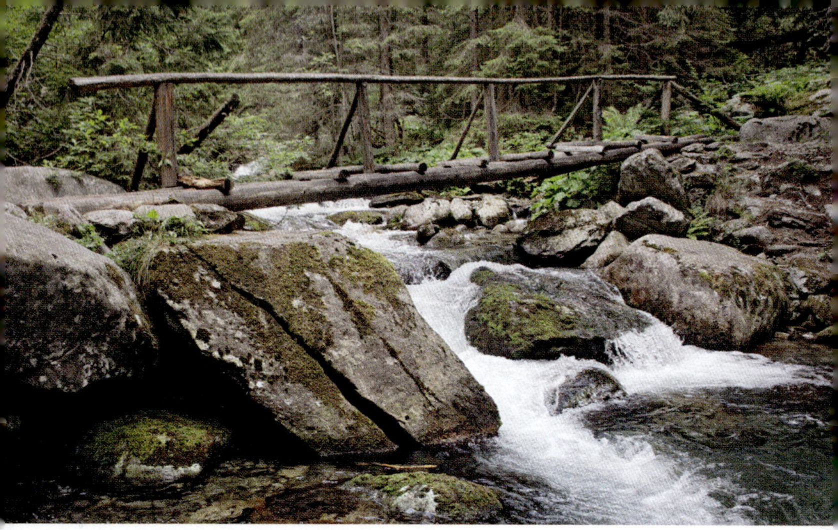

Wackeliger Steg im Jalovecká dolina.

Nebenbäche sind in einem sehr schlechten Zustand und warten auf einen Austausch. Im weiteren Verlauf wird auch der Hauptbach über eine wackelige Brückenkonstruktion gequert. Kurz darauf folgt die Verzweigung **Rázcestie pod Lyscom** ❸, 1019 m.

Das Tal heißt ab hier Parichvost und die grünen und blauen Wandermarkierungen beginnen. An einer Gabelung ist es egal, welchen Weg wir nehmen – links mit etwas mehr Anstieg oder rechts mit zwei Bachquerungen. Am Abzweig **Parichvost pod Hlbokou dolinou** ❹, 1145 m, leitet uns die grüne Markierung im spitzen Winkel nach links und gleich sehr steil in einer Rechtskurve bergauf. Später wird es flacher und es folgen drei kurze Abschnitte mit totem Wald. Danach geht es an einer kleinen Wetterstation

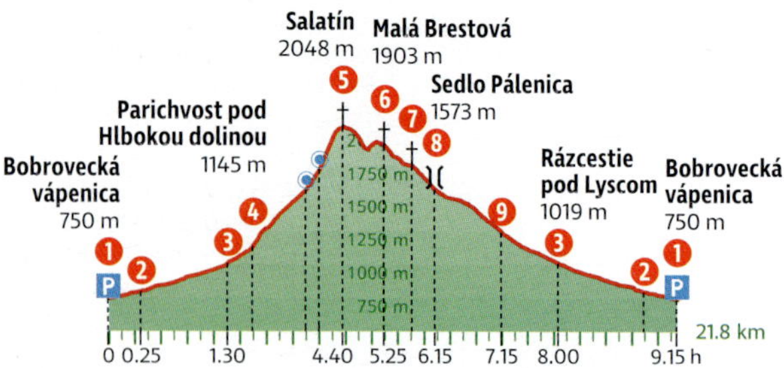

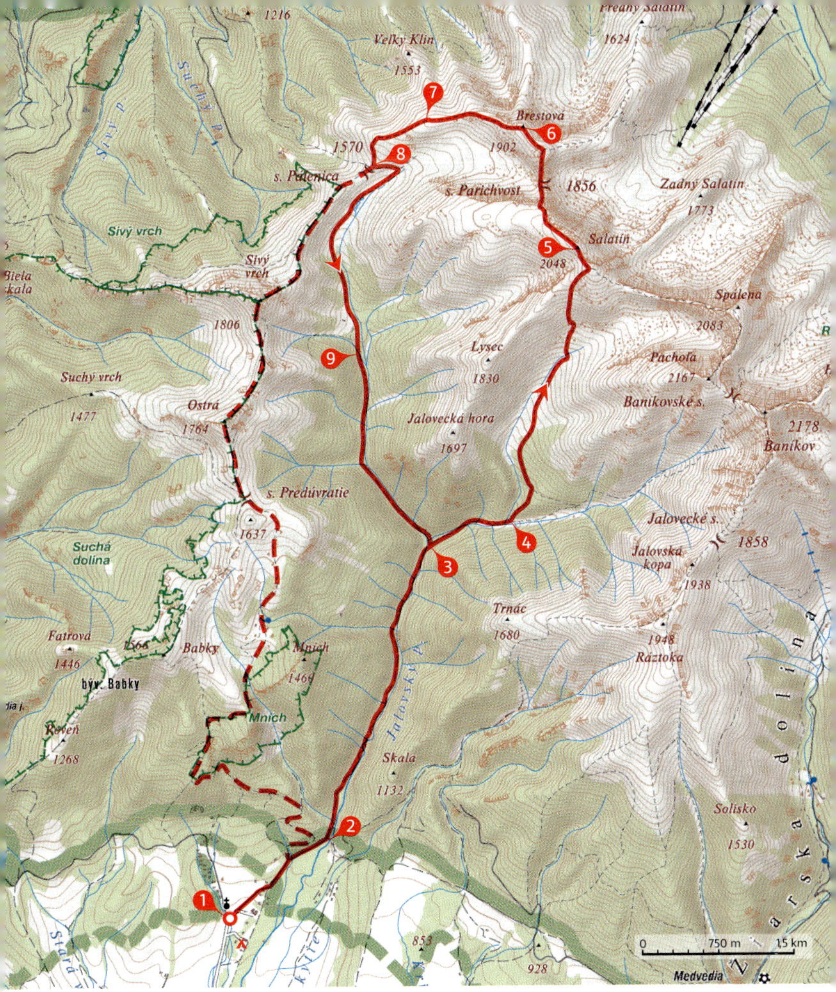

vorbei. Von der Latschenzone aus zeigen sich auch erstmals die Berge. Im weiteren Verlauf wandern wir durch eine sehr abwechslungsreiche Landschaft mit einzelnen Bäumen, Bergwiesen, Blumen, mehreren Bächlein und Gebirgspanorama. Nach der Querung des mittlerweile kleinen Bachs folgen Quellen und ein weiterer steiler Aufstieg über Serpentinen. Oben haben sich zwei Pfade gebildet, die etwas getrennt voneinander parallel ansteigen

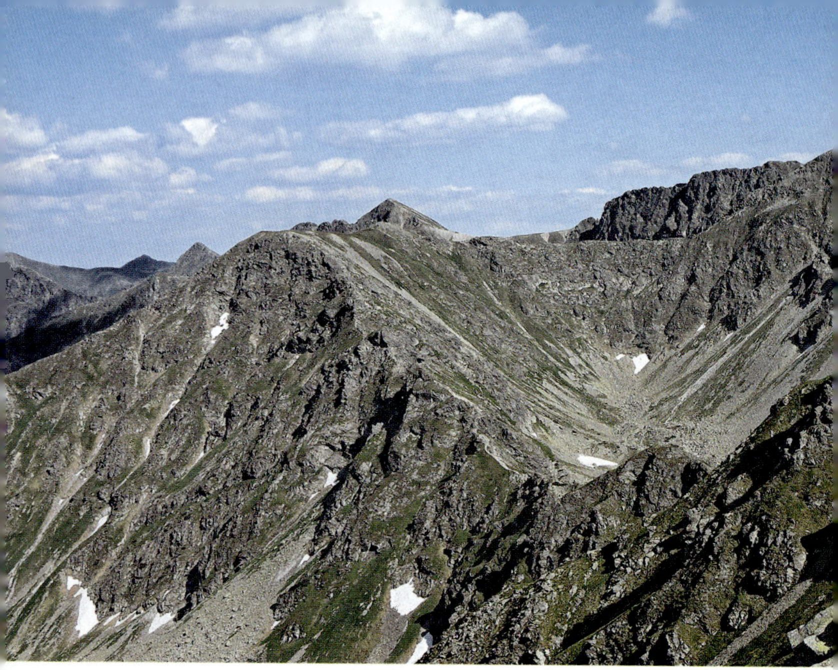

Gipfelpanorama am Salatín.

und kurz unterhalb des Sattels wieder zusammentreffen. Nur wenige Meter danach wird der Wegweiser »Salatín« in einem Sattel zwischen zwei Anhöhen erreicht. Der rot markierte Steig leitet uns links auf den Gipfel des **Salatín** 5, 2048 m, und über dessen grasbewachsenen Bergrücken hinunter. Später haben sich erneut mehrere Pfade ausgebildet, die sehr steil durch loses Geröll in einen Sattel und im weiteren Verlauf auf die Bergkuppe der **Brestová**, 1934 m, führen. Ein wunderbarer Ausblick belohnt für den etwas kraftraubenden Aufstieg. Wesentlich flacher geht es jetzt am Gipfelkreuz der **Malá Brestová** 6, 1903 m (laut Karte: 1902 m), vorbei und dem Gratverlauf folgend über den Berg **Zuberec** 7, 1753 m, hinab zum **Sedlo Pálenica** 8, 1573 m (laut Karte: 1570 m), wo wir erneut auf die gelbe Markierung treffen, die wir bereits vom Aufstiegsweg her kennen.
Der Abstieg durch das Bobrovecká dolina ist bei Weitem nicht so anspruchsvoll wie der durch die Nachbartäler. In einer weiten Schleife führt der Weg zunächst sanft in den breiten Talgrund hinein. Auch hier verzweigt sich der Pfad und vereinigt sich kurz darauf wieder. Linker Hand liegt ein Bergsee und es geht unterhalb vom Sivý vrch vorbei. Einige Abschnitte sind im Sommer etwas verwachsen. Hier sollte genau auf die Markierung

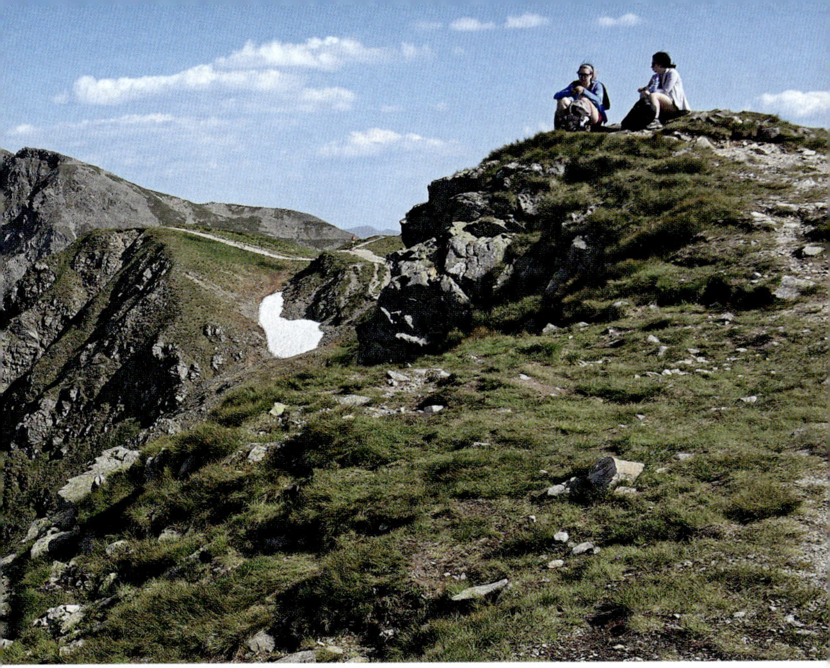

geachtet werden, da sonst ein **Bachübergang** 9, 1250 m, verpasst wird. Falls dies passieren sollte, ist es aber nicht schlimm, denn der »falsche« Pfad stößt weiter unten auf den Hauptweg. Um uns herum entspringen viele Bächlein. Nach einem kurzen Gegenanstieg folgt eine etwas steilere, unwegsame Stelle von zwei Metern Höhe. Die Wurzeln eines Baumes bieten jedoch eine ideale Möglichkeit zum Festhalten. Kurz vor dem Ende des Tals ist es nochmals feucht und im Sommer etwas zugewuchert. Nach einem morschen Steg über den Hauptbach sind noch zwei Bäche des Parichvost-Tals zu überqueren, bevor der Wegweiser **Rázcestie pod Lyscom** 3, 1019 m, vor uns auftaucht.

Auf dem bereits bekannten Weg geht es durch das Jalovecká dolina zum Hinweisschild **Bobrovecká vápenica** 1, 750 m, zurück.

Der Bergrücken der Brestová.

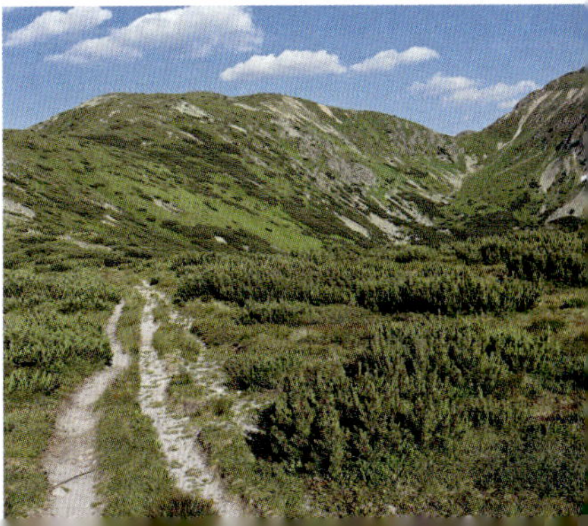

↗ 1520 m | ↘ 1520 m | 24.7 km

36 Rundweg von Jalovec auf den Baníkov, 2178 m

10.30 h

Über den höchsten Gipfel des Hauptkamms der Westlichen Tatra

Der Aufstieg zum Baníkov beginnt im Jalovecká dolina – ein recht einsames Gletschertal, das seine Ursprünglichkeit und seine Wildnis bis heute bewahrt hat. Daran schließt sich östlich Parichvost an – ein trichterförmiges Tal, das sich erst zu seinem Ende hin unter den Hängen der Pachol'a und des Baníkov weitet. Aufgrund seiner Steilheit ist es vor allem im Winter wegen seiner heftigen Lawinen gefürchtet, die in den Steilhängen an Fahrt aufnehmen und immer wieder weiter unten liegende Waldflächen zerstören. Unser Steig mündet in den Baníkovské sedlo – von hier aus erklimmen wir den Gipfel des Baníkov und genießen die fantastische Rundsicht. Der Abstieg erfolgt über den nach Süden und später nach Südwesten verlaufenden Seitenkamm – erst über den Berg Príslop sowie am Jalovecké sedlo vorbei in das Žiarska dolina hinunter. Dort lädt eine moderne Berghütte Wanderer zu einer Rast ein. Am Ende des Tals führt uns die rote Wandermarkierung der Tatra-Magistralen am südlichen Fuße des Gebirges mit herrlichen Blicken auf die Niedere Tatra zu unserem Ausgangspunkt zurück.

Ausgangspunkt: Gemeindegebiet Bobrovec, Wegweiser »Bobrovecká vápenica«, 750 m; kostenlose Parkplätze in direkter Umgebung, Busanbindung nur bis »Jalovec, most«, am Ortseingang von Jalovec, von dort zu Fuß entlang der Straße 2,4 km in Richtung Berge bis zum Ausgangspunkt.
Anforderungen: Überaus anspruchsvolle Bergtour mit sehr großem Höhenunterschied. Teilweise sehr steile An- und Abstiege, die hohe Konzentration erfordern. Im Aufstieg zum Baníkov und im Verlauf zum Príslop werden im felsigen Grat ab und an die Hände benötigt. Trittsicherheit, Schwindelfreiheit und stabile Wetterbedingungen sind Grundvoraussetzungen für diese Tour. Einige Passagen vor dem Príslop sind exponiert.
Infrastruktur: Berghütte **Žiarska chata** (Speisen und Getränke; 40 Betten in Zwei- und Mehrbettzimmern sowie einem Matratzenlager), Tel. +421 44 5 591 525 (allg. Informationen), Reservierungen über ziarskachata.eu (nur auf Slowakisch); ganzjährig, 1 Nacht im Matratzenlager (eigener Schlafsack) ab 16,50 €/Person, im Zimmer ab 39 €/Person (2 Nächte 34 €/Person), 2-Bett-Apartment 98 €. Am Endes des Žiarska dolina Koliba Kožiar (nach dem Parkplatz unweit des Gebäudes der Bergwacht) sehr geschmackvoll eingerichtetes Restaurant.
Variante: Ab dem Baníkovské sedlo mit roter Markierung nach links auf den Gipfel der Pachol'a, 2167 m (hin und zurück gut 30 Min., 700 m und 130 Hm Auf- und Abstieg).
Kombi-Tipps: 1. Vom Banikovské sedlo auf gelber und/oder grüner Markierung direkt ins Rohačska dolina hinunter oder Tour 27 über die Seen ins Tal folgen.
2. Ab dem Baníkov mit Tour 37 über den Hauptkamm weiter bis zum Smutné sedlo, von dort Abstieg ins Žiarska dolina. Da die Tour in diesem Fall sehr lang ist, bietet sich die Übernachtung in der Žiarska chata an (siehe Tour 37).
Hinweis: Der Abschnitt zwischen dem Tal Parichvost und der Žiarska chata ist aus naturschutzrechtlichen Gründen nur vom 15. Juni bis 31. Okt. begehbar.

Tipps: 1. Wer ausreichend Zeit mitbringt, sollte eine Nacht in der Žiarska chata verbringen. Die Hütte wurde 2006 vollständig modernisiert.
2. In der Sommersaison werden an der Žiarska chata Roller vermietet, mit denen man ins Tal abfahren kann – ein besonderer Spaß für Jung und Alt.
3. Im Abstieg kann das Schaubergwerk »Medvedia štôlňa« besichtigt werden (tägl. außer Mo 10–16 Uhr; stolna.sk, nur Slowakisch).
Karte: SHOCart – Blatt 1096 Západné Tatry 1:50.000.

Ab der Gabelung beim Hinweisschild **Bobrovecká vápenica** ❶, 750 m, leitet der rechte, gelb markierte Weg über ein Feld zu Ferienhütten im Wald und an der Kreuzung »Rázcestie na Tokarinách« vorbei zum Wegweiser **Ústie Jaloveckej doliny** ❷, 805 m, am Einstieg ins Tal. Dort schlagen wir links einen Weg ein, der sich schnell in einen Pfad verwandelt und am linken Rand des Bachs entlang durch das romantische Tal führt. Einige Stege über Nebenbäche sind in einem sehr schlechten Zustand. Im weiteren Verlauf wird auch der Hauptbach über eine wackelige Brückenkonstruktion gequert, kurz darauf folgt die Verzweigung **Rázcestie pod Lyscom** ❸, 1019 m. Das Tal heißt ab hier Parichvost und die grünen und blauen Wandermarkierungen beginnen. An einer Gabelung ist es egal, welchen Weg wir nehmen – links mit etwas mehr Anstieg oder rechts mit zwei Bachquerungen. Ab dem Abzweig **Parichvost pod Hlbokou dolinou** ❹, 1145 m, leitet uns die blaue Markierung durch das Tal Parichvost. Nach einem feuchten Bereich mit mehreren Quellen ist das Tal recht grün und von Bäumen eingerahmt. Nach ersten Serpentinen müssen auf einem Abschnitt mit zerstörtem Wald einige Bäume überstiegen werden. Der Pfad wird wieder schmaler und

Panoramablick vom Príslop.

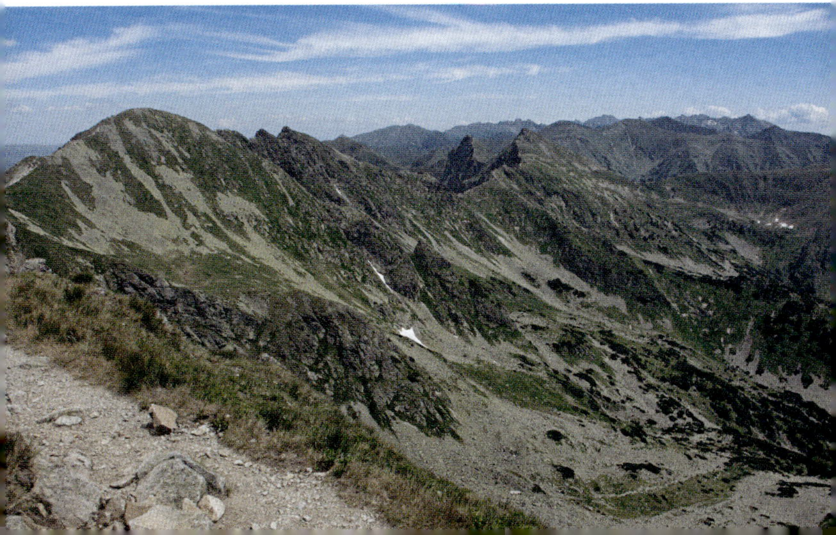

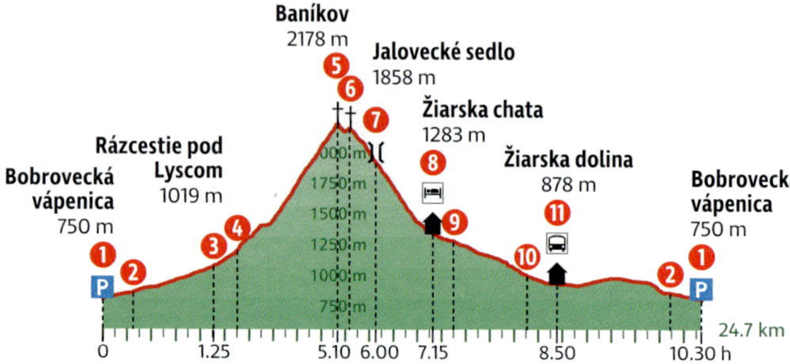

zieht sich am Talende teilweise recht steil über Felsen und abschnittsweise in Serpentinen den Hang hinauf. Es ist atemberaubend, wie extrem steil der Hang zu den weiter oben liegenden Bergen ansteigt. Bei zwei Felsen werden erstmals die Hände benötigt. Weitere Serpentinen bringen uns durch kleinere Geröllfelder zum Baníkovské sedlo, 2040 m, hinauf (nach links: Variante).

Vom Sattel leitet die grüne und rote Markierung nach rechts bergan. Unser Steig überwindet zunächst die erste Felsstufe und führt später etwas rechts unterhalb des Grats an felsigen Bereichen vorbei. Eventuell werden kurz die Hände gebraucht. Auf den letzten Metern schlängelt sich ein Pfad durch Geröll hinauf zum Wegweiser »Baníkov«, 2175 m; der Gipfel des **Baníkov** ❺, 2178 m, befindet sich etwas weiter links. Wir steigen mit den grünen Zeichen nach rechts vom Berg ab. Über Geröll geht es hinunter auf den Südgrat; der einfachste Weg zieht sich immer etwas rechts der eigentlichen Gratlinie entlang. In diesem Abschnitt ist nur an wenigen Stellen die Zuhilfenahme der Hände notwendig, richtige Kletterei gibt es aber nicht – wer auf dem Grat entlang geht, hat es deutlich schwieriger! Ab dem Gipfel des **Príslop** ❻, 2142 m, mit seiner kleinen Wetterstation wird der Weg deutlich einfacher. Ein Pfad verläuft über den jetzt breiten Bergrücken in südwestliche Richtung hinunter in den **Jalovecké sedlo** ❼, 1858 m, und dort links in etlichen Serpentinen und Windungen hinunter ins Žiarska dolina. Hinter einem symbolischen Friedhof für verunglückte Bergsteiger folgt der Wegweiser zur wenige Meter nach rechts gelegenen **Žiarska chata** ❽, 1283 m.

Die blaue Wandermarkierung führt hinunter ins Tal. Um die asphaltierte Zufahrtsstraße zu meiden, wechseln wir direkt hinter der Hütte links auf einen schmalen Pfad. Er verläuft etwas unterhalb der Straße, später überqueren wir sie und wandern ab dem **Wegweiser** ❾, 1223 m, unter der Hütte rechts über Pfade und schmale Wege hinunter ins Tal. An einer Gabelung geht es rechts weiter. Einige Schautafeln informieren auch auf Englisch über das Gebiet. Der Weg wird breiter, überquert nach einem steileren Abstieg den Hauptbach und zieht sich noch ein paar Meter an Bäumen vorbei zum

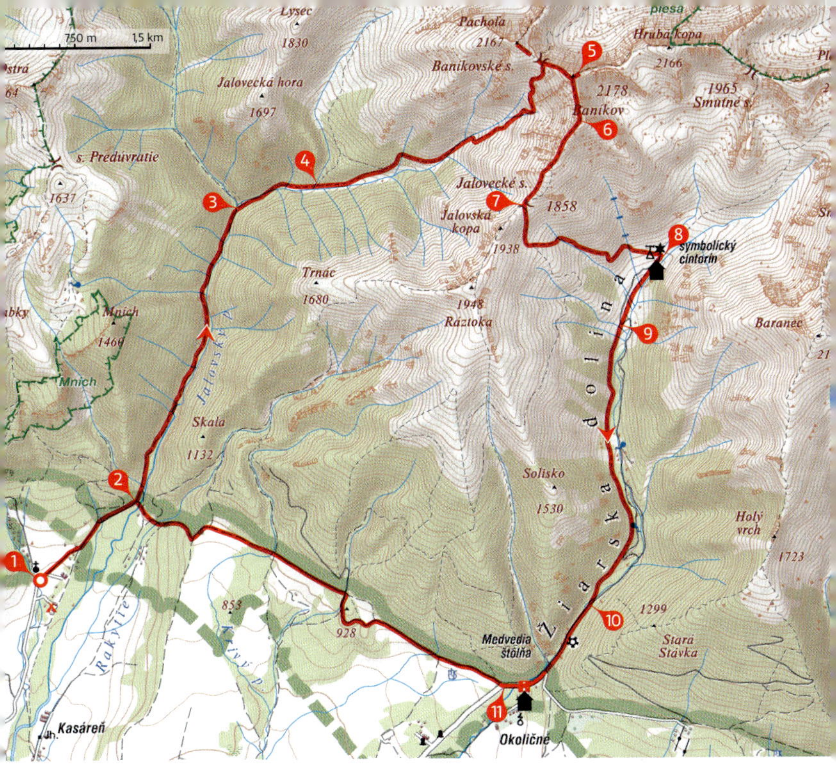

Wegweiser an der **Asphaltstraße** ⑩, 943 m, der jetzt nach rechts gefolgt wird. Keine 5 Min. nach dem Schaubergwerk Medvedia štôlňa wird am Hinweisschild »Žiarska dolina, ústie« ein großer Parkplatz erreicht. Die Straße leitet direkt zur Bushaltestelle **Žiarska dolina** ⑪, 878 m (laut Schild: 860 m). Der letzte Abschnitt der Tour folgt der rot markierten Tatra-Magistralen. Wir verlassen die Straße nach rechts und wandern über breite Wege weiter. Zur Orientierung dient zusätzlich ein rotes »C« auf weißem Grund für Radfahrer. Ein Feldweg führt zunächst an Wiesen und Weiden vorbei, später geht es im Wald angenehm hinauf zu einer Kreuzung mit Unterstand und Infotafel; wir biegen links ab und die Höhenunterschiede sind ab jetzt nur noch gering. An der zweiten Kreuzung halten wir uns rechts, ebenso an der nächsten Gabelung. Nach einer Bachquerung und einer Verzweigung leitet ein schmaler Weg links an einer Hütte vorbei zu einem baufälligen Steg. Wenige Meter dahinter folgt die Verzweigung **Ústie Jaloveckej doliny** ②. Auf bekanntem Weg geht es zum Wegweiser **Bobrovecká vápenica** ① zurück.

↗ 1460 m | ↘ 1460 m | 19.5 km

37 Über den Smutné sedlo auf den Baníkov, 2178 m

10.00 h

Auf den anspruchsvollsten Abschnitten der Westlichen Tatra

Für Wanderer, die über die notwendige Erfahrung verfügen, ist diese Tour über den westlichen Teil des Roháče-Massivs ein besonderer Leckerbissen. Beim Zustieg von Süden her bietet es sich förmlich an, im Žiarska dolina zu beginnen und über die Berghütte Žiarska chata zum Smutné sedlo aufzusteigen. Hier beginnt unser Steig, der über mehrere Gipfel führt. Die erste Kombination aus drei aufeinanderfolgenden Felskuppen heißt Tri kopy – Drei Kuppen. Mehrere Kettensicherungen sind an den exponiertesten Stellen angebracht und einige Kletterpartien warten auf uns. Der mittlere Berg Hrubá kopa (die »Raue Kuppe«) ist einfach über Pfade zugänglich. Später folgt der Aufstieg auf den Baníkov, den höchsten Gipfel der Roháče-Berge. Der Name des Berges leitet sich vom Wort »Minenarbeiter« ab, da im 18. Jh. am Fuße des Berges nach Eisenerz geschürft wurde. Auch hier sind die schwierigsten Abschnitte mit Ketten versichert. Im Auf und Ab wandern wir dann über einen Seitenkamm auf den Príslop und steigen wieder ins Tal ab. Die fantastischen Aussichten auf der gesamten Strecke sind ein absoluter Hochgenuss.

Ausgangspunkt: Gemeinde Žiar, Bushaltestelle »Žiarska dolina«, 878 m; kostenpflichtige und mit Schranke gesicherte Parkplätze am Ende der Straße etwa 400 m hinter dem Ausgangspunkt.
Anforderungen: Überaus anspruchsvolle Bergtour mit sehr großem Höhenunterschied. Nur für geübte, erfahrene Wanderer mit hervorragender Kondition. Trittsicherheit, Schwindelfreiheit und stabile Wetterbedingungen sind Grundvoraussetzungen für diese extreme Wanderung. Teilweise sehr steile An- und Abstiege, die hohe Konzentration erfordern. Der Abschnitt vom Smutné sedlo zum Baníkov verläuft über einen zum Teil mit Ketten versicherten und stellenweise sehr ausgesetzten Steig. Immer wieder kurze Kletterstellen (Schwierigkeitsgrad I) ohne Sicherungen! An mehreren Stellen besteht Absturzgefahr!
Infrastruktur: Unweit des Ausgangspunktes Koliba Kožiar (sehr geschmackvoll eingerichtetes Restaurant). Berghütte **Žiarska chata** (Speisen und Getränke; 40 Betten in Zwei- und Mehrbettzimmern sowie einem Matratzenlager), Tel. +421 44 5 591 525 (allgemeine Informationen), Reservierungen über ziarskachata.eu (nur auf Slowakisch); ganzjährig, 1 Nacht im Matratzenlager (eigener Schlafsack) ab 16,50 €/Person, im Zimmer ab 39 €/Person (2 Nächt 34 €/Person), 2-Bett-Appartment 98 €.
Varianten: 1. Umgehung der schwierigen Gratwanderung: ab dem Smutné sedlo ❺ zum Wegweiser »Rázcestie Smutná dolina« absteigen, dort nach links an den Bergseen vorbei über die Abzweige »Rázcestie pod Troma kopami« und »Rázcestie pod Hrubou kopou« zum Baníkovské sedlo, ab dort zum Baníkov aufsteigen. Achtung: der Höhenunterschied beträgt so fast 2000 Hm und eine Übernachtung auf der Žiarska chata ist zu empfehlen (Smutné sedlo–Baníkov: 4 Std., 7,7 km, 820 Hm im Auf, 600 Hm im Abstieg).
2. Ab dem Smutné sedlo ❺ auf dem Hauptkamm nach rechts Aufstieg auf den Plačlivé, 2125 m (vgl. Tour 29). Von dort wie in Tour 38 zur Kreuzung Ráz-

cestie pod Homôlkou ❹ und weiter zur Hütte Žiarska chata ❸ (Smutné sedlo–Žiarska chata: 6.30 Std., 11,7 km, 920 Hm im Auf, 1610 Hm im Abstieg).
3. Vom Plačlivé mit roter Markierung zum Ostrý Roháč und weiter in den Jamnícke sedlo (vgl. Tour 29). Mit blauem Zeichen hinunter zur Kreuzung Rázcestie pod Smrekom, dort rechts mit grünem Zeichen auf den Žiarske sedlo und Abstieg über Rázcestie pod Homôlkou ❹ zur Žiarska chata ❸ (Übernachtung in der Žiarska chata sinnvoll; Smutné sedlo–Plačlivé–Žiarska chata: 4.45 Std., 10,3 km, 710 Hm im Auf-, 1500 Hm im Abstieg).
Hinweis: Alle Wegabschnitte ab der Žiarska chata ❸ sind aus naturschutzrechtlichen Gründen nur vom 15. Juni bis 31. Okt. begehbar.
Tipps: 1. Wer ausreichend Zeit mitbringt, sollte auf jeden Fall eine Nacht in der Žiarska chata verbringen. Die Hütte wurde 2006 vollständig modernisiert.
2. Im Sommer werden an der Hütte Roller vermietet, mit denen man ins Tal abfahren kann – ein besonderer Spaß für Jung und Alt.
3. Im Abstieg kann das Schaubergwerk »Medvedia štôlňa« besichtigt werden (tägl. außer Mo 10–16 Uhr; stolna.sk, nur Slowakisch).
Karte: SHOCart – Blatt 1096 Západné Tatry 1:50.000.

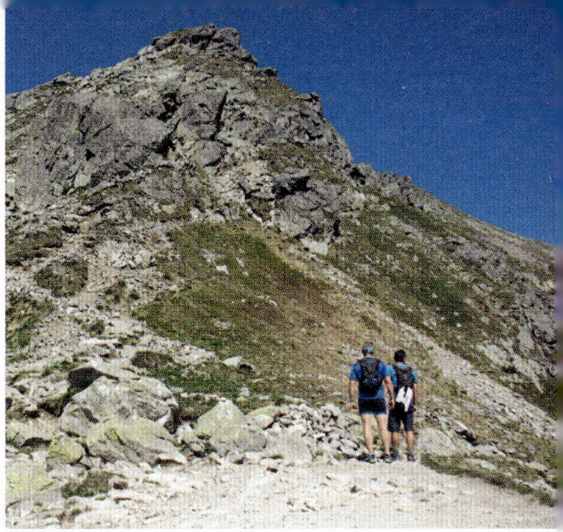

Am Smutné sedlo.

Von der Bushaltestelle **Žiarska dolina** ❶, 878 m (laut Schild: 860 m), leitet uns die blaue Markierung zunächst an der asphaltierten Straße entlang zum Parkplatz. An der Verzweigung »Žiarska dolina, ústie« gehen wir geradeaus weiter am Schaubergwerk vorbei bis zum **Wegweiser** an der **Asphaltstraße** ❷, 943 m. Hier zweigt ein Pfad nach links ab, führt ein Stück durch den Wald und über den Hauptbach. Danach steigt ein breiter Weg ziemlich steil einige Höhenmeter an und verläuft später links oberhalb des Bachs in das Tal hinein. Es gibt mehrere Rastplätze mit Schautafeln (auch auf Englisch beschriftet). Später tauchen mit den Tri kopy die ersten Gipfel des Tages auf und auch die Hütte ist bereits zu sehen. Am Wegweiser unter der Hütte wird die Zufahrtsstraße überquert und etwa 10 m links versetzt beginnt ein Pfad, der sich etwas unterhalb der Straße zur Hütte **Žiarska chata** ❸, 1283 m, zieht; der Wegweiser »Žiarska chata« befindet sich hinter den Gebäuden. Unser Weg führt rechts über eine große Brücke und tief ins Tal hinein. Später geht es über steinerne Stufen und in einem kleineren Bächlein hinauf zur Gabelung **Rázcestie pod Homôlkou** ❹, 1666 m (laut Schild: 1700 m); dort links weiter. Der Pfad teilt sich im weiteren Verlauf, beide Varianten treffen kurz vor einem Seitenkamm wieder zusammen. Erstmals öffnet sich das Panorama mit den wilden Felsgipfeln der Roháče-Gruppe. An einem Felsen benötigen wir kurz die Hände und steigen danach in einem Seiten-

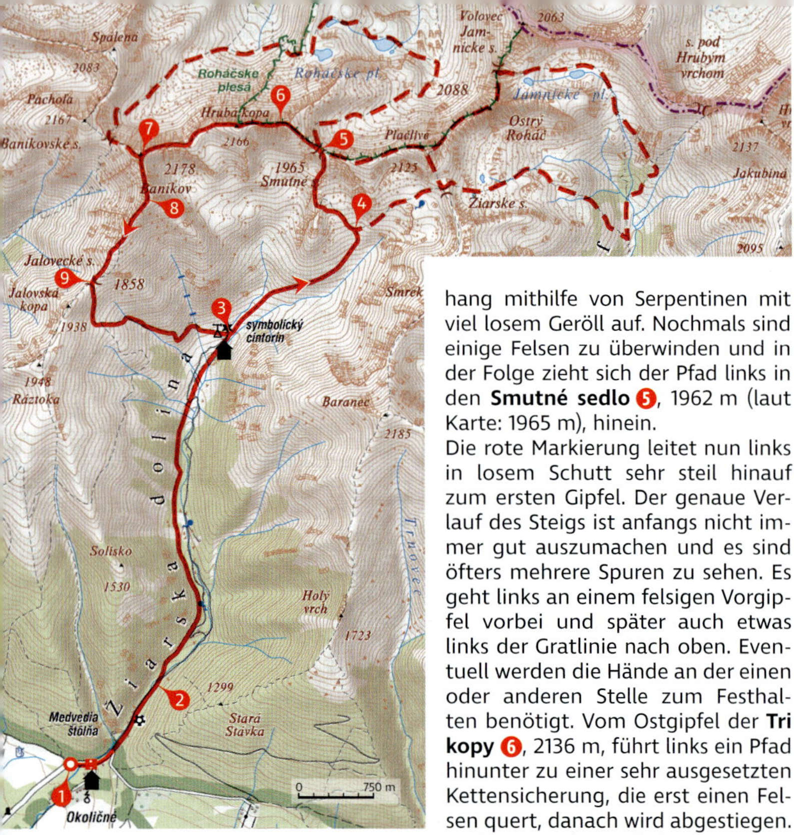

hang mithilfe von Serpentinen mit viel losem Geröll auf. Nochmals sind einige Felsen zu überwinden und in der Folge zieht sich der Pfad links in den **Smutné sedlo** ❺, 1962 m (laut Karte: 1965 m), hinein.

Die rote Markierung leitet nun links in losem Schutt sehr steil hinauf zum ersten Gipfel. Der genaue Verlauf des Steigs ist anfangs nicht immer gut auszumachen und es sind öfters mehrere Spuren zu sehen. Es geht links an einem felsigen Vorgipfel vorbei und später auch etwas links der Gratlinie nach oben. Eventuell werden die Hände an der einen oder anderen Stelle zum Festhalten benötigt. Vom Ostgipfel der **Tri kopy** ❻, 2136 m, führt links ein Pfad hinunter zu einer sehr ausgesetzten Kettensicherung, die erst einen Felsen quert, danach wird abgestiegen. Im kommenden Aufstieg muss man erst ein paar Meter an die nächste Kette heranklettern, dann folgen eine weitere Querung und der Anstieg zum Mittelgipfel. Dort warten ein versicherter Kamin und ein kurzer Abschnitt über Felsen auf uns. Die dritte und letzte Kuppe kann wieder auf einem Steig erklommen werden. Nur ab und an werden die Hände zum Festhalten gebraucht. Vom Westgipfel steigen wir in ähnlichem Gelände ein paar Meter ab, danach zieht sich ein Pfad ohne Schwierigkeiten hinauf auf die **Hrubá kopa**, 2166 m.

Unser Pfad führt hinunter in einen Sattel und an den Fuß des Baníkov-Massivs heran. An einer versicherten Stelle werden nochmals ein paar Meter abgestiegen. Rechts erhebt sich die markante Felsnadel Baníkovská ihla. Direkt dahinter leiten Ketten durch felsiges Gelände nach oben. Im weiteren Verlauf werden immer wieder kurz die Hände benötigt. Der

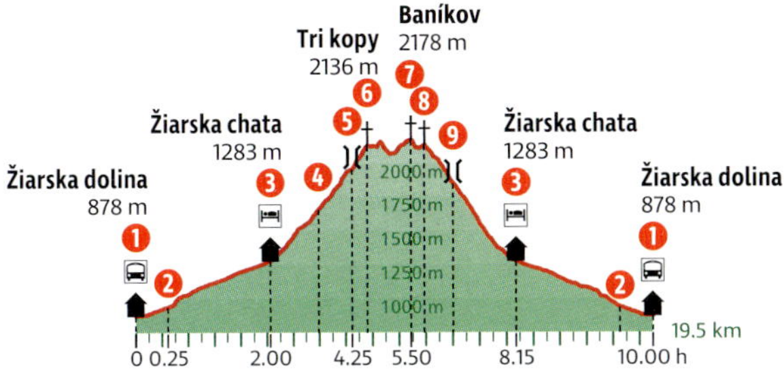

Steig gelangt zu einer weiteren schwierigen Passage. Zunächst ist ein Fels zu überklettern, an der nächsten Kettensicherung kann man sich einfach hochziehen. Am Grat ist es nicht mehr weit zum nächsten abgesicherten Abschnitt. Wir queren nochmals sehr ausgesetzt einen Felsen, übersteigen in der Mitte den Grat und wechseln auf die andere Seite. Jetzt sind es nur noch wenige Meter zum Gipfelstock. Entweder wird mithilfe einer Kette aufgestiegen oder aber man umgeht diese Stelle nach rechts auf einem schmalen Pfad und folgt diesem links zum Gipfel des **Baníkov** 7, 2178 m. Knapp 50 m weiter vorne befindet sich der offizielle Wegweiser »Baníkov«. Wir steigen mit den grünen Zeichen nach links vom Berg ab. Über Geröll geht es hinunter auf den Südgrat; der einfachste Weg zieht sich immer etwas rechts der eigentlichen Gratlinie entlang. In diesem Abschnitt ist nur an wenigen Stellen die Zuhilfenahme der Hände notwendig, richtige Kletterei gibt es aber nicht – der Weg auf dem Grat ist deutlich schwieriger! Ab dem Gipfel des **Príslop** 8, 2142 m, mit kleiner Wetterstation wird der Weg deutlich einfacher. Ein Pfad verläuft über den breiten Bergrücken in südwestliche Richtung hinunter in den **Jalovecké sedlo** 9, 1858 m, und dort links in etlichen Serpentinen und Windungen hinunter ins Žiarska dolina. Hinter einem symbolischen Friedhof für verunglückte Bergsteiger steht der Wegweiser zur wenige Meter nach rechts gelegenen **Žiarska chata** 3, 1283 m. Von dort geht es auf bekannten Wegen zurück zur Bushaltestelle **Žiarska dolina** 1, 878 m.

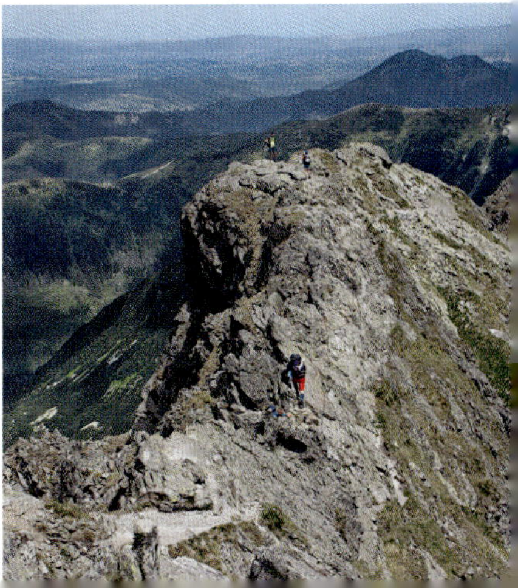

Luftige Kettensicherung unter dem Baníkov.

↗ 1620 m | ↘ 1620 m | 18.5 km

38 Rundweg über Baranec, 2185 m, und Plačlivé, 2125 m

9.30 h

Auf den Aussichtsbalkon von Liptovský Mikuláš und auf einen Gipfel auf dem Hauptgrat

Mit 2185 m ist der Baranec der dritthöchste Berg der Westlichen Tatra. Wie eine mächtige Pyramide thront er über Liptovský Mikuláš. Dank seiner Lage südlich des Hauptkamms bietet der Gipfel einen fantastischen Rundblick, darüber hinaus sind auch die benachbarten Gebirge zu sehen. Im Abstieg kommen wir den Felsspitzen des wilden Hauptkamms immer näher. Es lohnt sich, den Abstecher auf den Plačlivé zu unternehmen, denn dieser ermöglicht den Blick auf die vier Bergseen auf der anderen Seite des Massivs. Der erste See unter dem Berg ist zugleich das größte Gewässer der Westlichen Tatra. Bei guter Sicht kann man weit bis nach Polen hineinschauen.

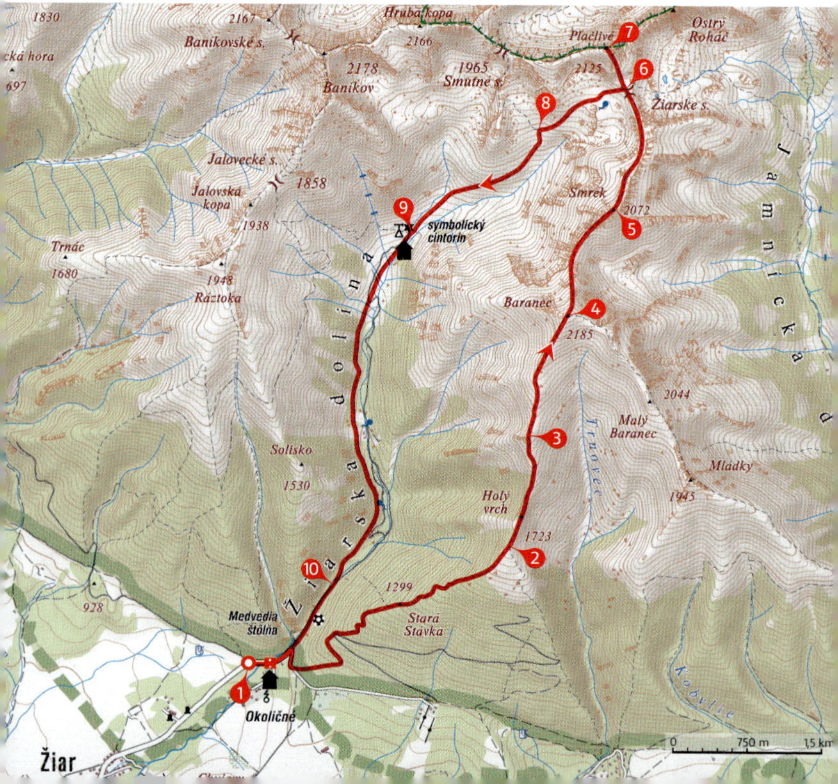

Ausgangspunkt: Gemeinde Žiar, Bushaltestelle »Žiarska dolina«, 878 m; kostenpflichtige und mit Schranke gesicherte Parkplätze am Ende der Straße etwa 400 m hinter dem Ausgangspunkt.
Anforderungen: Sehr anspruchsvolle Bergtour mit extremen Höhenunterschied. Nur für geübte, erfahrene Wanderer mit hervorragender Kondition. Trittsicherheit, Schwindelfreiheit und stabile Wetterbedingungen sind Grundvoraussetzungen für diese äußerst anspruchsvolle Wanderung. Teilweise sehr steile An- und Abstiege, die hohe Konzentration erfordern. Zwischen dem Baranec und dem Žiarske sedlo werden im Aufstieg zum Smrek ab und an die Hände benötigt (mindestens eine Kletterstelle, Schwierigkeitsgrad I). An mehreren Stellen besteht Absturzgefahr!
Infrastruktur: Unweit des Ausgangspunktes Koliba Kožiar (sehr geschmackvoll eingerichtetes Restaurant). Berghütte **Žiarska chata** (Speisen und Getränke; 40 Betten in Zwei- und Mehrbettzimmer sowie einem Matratzenlager), Tel. +421 445 591 525 (allgemeine Informationen), Reservierungen über ziarskachata.eu (nur auf Slowakisch); ganzjährig, 1 Nacht im Matratzenlager (eigener Schlafsack) ab 16,50 €/Person, im Zimmer ab 39 €/Person (2 Nächte 34 €/Person), 2-Bett-Appartment 98 €.
Variante: Auslassen der Besteigung des Plačlivé, 2125 m (Ersparnis gut 1 Std., 1 km und 210 Hm im Auf- und Abstieg).
Kombi-Tipp: Wer auf der Žiarska chata übernachtet, kann am Folgetag die Gratwanderung auf den Baníkov anschließen (Tour 37).
Hinweis: Die hier beschriebene Wanderung ist die einzige Gipfeltour auf slowakischer Seite der Westlichen Tatra, die nicht mit einer Wintersperre belegt und somit während des ganzen Jahres möglich ist.
Tipps: 1. Wer ausreichend Zeit mitbringt, sollte auf jeden Fall eine Nacht in der Žiarska chata verbringen und noch eine weitere Wanderung in der Umgebung unternehmen. Die Hütte wurde 2006 vollständig modernisiert.
2. In der Sommersaison werden an der Hütte Roller vermietet, mit denen man ins Tal abfahren kann – ein besonderer Spaß für Jung und Alt.
3. Im Abstieg kann das Schaubergwerk »Medvedia štôlňa« besichtigt werden (tägl. außer Mo 10–16 Uhr; stolna.sk, nur Slowakisch).
Karte: HOCart – Blatt 1096 Zapadne Tatry 1:50.000.

Von der Bushaltestelle **Žiarska dolina** ❶, 878 m (laut Schild: 860 m), leitet uns die gelbe Markierung zunächst an der asphaltierten Straße entlang zum Parkplatz. An der Verzweigung »Žiarska dolina, ústie« gehen wir nach rechts, bis bereits nach guten 200 m links am Hinweisschild »Odbočka na Baranec a Plačlivé«, 910 m (laut Schild: 920 m), ein Pfad beginnt. Zunächst wandern wir auf diesem durch einen nachwachsenden Bereich aufwärts bis zu einem Forstweg. Etwa 20 m links versetzt beginnt ein Pfad, der sich den steilen Waldweg immer wieder kreuzend deutlich angenehmer in Serpentinen bergauf windet. Später wird der Wald lichter und Heidelbeeren sowie Latschenkiefern gesellen sich dazu. Der Weg wird etwas flacher und leitet zur Kreuzung **Holý vrch** ❷, 1670 m (laut Schild: 1715 m).
Ein wunderbarer Bergpfad zieht sich von Latschen gesäumt über den Bergrücken weiter bergauf. Die westlichen wilden Gipfel des Roháče-Massivs tauchen vor uns auf. An einem kleineren Felsen werden erstmals die Hände benötigt. Später übersteigen wir die Kuppe **Kečka** ❸, 1881 m, und genießen von dort die herrlichen Ausblicke. Der Weg wird jetzt deutlich steiler

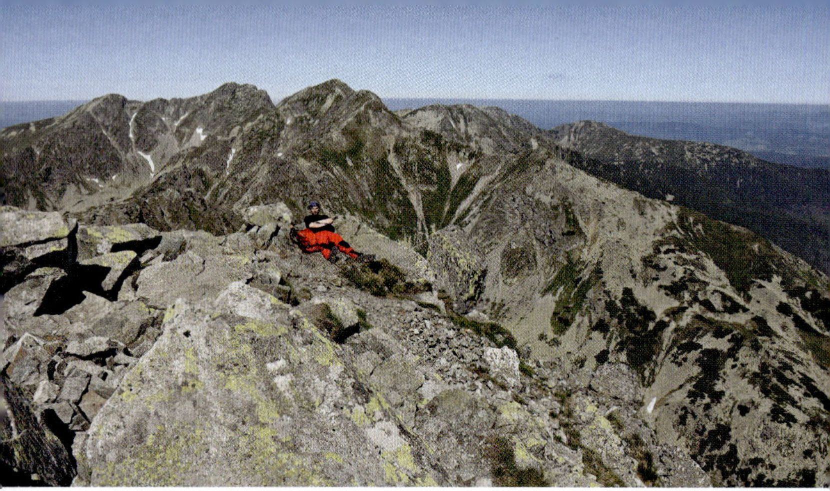

Fantastischer Platz für eine Rast – der Gipfel Plačlivé.

und leitet etwas mühevoll hinauf zum **Baranec 4**, 2185 m. Wegen seiner isolierten Lage südlich des Hauptkamms bietet er ein unvergessliches Bergpanorama – das komplette Roháče-Massiv liegt nördlich vor den Augen der Betrachter. Auch die Hohe und Niedere Tatra sowie Große und Kleine Fatra sind bei guter Sicht zu sehen.
Unser Steig verläuft jetzt über den nördlichen Seitengrat auf die beiden markanten Berge Plačlivé und Ostrý Roháč zu und sehr steil bergab. Nicht immer sind Pfadspuren auszumachen – es geht über kleinere Felsplatten und Geröll in engen Serpentinen hinab. Später ist wieder deutlich ein Pfad zu erkennen, der jedoch an einigen Stellen ausgesetzt ist. Die Traumblicke bleiben fortwährend erhalten. An mindestens einer Stelle werden an Felsen die Hände benötigt. Es folgt der Zwischengipfel **Smrek 5**, 2074 m (in Karte 2072 m). Das erste Teilstück des Steigs ist nochmals steiler, später zieht er sich angenehm zur Kreuzung im **Žiarske sedlo 6**, 1917 m. Vom Sattel steigen wir in engen Serpentinen mühevoll hinauf zur »Rázcestie pod Plačlivým«, 2075 m, wo die gelbe Markierung endet. Nun sind es nur noch wenige Minuten mit dem roten Wanderzeichen in ähnlichem Gelände hinauf bis zum **Plačlivé 7**, 2125 m. Die Sicht auf die nördlich gelegenen Bergseen und die Umgebung ist fantastisch.
Zurück am **Žiarske sedlo 6**, 1917 m, folgen wir nach rechts (Westen) dem grün markiertem Pfad ins Žiarska dolina hinunter. Nach Querung eines Geröllfelds beginnen die Latschen und ein kleiner Bach teilt sich bis zum Wegweiser **Rázcestie pod Homôlkou 8**, 1666 m (laut Schild: 1700 m), für ein Stück den Weg mit uns. Wir steigen nach links durch das Tal weiter ab, gelangen wieder in den Wald und überqueren den Hauptbach über eine

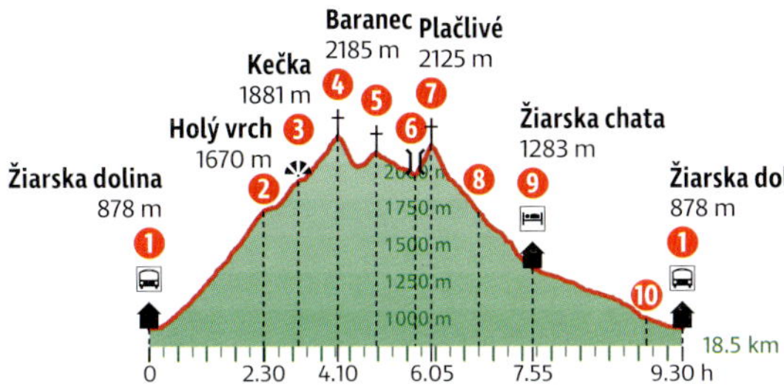

breite Brücke. Direkt dahinter befindet sich die Kreuzung bei der Berghütte **Žiarska chata** ⑨, 1283 m.

Von der Hütte führt die blaue Wandermarkierung hinunter ins Tal. Ein Pfad verläuft etwas unterhalb der Zufahrtsstraße, überquert diese und beginnt etwas links versetzt an einem Wegweiser erneut. Weiter geht es auf Pfaden oder schmalen Wegen ins Tal. An einer Gabelung halten wir uns rechts. Einige Schautafeln informieren auch auf Englisch über das Gebiet. Der Weg wird breiter, überquert nach einem steileren Abstieg den Hauptbach und zieht sich noch ein paar Meter an Bäumen vorbei zum **Wegweiser** an der **Asphaltstraße** ⑩, 943 m, der wir nach rechts folgen. Keine 5 Min. nach dem Schaubergwerk Medvedia štôlňa folgt das Hinweisschild »Žiarska dolina, ústie«; ab hier auf dem Hinweg zurück zur Bushaltestelle **Žiarska dolina** ①, 878 m.

Unter dem Žiarske sedlo.

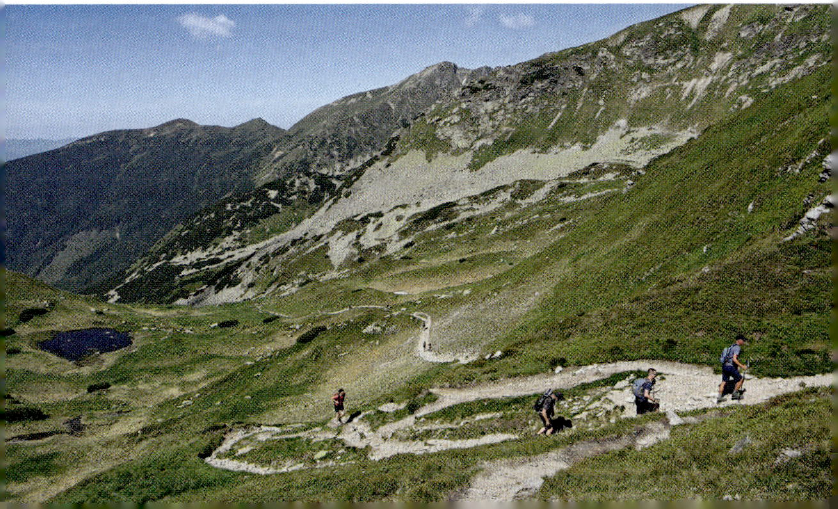

↗ 1420 m | ↘ 1420 m | 16.7 km

39 Rundweg von Pribylina auf den Baranec, 2185 m

8.00 h

Aussichtsreiche Tour auf den dritthöchsten Berg der Westlichen Tatra

Von der Region Liptov aus gesehen ist der Baranec zweifelsfrei einer der imposantesten Berge des Gebirges. Dies liegt wohl daran, dass der Gipfel nicht auf dem Hauptkamm, sondern näher am Tal auf einem südlich endenden Seitengrat liegt. Umgangssprachlich wurde der Baranec früher auch als »Spitze der Region Liptov« – »Štít Liptova« – bezeichnet. Bereits der Aufstieg ist äußerst lohnend, und mit Erreichen der Latschenzone bietet sich ein herrliches Panorama der wilden Felsgipfel des östlich gelegenen Jakubina-Kamms sowie einiger Spitzen der Hohen Tatra. Neben dem fantastischen Blick auf weite Teile der Westlichen Tatra ist der Berg auch Heimat für unzählige Murmeltiere, die ihre Baue bis direkt unter die Betonsäule am höchsten Punkt angelegt haben. Mit etwas Glück sind im Bereich des Baranec auch Tatra-Gämsen zu beobachten. Für Wanderer gehört der Berg, wenn er von seiner Südseite erklommen wird, eher zu den einfacher zu besteigenden hohen Gipfeln im slowakischen Teil der Westlichen Tatra.

Ausgangspunkt: Pribylina, 800 m, Hinweisschild »Odbočka nad Orešnicou«, etwa 300 m oberhalb des Úzka-Tals, rund 4 km nördlich der Ortschaft Pribylina; mehrere kostenpflichtige Parkplätze in der Nähe, Busanbindung nur bis zur Haltestelle »Pribylina, Račkova dolina, hotel Esperanto« und somit 4,3 km pro Strecke zusätzlich (grüne Markierung entlang der Landstraße).

Anforderungen: Anspruchsvolle Bergtour mit sehr großem Höhenunterschied, die eine gute Kondition voraussetzt. Teilweise sehr steile An- und Abstiege.

Infrastruktur: Um den Ausgangspunkt mehrere Unterkünfte und ein Campingplatz. Wer mit dem Bus anfährt, sollte hier übernachten. In der Horská chata Orešnica (chataoresnica.sk, nur auf Slowakisch) gibt es ein Restaurant. Unterwegs nichts.

Kombi-Tipp: Ab dem Gipfel des Baranec kann man mit Tour 38 über das Žiarska dolina ins Tal absteigen. Zwischen dem Žiarska dolina und dem Ausgangspunkt verläuft die rote Wandermarkierung der Tatra-Magistralen.

Hinweise: 1. Der komplette Aufstieg auf den Baranec und der Abstieg zwischen Holý vrch ⑤ und Rázcestie pod Holým vrchom ⑦ sind aus naturschutzrechtlichen Gründen nur vom 15. Juni bis 31. Okt. begehbar.
2. Die Parkplätze am Ausgangspunkt werden seit 2022 per SMS bezahlt. Das funktioniert bei ausländischen Mobilfunkanbietern aber nicht. In der Regel wird ein Zettel an die Windschutzscheibe gehängt, damit darf man die Parkgebühr überweisen.

Tipps: 1. Im Freilichtmuseumsdorf in Pribylina sind alte Gebäude der Region zu sehen (skanzenpribylina.sk, auch auf Englisch).
2. Lohnend ist eine Übernachtung in der Notunterkunft Koliba Horica. Eine Quelle ist in der Nähe vorhanden, Essen und ein eigener Schlafsack müssen mitgebracht werden (Unkostenbeitrag 5 € auf freiwilliger Basis zum Erhalt der Holzhütte).

Karte: SHOCart – Blatt 1096 Zapadne Tatry 1:50.000.

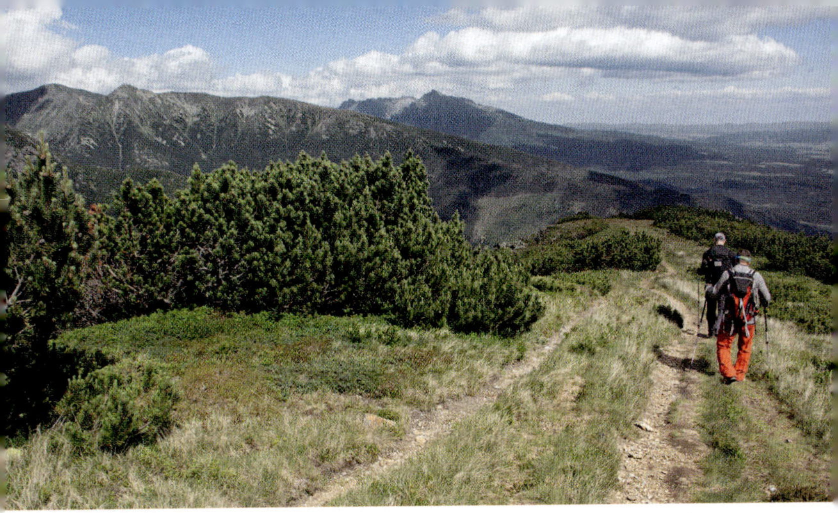

Jakubina und Krivaň sind im Aufstieg bestens zu sehen.

Vom Hinweisschild **Odbočka nad Orešnicou** ❶, 900 m, oberhalb eines Hotels gehen wir auf der unbefestigten Zufahrt zu einer Hütte, später leitet uns ein Pfad bergauf zu einem breiten Waldweg. Dieser bringt uns nach rechts zu einem Hang. Nach der Querung eines Bachs beginnen Serpentinen. Im Sommer blüht im nachwachsenden Bereich des Aufstiegwegs ein Meer von Weidenröschen. Im Verlauf wird ein Abzweig zu einer Quelle erreicht, kurz darauf steht rechts die Notunterkunft **Koliba Horica** ❷, 1350 m (vgl. Tipp 2).

Im weiteren Aufstieg ist es egal, welcher Weg an der Gabelung eingeschlagen wird, da beide später wieder zusammentreffen. Der Wald wird lichter und Latschenkiefern nehmen zu. Rechts zweigt ein erster schmaler Pfad zu einem Aussichtspunkt ab; später jedoch bleiben uns die Ausblicke dauer-

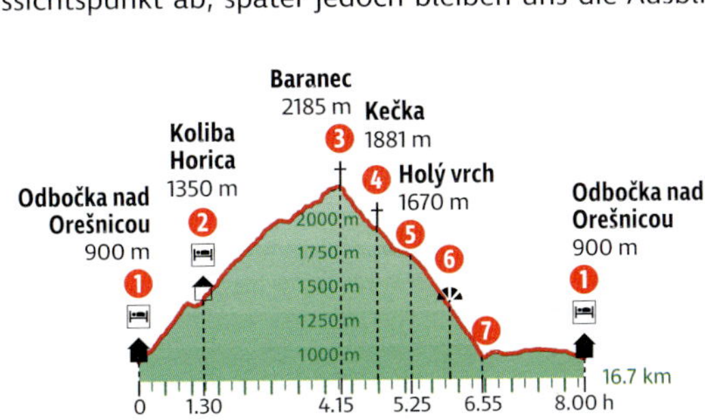

haft erhalten. Mit Erreichen des Bergrückens öffnet sich ein fantastisches Panorama der Bergkette der Jakubina und des Kriváň: Dieser ist einer der bekanntesten Berge der Slowakei – er ist auch auf den Cent-Münzen abgebildet. Über den mittlerweile offenen Grat wandern wir weiter hinauf über die Vorgipfel Mládky, 1947 m, Malý Baranec, 2044 m, und Štrbavý, 2149 m. An letzterem Berg führt der offizielle Pfad zwar ein paar Meter unterhalb vorbei – eine schmale Spur zieht sich jedoch auch über seinen Gipfel und ermöglicht schöne Ausblicke. Nach einem weiteren kurzen Aufstieg folgt der **Baranec** 3, 2185 m (in einigen Publikationen: 2184 m), der eine umfassende Rundsicht bietet. Vor allem der Ausblick auf die wilden Berge des Roháče-Massivs ist ein absoluter Traum.
Die gelbe Wandermarkierung führt uns nach links wieder bergab; im Abstieg haben sich in steileren Passagen mehrere Pfadspuren ausgebildet. Nach dem kleinen Vorgipfel **Kečka** 4, 1881 m, zieht sich der Weg in der Latschenzone weiter abwärts. Einzige Schwierigkeit sind zwei auf dem Weg liegende Felsen, die jedoch einfach zu überwinden sind. An der Verzweigung **Holý vrch** 5, 1670 m, biegt die blaue Markierung links ins Tal ab. Anfangs ist es nur mäßig steil und wir kommen am **Liptauer Panorama**, 1537 m, vorbei, das eine herrliche Sicht ins Tal ermöglicht. Unser Pfad windet sich ab hier wieder im Wald steil bergab. Nach Serpentinen am Rande eines nachwachsenden Bereichs hat man links einen **Ausblick** 6, 1289 m, auf die **Kráľova hoľa**, den östlichsten Berg der Niederen Tatra. Kurz unterhalb des breiten Wegs beginnt ein neuer Pfad, und über den lokalen Wegweiser »Tri Kolky« geht es erneut steil hinab zur **Rázcestie pod Holým vrchom** 7, 920 m.

Nördlich vom Baranec thronen Plačlivé und Ostrý Roháč.

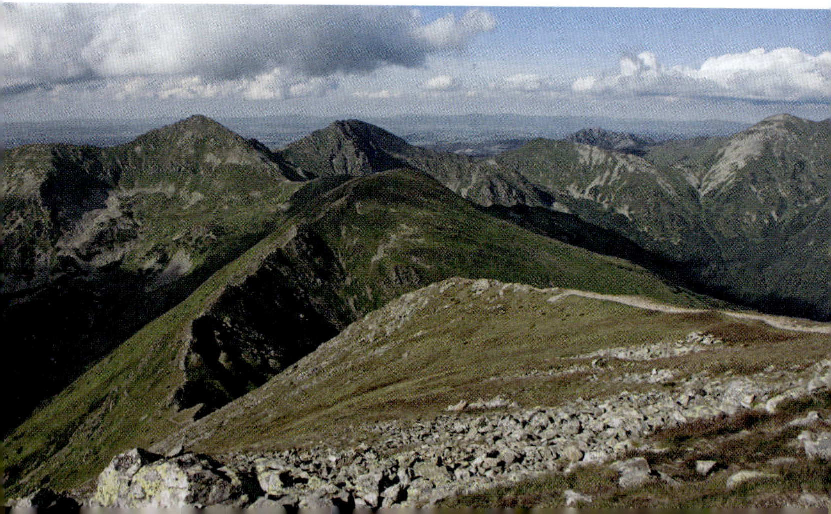

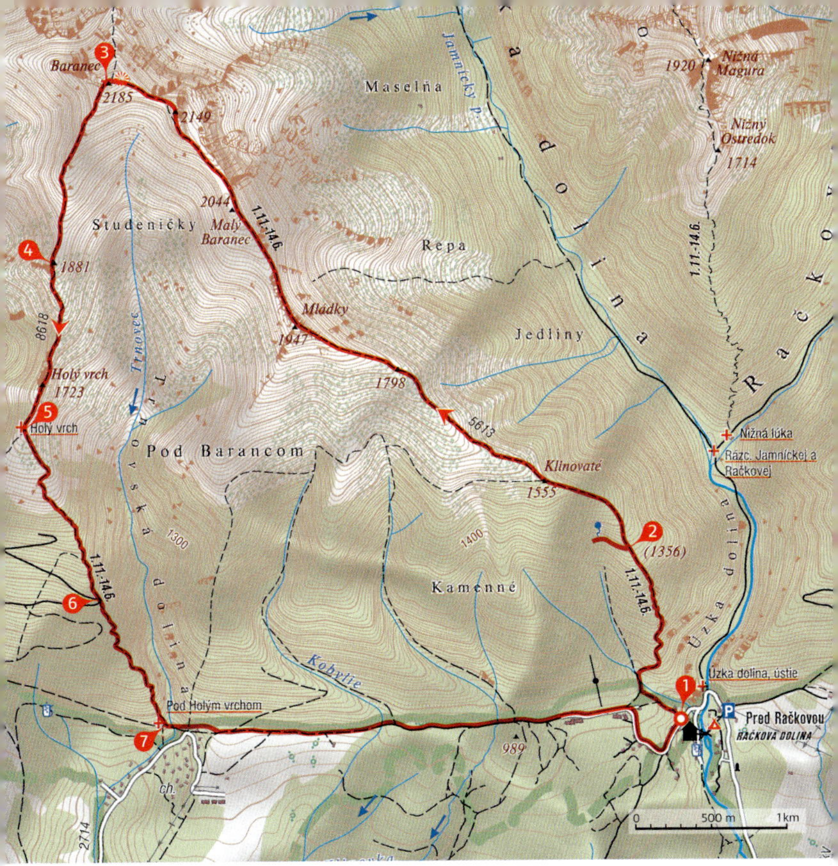

Die rote Markierung der Tatra-Magistrale leitet uns nach links zunächst in ein Bachtal. Die dortige Brücke war zuletzt (2023) nicht passierbar – das Gewässer ist trotzdem einfach über größere Steine zu überqueren. Im Anstieg biegen wir an der nächsten Gabelung links ab und erreichen im weiteren Verlauf ansteigend den Fahrradwegweiser »Pod Holým vrchom, Jedliny«, 950 m. Breite Wege führen jetzt über Wiesen und durch Wald am Hinweisschild »Peterská Sadienka, sokol«, 971 m, vorbei. Nochmals wird ein kleiner Bergrücken überstiegen. Leicht abwärts über einen schlechten Asphaltweg und ab dem ersten Hotel über eine Zufahrtsstraße geht es in einer Rechtskurve am Radwegweiser »Nad Slabejkou«, 921 m, vorbei hinunter zum Hinweisschild **Odbočka nad Orešnicou** ❶, 900 m.

↗ 1380 m | ↘ 1380 m | 21.6 km

40 Durch das Jamnícka-Tal auf den Ostrý Roháč, 2088 m

10.00 h

Auf den König der Westlichen Tatra

Der Ostrý Roháč ist sehr wahrscheinlich der Berg des Gebirges, der die größte Anziehungskraft entfaltet. Von allen Seiten sieht der Gipfel anders aus: Während er von Westen und Osten eher schlank wirkt und nur eine Spitze sichtbar ist, so dominieren von Norden und Süden gewaltige Felswände und sein wilder Doppelgipfel. Übersetzt bedeutet Ostrý Roháč so viel wie »Scharfes Horn«. Trotz seiner steilen Felswände führt ein versicherter Steig über den Berg. Der Aufstieg durch das Jamnícka dolina ist besonders reizvoll, da im Tal noch zwei Bergseen gelegen sind. Der untere See ist 178 m lang, 95 m breit sowie 8 m tief und befindet sich in einer Höhe von 1732 m. Der obere See liegt in einer Höhe von 1839 m und ist ungefähr halb so groß wie sein unterhalb liegender Nachbar. Von beiden Gewässern bietet sich ein fantastischer Blick auf den Ostrý Roháč, der von hier aus tatsächlich einem scharf geschnittenen Horn ähnelt.

Ausgangspunkt: Pribylina, 800 m, Hinweisschild »Úzka dolina, ústie«, rund 4 km nördlich der Ortschaft Pribylina; mehrere kostenpflichtige Parkplätze in der Nähe, Busanbindung nur bis zur Haltestelle »Pribylina, Račkova dolina, hotel Esperanto« und somit 4,3 km pro Strecke zusätzlich (grüne Markierung entlang der Landstraße).
Anforderungen: Überaus anspruchsvolle Bergtour mit sehr großem Höhenunterschied. Teilweise sehr steile An- und

Wilder Gratverlauf zwischen Ostrý Roháč und Plačlivé.

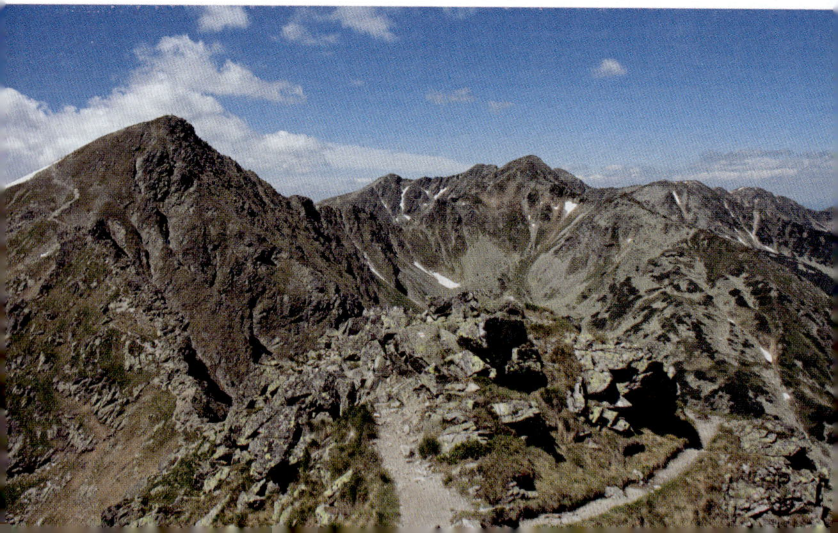

Abstiege, die hohe Konzentration erfordern. Im Aufstieg zum Ostrý Roháč und im felsigen Grat zwischen den beiden Bergen werden ab und an die Hände benötigt. Kurze Kletterstellen (Schwierigkeitsgrad I)! Trittsicherheit, Schwindelfreiheit und stabile Wetterbedingungen sind Grundvoraussetzungen für diese extreme Wanderung. An mehreren Stellen besteht Absturzgefahr! Im oberen Teil unter dem Ostgipfel des Ostrý Roháč gibt es eine längere Kettensicherung, weitere im Aufstieg zum Westgipfel sowie im Abstieg, teilweise sehr hohe Tritte.
Infrastruktur: Um den Ausgangspunkt mehrere Unterkünfte und ein Campingplatz. Wer mit dem Bus anreist, sollte hier übernachten. In der Horská chata Orešnica (chataoresnica.sk, nur auf Slowakisch) gibt es ein Restaurant. Unterwegs nichts.
Variante: Ab dem Plačlivé 8 über den Hauptkamm weitergehen. Vorsicht: keine Kettensicherungen vorhanden, immer wieder sind kurze Kletterstellen zu überwinden! Vom Smutné sedlo nach links mit blauer Markierung zur Verzweigung »Pod Homôlkou«, ab dort nach links mit grünem Wanderzeichen zum Žiarske sedlo 9 aufsteigen (2 Std., 3,3 km und 270 Hm im Auf- und 480 Hm im Abstieg zusätzlich).
Hinweise: 1. Ein Teil des Tals sowie der komplette Hauptkamm sind aus naturschutzrechtlichen Gründen nur vom 15. Juni bis 31. Okt. begehbar.
2. Die Parkplätze am Ausgangspunkt werden seit 2022 per SMS bezahlt. Das funktioniert bei ausländischen Mobilfunkanbietern aber nicht. In der Regel wird ein Zettel an die Windschutzscheibe gehängt, damit darf man die Parkgebühr überweisen.
Tipp: Im Freilichtmuseumsdorf in Pribylina sind alte Gebäude der Region zu sehen (skanzenpribylina.sk, auch auf Englisch).
Karte: SHOCart – Blatt 1096 Západné Tatry 1:50.000.

Ab der großen Holzfigur am Wegweiser **Úzka dolina, ústie** 1, 890 m, zieht sich ein blau gekennzeichneter breiter Weg am Bach entlang durch das Tal bis zum Hinweisschild **Rázcestie Jamníckej a Račkovej** 2, 950 m. An der Gabelung wandern wir geradeaus weiter und kommen später durch einen vermutlich von einer Lawine zerstörten Bereich. Der Weg wird im Verlauf immer schmaler und verwandelt sich schließlich in einen Pfad. Dieser führt im Wald bergan zu einem alten Holzhäuschen – eine ehemalige Almhütte mit dem Namen Koliba pod Pustým. Nach einem kurzen Abstieg ist ein kleines Schild mit der Aufschrift »vodopád« (Wasserfall) an einem Baum befestigt. Wegen der Lichtverhältnisse wird der Abstecher zum **Ausblick** 3, 1187 m, auf den **Glosov vodopád** aber besser auf den Nachmittag verschoben. Es geht nochmals in dichtem Wald steiler hinauf zur Kreuzung **Rázcestie pod Smrekom** 4, 1300 m.
Angenehm führt der schmale Pfad über zwei Bäche und später in Serpentinen bergan und ermöglicht im Verlauf den Blick auf unsere beiden Gipfel des Tages. Kurz darauf wird die Gabelung **Rázcestie pod Hrubým vrchom** 5, 1487 m (laut Schild: 1430 m), erreicht, wo es erneut geradeaus weitergeht. Nach dem Erklimmen einer ersten Höhenstufe beginnt die Latschenzone. Auf der zweiten Stufe liegt der Volovec bereits vor uns. Mit dem Nižné Jamnícke pleso folgt zunächst der erste und auf der nächsten Terrasse mit dem Vyšné Jamnícke pleso der zweite Bergsee. Das Panorama

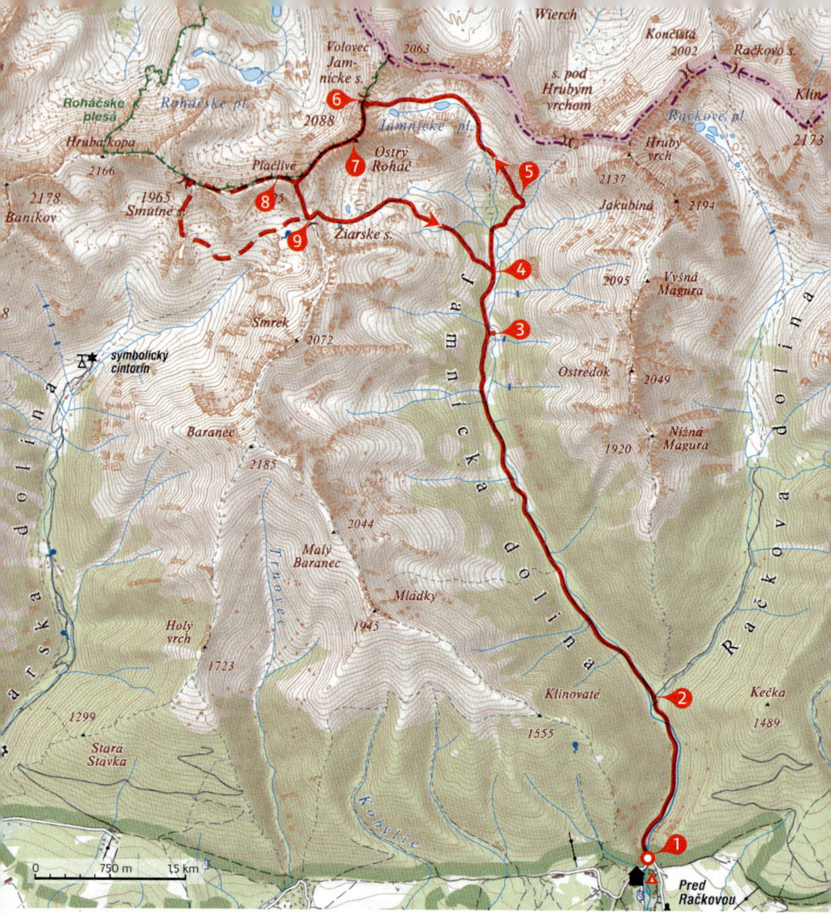

mit den Gewässern im Vorder- und dem Ostrý Roháč im Hintergrund ist ausgesprochen sehenswert. Wir steigen auf einem mit Steinen befestigten Pfad durch ein Geröllfeld. Dieser beschreibt eine Rechtskurve und leitet in den **Jamnícke sedlo** 6, 1908 m, hinein.

Am Sattel wird links auf die rote Markierung gewechselt. Ein Pfad führt steil und in engen Windungen an die Felsen des Bergs heran. Teilweise haben sich auch mehrere Spuren ausgebildet. Das rote Wanderzeichen leitet uns aber sicher durch die schwierig anmutenden Passagen. Das Gelände ist exponiert und immer wieder ist auch der Einsatz der Hände notwendig.

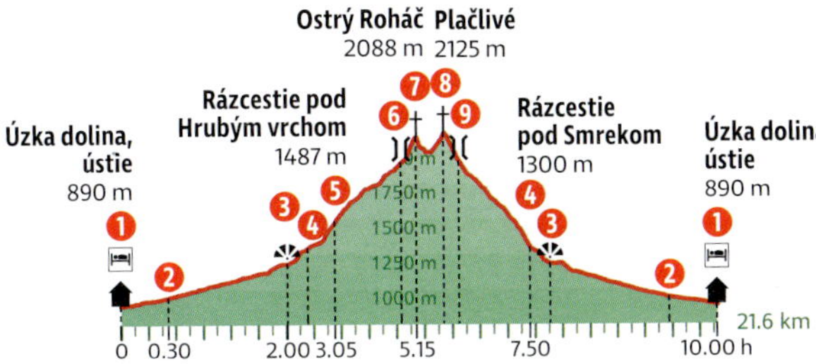

Nach kurzen Kletterstellen folgen Kettensicherungen: Zunächst wird über Felsen aufgestiegen; die zweite Kette beginnt hinter einer Felsnase und zieht sich auf den Grat, wo ein schmales ausgesetztes Felsband zum Ostgipfel gequert wird. Etwas unterhalb des Gipfels beginnt ein kurzer Pfad, der an einer Felswand endet, die mit einer Sicherung überwunden wird. Im unteren Bereich sind die Tritte ziemlich hoch. Oben sind es nur noch wenige Meter auf den Westgipfel des **Ostrý Roháč** 7, 2088 m. Ein fantastisches Panorama belohnt für die Mühen des Aufstiegs.
Der Abstieg erfordert weiterhin vollste Konzentration. Der Steig zieht sich etwas rechts um das Gipfelblockwerk herum zu einer etwa 2 m langen Kletterstelle ohne Sicherung. Kurz dahinter wartet eine letzte Kettensicherung auf uns: Nochmals sind etwa 10 m abzuklettern und vor allem unten gibt es nur wenige Tritte. Ein Pfad mit viel Schotter bringt uns in

Volovec mit den Jamnické plesá.

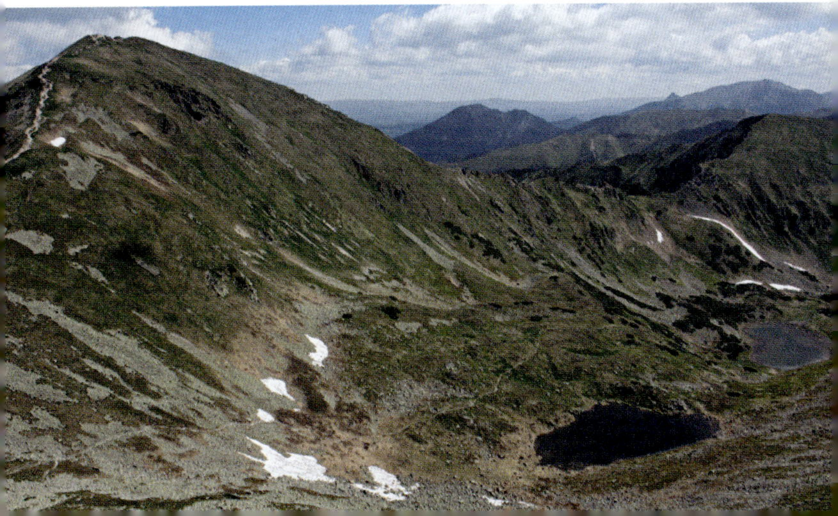

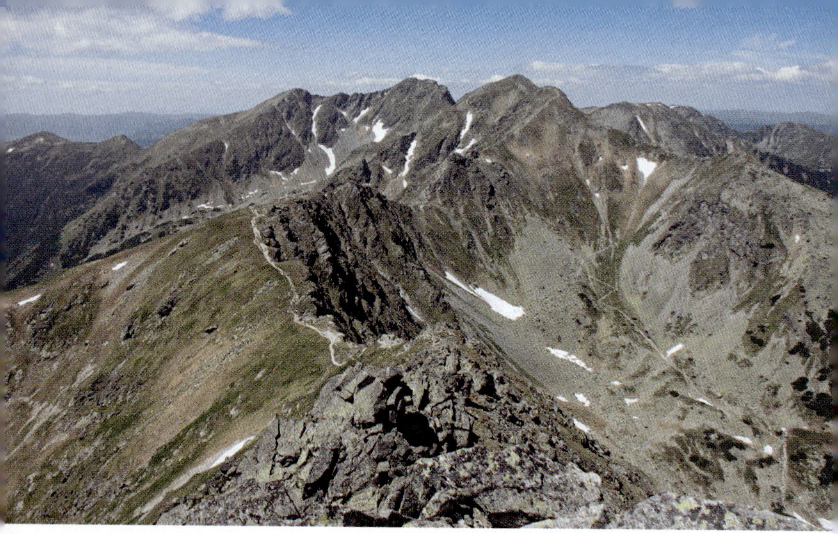

Die westlichen Rohače-Berge vom Plačlivé aus gesehen.

den namenlosen Sattel hinunter. Etwas links der Gratlinie geht es weiter und unsere Hände werden des Öfteren benötigt – an zwei Stellen muss nochmals geklettert werden. Danach verlaufen die Wegspuren an mächtigen Felsblöcken vorbei, bevor kurze enge Serpentinen nochmals hinauf zur Verzweigung »Rázcestie pod Plačlivým«, 2075 m, leiten. Ab hier sind es noch etwa 10 Min. im ähnlichen Gelände nach rechts zum **Plačlivé** 8, 2125 m. Auch dieser Gipfel bietet eine fantastische Aussicht (nach Westen Beginn der Variante über den Kamm).

Wir steigen zunächst zur letzten Verzweigung ab und folgen ab dort der gelben Markierung direkt hinunter in den **Žiarske sedlo** 9, 1917 m. Kurz hinter dem Sattel wechseln wir nach links auf die grüne Markierung. In einer lang gezogenen Kurve zieht sich der Pfad in ein Hochtal hinab. Die Sicht auf den Ostrý Roháč aus dieser anderen Perspektive ist überwältigend. Mehrere kleine Bächlein entspringen aus den Felsen in unmittelbarer Nähe des Wegs. In östliche Richtung begeistern die Berge Hrubý vrch und Jakubina. Es geht wieder in die Latschenzone hinein und der schmale Steig windet sich später im Wald steil hinunter zur **Rázcestie pod Smrekom** 4, 1300 m. Ab hier folgen wir wieder dem bekannten Weg. Zum Nachmittag lohnt sich etwas unterhalb des letzten Wegweisers noch der kurze Abstecher nach links zum Ufer des Hauptbachs. Von dort gibt es einen schönen **Blick** 3, 1187 m, auf den **Glosov vodopád**, der sich auf der anderen Uferseite befindet.

Zurück am Abzweig, kehren wir auf dem Hinweg zurück zum Wegweiser **Úzka dolina, ústie** 1, 890 m.

↗ 2100 m | ↘ 2100 m | 24.4 km

12.15 h

Jakubina, 2194 m, und Bystrá, 2248 m

Anstrengende Bergtour auf die höchsten Gipfel der Westlichen Tatra

Diese Kombination der Besteigung der beiden höchsten Berge des Gebirges ist nur erfahrenen und bestens konditionierten Wanderern vorbehalten. Auf einem Seitenkamm zieht sich der Steig zunächst über kleinere Vorgipfel auf die Jakubina. Sobald die Baumgrenze verlassen wird, bieten sich phänomenale Ausblicke auf die Berge der Roháče-Gruppe, von denen der Ostrý Roháč wegen seiner wilden Gestalt wohl der bekannteste ist. Kurz nach der Jakubina erreichen wir den Hauptkamm, dem wir über den Klin (Starorobociański Wierch), 2176 m, – den höchsten polnischen Berg des Gebirges – bis zum Bystré sedlo folgen. Von dort steigen wir zum höchsten Punkt der Westlichen Tatra auf. Nochmals müssen alle Kräfte und vor allem im Abstieg die volle Konzentration in Anspruch genommen werden. Die fantastische Aussicht entschädigt für die vorangegangenen Mühen. Über ein einsames Hochtal leiten uns zuerst ein schmaler Pfad und zum Ende hin ein breiter Forstweg zum Ausgangspunkt zurück.

Ausgangspunkt: Pribylina, 800 m, Hinweisschild »Úzka dolina, ústie«, rund 4 km nördlich der Ortschaft Pribylina; mehrere kostenpflichtige Parkplätze in der Nähe, Busanbindung nur bis zur Haltestelle »Pribylina, Račkova dolina, hotel Esperanto« und somit 4,3 km pro Strecke zusätzlich (grüne Markierung entlang der Landstraße).

Anforderungen: Überaus anspruchsvolle Bergtour mit extremem Höhenunterschied. Teilweise sehr steile An- und Abstiege, die hohe Konzentration erfordern. Im Aufstieg zur Jakubina werden auf dem felsigen Grat an kurzen Kletterstellen die Hände benötigt (Schwierigkeitsgrad I). Trittsicherheit, Schwindelfreiheit und stabile Wetterbedingungen sind Grundvoraussetzungen für diese extreme Wanderung. An mehreren Stellen besteht Absturzgefahr!

Infrastruktur: Am Ausgangspunkt mehrere Unterkünfte und ein Campingplatz. Wer mit dem Bus anreist, sollte hier übernachten. In der Horská chata Orešnica (chataoresnica.sk, nur auf Slowakisch) gibt es ein Restaurant. Unterwegs nichts.

Varianten: 1. Vom Wegweiser »Jarząbczy Wierch« 7 mit roter und grüner Markierung nach links bis zum Wegweiser,

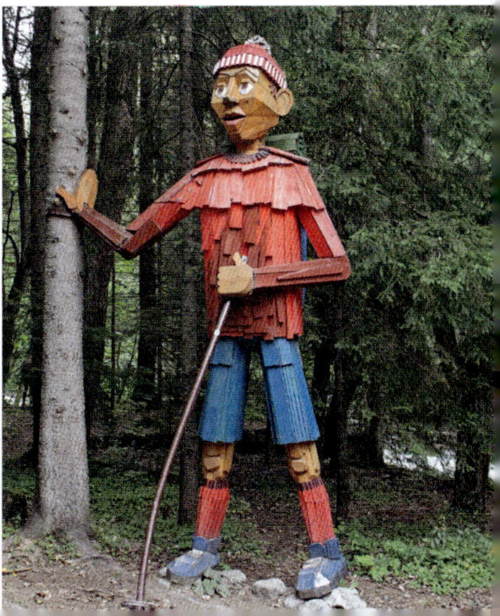

Übergroße Holzfigur am Ausgangspunkt.

dann links mit grünem Zeichen durch loses Geröll sehr steil hinab zur Kreuzung »Rázcestie pod Hrubým vrchom«, ab hier auf blau markierten Pfaden und Wegen talauswärts bis »Rázcestie Jamnickej a Račkovej« (Ersparnis 3.15 Std., 6,3 km und 550 Hm im Auf- und 610 Hm im Abstieg).
2. An der Kreuzung »Račkove sedlo« nach rechts mit gelber Markierung zur Kreuzung »Rázcestie pod Klinom« ⓮ absteigen (Ersparnis 3 Std., 5 km sowie 530 Hm im Auf- und Abstieg).
3. Ab dem Siwy Zwornik ❿ (Gáborovo sedlo) mit grüner Markierung zur Kreuzung »Rázcestie v Gáborovej doline« ⓭ absteigen (Ersparnis 1.45 Std., 2,8 km sowie 300 Hm im Auf- und Abstieg).
4. Die Besteigung der Bystrá kann ausgelassen werden.
Hinweise: 1. Ausreichend Getränke mitnehmen. Erst in dem einsamen Hochtal unterhalb des Grenzkamms gibt es wieder kleine Bäche, wo wir unsere Trinkflaschen füllen können.
2. Der Aufstieg zur Jakubina, der gesamte Hauptkamm und Teile des Tals sind aus naturschutzrechtlichen Gründen nur vom 15. Juni bis 31. Okt. begehbar.
3. Die Parkplätze am Ausgangspunkt werden seit 2022 per SMS bezahlt. Das funktioniert bei ausländischen Mobilfunkanbietern aber nicht. In der Regel wird ein Zettel an die Windschutzscheibe gehängt, damit darf man die Parkgebühr überweisen.
Tipp: Im Freilichtmuseumsdorf in Pribylina sind alte Gebäude der Region zu sehen (skanzenpr ibylina.sk, auch auf Englisch).
Karte: SHOCart – Blatt 1096 Západné Tatry 1:50.000.

Ab der großen Holzfigur am Wegweiser **Úzka dolina, ústie** ❶, 890 m, zieht sich ein breiter Weg am Bach entlang durch das Tal bis zum Hinweisschild »Rázcestie Jamníckej a Račkovej«, 950 m. Wir nehmen hier für gut 200 m die rechte Forststraße und biegen dann auf der Wiese **Nižná lúka** ❷, 945 m, nach links auf einen grün gekennzeichneten schmalen Pfad ab. Dieser windet sich sehr steil im Wald bergan. Auf dem Abschnitt hinauf zum Seitenkamm werden ab und an auch ein paar Bäume überstiegen. Mit zunehmender Höhe werden die Fichten weniger und in der Latschenzone öffnet sich der Blick auf die Bergwelt der Umgebung. An einem **Aussichtspunkt** ❸, 1675 m, etwa 10 m links des Pfads zeigt sich erstmals die wuchtige Felspyramide des Ostrý Roháč. Ab jetzt verläuft ein Steig meist direkt über den Grat. Ein erster Felskopf wird an der linken Seite umgangen

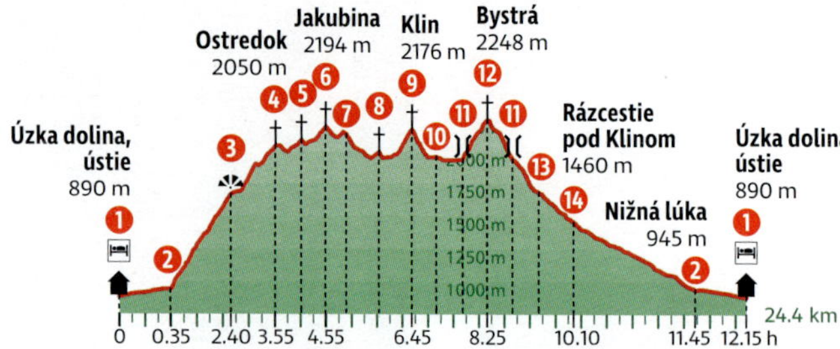

und immer wieder kommen jetzt die Hände zum Einsatz. Es folgen weitere kurze Felspassagen mit einfachen Kletterstellen von etwa 2 m Länge. Mühevoll gelangen wir so auf den ersten Gipfel des Tages, den **Ostredok** ❹, 2050 m (laut Karte 2049 m). Die Aussicht ist fantastisch. Ein kurzer Zwischenabstieg führt steil und ausgesetzt durch Blockwerk. Auch hier werden die Hände zum Festhalten benötigt. In der Folge queren wir kurze

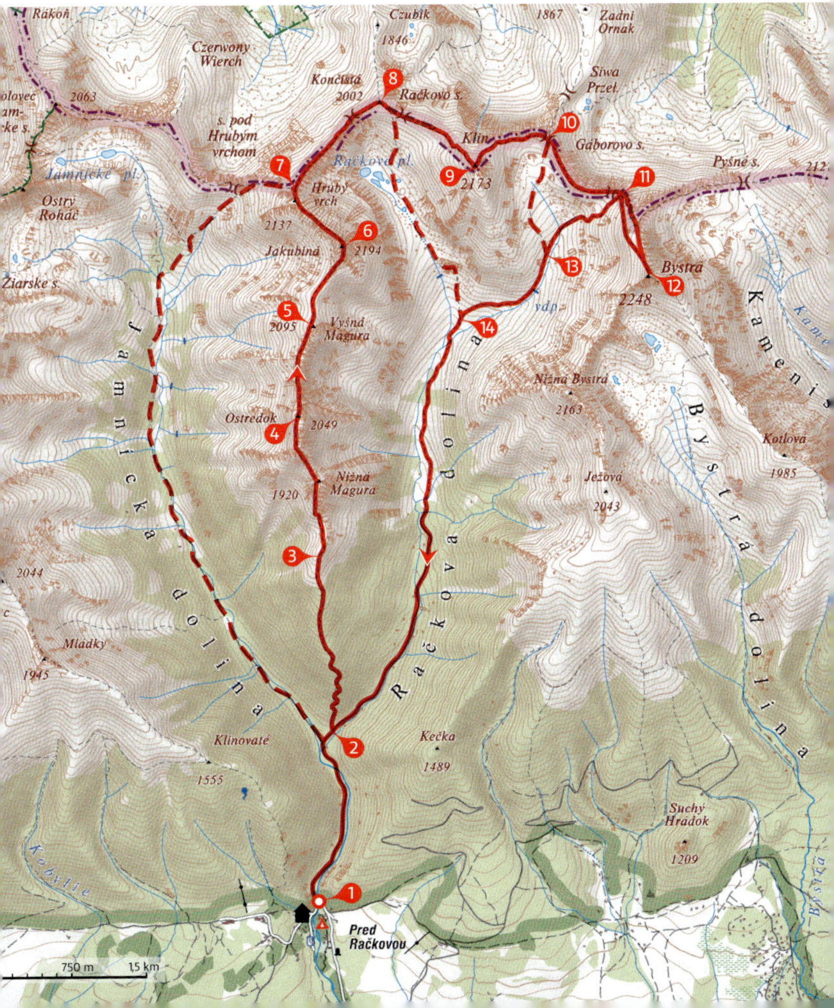

Geröllfelder und erklimmen die **Vyšná Magura** ❺, 2095 m. Wer den Gipfel auslassen möchte, kann den höchsten Punkt auf einem vorhandenen Pfad etwas weiter rechts unterhalb umgehen. Nach einer kleinen Senke beginnt ein kurzer steiler Anstieg hinauf auf den zweithöchsten Berg der Westlichen Tatra – die **Jakubina** ❻, 2194 m. Ein unvergessliches Panorama lässt die vorangegangenen Strapazen schnell vergessen.

Unser Steig führt durch Geröll zunächst bergab und über eine Kuppe zum Wegweiser **Jarząbczy Wierch** ❼, 2137 m, an der slowakisch-polnischen Grenze. Nach rechts leitet die rote Markierung über den Grenzkamm weiter (nach links: Variante 1). Auch in diesem Bereich sind immer wieder Felsen eingelagert – eine scheinbar schwierige Stelle wird rechts ohne Probleme gemeistert. Kurz darauf folgt bereits der Gipfel der **Končistá** ❽, 2002 m (Kończysty Wierch). Besonders an schönen Tagen kann es ab hier von polnischer Seite her richtig voll werden. Unser Pfad zieht sich über den **Račkovo sedlo**, 1958 m (nach rechts: Variante 2), direkt an den nächsten Berg heran und steil in mehreren Schleifen hinauf auf den **Klin** ❾, 2176 m (Starorobociański Wierch; laut Karte 2173 m). Bei schönem Wetter ist es schon eine Herausforderung, noch ein freies Plätzchen um den Gipfel herum zu finden.

Der Abstieg erfolgt auf treppenartig angelegten Steinen hinunter zum Wegweiser **Siwy Zwornik** ❿, 1965 m. Das slowakische Hinweisschild »Gáborovo sedlo« befindet sich wenige Meter unterhalb auf der rechten Seite (nach rechts: Variante 3). Wer den höchsten Berg der Westlichen Tatra besteigen möchte, folgt dem Kammverlauf ohne große Höhenunterschiede noch ein Stück weiter bis zum **Bystré sedlo** ⓫, 1946 m. Am Sattel bietet

Stets gut besucht von polnischer Seite – der Grenzgipfel Klin.

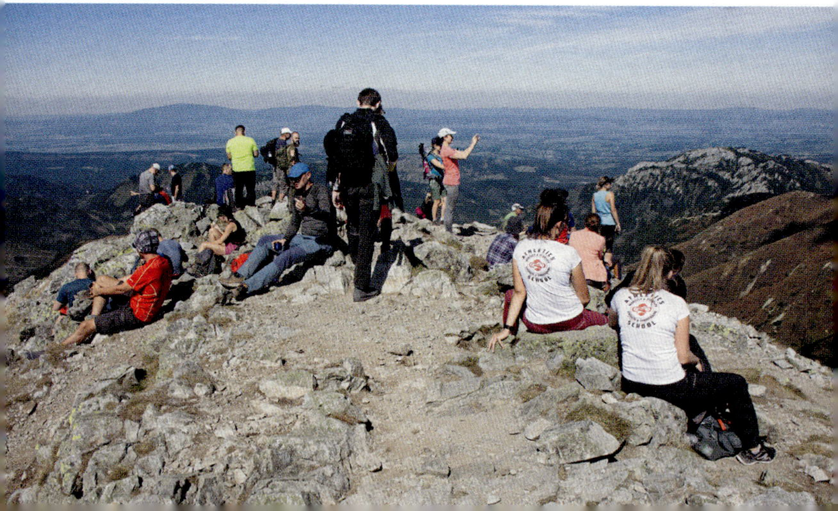

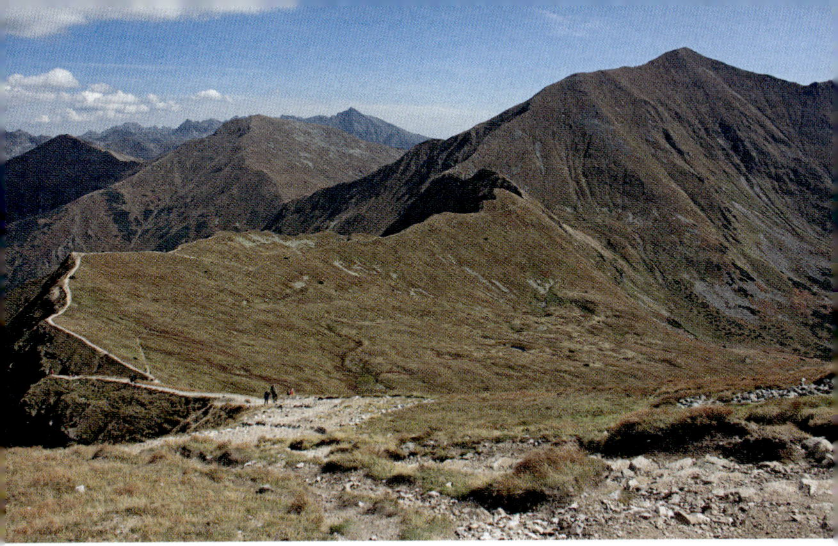

Gratverlauf zwischen Klin und Bystrá.

es sich an, den auf slowakischer Seite verlaufenden, blau markierten Steig etwas unterhalb der Kammlinie zu nehmen. Der Pfad ist sehr steil und das Vorankommen mühevoll. Kurz vor dem Gipfel erreichen wir den Grat und folgen diesem nach rechts bis zur **Bystrá** ⓬, 2248 m. Der höchste Gipfel des Gebirges bietet wahrlich einen traumhaften Rundblick auf die gesamte Umgebung. Selbst die Gipfel der Hohen Tatra liegen zum Greifen nah.
Der Abstieg verläuft auf den ersten Metern über die Aufstiegsroute. Es ist sinnvoll, zunächst auf dem unmarkierten Pfad angenehm über den Grat zu wandern. Später stößt an der Kreuzung »Blyšť«, 2115 m (Błyszcz), die rote Markierung dazu und mehrere Pfade haben sich ausgebildet, die durch das sehr steile Schottergelände hinunter zum **Bystré sedlo** ⓫, 2248 m, führen. Vom Sattel zieht sich die blaue Wandermarkierung nach links in das Tal hinunter. Nach einer steilen Passage fließt zuerst ein Bach mit erfrischendem Wasser über den Weg und nur wenige Meter später wird der Wegweiser **Rázcestie v Gáborovej doline** ⓭, 1690 m, erreicht. Wir folgen dem Verlauf des Tals hinunter bis zur Kreuzung **Rázcestie pod Klinom** ⓮, 1460 m. Dort endet die blaue Wandermarkierung und das gelbe Wanderzeichen leitet uns weiter abwärts. Der Pfad ist nicht mehr so steil, wird langsam breiter und trifft hinter einer ehemaligen Alm auf den Beginn eines Schotterwegs. Dieser zieht sich durch das Račkova dolina hinunter und an der Wiese **Nižná lúka** ❷, 945 m, vorbei zum Talende an der Gabelung »Rázcestie Jamníckej a Račkovej«, 950 m. Nach links kehren wir auf bekanntem Weg durch das Úzka dolina zurück zum Wegweiser **Úzka dolina, ústie** ❶, 890 m.

42 Von Süden auf den Volovec (Wołowiec), 2063 m

11.00 h

Atemberaubende Tour mit herrlicher Sicht auf den Ostrý Roháč

Auch wenn diese Wanderung zu den anspruchsvolleren Touren dieses Wanderführers gehört und vor allem der Aufstieg auf den Hauptkamm mühevoll und anstrengend ist, so sind die Ausblicke auf die gesamte Umgebung der Westlichen Tatra doch wirklich überaus lohnend. Uns erwartet ein abwechslungsreicher und interessanter Steig, der im Auf und Ab über den mittleren Teil des Hauptkamms und zugleich auf der Grenze zwischen der Slowakei und Polen verläuft. Auf dem Abschnitt zwischen Jarząbczy Wierch und unserem Gipfelziel, dem Volovec (Wołowiec) bieten sich mehr als traumhafte Aussichten auf die östlichen Berge des Roháče-Massivs. Auch das Panorama der in Polen liegenden Berge ist fantastisch. Im Abstieg warten auf die Wanderer noch zwei romantische Bergseen, die an den östlichen Ausläufern des Ostrý Roháč liegen. An den Ufern der beiden Gewässer lässt es sich ausgezeichnet rasten und auch der bereits zurückgelegte Weg über den Grat ist sehr gut einzusehen. Mit etwas Glück treffen wir auch auf die seltenen Tatra-Gämsen, die ab und an in dieser Gegend unterwegs sind.

Ausgangspunkt: Pribylina, 800 m, Hinweisschild »Úzka dolina, ústie«, rund 4 km nördlich der Ortschaft Pribylina; mehrere kostenpflichtige Parkplätze in der Nähe, Busanbindung nur bis zur Haltestelle »Pribylina, Račkova dolina, hotel Esperanto« und somit 4,3 km pro Strecke zusätzlich (grüne Markierung entlang der Landstraße).
Anforderungen: Überaus anspruchsvolle Bergtour mit extremem Höhenunterschied. Trittsicherheit, Schwindelfreiheit und stabile Wetterbedingungen sind Grundvoraussetzungen für diese Wanderung. Teilweise sehr steile An- und Abstiege, die hohe Konzentration erfordern. Immer wieder kurze felsige Abschnitte mit leichter Kletterei (Schwierigkeitsgrad I) im Bereich des Hauptkamms. An mehreren Stellen besteht Absturzgefahr! Es gibt keine Drahtseil- oder Kettensicherungen!
Infrastruktur: Am Ausgangspunkt mehrere Unterkünfte und ein Campingplatz. Wer mit dem Bus anreist, sollte hier übernachten. In der Horská chata Orešnica (chataoresnica.sk, nur auf Slowakisch) gibt es ein Restaurant. Unterwegs nichts.
Varianten: 1. Aufstieg bis zum Račkovo sedlo, 1958 m, ab dort rechts mit Tour 41 Aufstieg auf den Klin, 2176 m, und die Bystrá, 2248 m (Račkovo sedlo–Bystrá 2.30 Std., 4,1 km, 530 Hm im Auf-, 230 Hm im Abstieg; Schwierigkeit in diesem Fall nur mittel/rot).
2. Vom Jarząbczy Wierch ❺ Abstecher nach links zum Berg Jakubina, 2194 m (Auf- und Abstieg etwa 1 Std., 1,6 km und 140 Hm im Auf- und Abstieg).
3. Wem der Wegverlauf zu schwierig ist oder wer die Wanderung abkürzen möchte, kann am Wegweiser unter dem Jarząbczy Wierch ❻ links mit der grünen Markierung ins Tal zur Rázcestie pod Hrubým vrchom ❾ absteigen, ab dort auf dem Hauptweg weiter (ca. 2.30 Std., gut 4 km und 320 Hm Auf- und Abstieg weniger).
Hinweise: 1. Teile der Täler und der Hauptkamm sind aus naturschutzrechtlichen Gründen nur vom 15. Juni bis

31. Okt. begehbar.
2. Die Parkplätze am Ausgangspunkt werden seit 2022 per SMS bezahlt. Das funktioniert bei ausländischen Mobilfunkanbietern aber nicht. In der Regel wird ein Zettel an die Windschutzscheibe gehängt, damit darf man die Parkgebühr überweisen.
Tipp: Im Freilichtmuseumsdorf in Pribylina sind alte Gebäude der Region zu sehen (skanzenpribylina.sk, auch auf Englisch).
Karte: SHOCart – Blatt 1096 Zapadne Tatry 1:50.000.

Ab der großen Holzfigur am Wegweiser **Úzka dolina, ústie** ❶, 890 m, zieht sich ein breiter Weg am Bach entlang durch das Tal bis zum Hinweisschild **Rázcestie Jamníckej a Račkovej** ❷, 950 m. Wir zweigen hier rechts mit gelber Markierung ab, wandern an der Wiese Nižná lúka vorbei und folgen der unbefestigten Forststraße bis zu deren Ende tief im Tal. Ab hier leitet ein schmaler Weg bzw. Pfad zunächst zu einer alten Schafweide und kurz darauf durch einen von einer Lawine zerstörten Bereich. Der wuchtige Gipfel der Jakubina ist auf der linken Seite zu sehen. Kurz hinter einem Regenmesser folgt die **Rázcestie pod Klinom** ❸, 1460 m. Der linke Pfad verläuft in deutlicher Entfernung zu einem Wasserfall über Felsplatten und große Steine bergan zum Ende einer Hochebene mit drei zusammen liegenden Bergseen. In der letzten Steilstufe hinauf in den Sattel haben sich mehrere schmale Pfade um den Hauptweg herum ausgebildet. Nach dem kraftraubenden Anstieg zum Račkovo sedlo, 1965 m, sind es nur wenige Meter nach links zum Grenzberg **Končistá** ❹, 2002 m (Kończysty Wierch).
Ab hier weist uns der rot markierte Hauptkamm der Westlichen Tatra nach links den Weiterweg. Auf dem Steig werden immer wieder an kurzen Stellen die Hände benötigt und einige Passagen sind ausgesetzt. Ein etwas

Auf der Končistá.

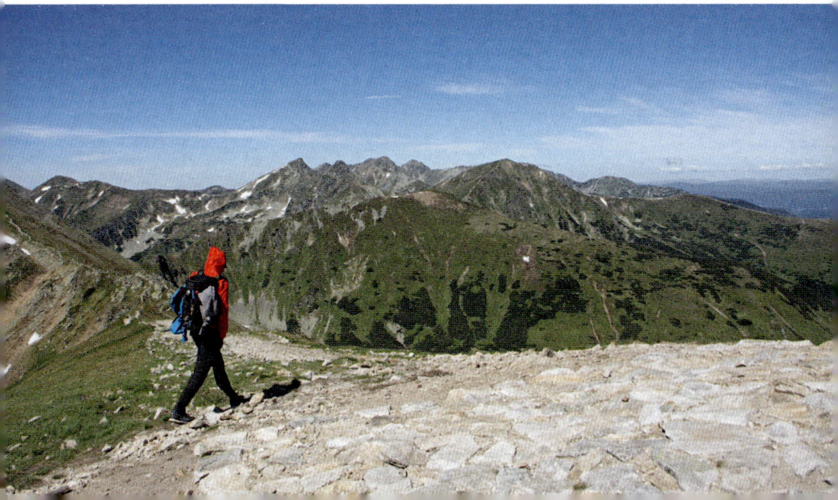

schwierig wirkender Fels kann ziemlich einfach von links nach rechts in einer Schleife bewältigt werden. Von der Kreuzung **Jarząbczy Wierch** 5, 2137 m, windet sich ein steiler Pfad in engen Serpentinen bergab zum **Wegweiser** 6, 1893 m, unter dem Hrubý vrch (Jarząbczy Wierch; nach links: Variante 2) und in einen Sattel hinab. Der weitere Wegverlauf bietet ein

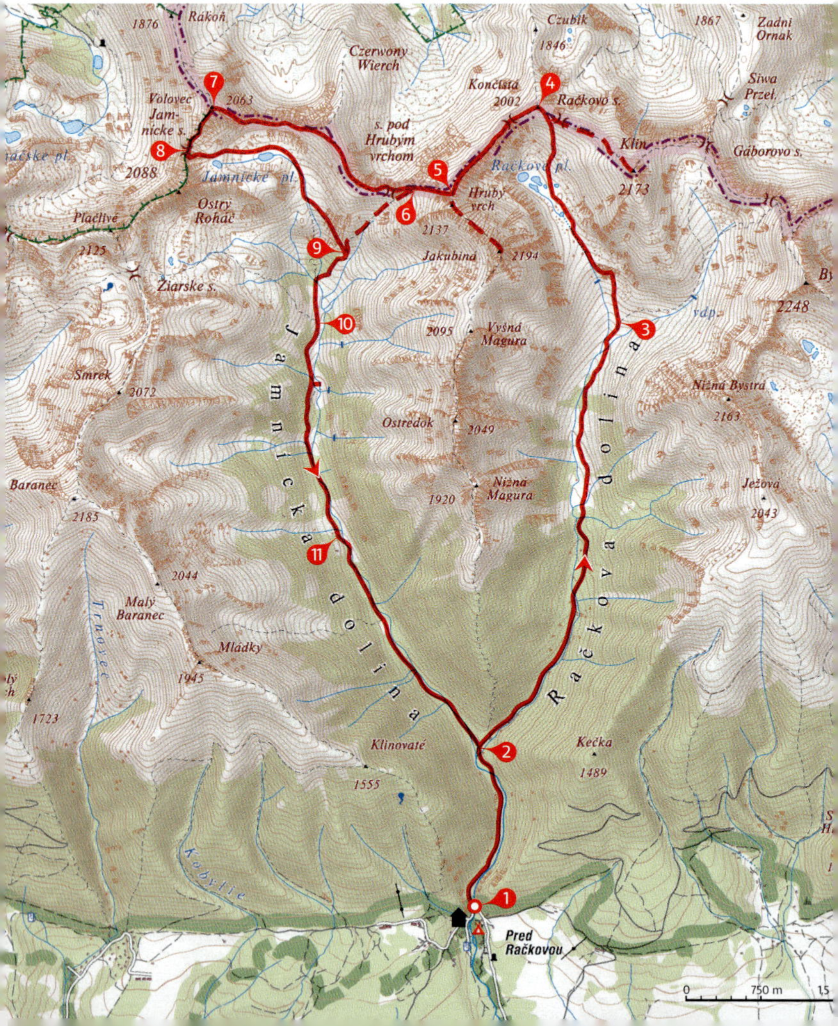

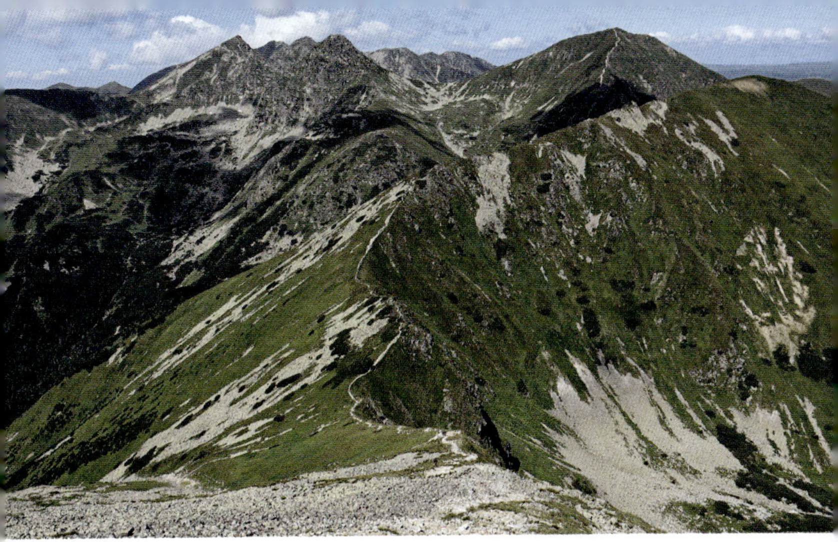

Anspruchsvoller Gratverlauf zwischen Jarząbczy Wierch und Volovec.

einmaliges Panorama mit den im Tal liegenden Bergseen und der wilden Spitze des Ostrý Roháč, mit dem mächtigen Plačlivé und dem direkt vor uns aufragenden Volovec (Wołowiec). Die nächste Erhebung am Grat wird links unterhalb umgangen und im Abstieg zum nächsten Joch gibt es zwei Möglichkeiten: entweder direkt über den Grat und über Felsen hinunter oder links ziemlich ausgesetzt mit den Händen an Felsen vorbei. Es folgen ein weiterer felsiger Bereich, der einfach zu überwinden ist, und eine neuerliche Wegteilung. Rechts wurde markiert, links scheint es einfacher zu sein, aber es gibt im Absturzgelände nicht allzu viel zum Festhalten. Der nächste Fels lässt sich links umgehen und es folgt eine kurze Kletterstelle von 2–3 m, die frei und ohne Hilfsmittel zu bewältigen ist. In der Folge windet sich unser Pfad

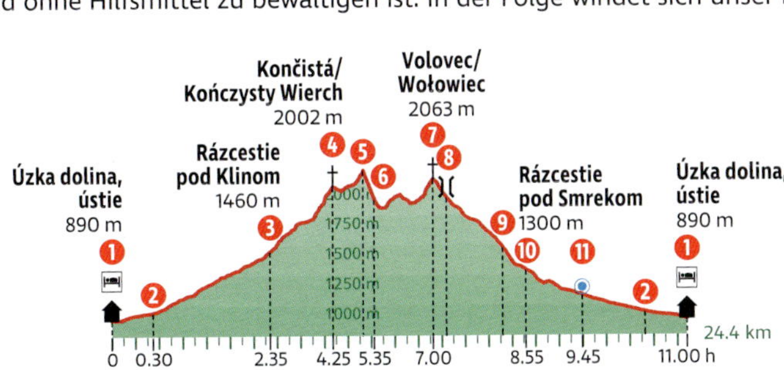

sehr steil durch loses Geröll hinauf zum **Volovec** ❼, 2063 m (Wołowiec) – er ist einer der schönsten Aussichtsberge in der Westlichen Tatra.
Der Abstieg erfolgt mit der blauen und roten Markierung nach links. Mehrere schmale Wege haben sich gebildet, die jedoch alle über den breiten Bergrücken hinunter in den **Jamnícke sedlo** ❽, 1908 m, führen. Dort zweigt das blaue Wanderzeichen erneut nach links ab und zieht sich durch ein Geröllfeld in ein Hochtal mit Bergsee hinunter. Auf der kommenden Hochebene geht es an einem noch größeren See vorbei. Mit Ausblick auf die Niedere Tatra wandern wir durch die Latschenzone und im weiteren Verlauf in den Wald hinein zur **Rázcestie pod Hrubým vrchom** ❾, 1487 m (laut Schild: 1430 m). Nach einigen Serpentinen werden über zwei Stege Wasserläufe überquert. Wenig später ist die **Rázcestie pod Smrekom** ❿, 1300 m, erreicht.
Für einen Moment wird der Pfad deutlich breiter und führt steil bergab. Nach einer Bachquerung bietet es sich an, am hölzernen Wegweiser mit der Aufschrift »vodopád« nach links zum Hauptbach des Tals zu gehen und den Blick auf den Glosov vodopád zu genießen – der Wasserfall befindet sich auf der anderen Uferseite. Zurück auf dem Weg, entfernen wir uns kurz vom Bach und steigen erneut ein paar Meter zur Koliba pod Pustým auf – in diesem Bereich weideten früher Tiere. Nach dem folgenden Abstieg beginnt ein breiter Weg, der an einer **Quelle** ⓫, 1091 m, vorbei aus dem Tal hinausführt. Auffällig ist ein völlig zerstörter Hang, der wohl Opfer einer mächtigen Lawine geworden ist. Der Schotterweg leitet zur Kreuzung **Rázcestie Jamníckej a Račkovej** ❷, 950 m, und wir kehren geradeaus zum Wegweiser **Úzka dolina, ústie** ❶, 890 m, zurück.

Volovec und Vyšné Jamnícke pleso.

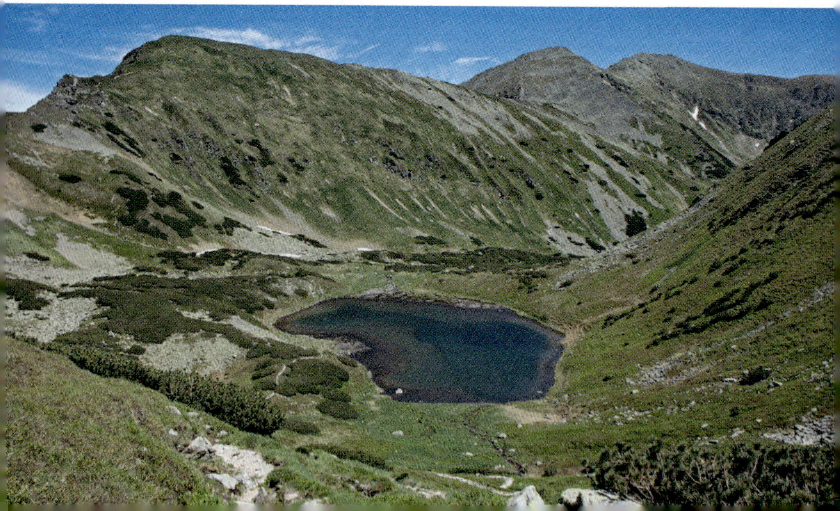

↗ 1360 m | ↘ 1360 m | 21.3 km

9.00 h

Rundweg von Podbanské auf die Bystrá, 2248 m

43

Durch ein einsames Tal auf den höchsten Berg der Westlichen Tatra

Dieser Aufstieg hinauf zur Bystrá erfolgt durch das relativ wenig besuchte Kamenistá dolina. Das Tal ist 7 km lang und umfasst eine Fläche von 9 km²; die Felsen bestehen aus kristallinem Schiefer. Der Name leitet sich vom Wort »kameň« ab, was Stein bedeutet. Teile der Wälder wurden in der Vergangenheit von mächtigen Lawinen zerstört. Früher wurde das Tal hauptsächlich als Weidegebiet von Schäfern aus Východná genutzt. Über die schmalen Pfade zogen auch Räuber und Schmuggler nach Polen. Mit der Gründung der Nationalparks wurde jedoch der Zugang des Tals beschränkt und auf polnischer Seite das dortige Gebiet gesperrt. Die einst vorhandenen Übergänge sind daher inzwischen zugewachsen. Besonders romantisch liegen im Abstieg von der Bystrá noch drei Bergseen. Der größte davon ist der Veľké Bystré pleso, der sich in einer Höhe von 1879 m befindet und 140 m lang sowie 85 m breit ist. Seine Tiefe beträgt 12,5 m. Interessant ist, dass das Gewässer keinen Zu- und Abfluss hat und sich seine Ausdehnung Messungen zufolge nur unwesentlich verändert.

Ausgangspunkt: Podbanské, 930 m; Bushaltestelle »Pribylina, Zruby« etwa 200 m vom Startpunkt entfernt an der Landstraße gelegen, kostenlose Parkplätze direkt vor Ort.
Anforderungen: Anspruchsvolle Bergtour mit sehr großem Höhenunterschied. Teilweise steile An- und Abstiege, die hohe Konzentration erfordern. Im Abstieg von der Bystrá werden an kurzen Stellen eventuell die Hände zur Unterstützung benötigt. Kletterstellen sind aber nicht vorhanden!
Infrastruktur: Wenige Meter hinter dem Ausgangspunkt gibt es eine Kneipe mit angeschlossenem Lebensmittelgeschäft und eine Koliba, ein typisch slowakisches Restaurant. Unterwegs nichts. An Variante 2: Berghütte **Schronisko na Hali Ornak** (Speisen und Getränke; 48 Betten in verschiedenen Zimmerkategorien), Tel. +48 18 20 705 20 oder +48 695 530 813, schronisko-ornak.pl (nur auf Polnisch); ganzjährig, Übernachtung im Mehrbettzimmer ab 90 PLN (ca. 20 €), Doppelzimmer 240 PLN (ca. 54 €).
Varianten: 1. Von der Kreuzung Blyšť (Błyszcz) 6 über den Bystré sedlo Abstieg in das Gáborova dolina in Richtung Pribylina (ca. 4.15 Std., 13 km und 1330 Hm Abstieg bis zur Bushaltestelle). 2. Von der Kreuzung Blyšť (Błyszcz) 6 in Richtung Siwy Zwornik und auf der polnischen Seite des Gebirges zur Berghütte Hali Ornak absteigen (ca. 3.15 Std., 7,7 km, 140 Hm im Auf- und 1150 Hm im Abstieg).
Hinweise: 1. Die Wanderung ist aus naturschutzrechtlichen Gründen nur vom 15. Juni bis 31. Okt. machbar.
2. Für eine größere Bachquerung können Wanderstöcke zum Abstützen sinnvoll sein.
Karte: SHOCart – Blatt 1096 Západné Tatry 1:50.000.

Vom Wegweiser **Podbanské** 1, 930 m, leitet uns die blaue Markierung hinauf zum Sattel auf der polnisch-slowakischen Grenze. Wir gehen zunächst wenige Meter durch den Wald hinauf zu einer Kneipe und auf einer schma-

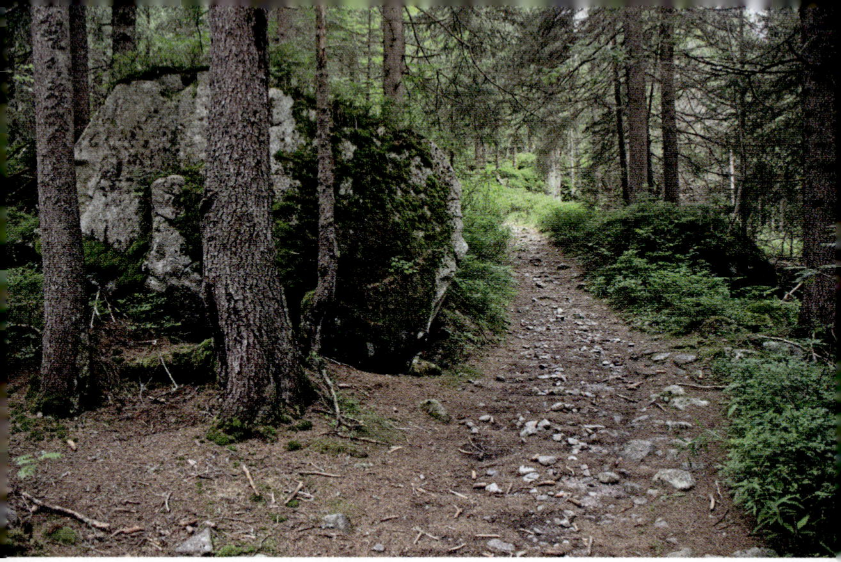

Einsame Wege im Kamenistá dolina.

len Asphaltstraße nach links. Nach der Siedlung Podbanské weist uns das blaue Wanderzeichen nach links zu einem Unterstand und zur Verzweigung **Odbočka do Kamenistej doliny** ❷, 950 m. Hier zweigen wir nach rechts auf einen Pfad ab, der später in einen Waldarbeiterweg mündet. Nach einem kleinen Teich wird der Bach mithilfe eines Stegs links des Wegs überquert. In einem nachwachsenden Bereich des Waldes warten im Sommer unzählige Himbeeren darauf, von den wenigen hier vorbeikommenden Wanderern gepflückt zu werden. Auch im weiteren Verlauf säumen unzählige Heidelbeersträucher den Weg. Später wird ein breiter **Schotterweg** ❸, 1050 m, erreicht, der sich tief ins Tal hineinzieht.

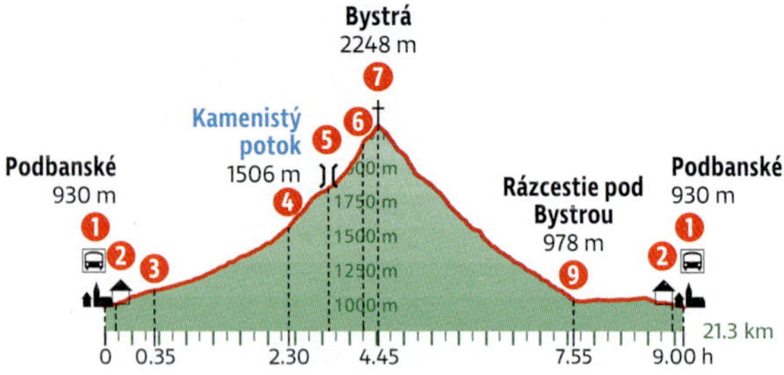

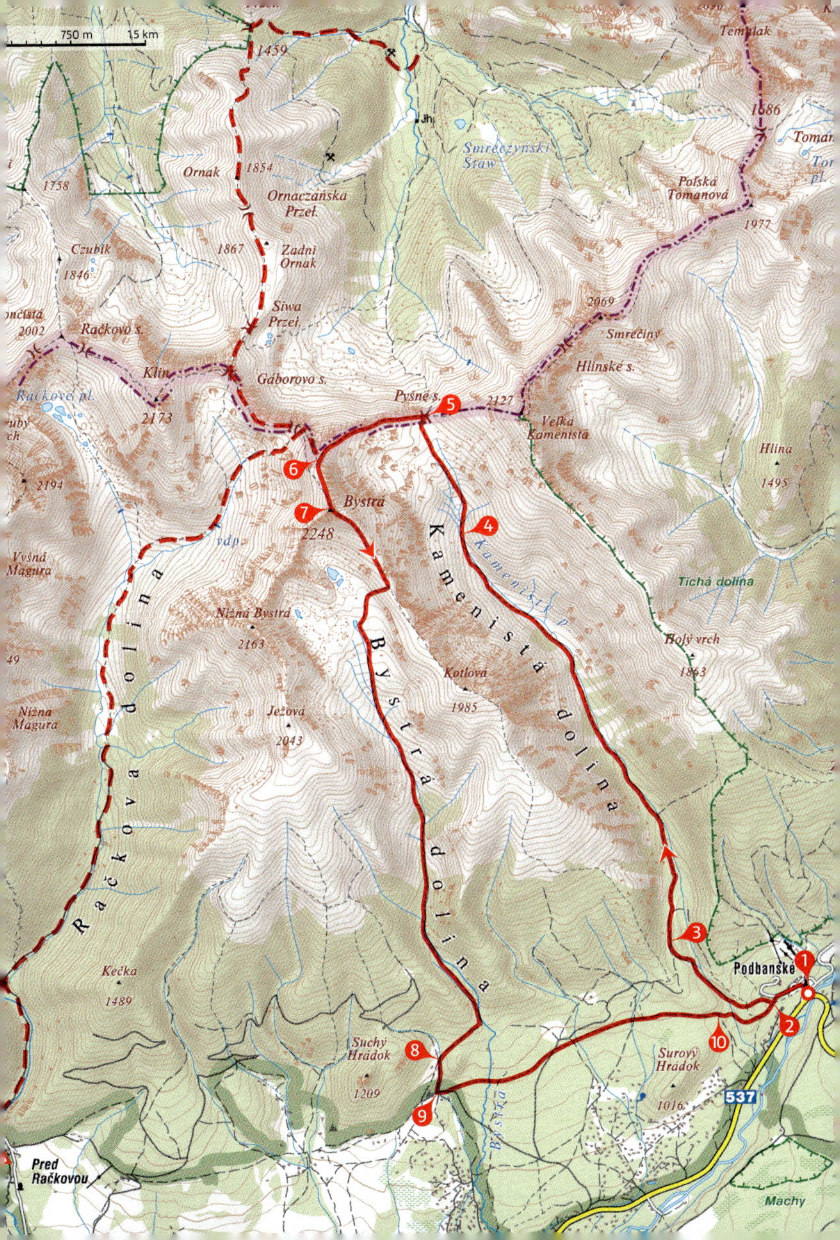

750 m
1,5 km
1459
Templak
1886
Tomanowa
Smreczyński Staw
Ornak
1854
1758
Ornaczańska Przeł.
Polská Tomanová
1977
Czubik
1846
1867
Zadni Ornak
Siwa Przeł.
2069
Smrečiny
2002
Račkovo s.
Klin
Gáborovo s.
Hlinské s.
Račkove pl.
2173
Pyšné s.
2127
Veľká Kamenistá
Hlina
1495
2194
Bystrá
2248
vdp.
Kamenistý p.
Kamenistá dolina
Vyšná Magura
Tichá dolina
Nižná Bystrá
2163
Holý vrch
1863
Kotlová
1985
Nižná Magura
Ježová
2043
Bystrá dolina
Račkova dolina
Podbanské
Kečka
1489
Suchý Hrádok
1209
Surový Hrádok
1016
537
Bystrá
Pred Račkovou
Machy
1
2
3
4
5
6
7
8
9
10

Der Weg wird deutlich schmaler. Mal ist es ein Pfad, der sich abschnittsweise auch wieder verbreitert, dabei jedoch meist in der Nähe des Bachs bleibt. Weiter oben mischen sich auch Latschen in den Bewuchs und erstmals ist das Talende auszumachen. Die Landschaft wird immer offener. Nachfolgend wartet eine größere Querung des Baches **Kamenistý potok** 4, 1506 m, über Steine auf uns. Hier können Wanderstöcke zum Abstützen hilfreich sein. Unser Weg zieht sich auf der rechten Talseite weiter empor und oben geht es erneut über den mittlerweile deutlich kleineren Bach. Der Pfad macht nochmals einige Windungen in einem steileren Hang und führt danach wesentlich flacher zum **Pyšné sedlo** 5, 1792 m. Ein herrlicher Ausblick auf die polnische Seite erwartet die Wanderer. Hier endet die blaue Markierung, und es beginnt die rot gekennzeichnete Kammroute über die Westliche Tatra. Nach rechts würde ein Pfad dem Kammverlauf folgend hinauf zur Veľká Kamenistá leiten – leider ist dieser Abschnitt aber nicht markiert und somit zumindest offiziell nicht zugänglich.
Der Aufstieg vom Sattel auf den höchsten Berg ist sicherlich der anspruchsvollste Teil der gesamten Tour. Ein Pfad zieht sich links auf der Grenzlinie oder in ihrer unmittelbaren Nähe zum Teil sehr steil bergauf. Eine Wegteilung ist bedeutungslos. Mit etwas Glück lassen sich in diesem Bereich auch Tatra-Gämsen beobachten. An der Kreuzung **Blyšť** 6, 2115 m (Błyszcz; Abzweig der Varianten), wandern wir links auf einem unmarkierten Steig weiter über einen Seitengrat. Wenig später stößt eine andere blaue Markierung auf unseren Weg und führt in wenigen Minuten hinauf zur **Bystrá** 7, 2248 m. Ein eindrucksvolles Panorama entschädigt für die Mühe des anstrengenden Aufstiegs.

Kurz unter dem Pyšné sedlo.

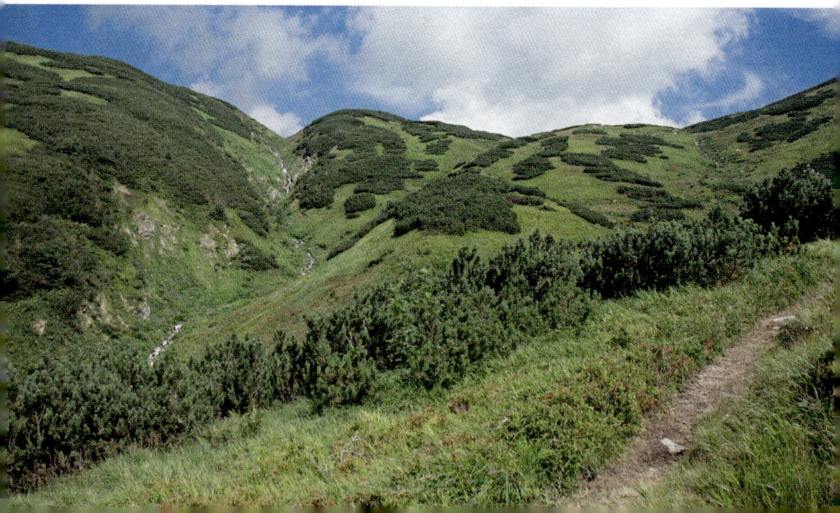

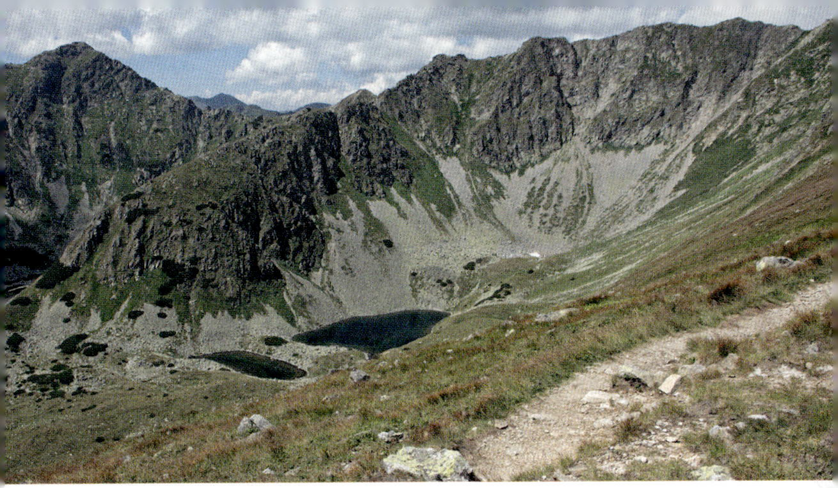

Einsames Bergpanorama unter der Bystrá.

Ein Pfad mit auf dem Gipfel beginnendem gelben Wanderzeichen leitet über den Seitengrat in südliche Richtung bergab. Rechts im Tal sind drei verträumte Bergseen zu sehen. Zwischen zwei Kuppen zweigt ein Steig nach rechts in eine sehr steile Rinne ab und nur wenige Meter später beginnen Serpentinen, die uns in den Talgrund führen. Am Rand eines Bergbachs oder in seiner Nähe steigen wir ab und eventuell werden an kurzen Stellen mit Felsen die Hände zum Festhalten benötigt. Unzählige Blumen wachsen neben dem Weg und der Blick auf die Niedere Tatra ist herrlich. Kleinere Bächlein entspringen in unmittelbarer Nähe, sodass es auch abschnittsweise etwas feuchter werden kann. Der Pfad mündet in einen Waldarbeiterweg, dem rechts gefolgt wird – linker Hand thront majestätisch der Kriváň, der bereits zur Hohen Tatra gehört. Nach einer Kurve ist vor einer Wiese ein gelber Pfeil an einem Baum zu sehen. Es ist der Abzweig nach links auf einen **Pfad** 8, 1036 m. Dieser verläuft breiter werdend hinunter zur **Rázcestie pod Bystrou** 9, 978 m.
Die rot gekennzeichnete Tatra-Magistrale führt links zurück nach Podbanské. Direkt neben dem Radwegweiser beginnt ein Pfad, der ein paar Meter parallel zum Schotterweg verläuft und sich danach in einen nachwachsenden Bereich hineinzieht. Mit dem Kriváň vor Augen geht es weiter in östliche Richtung; an Gabelungen und Verzweigungen ist auf die rote Markierung zu achten, die stets vorhanden ist. Nach der Querung einer schmalen Straße folgt eine weitere **Gabelung** 10, 973 m, – hier gehen wir nach links weiter, steigen nochmals durch ein kleines Bachtal und erreichen so wieder die **Odbočka do Kamenistej doliny** 2, 950 m. Auf bekannter Strecke sind es nur noch wenige Minuten nach **Podbanské** 1, 930 m, zurück.

↗ 1060 m | ↘ 1170 m | 26.9 km

44 Von Podbanské nach Zakopane

9.00 h

Gebirgsüberschreitung am östlichen Rand der Westlichen Tatra

Dies ist sicherlich eine Tour der Gegensätze. Von Podbanské wandern wir zunächst durch das Tichá dolina. Mit einer Länge von 16 km ist es das längste Tal des gesamten Tatra-Kammes. Es verläuft zunächst in nördliche und später in nordöstliche und östliche Richtung. Erst der hintere östliche Abschnitt wird der Hohen Tatra zugeschrieben. Da sich nicht allzu viele Touristen hierher verirren, fühlen sich Braunbären sehr wohl in diesem Gebiet. Wenn sie auch nicht immer zu sehen sind, so stoßen wir öfters auf ihre Hinterlassenschaften. Die himmlische Ruhe und Einsamkeit endet spätestens am Suché sedlo, 1950 m (Sucha Przełęcz). Da der in der Nähe befindliche Kasprov vrch, 1987 m (Kasprowy Wierch), über einen Seilbahnanschluss verfügt, wird es hier vor allem an schönen Tagen richtig voll. Der Abstieg hinunter nach Kuźnice zählt zu den am meisten begangenen Bergwegen des Gebirges.Überwiegend auf angelegten Steinpfaden quälen sich an Sommertagen unzählige Touristen in Karawanen nach oben. Ziel unserer Wanderung ist der mondäne und 27.000 Einwohner zählende Urlaubsort Zakopane. Auffällig sind die wunderschönen und zum Teil noch aus Holz bestehenden Häuser, die einen für die Region typischen Baustil aufweisen.

Ausgangspunkt: Podbanské, 930 m; Bushaltestelle »Pribylina, Zruby« etwa 200 m vom Startpunkt an der Landstraße gelegen, kostenlose Parkplätze direkt vor Ort.
Endpunkt: Zakopane, 823 m, Fußgängerzone; kostenpflichtige Parkplätze in unmittelbarer Nähe des Endpunkts und im Stadtgebiet von Zakopane. Von Zakopane gibt es nur sehr wenige Busverbindungen zurück in die Slowakei. Diese führen aktuell alle über die Hohe Tatra bis nach Poprad.
Anforderungen: Anspruchsvolle Bergtour mit sehr großem Höhenunterschied, die gute Kondition voraussetzt. Teilweise steile An- und Abstiege. Im Tichá dolina wandern wir auf einer Asphaltstraße, der Aufstieg zur Grenze erfolgt über einen Pfad und der Abstieg auf großteils angelegten Steinwegen.
Infrastruktur: Bei der Bergstation der Seilbahn auf dem Kasprov vrch (Kasprowy Wierch) Kiosk (kleine Speisen und Getränke) sowie das höchste Restaurant Polens. In Kuźnice und in Zakopane zahlreiche Einkehrmöglichkeiten. An Variante 2: **Schronisko na Hali Kondratowej** (Speisen und Getränke; 20 Betten in drei Mehrbettzimmern), Tel. +48 18 20 191 14. Reservierungen (auf Polnisch oder Englisch) unter halakondratowa.pl; ganzjährig (Ausnahme: jeweils vom 15. Nov. bis 26. Dez. Übernachtungen wegen Renovierungsarbeiten nicht möglich, das Buffet und der Speisesaal stehen aber zur Verfügung); Preise pro Bett ca. 40 PLN (ca. 9 €).
Varianten: 1. Vom Suché sedlo ❻ (Sucha Przełęcz) gut 500 m nach rechts auf den Gipfel des Beskyd (Beskid) gehen und aus 2012 m Höhe das fantastische Panorama genießen (leider oft extrem überlaufen!) (hin und zurück 30 Min., 1 km und 70 Hm Auf- und Abstieg).
2. Vom Kasprov vrch ❼ mit roter Markierung zum Przełęcz pod Kopą Kondracką und ab dort mit grüner Mar-

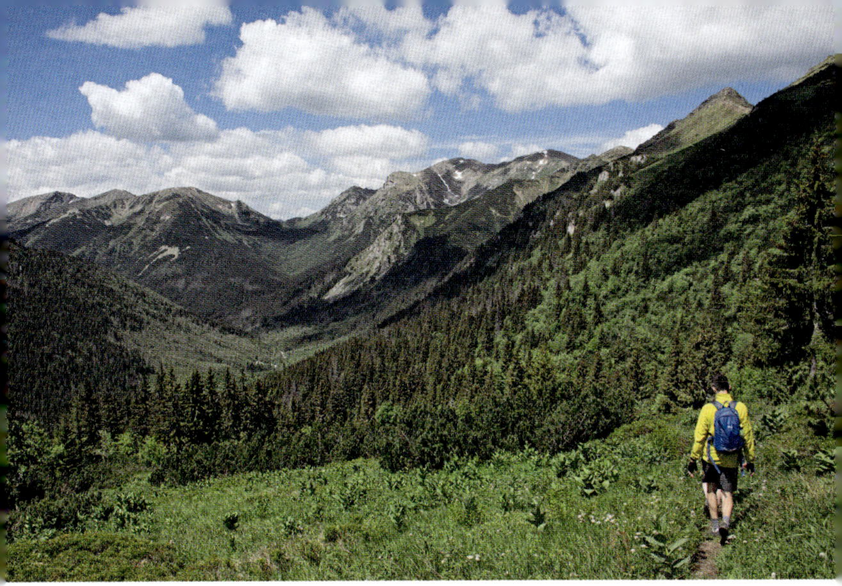

Ein schmaler Pfad windet sich zum Suché sedlo hinauf.

kierung zur Schronisko na Hali Kondratowej absteigen (bis zur Hütte knapp 3 Std., rund 6 km und 180 Hm Auf- und 1100 Hm Abstieg).
Kombi-Tipp: Wer mehrere Tage Zeit hat, kann ab Zakopane mit Tour 53 zur Berghütte Hali Ornak, dort Tour 46 oder 47 mit Variante von 41 anschließen, um zurück in die Slowakei zu gelangen.
Hinweise: 1. Der Großteil des slowakischen Tals ist aus naturschutzrechtlichen Gründen nur vom 15. Juni bis 31. Okt. begehbar.
2. Im Abstieg vom Kasprov vrch bitte auf der markierten Trasse bleiben. Der Nationalpark versucht, den alten und noch sichtbaren Weg, der in weiten Serpentinen verlief, zu renaturieren.
Tipps: 1. Gut 1000 Hm im Abstieg lassen sich durch die Seilbahn am Kasprov vrch einsparen (einfache Fahrt je nach Jahreszeit und Ort des Ticketkaufs 65–119 PLN (ca. 14–26 €; pkl.pl, auch auf Englisch).
2. Wer sich den Weg durch Zakopane ersparen möchte, kann ab Kuźnice mit dem Bus ins Zentrum fahren (Ticket 5 PLN, ca. 1,10 €).
Karte: SHOCart – Blatt 1096 Zapadné Tatry 1:50.000 und SHOCart – Blatt 1097 Vysoké Tatry 1:50.000.

Vom Wegweiser auf dem Parkplatz von **Podbanské** ❶, 930 m, wird uns die gelbe Wandermarkierung bis hinauf zur slowakisch-polnischen Grenze am Suché sedlo (Sucha Przełęcz) leiten. Zunächst queren wir in der Kurve der Landstraße einen großem Bach und biegen danach sofort links zur Kreuzung »Pod kravskou cestou« ab. Dort geht es nochmals nach links ins Tichá dolina hinein. Der markante Berg Kriváň liegt zum Greifen nah direkt vor uns. An der Gabelung **Horáreň pred Tichou** ❷, 980 m (laut Schild: 960 m),

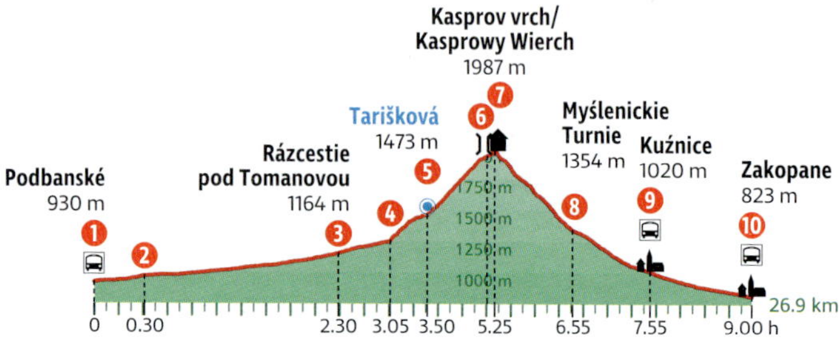

zweigen wir zum dritten Mal nach links ab. Etwas monoton verläuft der Weg auf den ersten Kilometern tief ins Tal hinein. Abwechslung bieten nur der Bach, ab und an ein Haus und der im Hintergrund auftauchende Hauptkamm der Westlichen Tatra. Unterstände und Rastplätze laden zum Verweilen ein. Gedenksteine und ein Denkmal erinnern an den Slowakischen Nationalaufstand – im Zweiten Weltkrieg wurde im Tal gekämpft. Mit Vordringen in den hinteren Teil des Tals verbessert sich auch die Gebirgskulisse. Ab dem Wegweiser **Rázcestie pod Tomanovou** 3, 1164 m, leitete früher ein alter Schmuggler-Pfad nach Polen. Das Tal zieht sich in einem weiten Bogen allmählich nach Osten.

Auf dem Kasprov vrch ist einiges los.

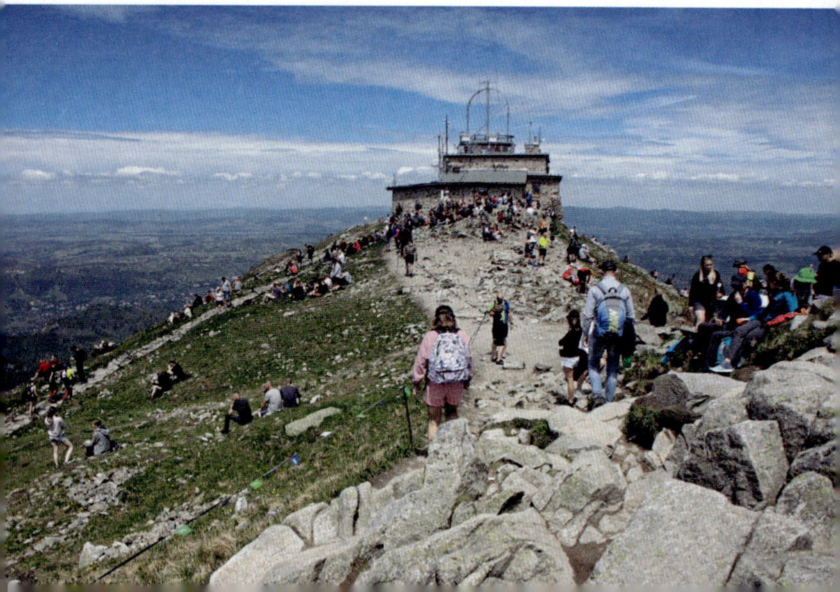

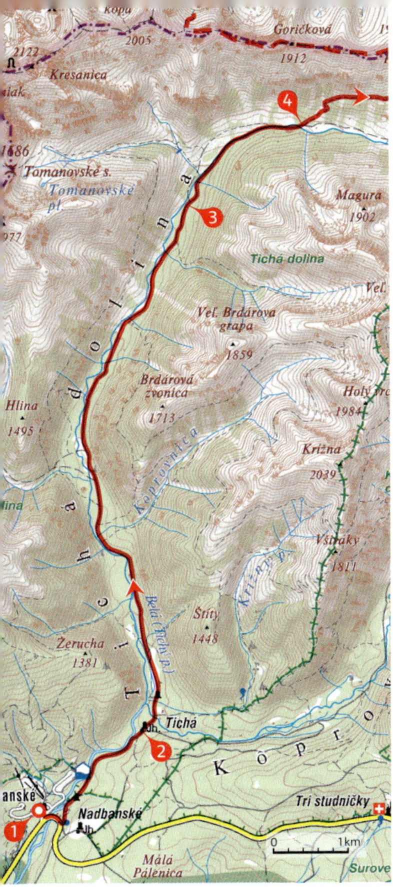

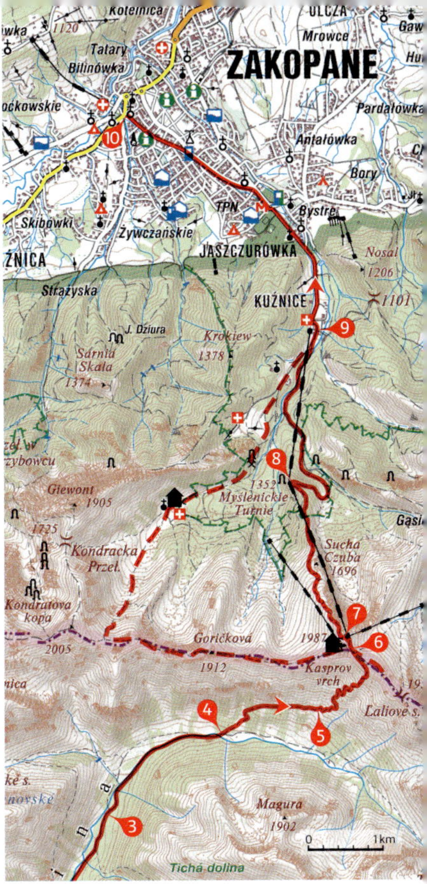

Nach der Überquerung des Bachs befindet sich das Hinweisschild **Liptovský košiar** ❹, 1265 m, am Wegesrand. Ein hier beginnender Pfad windet sich in offenem Gelände oder kurzen bewaldeten Abschnitten bergan. Mit zunehmender Höhe verbessert sich auch das Panorama der Felsgipfel der Umgebung. Nach der Quelle **Tarišková** ❺, 1473 m, leiten Serpentinen hinauf zum **Suché sedlo** ❻, 1950 m (Sucha Przełęcz). Unter Umständen werden an einem eingelagerten Felsen kurz die Hände benötigt. Auf dem Grenzkamm ist es mit der Ruhe in den Bergen zweifelsfrei vorbei. Links ist bereits die Seilbahnstation zu sehen (nach rechts: Variante 1). Dort beginnen auch Treppen, die hinauf zum Wegweiser **Kasprov vrch** ❼, 1987 m

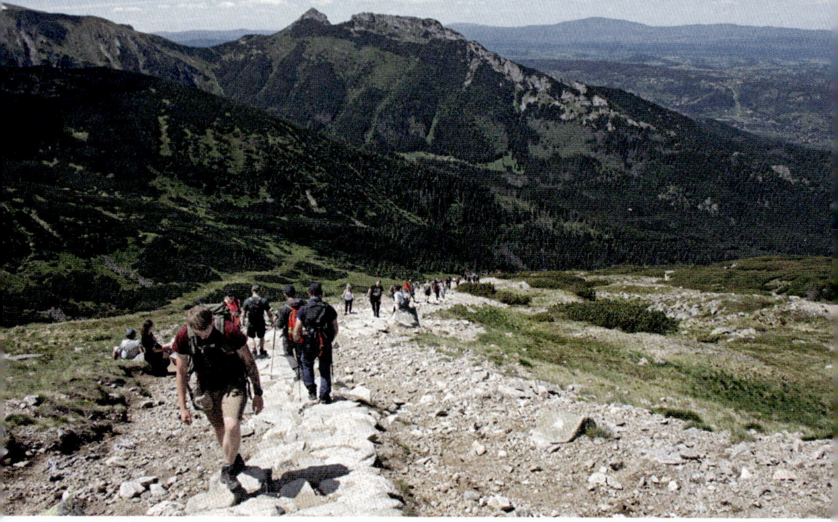

Im Abstieg bietet sich ein herrlicher Blick auf das Giewont-Massiv.

(Kasprowy Wierch), neben der Sternwarte und Wetterstation führen. Der eigentliche Gipfel liegt nochmals wenige Meter links davon und ist durch Sperrbänder abgesteckt (nach links: Variante 2).

Der Abstieg erfolgt mit der grünen Markierung. Am linken Rand des Gebäudes beginnt ein meist mit Steinen befestigter Pfad, der ziemlich steil den Gipfelhang hinunter in die Latschenzone führt. Vor der Sucha Czuba windet sich unser Steinweg nach links und dort weiter steil hinunter in den Wald. Nach der Zwischenstation der Seilbahn am **Myślenickie Turnie** ❽, 1354 m, wird der Weg deutlich breiter und zieht sich in einer weit ausladenden Schleife bergab ins Dolina Kasprowa. Vom Kassenhäuschen und einem Wegweiser sind es nur noch wenige Meter bis **Kuźnice** ❾, 1020 m, dem ersten Stadtteil von Zakopane. Hier endet die Seilbahn und es gibt alles, was das touristische Herz begehrt. Unterhalb der Bergbahn fahren auch die Kleinbusse ins Zentrum von Zakopane ab.

Ein Fußweg verläuft an der Straße entlang talauswärts bis zum ersten Kreisverkehr von Zakopane. Wir gehen geradeaus weiter und im Anschluss an der zweiten Möglichkeit leicht links in die Zamoyskiego-Straße hinein. Eine sehr moderne Kirche dient der Orientierung. An einer Rechtskurve der Straße und hinter einem auffälligen großen Holzhaus auf der rechten Seite beginnt links die Straße Krupówki und führt verkehrsberuhigt weiter nach unten bis zu einer großen Kirche, wo unsere Wanderung in der Fußgängerzone von **Zakopane** ❿, 823 m, endet. Mit Bussen und Bahnen geht es von Zakopane über Poprad und Liptovský Mikuláš nach **Podbanské** ❶ zurück.

↗ 1220 m | ↘ 1220 m | 25.9 km

9.45 h

Durch das Chochołowska-Tal auf den Wołowiec, 2063 m

45

Durch ein berühmtes Tal auf einen traumhaften Aussichtsberg

Das Dolina Chochołowska gehört sicherlich zu den berühmtesten Tälern Polens. Es ist 10 km lang und wird von mehreren über 2000 m hohen Gipfeln umgeben. Im 15. Jh. wurden im Tal Erze abgebaut und mit der Almwirtschaft begonnen. Der Name des Tals leitet sich vom Dorf Chochołow ab, da einige Einwohner früher Rechte zur Nutzung der Alm besaßen. Heute stehen auf der großen Wiese unter der Schronisko na Polanie Chochołowskiej noch einige alte Holzhütten, die an die Zeit der Bergbauern und Schäfer erinnern. Fotos von der Almwiese mit blühenden Krokussen sind heute weit über Polen hinaus bekannt. Das Gipfelziel dieser Wanderung, der Volovec (Wołowiec), bietet ein fantastisches Panorama. Auf polnischer Seite wurde der Berg früher Hruby Wierch (dt. der grobe oder raue Berg) genannt. Bei den slowakischen Hirten war er schon seit jeher als Volovec bekannt. Dieser Name setzte sich später in beiden Ländern durch, da österreichische Kartografen ihn in ihren Karten verwendeten. Nur die Schreibweise und die Aussprache sind in beiden Ländern auch heute noch unterschiedlich.

Ausgangspunkt: Parkplatz am Dolina Chochołowska, 908 m; je weiter entfernt geparkt wird, desto günstiger ist der Preis. Aus Zakopane ab dem frühen Morgen regelmäßige Busverbindungen zu allen Tälern westlich der Stadt.
Anforderungen: Im Tal asphaltierte, unbefestigte oder mit Steinen angelegte breite Wege. Die Pfade unter dem Wołowiec sind durchgängig sehr steil und erfordern eine gute Kondition. Es ist ein sehr großer Höhenunterschied zu bewältigen. Größere Schwierigkeiten erwarten uns ansonsten aber nicht.
Infrastruktur: Am Ausgangspunkt und auf der Siwa Polana mehrere Einkehrmöglichkeiten. Im Tal bieten zudem zwei ehemalige Almhütten Käsespezialitäten an. **Schronisko na Polanie Chochołowskiej** (Speisen und Getränke; 121 Betten in verschiedenen Zimmerkategorien), Tel. +48 18 20 705 10 oder +48 660 144 510, Reservierung über chocholowska.com (auch auf Englisch); ganzjährig, Übernachtung im Mehrbettzimmer ab 70 PLN (ca. 16 €), Doppelzimmer 250 PLN (ca. 56 €), Bettwäsche 20 PLN (ca. 4,50 €).
Variante: Mit der schwarzen Markierung von der Schronisko na Polanie Chochołowskiej oberhalb der Almwiese

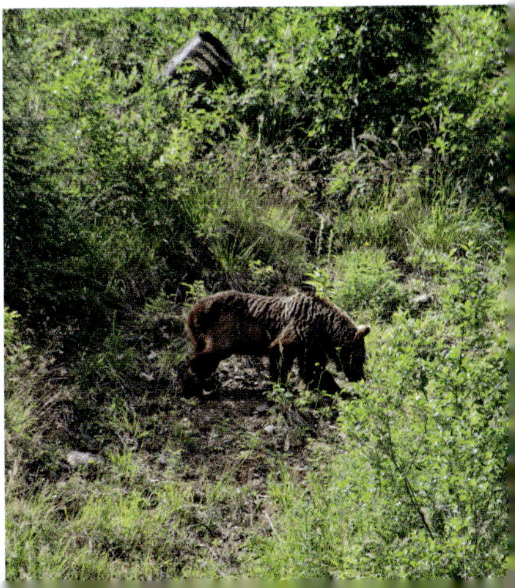

Bär im Dolina Chochołowska.

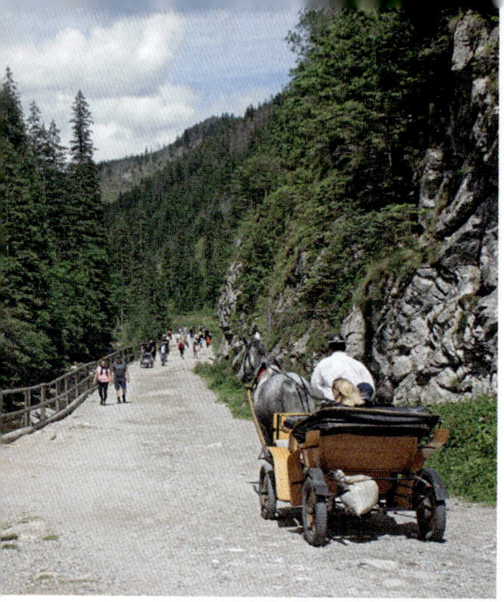

Romantische Kutschfahrt im Dolina Chochołowska.

in 5 Min. zur sehenswerten Holzkapelle Kaplica na Polanie Chochołowskiej. Hier findet jeden Sonntag um 13 Uhr ein Freiluft-Gottesdienst statt. Von der Kapelle leitet ein abgesteckter Weg in 10 Min. quer über die Wiese zum Wegweiser »Polana Chochołowska« hinunter. Hier nach rechts in 10 Min. zurück zur Hütte oder nach links mit dem Hauptweg weiter.
Kombi-Tipps: 1. Ab dem Rákoň (Rakoń) zur Ťatliakova chata oder in Richtung Zuberec auf slowakisches Gebiet absteigen (Tour 25).
2. Vom Gipfel der Lúčna (Grześ) führt ein Pfad hinunter zur Chata Zverovka in der Slowakei (Tour 24).
3. Ab dem Wegweiser Bobrowiecki Żleb ⓬ führt die blaue Markierung über einen Sattel und auf die slowakische Seite in Richtung Oravice hinunter (Tour 32).
Hinweise: 1. Kurz nach dem Start muss am Kassenhäuschen der obligatorische Eintritt entrichtet werden (pro Tag 9 PLN/ca. 2 €, Stand 2023).
2. Besonders an schönen Sommertagen ist das Tal extrem überlaufen. Wer es ruhiger mag, sollte möglichst früh aufbrechen.
3. Im Tal gibt es zahlreiche Bären. Mit etwas Glück können diese aus etwas größerer Entfernung vom Talweg aus in den nachwachsenden Bereichen beobachtet werden.
4. Im Auf- und Abstieg vom Wołowiec und unter dem Rákoň wurden in steilen Abschnitten Jute-Matten verlegt und Holzverbauungen errichtet, um die Erosion aufzuhalten und die Renaturierung zu fördern. In diesen Bereichen sollte der Weg nicht verlassen werden!
Tipps: 1. Eine Übernachtung auf einer polnischen Berghütte ist ein besonderes Erlebnis.
2. Wer sich den Fußweg durch das Tal ersparen möchte, kann von der Endstation der Busse am Talbeginn mit einem zum Zug umgebauten Traktor mit Anhängern bis zur Polana Huciska ❸ fahren. Dort kann auf Pferdekutschen umgestiegen werden, die bis kurz unter die Hütte Schronisko na Polanie Chochołowskiej fahren.
3. Am Taleingang werden Fahrräder verliehen. Damit fährt man bis zur Berghütte, stellt das Rad dort ab und beginnt mit der Wanderung.
4. Auf der Siwa Polana gibt es einen Hochseilgarten.
Karte: SHOCart – Blatt 1096 Zapadné Tatry 1:50.000.

Vom Parkplatz am Beginn des **Dolina Chochołowska** ❶, 908 m, gehen wir bis zum Kassenhäuschen wenige Meter hinter der letzten Parkmöglichkeit und bezahlen den obligatorischen Eintritt. Eine Asphaltstraße verläuft zunächst an einer großen Wiese und später am Abzweig **Siwa Polana** ❷, 935 m, vorbei, wo die grüne Markierung auf den Weg stößt. An der **Polana Huciska** ❸, 982 m, endet der Asphalt und es geht auf einem breiten unbe-

festigten Weg weiter in das Tal hinein. Nach einer ersten Engstelle mit Felsen folgt der Wegweiser **Dolina Dudowa** 4, 1005 m, wo sich die schwarze Markierung als »Droga oder Ścieżka nad Reglami« über sämtliche Täler bis in den Zakopaner Stadtteil Kuźnice zieht.
Nun erwartet uns mit der Engstelle Wyżnia Brama Chochołowska das zweite Tor des Tals: Nur Weg und Bach passen zwischen die steil aufragenden Felsen. Direkt dahinter, am Forsthaus **Leśniczówka Chochołowska** 5, 1035 m, beginnen eine gelbe und erneut eine schwarze Markierung, die ins Nachbartal Dolina Kościeliska oder hinauf auf einen Seitenkamm am Siwa Przełęcz führen. Am nächsten Wegweiser **Polana Trzydniówka** 6, 1072 m, besteht links die Möglichkeit, auf einen Seitengrat zum Trzydniowiański Wierch und den Hauptkamm des Gebirges zu wandern. Nach weiteren 20 Min. folgt die größte Alm der Tatra – die **Polana Chochołowska** 7, 1105 m.
Wir folgen zunächst noch etwa 5 Min. dem breiten Weg und zweigen an der nächsten Kreuzung nach links auf einen Waldarbeiterweg ab. Dieser zieht sich tief in das Tal hinein und wird im Verlauf schmaler und auch steiler. Weiter oben sind weite Teile des Pfads mit Steinen angelegt. Vorbei an einer Quelle 8, 1578 m, geht es recht direkt durch die Latschenzone in den offenen Wiesenhang und zum Schluss in einer Schleife hinauf zum Wegweiser unter dem Volovec (Wołowiec), der sich bereits auf dem Nordgrat unseres Gipfels befindet. Die grüne Markierung endet hier, und nach links führt ein blau gekennzeichneter Weg bergauf. Dem polnisch-slowakischen Grenzverlauf folgend geht es über etliche stufenartige Holzverbauungen steil und vor allem mühevoll zum Gipfel des **Volovec** 9, 2063 m

Blick zurück vom Rákoň auf den Volovec.

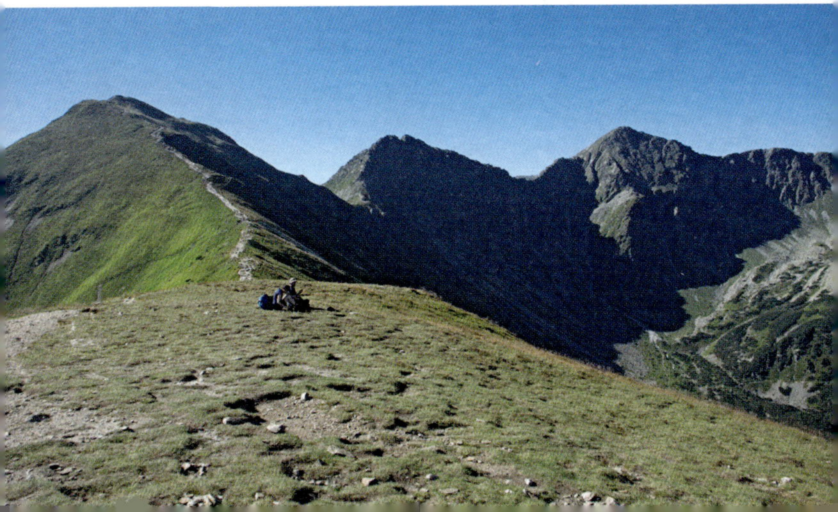

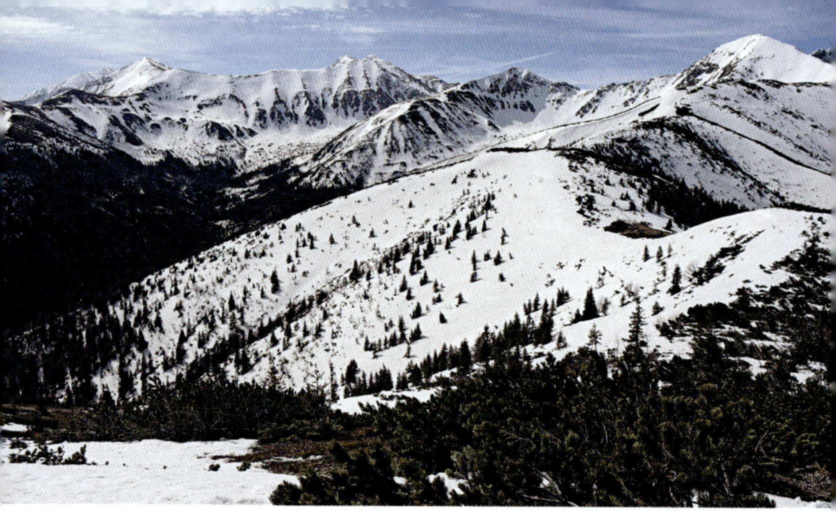

Winterpanorama unterhalb der Lúčna.

(Wołowiec). Die Aussicht auf nahezu die gesamte Westliche und auf Teile der Hohen Tatra ist fantastisch.

Vom Gipfel steigen wir zunächst auf demselben Weg ab und folgen jetzt dem Kammverlauf geradeaus bis zur Kuppe des **Rákoň** ⑩, 1876 m (Rakoń). Links leiten mehrere Pfadspuren hinab zur auf slowakischem Gebiet liegenden Ťatliakova chata. Unser Weg zieht sich vom höchsten Punkt nach rechts hinunter und umgeht den nächsten Berg an seiner linken Seite. Der Grat führt jetzt wieder in nördliche Richtung weiter bis zur **Lúčna** ⑪, 1653 m (Grześ). Es lohnt sich, nochmals einen Blick auf das fantastische Panorama der Roháče-Kette zu werfen. In zwei weiten Schleifen geht es mit gelbem und blauem Wanderzeichen nun abwärts bis zur Kreuzung **Bobrowiecki Żleb** ⑫, 1320 m, wo nach Oravice in der Slowakei abgestiegen werden kann. Geradeaus leitet jetzt ein breiter und etwas zerfahrener Waldar-

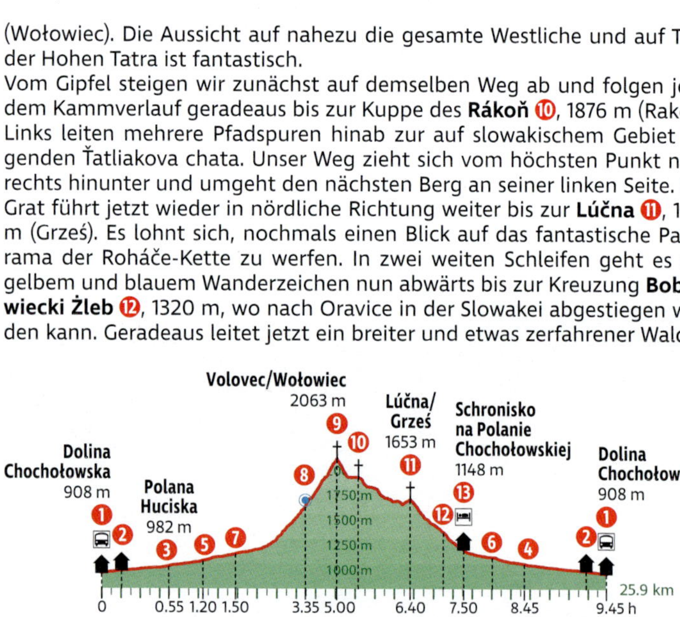

beiterweg mit gelber Markierung ziemlich direkt bergab zur **Schronisko na Polanie Chochołowskiej** 13, 1148 m.

Vor der Hütte beginnt der breite Zufahrtsweg, der hinunter zur **Polana Chochołowska** 7, 1105 m, führt. Auf bekannter Strecke geht es zum Parkplatz **Dolina Chochołowska** 1, 908 m, zurück.

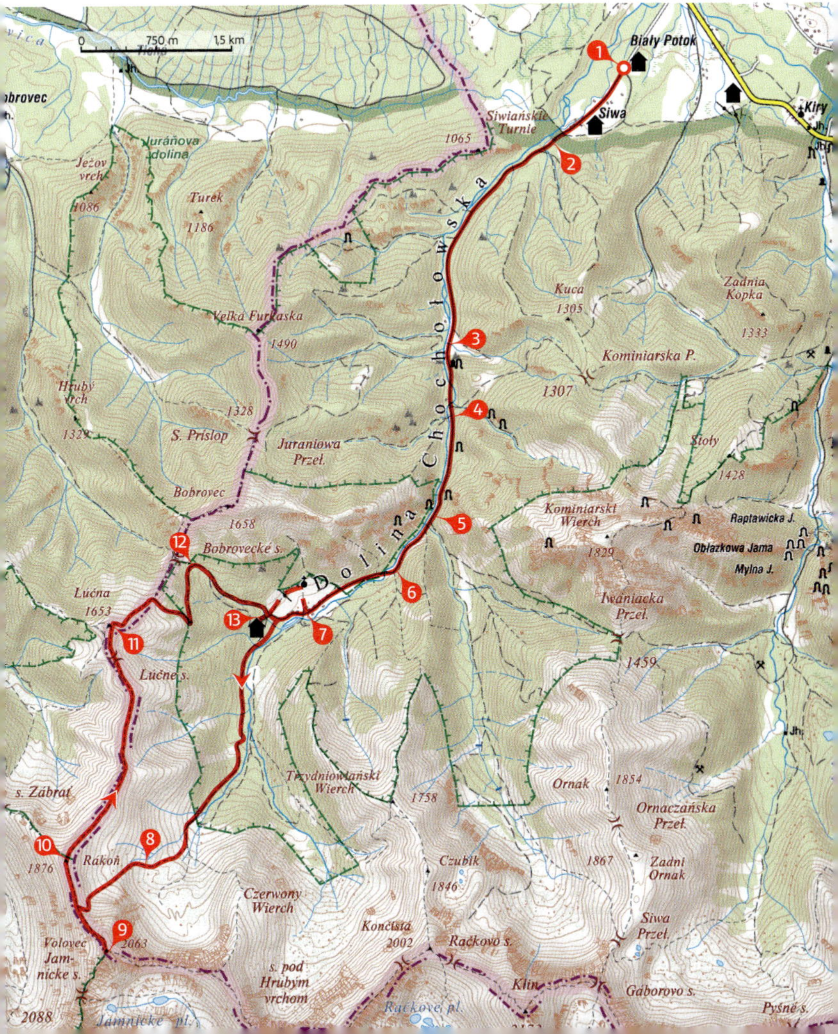

↗ 1320 m | ↘ 1650 m | 22.7 km

46 Von der Berghütte Hali Ornak nach Pribylina

10.00 h

Von Norden nach Süden über die Westlichen Tatra

Die Überschreitung eines Gebirges ist immer etwas Besonderes, vor allem dann, wenn es von einem Land in das Nachbarland geht. Diese Tour ist so konzipiert, dass sie mit anderen Touren dieses Buches verknüpft werden kann und so eine dreitägige Tour mit Hüttenübernachtung möglich ist. Zunächst wechseln wir aus dem Dolina Kościeliska heraus ins Nachbartal Dolina Chochołowska, um von dort auf den Hauptkamm des Gebirges zu steigen. Hier verläuft auch die Landesgrenze. Über ein einsames Tal mit mehreren Bergseen steigen wir dann auf die slowakische Seite ab. Am Museumsdorf von Pribylina endet die Wanderung. Wer Zeit hat, sollte sich hier noch die alten Gebäude aus der Region Liptov anschauen, die an ihren ehemaligen Orten abgetragen und originalgetreu wieder aufgebaut wurden.

Ausgangspunkt: Schronisko na Hali Ornak, 1108 m, einfachster Zustieg von Kiry, 927 m, Ortsteil von Kościeliska (Tour 48) oder von Zakopane, 823 m (Tour 53).
Endpunkt: Pribylina, 785 m, Museumsdorf (Skanzen Pribylina); Bushaltestelle links des Wegweisers; von hier fahren nur sehr wenige Busse am Tag, wer den Bus verpasst, geht in das direkt rechts vom Endpunkt liegende Dorf Pribylina (10 Min./800 m zusätzlich) und nimmt dort den Bus über Liptovský Mikuláš und Poprad zurück nach Zakopane in Polen.
Anforderungen: Anspruchsvolle Bergtour mit sehr großem Höhenunterschied. Sehr steile An- und Abstiege, die eine gute Kondition erfordern. Die Rückkehr nach Polen erfordert eine etwas größere Planung mit öffentlichen Verkehrsmitteln.

Im Abstieg vom Iwaniacka Przełęcz.

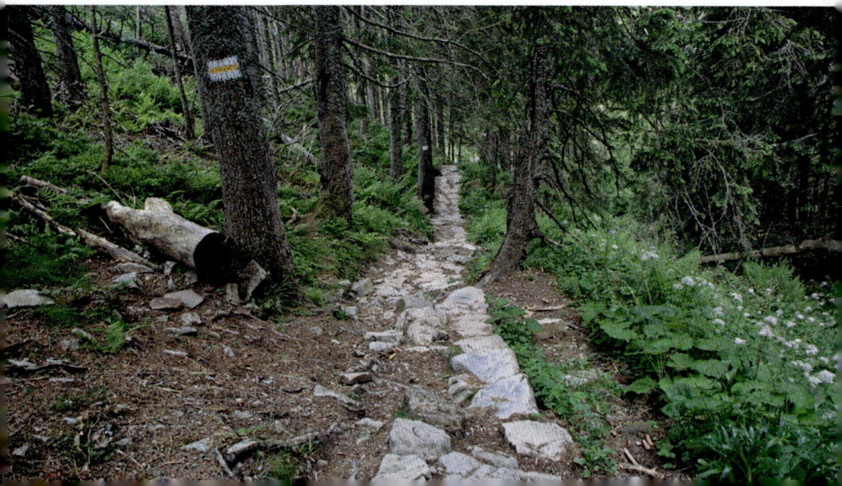

Infrastruktur: Schronisko na Hali Ornak (gemütliche Berghütte; Speisen und Getränke sowie 48 Betten in verschiedenen Zimmerkategorien), Tel. +48 18 20 705 20 oder +48 695 530 813, schronisko-ornak.pl (nur auf Polnisch); ganzjährig, Übernachtung im Mehrbettzimmer ab 90 PLN (ca. 20 €), Doppelzimmer 240 PLN (ca. 54 €). An Variante 3: **Schronisko na Polanie Chochołowskiej** (Speisen und Getränke sowie 121 Betten in verschiedenen Zimmerkategorien), Tel. +48 18 20 705 10 oder +48 660 144 510, Reservierung über chocholowska.com (auch auf Englisch); ganzjährig, Übernachtung im Mehrbettzimmer ab 70 PLN (ca. 16 €), Doppelzimmer 250 PLN (ca. 56 €), Bettwäsche 20 PLN (ca. 4,50 €). In der direkten Umgebung am Ausgang des Úzka dolina mehrere Unterkünfte, z. B. Hotel und Restaurant **Horská chata Orešnica** (chataoresnica.sk nur auf Slowakisch) sowie ein Campingplatz. In Pribylina gibt es ein Restaurant, Unterkünfte sowie regelmäßige Busverbindungen nach Liptovský Mikuláš
Varianten: 1. Die kürzeste Option, von der Schronisko na Hali Ornak in die Slowakei zu kommen, führt vom Sattel Iwaniacka Przełęcz ❷ zum Wegweiser »Siwy Zwornik (Gáborovo Sedlo)« (vgl. Tour 47), ab dort über das Gáborova dolina Abstieg zur Kreuzung »Rázcestie pod Klinom« ❽ (Ersparnis ca. 2.45 Std., 3,5 km und ca. 350 Hm im Auf- und Abstieg).
2. Zustieg mit Tour 45 aus dem Dolina Chochołowska hinaus bis zum Abzweig am Wegweiser »Polana Trzydniówka« ❹ (45 Min., 0,6 km, und 220 Hm Auf- und 420 Hm Abstieg weniger).
3. Vom Wegweiser »Polana Trzydniówka« ❹ gelangt man in knapp 30 Min. auf breitem Weg zur Alm Polana Chochołowska und weiter zur Schronisko na Polanie Chochołowskiej (hin und zurück gut 50 Min., 2,9 km und 80 Hm Auf- und Abstieg).
Kombi-Tipp: Dreitägige Rundtour: mit Tour 44 in Podbanské starten, ab Kasprov vrch weiter mit Tour 53 (Übernachtung in Zakopane oder Schronisko na Hali Kondratowej), danach mit Tour 46 zurück in die Slowakei. Vom Wegweiser »Úzka dolina, ústie« ⓫ links mit der roten Markierung in 2.30 Std. nach Podbanské zurück.
Tipp: Im Freilichtmuseum »Skanzen Pribylina« sind alte Gebäude der Region Liptov zu sehen (Informationen auf skanzenpribylina.sk, auch auf Englisch).
Karte: SHOCart – Blatt 1096 Zapadné Tatry 1:50.000.

Die gelbe Wandermarkierung führt uns von der **Schronisko na Hali Ornak** ❶, 1108 m, zunächst über eine Wiese und zwei Bäche in den Wald hinein. Ab dort geht es durch teilweise nachwachsenden Bereich steil hinauf zum **Iwaniacka Przełęcz** ❷, 1459 m (nach links: Variante 1). Auf einem Pfad steigen wir auf die andere Talseite ab und gelangen in der Folge an ein Schotterbett, das später nach rechts verlassen wird. Kurz darauf geht es von der Verzweigung im **Dolina Starorobociańska** ❸, 1082 m, auf einem Schotterweg weiter, der im Dolina Chochołowska auf einen breiten unbefestigten Zufahrtsweg mit grüner Markierung trifft (von rechts: Variante 2). Dieser leitet nach links in etwa 10 Min. zum Wegweiser **Polana Trzydniówka** ❹, 1072 m, wo die rote Markierung beginnt (geradeaus: Variante 3).
Der linker Hand beginnende Aufstieg auf den Hauptkamm ist sehr mühsam und in einigen Bereichen auch sehr steil. Anfangs zieht sich noch ein breiter Weg den Hang hinauf; an einer Gabelung wird links abgezweigt. Im weiteren Verlauf führt ein zum Teil angelegter Steinpfad weiter bergan. Immer wieder erschweren hohe Tritte das Vorwärtskommen. In der Lat-

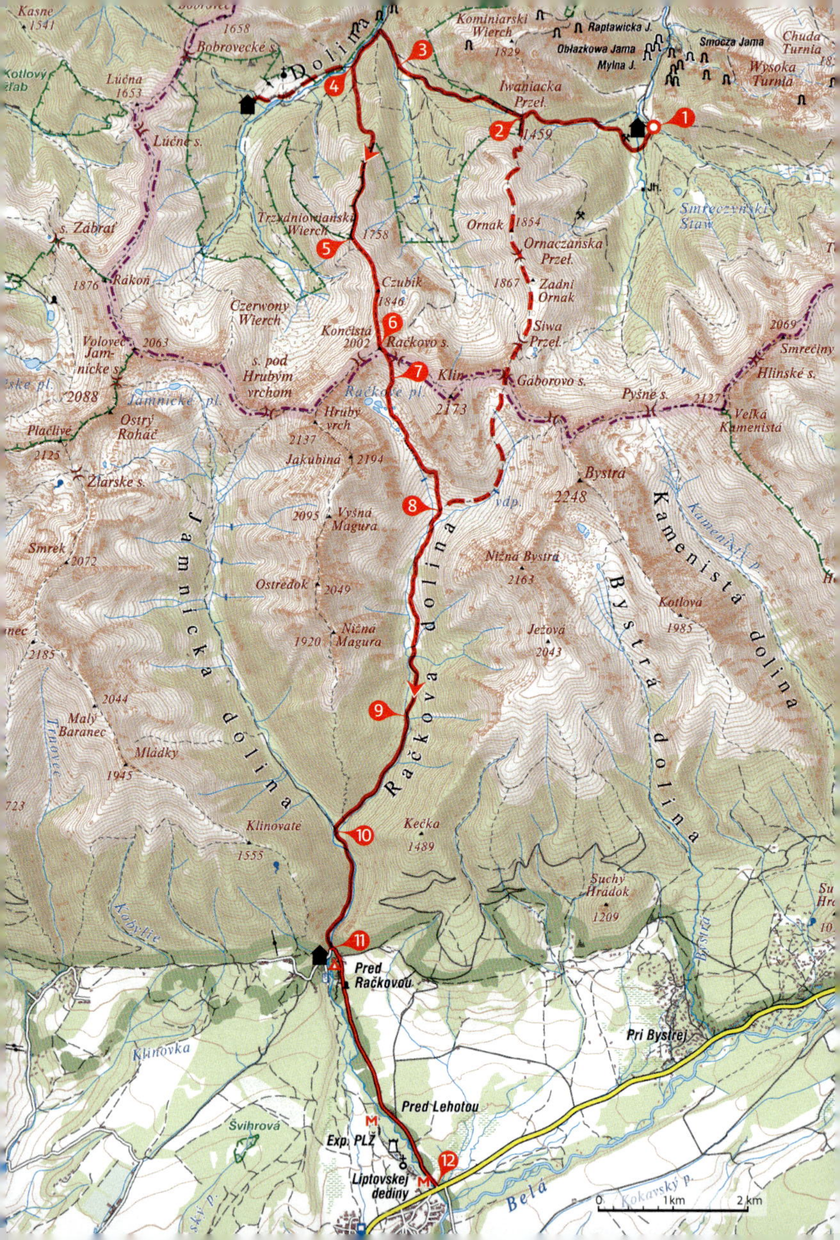

Dolina
Kominiarski Wierch
1829
Raptawicka J.
Obłazkowa Jama
Mylna J.
Smocza Jama
Chuda Turnia
Wysoka Turnia
Iwaniacka Przeł.
1459
Bobrovecké s.
1658
Kasne 1541
Lúčna 1653
Lúčne s.
Kotlový žľab
s. Zábrať
1876
Rákoň
Trzydniowiański Wierch
1758
Ornak
1854
Ornaczańska Przeł.
Smreczyński Staw
Czubik
1846
1867
Zadni Ornak
Czerwony Wierch
Končistá
2002
Račkovo s.
Siwa Przeł.
Volovec
2063
Jamnícke s.
2088
s. pod Hrubým vrchom
Jamnícke pl.
Račkove pl.
Klin
2173
Gáborovo s.
Pyšné s.
2127
2069
Smreciny
Hlinské s.
Veľká Kamenistá
Plačlivé
2125
Ostrý Roháč
Hrubý vrch
2137
Jakubiná
2194
Bystrá
2248
Žiarske s.
vdp.
2095
Vyšná Magura
Smrek
2072
Nižná Bystrá
2163
Kamenistý p.
Kamenistá dolina
Ostredok
2049
Kotlová
1985
2185
Nižná Magura
1920
Ježová
2043
2044
Malý Baranec
Mládky
1945
Jamnícka dolina
Račkova dolina
Bystrá dolina
Trnovec
723
Klinovaté
1555
Kečka
1489
Suchý Hrádok
1209
Kobylie
Bystrá
Pred Račkovou
Pri Bystrej
Klinovka
Pred Lehotou
Švihrová
Exp. PLŽ
Liptovskej dediny
Belá
Kokavský p.
0
1 km
2 km
1
2
3
4
5
6
7
8
9
10
11
12

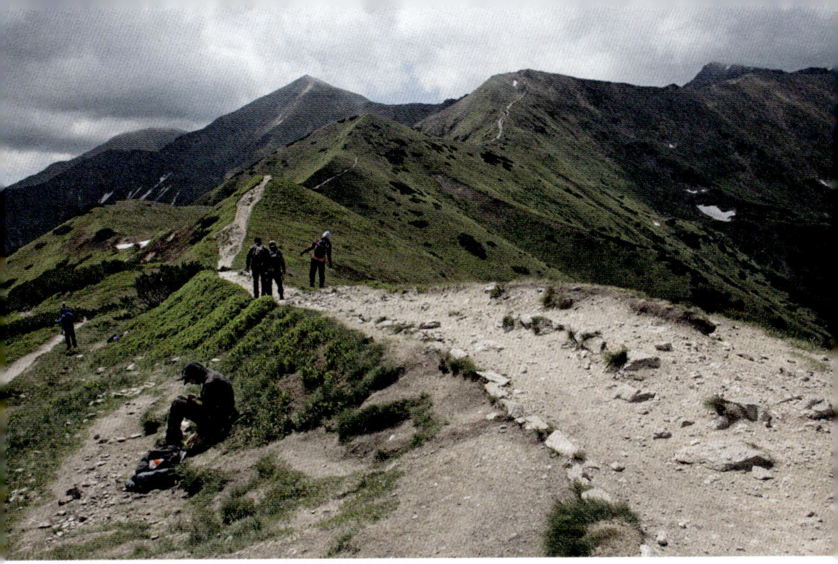

Ein Seitengrat zieht sich hinauf zur Končistá.

schenzone wird es flacher und ein breiter Weg mit Geröll zieht sich zum ersten Gipfel des Tages hinauf – zum **Trzydniowiański Wierch** 5, 1758 m. Mit fortan herrlichem Panorama steigen wir jetzt mit der grünen Markierung über einen Seitenkamm bergan. Steilere Abschnitte sind mit hölzernen Rechtecken verbaut, um das Gelände vor Erosion zu schützen. Am eher unscheinbaren Berg **Končistá** 6, 2002 m (Kończysty Wierch), werden der Hauptkamm der Westlichen Tatra und die Landesgrenze erreicht.
Auf slowakischer Seite leitet die gelbe Wandermarkierung in das Račkova dolina hinab. Der erste Abschnitt ab dem Račkovo sedlo, 1965 m, ist extrem steil und es haben sich mehrere Pfade gebildet. Es empfiehlt sich, die Gras-

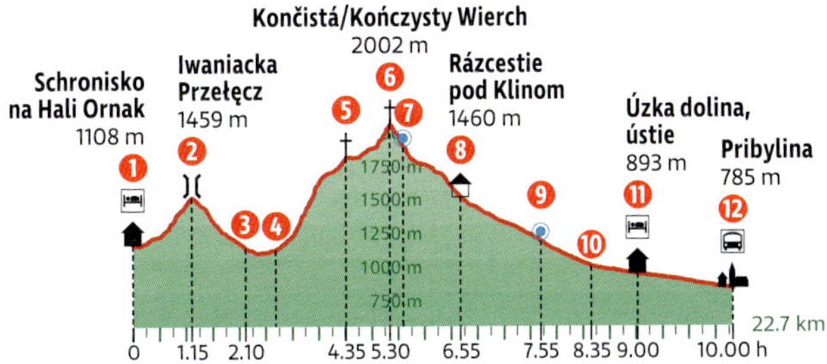

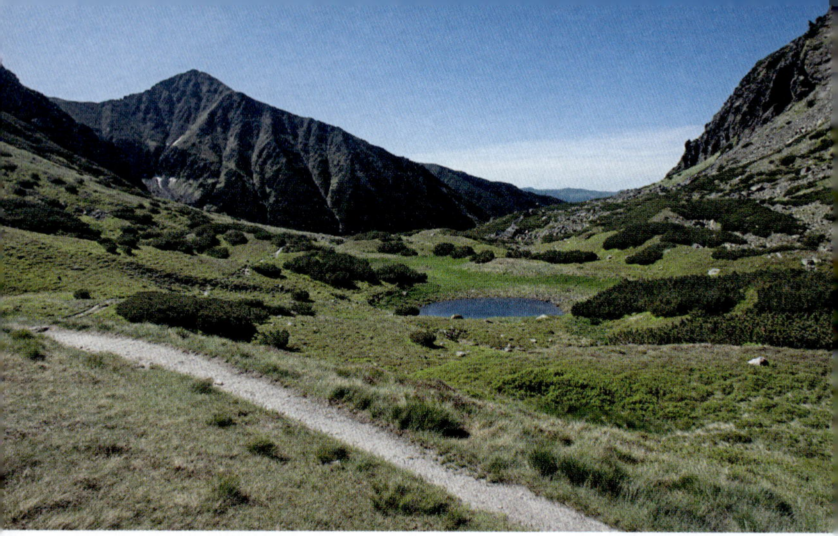

Im oberen Račkova dolina.

narbe zu benutzen, um nicht im losen Geröll des Hauptpfads auszurutschen. Im Abstieg passieren wir eine **Quelle** ❼, 1835 m. Ab den drei Bergseen, die sich romantisch unterhalb der mächtigen Gipfel Jakubina und Hrubý vrch ausbreiten, lässt sich der Weg angenehmer gehen. Über ein paar eingelagerte Felsplatten wandern wir hinunter zur Kreuzung **Rázcestie pod Klinom** ❽, 1460 m. Rechts befindet sich ein größerer Wasserfall. Etwas unterhalb des Wegweisers befindet sich die Koliba pod Klinom. Früher wurde in diesem Teil des Tals Schafwirtschaft betrieben; heute dient die Holzhütte als Notunterkunft. Unser Weg verläuft nun angenehm und nicht mehr so steil durch das Tal. Nach einem durch Lawinenabgang zerstörten Bereich folgt die ehemalige Alm Prostredné. Etwas unterhalb davon beginnt ein breiter Forstweg, der an einer **Quelle** ❾, 1139 m, vorbei aus dem Tal hinaus zur Verzweigung **Rázcestie Jamníckej a Račkovej** ❿, 950 m, führt. Die blaue Wandermarkierung leitet links auf einem Schotterweg zur Kreuzung **Úzka dolina, ústie** ⓫, 893 m. Der touristische Komplex mit Hotels und einem Restaurant befindet sich etwa 5 Min. weiter rechts. Wir wandern über die Asphaltstraße nach links mit dem grünen Zeichen weiter und kommen kurz darauf an einem Campingplatz und etwas später an einem Hotel vorbei. Nach nicht ganz 1 Std. endet die Wanderung nordöstlich von **Pribylina** ⓬, 785 m, am Hinweisschild des Museumsdorfs Pribylina (»Skanzen Pribylina«), das direkt auf der anderen Seite des Bachs liegt. Mit dem Bus geht es über Liptovský Mikuláš und Poprad zurück nach Zakopane in Polen.

↗ 1560 m | ↘ 1560 m | 30.9 km

12.30 h

Von Norden auf den Starorobociański Wierch, 2176 m

47

Auf Polens höchsten Gipfel der Westlichen Tatra

Unser heutiges Wanderziel liegt auf der slowakisch-polnischen Grenze und ist mit seinen 2176 m auch die höchste polnische Erhebung der Westlichen Tatra. Wegen seiner pyramidenähnlichen Form wird der Berg in der Slowakei Klin genannt. Die Übersetzung lautet Keil und aus der Ferne sieht es wirklich so aus, als habe man einen solchen einfach in die Landschaft gesetzt. Auf Polnisch heißt er Starorobociański Wierch, was sich von stillgelegten Eisenerzgruben ableitet, die es auf der polnischen Seite im gleichnamigen Tal im 16. Jh. gab. Der Berg ist wegen seiner etwas isolierten Lage auf dem Hauptkamm ein fantastischer Aussichtsgipfel. Auf der Tour wird der 1829 m hohe und weiter nördlich gelegene Kominiarski Wierch einmal im Uhrzeigersinn umrundet. Der markante und vor allem wuchtige Gipfel konnte bis 1988 auch bestiegen werden. Aufgrund zahlreicher Nistplätze von Steinadlern wurden die Hänge zu einem strengen Naturreservat erklärt und für die Öffentlichkeit gesperrt.

Ausgangspunkt: Wegweiser »Kiry«, 927 m, im gleichnamigen Ortsteil von Kościeliska; Bushaltestelle mit sehr guter Anbindung aus Zakopane etwa 100 m vom Ausgangspunkt entfernt, kostenpflichtige Parkplätze in der Nähe (je nach Entfernung und Saison 15–30 PLN, ca. 3,30–6,60 €).
Anforderungen: In den Tälern breite und einfache Wege. Die Auf- und Abstiege zwischen den Berghütten verlaufen über teilweise mit Steinen befestigte Pfade. An besonders steilen Passagen wurden Steinstufen angelegt. Unter dem Zadni Ornak felsiges Gelände, Zuhilfenahme der Hände nötig, aber keine Kletterei! Insgesamt ist ein sehr großer Höhenunterschied zu bewältigen.
Infrastruktur: In Kiry Restaurant. **Schronisko na Hali Ornak** (gemütliche Berghütte; Speisen und Getränke; 48 Betten in verschiedenen Zimmerkategorien), Tel. +48 18 20 705 20 oder +48 695 530 813, schronisko-ornak.pl (nur auf Polnisch; das Personal spricht Englisch); ganzjährig, Übernachtung im Mehrbettzimmer ab 90 PLN (ca. 20 €), Doppelzimmer 240 PLN (ca. 54 €). An Variante 3: **Schronisko na Polanie Chochołowskiej** (Speisen und Getränke; 121 Betten in verschiedenen Zimmerkategorien), Tel. +48 18 20 705 10 oder +48 660 144 510, Reservierung über chocholowska.com (auch auf Englisch); ganzjährig, Übernachtung im Mehrbettzimmer ab 70 PLN (ca. 16 €), Doppelzimmer 250 PLN (ca. 56 €), Bettwäsche 20 PLN (ca. 4,50 €). Auf der Siwa Polana mehrere Einkehrmöglichkeiten.
Varianten: 1. Ab Siwy Zwornik ❻ Besteigung der Bystrá, 2248 m, den höchsten Berg der Westlichen Tatra (hin und zurück 2.15 Std., 4 km sowie 350 Hm Auf- und Abstieg).
2. Wer nicht zur Schronisko na Polanie Chochołowskiej möchte, steigt vom Trzydniowiański Wierch ❿ mit roter Markierung geradeaus direkt zur Polana Trzydniówka ab (Ersparnis ca. 1.15 Std., 4,6 km und 50 Hm Auf- und Abstieg).
Kombi-Tipp: Ab Siwy Zwornik oder vom Berg Končistá (Kończysty Wierch) Abstieg mit Tour 41 in die Slowakei.
Hinweise: 1. Kurz nach dem Start wird der Eintritt in den Nationalpark entrich-

tet (pro Tag 9 PLN/ca. 2 €).
2. In der Hauptferienzeit (Juli/Aug.) ist es auf den Wegen von und zu den Hütten extrem voll. Es lohnt sich, früh aufzubrechen und im Falle einer Übernachtung rechtzeitig zu reservieren.
Tipps: 1. Die lange und etwas mühevolle Wanderung lässt sich durch eine oder zwei Übernachtungen auf den beiden polnischen Berghütten einfacher gestalten.
2. An der Kaplica na Polanie Chochołowskiej findet sonntags um 13 Uhr ein Freiluft-Gottesdienst statt.
Karte: SHOCart – Blatt 1096 Zapadné Tatry 1:50.000.

Vom Wegweiser in **Kiry ❶**, 927 m, am Taleingang folgen wir der grünen Wandermarkierung durch das Tal. Der breite Weg passiert zunächst das neu gebaute Zentrum des Nationalparks und das kleine Kassenhäuschen. Später verläuft er im breiten Tal über eine große Wiese. Rechts wird in einer kleinen Hütte Käse zum Verkauf angeboten. Im weiteren Verlauf befinden sich im Tal mehrere Abzweige (siehe Tour 48), die für uns wegen der Länge der Wanderung keine Relevanz haben. Das Tal wird deutlich enger und mehrmals wird der Bach gequert. Später steigt der Fahrweg etwas steiler bis zur Kreuzung »Tomanowa Dolina«, 1115 m, an. Von hier aus sind es nur noch zwei Minuten zur **Schronisko na Hali Ornak ❷**, 1108 m. Besonders bei schönem Wetter im Sommer wird es hier richtig voll.
Die gelbe Markierung führt von der Hütte zunächst über eine Wiese und über zwei Bäche, die über erfrischendes Trinkwasser verfügen, in den Wald hinein, wo es immer wieder Bereiche gibt, die nach Borkenkäferbefall gerodet wurden. Recht steil zieht sich unser Pfad in den Sattel **Iwaniacka Przełęcz ❸**, 1459 m, hinein. Wir zweigen links ab und folgen nun der grünen Wandermarkierung. Der größtenteils angelegte Pfad führt mit Steinstufen sehr steil und mühevoll auf einen Seitenkamm hinauf, wo es wieder flacher wird. Von hier geht es in südliche Richtung über einen schmalen Pfad an einer ersten Kuppe vorbei zu einem großen Steinhaufen mit dem Namen **Ornak ❹**, 1854 m. Der Gipfel kann auch ausgelassen werden. Nach kurzem Abstieg beginnt der anspruchsvollste Abschnitt der Wanderung. In felsigem Gelände werden kurz die Hände benötigt. Der höchste Punkt des **Zadni Ornak ❺**, 1867 m, befindet sich wenige Meter links des Steigs. Al-

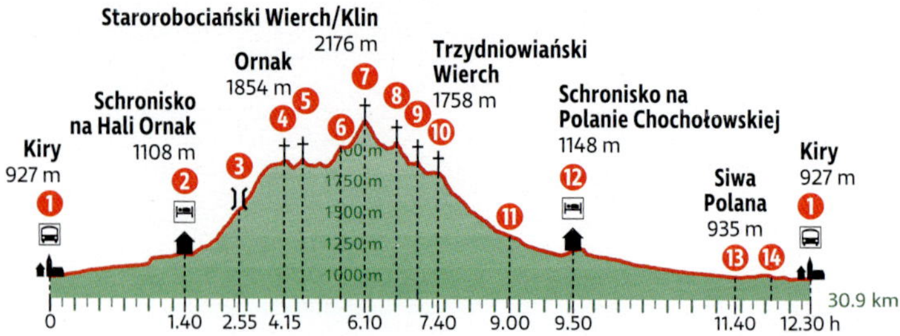

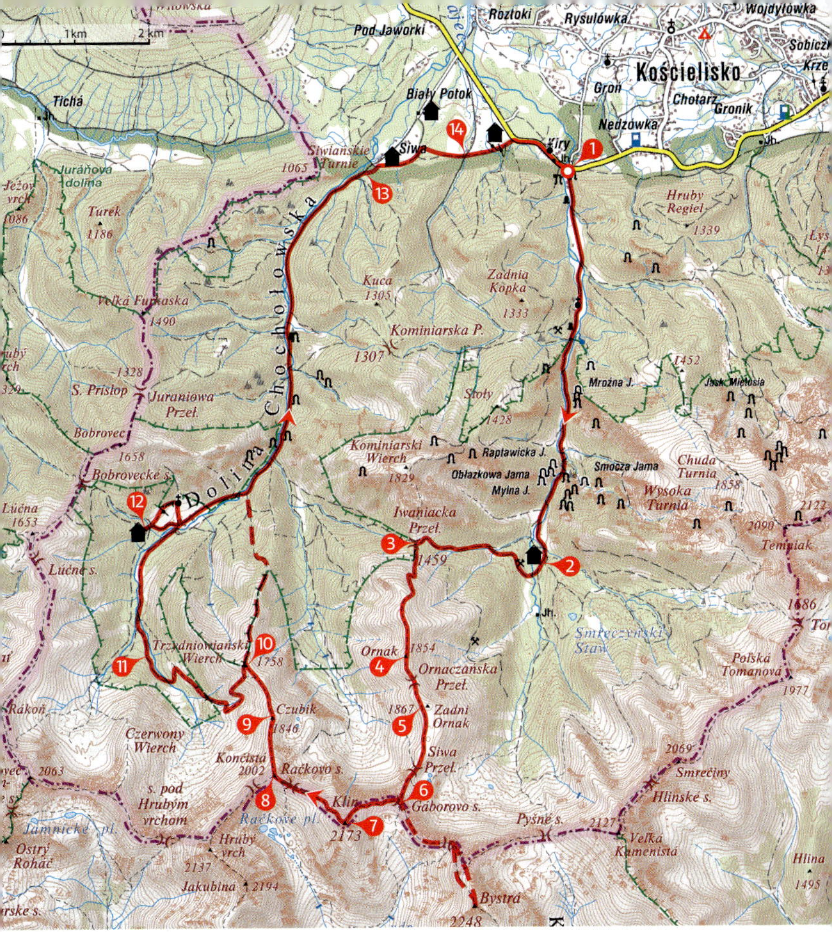

ternativ verläuft auch hier rechts unterhalb ein schmaler Weg. Wir steigen durch Blockwerk ab und nach einer weiteren Anhöhe folgt die Kreuzung »Siwa Przełęcz«. Im nächsten Anstieg lässt sich ein steiler Abschnitt links wesentlich angenehmer umgehen. Kurz darauf werden am **Siwy Zwornik** 6 der Hauptkamm der Westlichen Tatra und die Landesgrenze erreicht (nach links: Variante 1).

Ein teilweise angelegter und rot markierter Pfad mit vielen Steinstufen führt in einigen engen Serpentinen nach rechts steil hinauf zum **Starorobociański**

Wierch ❼, 2176 m (Klin; laut Karte 2173 m). Ein fantastischer 360-Grad-Rundblick belohnt für die Mühen des Aufstiegs. In einigen Windungen steigen wir steil über die Kammlinie in den Račkovo sedlo, 1965 m, ab und nach etwa 200 m folgt der unscheinbare Gipfel der **Končistá** ❽, 2002 m (Kończysty Wierch). Eine hier beginnende grüne Markierung leitet uns rechts (nördlich) auf einen Seitenkamm. Die ersten Abstiegsmeter sind sehr steil. Ein schmaler Pfad ermöglicht nochmals die Besteigung einer Kuppe mit dem Namen **Czubik** ❾, 1846 m. Wenn zu viele Wanderer unterwegs sind, bietet dieser kurze Abstecher zumindest für einen Moment eine himmlische Ruhe. Der offizielle Pfad verläuft links unten. Der letzte Berg des Seitenkamms ist der **Trzydniowiański Wierch** ❿, 1758 m, wo die grüne Markierung endet (direkter Abstieg, vgl. Variante 2).
Etwa 20 m vom Wegweiser zurückgesetzt zweigt ein rot markierter Pfad ins westlich gelegene Tal ab. Nach kurzer Hangquerung folgt ein steiler und direkter Abstieg mit Holzverbauungen, um den Hang vor Erosion zu schützen. Wir queren in das Seitental hinein und verlieren in einem weiten Bogen viel Höhe. Im Taleinschnitt entspringt ein Bach mit frischem Quellwasser. Der weitere Abstieg erfolgt in teilweise geschädigtem Wald. An einem offenen Bereich mit Heidelbeersträuchern biegt der Pfad links in den Talgrund ab. Von hier führt ein steiniger und nicht immer angenehm zu gehender breiter Schotterweg durch das Dolina Jarząbcza. Von einem Abzweig zum **Denkmal** ⓫, 1258 m, sind es nur 50 m zu einer Gedenkstätte zu Ehren von **Papst Johannes Paul II**. Der Hauptweg zieht sich aus dem Tal hinaus zur Polana Chochołowska. An der ehemaligen Alm leitet die grüne

Zwischen Klin und Končistá.

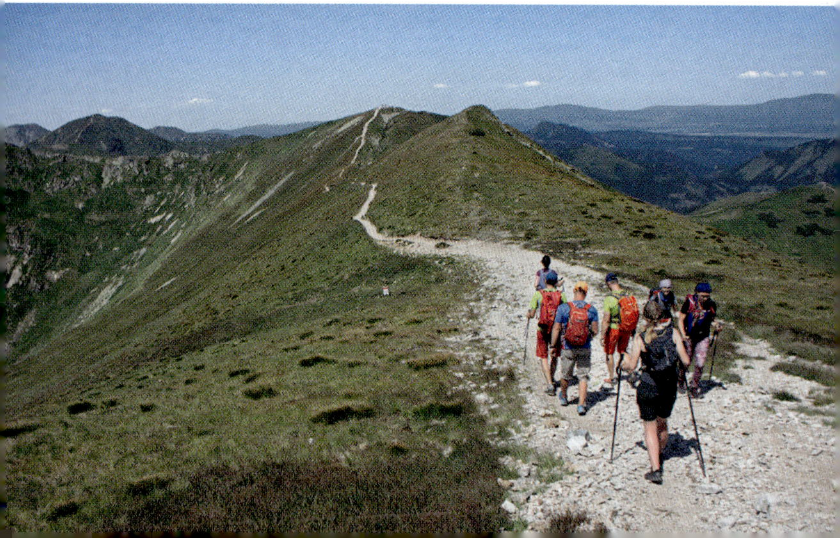

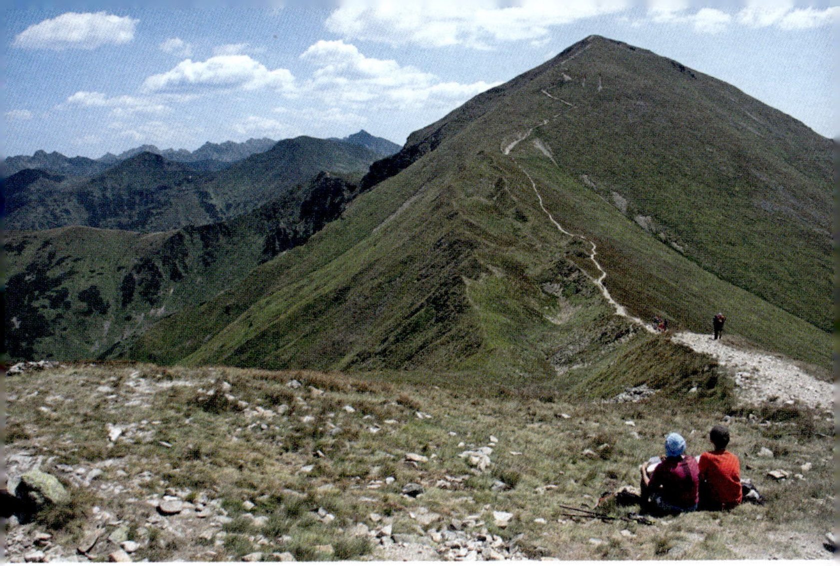

Blick zurück auf den Klin, der in Polen Starorobociański Wierch genannt wird.

Markierung in wenigen Minuten links hinauf zur **Schronisko na Polanie Chochołowskiej** ⓬, 1148 m.

Von der Hütte lohnt es sich, mit der schwarzen Markierung weiterzuwandern. Oberhalb der ehemaligen Alm bieten sich herrliche Blicke ins Tal. Ein Pfad verläuft in leichtem Auf und Ab zur Kaplica na Polanie Chochołowskiej, 1138 m, und biegt dort nach rechts hinunter zum Wegweiser »Polana Chochołowska«, 1105 m, ab. Linker Hand führt die steinige Zufahrtsstraße aus dem Tal hinaus und das grüne Wanderzeichen bleibt uns jetzt bis zum Ende der Etappe erhalten. Nach zwei Engstellen mit Felsen folgt zunächst eine Hütte mit Käseverkauf und direkt danach die Polana Huciska. Ab hier zieht sich eine Asphaltstraße meist im Wald weiter aus dem Dolina Chochołowska heraus. Unmittelbar vor einer großen Wiese befindet sich am Wegrand der Wegweiser **Siwa Polana** ⓭, 935 m, wo rechts auf einen Pfad abgezweigt wird. Dieser leitet erst an einer Einzäunung vorbei und mündet in einen breiten Waldweg. An einer Kreuzung geht es nochmals einige Meter nach rechts hinauf und später zu einem Ferienhaus hinunter. Etwas rechts befindet sich ein Steg und auf der anderen Bachseite steht das Schild **Między Ściany** ⓮, 941 m.

Am rechten Rand einer Wiese mit Ferienhütten und durch Wald leitet der Weg zu einer Skipiste. Nach einer großen Schranke führt ein Fahrweg zu Landstraße und über einen Gehweg sind es rechts noch knapp 900 m zum Ausgangspunkt nach **Kiry** ❶, 927 m.

↗ 210 m | ↘ 210 m | 11.0 km

48 Durch das Kościeliska-Tal zur Schronisko na Hali Ornak

3.00 h

Gemütlicher Spaziergang zu einer romantischen Berghütte

Das Dolina Kościeliska gehört sicherlich zu den attraktivsten Tälern des polnischen Teils der Westlichen Tatra. Es ist insgesamt 9 km lang und von der Mündung im Ortsteil Kiry bis kurz hinter die Schronisko na Hali Ornak zugänglich. Die Berghütte wurde 1948 erbaut und ist ein wahres Schmuckstück in der Tatra. Der breite Zufahrtsweg passiert insgesamt drei Engstellen mit steil aufragenden Felsen. Sehenswert sind mehrere der Öffentlichkeit zugängliche Höhlen, die im Rahmen von Varianten selbstständig erforscht werden können. Im 15. Jh. wurde im Tal Silber und Kupfer abgebaut und bis zur Gründung des Nationalparks wurde es intensiv für die Almwirtschaft genutzt. Einige der großen Weiden sind inzwischen allerdings schon wieder so verwildert und verwachsen, dass sie nicht mehr als solche erkennbar sind. Früher sollen im Dolina Kościeliska auch Räuberbanden gehaust haben, und im Zweiten Weltkrieg sowie kurz danach diente das Tal Widerstandskämpfern als Unterschlupf.

Ausgangspunkt: Wegweiser »Kiry«, 927 m, im gleichnamigen Ortsteil von Kościeliska; Bushaltestelle mit sehr guter Anbindung aus Zakopane etwa 100 m vom Ausgangspunkt entfernt, kostenpflichtige Parkplätze in der Nähe (je nach Entfernung und Saison 15–30 PLN, ca. 3,30–6,60 €).
Anforderungen: Durch das Tal durchgängig breite und meist nur wenig steil ansteigende Wege. Auch die Varianten mit blauer und schwarzer Markierung sind einfach und verlaufen auf mäßig steilen bis steilen Wegen oder Pfaden.
Infrastruktur: In Kiry gibt es ein Restaurant. **Schronisko na Hali Ornak** (gemütliche Berghütte; Speisen und Getränke sowie 48 Betten in verschiedenen Zimmerkategorien), Tel. +48 18 20 705 20 oder +48 695 530 813, schronisko-ornak.pl (nur auf Polnisch; das Personal spricht Englisch); ganzjährig, Übernachtung im Mehrbettzimmer ab 90 PLN (ca. 20 €), Doppelzimmer 240 PLN (ca. 54 €).
Varianten: Das Tal bietet mehrere Abstecher in verschiedenen Schwierigkeitsgraden (siehe ab S. 255).

Kombi-Tipps: 1. Ab der Hütte na Hali Ornak mit Tour 46 (gelbe Markierung) über den Iwaniacka Przełęcz in die Nachbartäler Dolina Starobocianska und Dolina Chochołowska.
2. Ab der Hütte zwei mögliche Gipfelziele: mit Tour 47 auf den Klin/ Starorobociański Wierch oder mit Tour 41 auf die Bystrá.
Hinweise: 1. Kurz nach dem Start muss der Eintritt in den Nationalpark entrichtet werden (pro Tag 9 PLN/ca. 2 €).
2. Für die Höhlen an den Varianten ist eine zusätzliche Lichtquelle (am besten eine Stirnlampe) zwingend notwendig. Die Lampe eines Mobiltelefons reicht nicht aus! Außerdem erfordern die Passagen den Mut, in teilweise sehr engen Gängen und von der Außenwelt abgeschnitten unterwegs zu sein. Auf den Zustiegen zu den Höhlen ist Trittsicherheit notwendig.
3. Die Felsen bei den gelb, rot und schwarz markierten Varianten sind äußerst glatt und abgetreten. Hier sollte man Vorsicht walten lassen.
4. Wegen instabiler Felsen am Ausgang der Jaskinia Mroźna wurde der Weg am

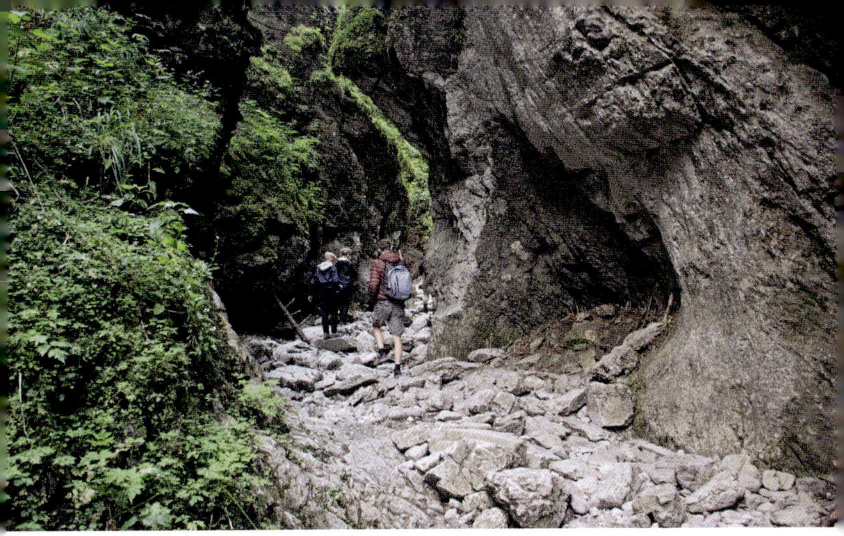

Wilde Felsen im Tal Wąwóz Kraków.

28. April 2022 auf unbestimmte Zeit gesperrt. Die Höhle kann daher momentan nicht besichtigt werden. Die Situation kann sich jedoch schnell ändern, da zuletzt im Sommer 2023 dort Arbeiten stattfanden. Im Normalfall kann die beleuchtete Höhle besichtigt werden (Eintritt 5 PLN/ca. 1,10 €).
5. Von der Schronisko na Hali Ornak aus kann man mit grüner Markierung den Temniak/Ciemniak, 2090 m, besteigen (etwa 3.30 Std., 6,6 km, 1000 Hm).

Tipps: 1. Eine Übernachtung auf der polnischen Berghütte na Hali Ornak ist ein besonderes Erlebnis. Es gibt auch eine Dusche mit warmem Wasser.
2. Durch einen Teil des Tals werden Kutschfahrten angeboten.

Karte: SHOCart – Blatt 1096 Zapadné Tatry 1:50.000.

Vom Wegweiser in **Kiry** ❶, 927 m, am Taleingang folgen wir der grünen Wandermarkierung. Wir passieren das neue Nationalparkzentrum und entrichten am Kassenhäuschen den Eintritt. Später geht es im breiten Tal über eine große Wiese. Rechts wird in einer kleinen Hütte Käse verkauft. An der **Cudakowa Polana** ❷, 960 m, zweigen eine rote und eine schwarze Markierung nach links ab. Kurz darauf kann man am **Abzweig** rechts in Richtung der früheren Alm **Niżnia Polana Kominiarska** ❸, 980 m, und Dolina Chochołowska wandern. Nur 500 m später beginnt links der Weg zur Jaskinia Mroźna, die im Sommer 2023 immer noch nicht zugänglich war. Nach weiteren 100 m führt am Abzweig **Stoły** ❹, 998 m, die blaue Wandermarkierung nach rechts hinauf zur ehemaligen Alm Polana na Stołach (Variante 1). Direkt links neben dem Weg liegt auf der anderen Bachseite die Eisquelle Lodowe Źródło. Pro Sekunde sprudeln hier 500 bis 800 Liter Wasser mit einer Tem-

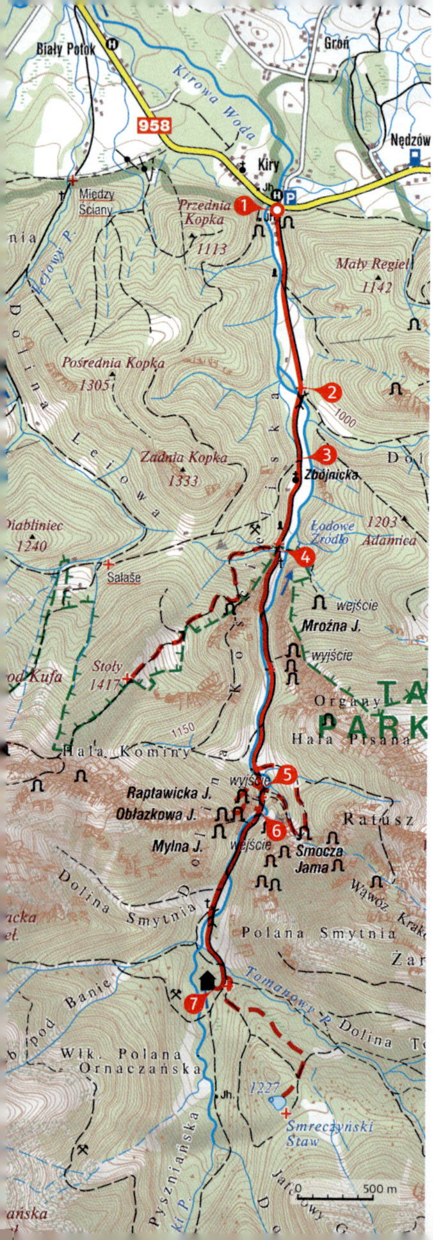

peratur von 4,3–4,7 °C aus der Erde und fließen in drei Abflüssen in den Hauptbach des Tals.

Jetzt wird das Tal deutlich enger. Felswände ragen steil empor. Von der ehemaligen Weide Pisana bietet sich ein herrlicher Blick auf den rechts aufragenden, wuchtigen Gipfel des Kominiarski Wierch. Ein Rastplatz mit Bänken und Tischen lädt zum Verweilen ein. Es folgt eine weitere Engstelle und eine Kombination von mehreren Brücken führt über den Bach. Links vom Weg beginnt am **Abzweig Wąwóz Kraków** ❺, 1030 m, eine kleine Runde durch ein enges Tal und zu einer Höhle (Variante 2). Kurz darauf bietet sich rechts ein **Abstecher** zu **zwei Höhlen** ❻, 1075 m, an (Variante 3). Nun steigt der Fahrweg etwas steiler an und trifft auf den Wegweiser »Tomanowa Dolina«, 1115 m. Hier beginnt die kurze, schwarz markierte Variante 4 zum weiter oben gelegenen Bergsee Smreczyński Staw. Wir verlassen die grüne Markierung, die sich links in ein Seitental hineinzieht, und gelangen mit der gelben Wandermarkierung in 2 Min. zur **Schronisko na Hali Ornak** ❼, 1108 m. Besonders bei schönem Wetter im Sommer wird es hier richtig voll.

Auf derselben Strecke kehren wir nach **Kiry** ❶, 927 m, zurück.

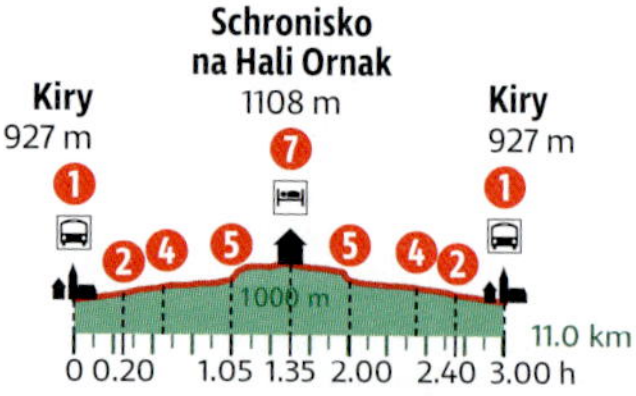

Variante 1: zur Polana na Stołach:
Die blaue Wandermarkierung zieht sich vom Abzweig **Stoły** ❹, 998 m, an den westlichen Hängen des Tals hinauf zur ehemaligen Alm Polana na Stołach. Der teilweise mit Steinen befestigte Pfad führt mäßig steil durch nachwachsenden Bereich und Wald. Nach einer ersten Wiese und einem weiteren Waldstück folgt die Alm, wo heute denkmalgeschützte Hütten stehen. Es lohnt sich, ein paar Minuten weiter zum Wegweiser »Polana na Stołach« aufzusteigen und dort rechts dem nicht markierten Pfad über eine kleine Wiese mit Edelweißen zum **Aussichtspunkt Polana na Stołach** zu folgen. Die Aussicht auf die polnischen Gipfel der Westlichen Tatra ist fantastisch. Auf demselben Pfad kehren wir ins Tal zurück. (Schwierigkeit blau/einfach; ca. 2.15 Std., 4 km, 420 Hm im Auf- und Abstieg).

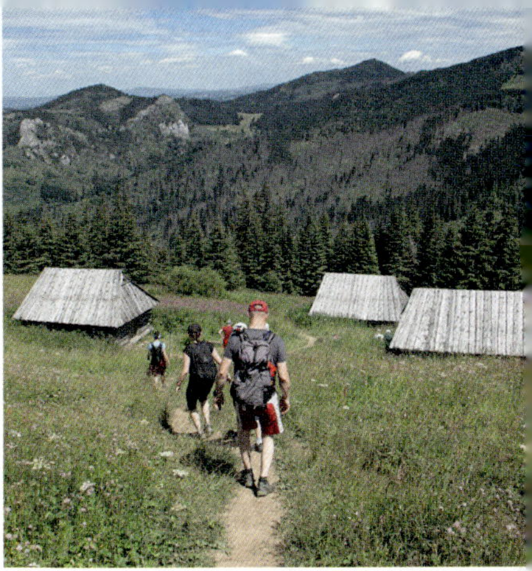

Alte Almhütten an der Polana na Stołach.

Variante 2: Wąwóz Kraków:
Vom **Abzweig Wąwóz Kraków** ❺, 1030 m, leitet uns die gelbe Wandermarkierung nach links in ein Seitental hinein. Es folgt eine Schlucht mit zwei sehr engen Abschnitten. Durch die hoch aufragenden Felsen haben GPS-Geräte unter Umständen Probleme. Nach der zweiten Engstelle führt der steinige Pfad an Felsen mit Kettensicherung heran. Ab hier gilt eine Einbahnstraßenregelung! Die abgetretenen und glatten Felsen führen zum Eingang der Höhle **Smocza Jama**, die ebenfalls an Ketten und mit Eisenbügeln durchstiegen werden kann. Eine Stirnlampe ist Voraussetzung! Alternativ führt ein mit Ketten versicherter Steig links über glatte Felsen außen an der Höhle vorbei. Vom Ausgang der Smocza Jama leitet der Pfad erst durch Wald und später an der ehemaligen Alm Hala Pisana auf den Hauptweg im Tal zurück. (Schwierigkeit schwarz/schwierig; gut 30 Min., 1,2 km, ca. 100 Hm).

Variante 3: zu den Höhlen Jaskinia Raptawicka und Jaskinia Mylna:
Diese Variante bietet mit Abstand das größte Abenteuer. Der rot und schwarz markierte Steig führt **rechts vom Weg** ❻, 1075 m, gleich mit einer Kettensicherung und später teils angelegt über extrem glatte Felsen und Steine steil hinauf zum Abzweig zur Höhle Jaskinia Raptawicka. Mit der schwarzen Markierung geht es weiter bergan. Der Steig endet abrupt an einem Aussichtspunkt. Kurz davor leitet eine längere Kettenpassage über

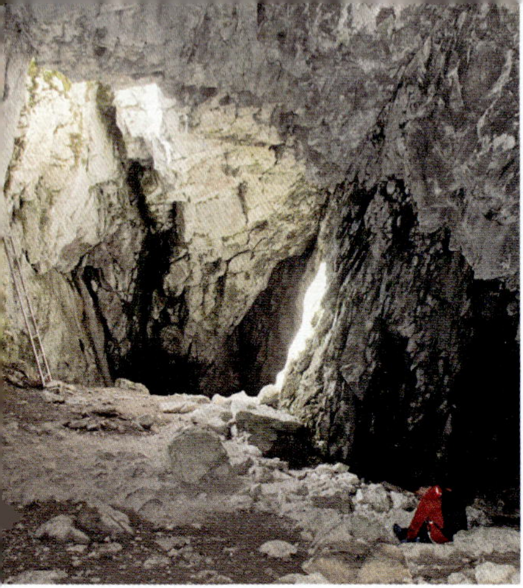

In der Jaskinia Raptawicka.

Felsen hinauf zum Höhleneingang der **Jaskinia Raptawicka**. Mittels einer Leiter werden 4 m abgestiegen. In der Höhle leben Fledermäuse und mit einer Stirnlampe lassen sich einige Gänge und Kammern selbständig erforschen.
Zunächst geht es zum letzten Abzweig zurück und dort rechts mit roter Markierung ohne großen Höhenunterschied zum Eingang der **Jaskinia Mylna**. Ab hier ist der Weg als Einbahnstraße angelegt. Die ersten Meter zu zwei Felsenfenstern sind recht einfach und auch ohne Lampe noch möglich. Danach leitet ein gut 300 m langes System von Gängen mit roten Markierungspfeilen zum Ausgang. Wir müssen kriechen und uns ducken, da einige Durchgänge maximal 50 cm hoch sind; an einigen Stellen ist es sehr eng. Ein Rucksack ist eher hinderlich und macht die Durchquerung mühevoll. Es gibt zwei kleinere Abstecher, wobei der erste eine Verbindung zur ersten Höhle ist. Zum Ende hin führt eine etwa 20 m lange Kettensicherung über einen links gelegenen Felsvorsprung. Danach lässt es sich besser gehen und wenig später ist der Ausgang der Höhle erreicht. Ein normaler Pfad zieht sich in einer weiten Rechtskurve zum Hauptweg im Tal hinunter. (Schwierigkeit schwarz/schwierig; 1.30–2 Std., 1 km, ca. 120 Hm im Auf- und 150 Hm im Abstieg).

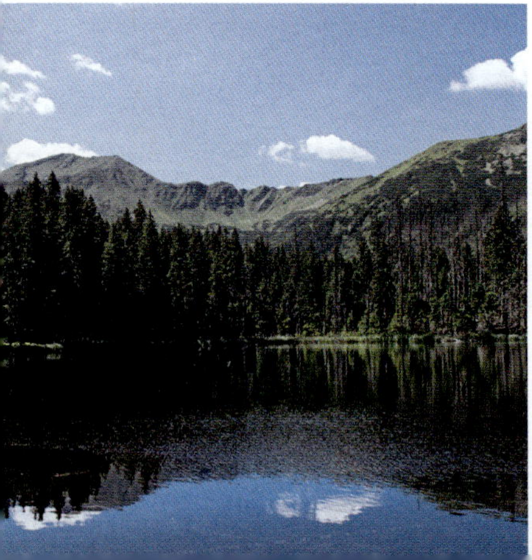

Variante 4: zum Bergsee Smreczyński Staw:
Die einfachste Variante führt vom Wegweiser »Tomanowa Dolina«, 1115 m, mittels schwarzer Markierung auf einem teils angelegten breiten Weg zum ehemaligen **Gletschersee Smreczyński Staw**, 1227 m. Die Aussichten auf einen Seitenkamm und das Bergmassiv der Bystrá sind herrlich. Zurück auf dem Hinweg. (Schwierigkeit blau/einfach; insg. ca. 50 Min., 2,4 km, ca. 120 Hm).

Über dem See thront die Bystrá.

↗ 1570 m | ↘ 1570 m | 18.8 km

TOP

49

9.45 h

Über die »Roten Berge« zum Giewont, 1894 m

Über fünf Aussichtsgipfel im polnischen Teil der Westlichen Tatra

Die Czerwone Wierchy oder »Roten Berge« sind vier hintereinanderliegende Gipfel auf dem Hauptkamm der Westlichen Tatra, der in diesem Bereich gleichzeitig die Grenzlinie zwischen Polen und der Slowakei bildet. Der Name stammt von einer Graspflanze, die die Gipfelregionen bedeckt und sich bereits ab dem Hochsommer rötlich bis rötlich-braun verfärbt. Die Geologie der Berge ist interessant. Sie besitzen einen Kern aus Kalkstein und Dolomit und sind mit einem Mantel aus Granit und Gneis umgeben. Aufgrund des geologischen Hintergrunds ist die Flora der Region sehr artenreich. Im Anschluss an die Kammwanderung besteigen wir mit dem Giewont einen der Hausberge von Zakopane. Das 1901 errichtete 15 m hohe Gipfelkreuz ist auch aus dem Tal gut zu erkennen. Die atemberaubende Nordwand des Giewont-Massivs ist etwa 600 m hoch und von der Stadt aus zu sehen. Über die Südseite führt ein mit Ketten gesicherter Steig in Einbahnstraßenregelung über den Gipfel. Im Winter, wenn keine Wanderer am Berg Schlange stehen, fühlen sich die Tatra-Gämsen hier sehr wohl.

Ausgangspunkt: Wegweiser »Kiry«, 927 m, im gleichnamigen Ortsteil von Kościeliska; Bushaltestelle mit sehr guter Anbindung aus Zakopane etwa 100 m vom Ausgangspunkt entfernt, kostenpflichtige Parkplätze in der Nähe (je nach Entfernung und Saison 15–30 PLN, ca. 3,30–6,60 €).

Anforderungen: Anspruchsvolle Bergtour mit sehr großem Höhenunterschied; gute Kondition Voraussetzung. Teilweise sehr steile An- und Abstiege. Im Aufstieg zur Kresanica (Krzesanica) leicht ausgesetzt. Die Besteigung des Giewont erfordert Trittsicherheit und Schwindelfreiheit. Die Felsen sind abgetreten und extrem glatt. Kettensicherungen im Auf- und Abstieg. An mehreren Stellen besteht Absturzgefahr! Im Abstieg werden an kurzen Felspassagen nochmals die Hände benötigt.

Infrastruktur: Restaurant in Kiry. An Variante 1: **Schronisko na Hali Ornak** (gemütliche Berghütte; Speisen und Getränke; 48 Betten in verschiedenen Zimmerkategorien), Tel. +48 18 20 705 20 oder +48 695 530 813, schronisko-ornak.pl (nur auf Polnisch; das Personal spricht Englisch); ganzjährig, Übernachtung im Mehrbettzimmer ab 90 PLN (ca. 20 €), Doppelzimmer 240 PLN (ca. 54 €).

Varianten: 1. Ab der Chuda Przełączka ❹ auf grün markiertem Pfad (vgl. Tour 53) aussichtsreicher hinunter zur Schronisko na Hali Ornak (gut 2.15 Std., 5,6 km und 760 Hm Abstieg).
2. Die Besteigung des Giewont kann ausgelassen werden. In diesem Fall ist die Schwierigkeit nur mittel/rot.

Kombi-Tipps: 1. Ab der Kondratova kopa ❽ mit Tour 52 zum Kasprov vrch (Kasprowy Wierch).
2. Vom Sattel Kondracka Przełęcz ❾ mit blauer Markierung (Tour 52 in Gegenrichtung) rechts hinunter zur Schronisko na Hali Kondratowej und weiter nach Kuźnice.

Hinweise: 1. Kurz nach dem Start muss der Eintritt in den Nationalpark entrichtet werden (pro Tag 9 PLN/ca. 2 €).
2. Der Temniak (Ciemniak) ist mit 2090 m und 2096 m in den Karten erfasst.

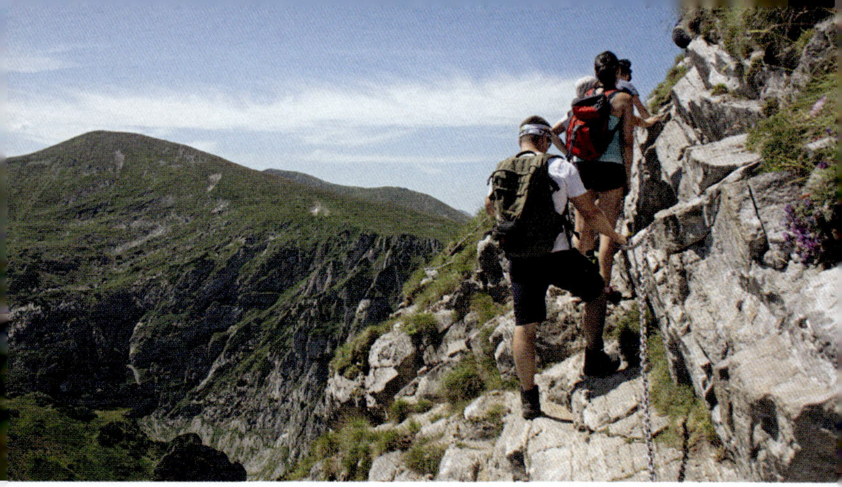

Kettensicherung unter dem Giewont.

3. Der Giewont zählt zu den meistbesuchten Gipfeln der Westlichen Tatra. Durch die Vielzahl an Wanderern gibt es an den Kettensicherungen häufig Staus im Auf- und Abstieg. Dadurch sind Wartezeiten von 30 Min. und mehr im Hochsommer keine Seltenheit.
Tipp: Möglichst früh aufbrechen. Mit etwas Glück können unter dem Temniak viele der seltenen Tatra-Gämsen beobachtet werden. Wenn die vielen Wanderer den Berg hinaufkommen, verziehen sie sich meist in die Südhänge, die für Wanderer gesperrt sind.
Karte: SHOCart – Blatt 1096 Zapadné Tatry 1:50.000.

Vom Wegweiser in **Kiry** ❶, 927 m, am Taleingang folgen wir der grünen Wandermarkierung durch das Tal. Wir passieren auf dem breiten Weg das neue Nationalparkzentrum und das Kassenhäuschen. Später geht es im breiten Tal über eine große Wiese. Rechts wird in einer kleinen Hütte Käse zum Verkauf angeboten. An der **Cudakowa Polana** ❷, 960 m, biegen wir

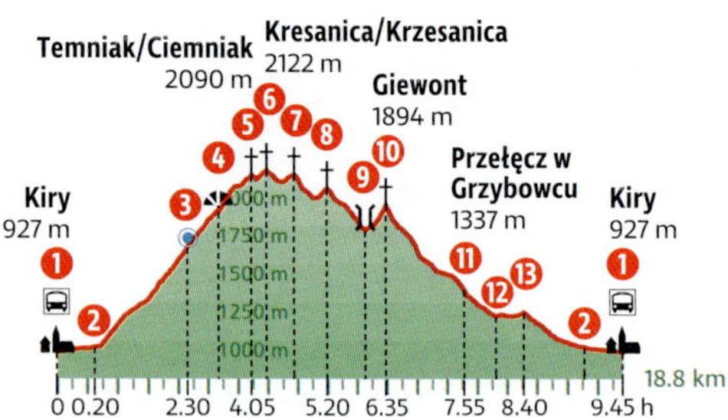

zunächst nach links in ein kleines Seitental ab, nach nicht ganz 200 m geht es am Abzweig der roten Markierung rechts weiter.

Im hier beginnenden Pfad gibt es immer wieder Felseinlagerungen, die aber einfach zu überwinden sind. Von einer großen Wiese bieten sich die ersten Aussichten auf den markanten Kominiarski Wierch und im Norden

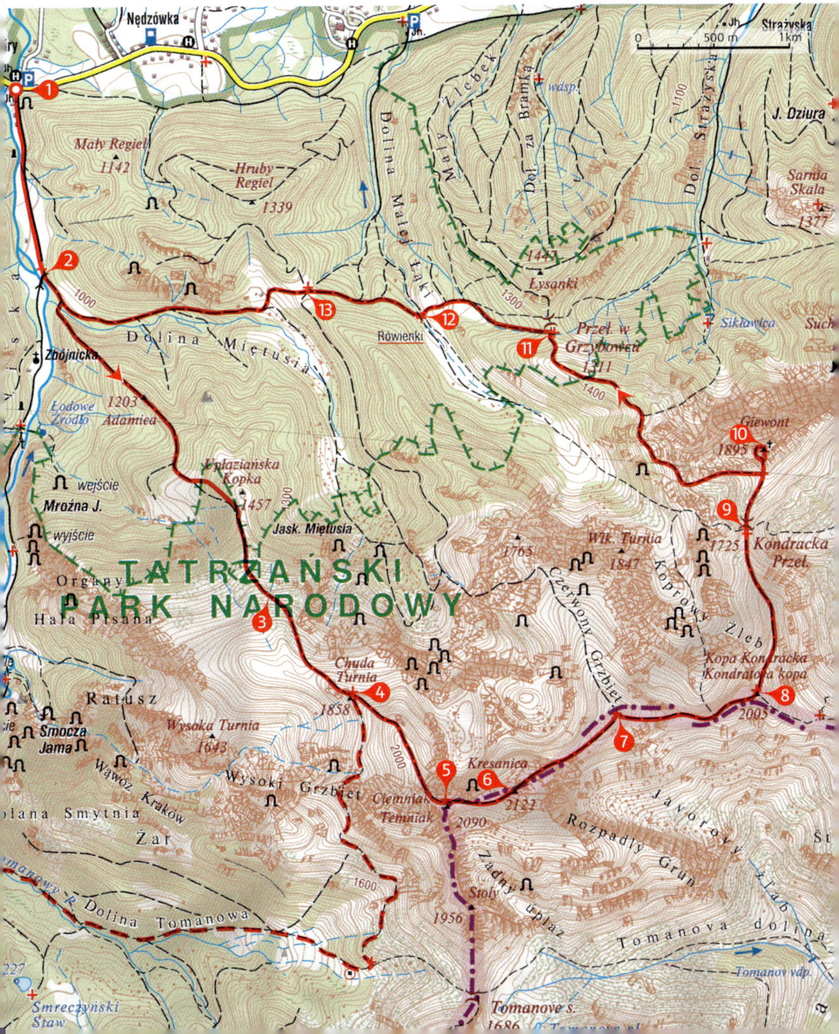

dthront die Babia hora (Babia Góra), die Königin der Beskiden. Unser Weg ist teilweise mit Steinen befestigt, in steileren Passagen wurden Steintreppen angelegt. An einem quellenden **Bach** ❸, 1613 m, können bei Bedarf die Trinkwasser-Reserven aufgefüllt werden. Durch den Hang wandern wir weiter bergauf und sollten dabei auf dem neuen markierten Weg bleiben und auf Abkürzungen verzichten. Die alten Wegabschnitte versucht der Nationalpark zu renaturieren. Etwas links vom Seitenkamm zieht sich der Pfad zur Kreuzung **Chuda Przełączka** ❹, 1851 m, hinauf (Abzweig Variante 1). Man kann auf einem schmalen Pfad in 2 Min. die Chuda Turnia besteigen, die Aussicht in Richtung Westen und Norden ist auch am Wegweiser bestechend.
Die rote und jetzt zusätzlich grüne Markierung leitet uns nochmals sehr steil in engen Serpentinen zum nächsten Berg hinauf. Später wird es flacher und mit Glück lassen sich ein paar der seltenen Tatra-Gämsen blicken. Vom **Temniak** ❺, 2090 m (Ciemniak), dem ersten Gipfel der »Roten Berge«, bietet sich eine fantastische Aussicht bis weit in die Slowakei hinein. Immer auf der Grenzlinie oder in unmittelbarer Nähe davon wird jetzt in Richtung Osten abgestiegen. Im Aufstieg zum nächsten Berg stellt sich uns ein Fels in den Weg, der bequem nach rechts umgangen wird. Steintreppen führen zum höchsten Berg der Gipfelgruppe, der **Kresanica** ❻, 2122 m (Krzesanica). Der höchste Punkt befindet sich ein paar Meter links des Pfads. Rechts haben Wanderer zahlreiche Steinmännchen gebaut. Weitaus weniger steil geht es in den Sattel und von dort auf das weitläufige Plateau des **Malolučniak** ❼, 2096 m (Małołączniak), hinauf. Ein angelegter Steinpfad zieht sich von hier steiler in den nächsten Sattel. Mittels Steintreppen wird mühevoll die **Kondratova kopa** ❽, 2005 m (Kopa Kondracka), der letzte der »Roten Berge«, erklommen.
Am Wegweiser zweigen wir links auf die gelbe Markierung ab und steigen in nördliche Richtung teilweise ziemlich steil ab. Der Giewont liegt bereits zum Greifen nah. Dazwischen befinden sich lediglich die Sättel **Kondracka Przełęcz** ❾, 1725 m, und Wyżnia Kondracka Przełęcz, 1765 m. Vom ersten Sattel weist die blaue Markierung den Weg und der Pfad steigt wieder an. Ab dem zweiten Sattel führt im unteren Bereich ein überwiegend angelegter Steig hinauf zu einer Weggabelung, wo eine Einbahnstraßenregelung beginnt, damit sich die vielen Wanderer an den Kettensicherungen nicht in die Quere kommen. Rechts geht es weiter steil bergan und später in zwei Serpentinen zur ersten versicherten Stelle. Nach einem kurzen Quergang leitet die nächste Sicherung über extrem glatten Fels aufwärts. Später gibt es eingeschlagene Stufen. Die Ketten ziehen sich an Felsen entlang bis direkt unter den Gipfel. Die Aussicht vom **Giewont** ❿, 1894 m (Karte: 1895 m), ist fantastisch. Vorsicht ist aber geboten, da alle Felsen extrem abgetreten sind und die felsige Abbruchkante steil nach Norden abfällt.
An schönen Sommertagen sollten wir frühzeitig schauen, ob es eine Warteschlange für den Abstieg gibt. Direkt rechts am Kreuz beginnen erneut Kettensicherungen. Zunächst leiten sie vom Gipfel hinunter und in einer

weiten Schleife zur Weggabelung zurück, dann auf bekanntem Weg zum Wyżnia Kondracka Przełęcz, 1765 m. Die hier beginnende rote Wandermarkierung weist uns den weiteren Abstiegsweg in westliche Richtung. Unterhalb des Giewont verläuft der Weg steil hinunter zur ersten Felsnase des Massivs. Etwas schwieriger gestaltet sich nur eine Felsplatte. Wer trittsicher und geschickt ist, wird die Hände nicht benötigen. Später führt unser Pfad an den westlichen Ausläufern der Bergkette entlang – für den Abstieg über einen kleineren Fels und das Übersteigen eines felsigen Abschnitts von 2 m werden zum letzten Mal die Hände benötigt. Vom unscheinbaren Berg Grzybowiec, 1417 m, bieten sich nochmals herrliche Blicke auf Zakopane und den zuvor bestiegenen Giewont. Im Wald zieht sich der Pfad in einigen Windungen zur Kreuzung **Przełęcz w Grzybowcu** ⑪, 1337 m (laut Schild: 1311 m), hinunter.
Nun steigen wir mit der schwarzen Markierung nach links zur Almwiese **Wielka Polana Małołącka** ⑫, 1164 m, ab. Der wuchtige Gipfelstock des Malolučniak (Małołączniak) thront über dem Tal. Für den Abschnitt zur nächsten Kreuzung **Przysłop Miętusi** ⑬, 1189 m, warten nochmals zwei kleinere Anstiege auf uns. Vom Wegweiser aus schauend verstecken sich die Berge leider etwas. Geradeaus geht es über eine Wiese bergab und in einer S-Kurve bietet sich eine weitere schöne Aussicht auf Teile der »Roten Berge«. Der schmale Schotterweg führt sehr steil hinunter in ein Seitental und an einen Bach heran. Von hier aus ist es nicht mehr weit, bis zum Abzweig an der **Cudakowa Polana** ②, 960 m. Auf bekannter Strecke kehren wir nach **Kiry** ①, 927 m, zurück.

Vom Grzybowiec schauen wir zurück auf den Giewont.

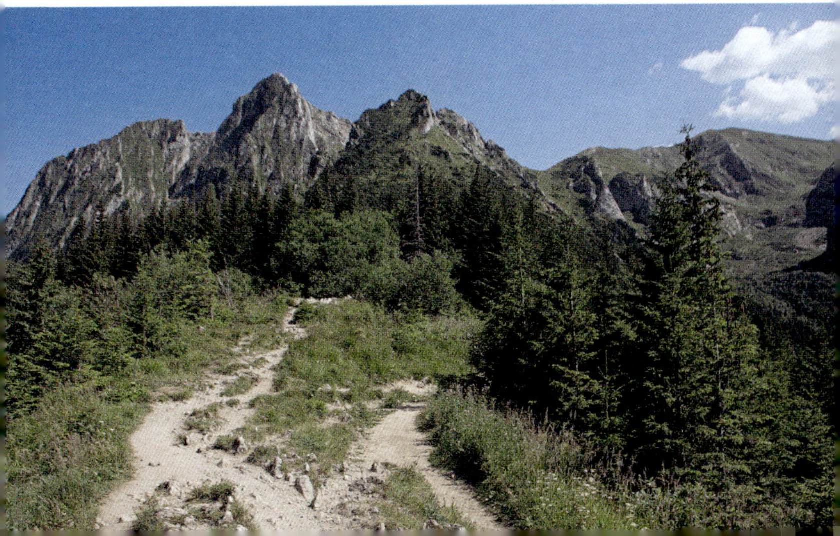

↗ 1100 m | ↘ 1100 m | 16.0 km

50 Durch das Dolina Strążyska auf den Giewont, 1894 m

7.30 h

Besteigung des Hausbergs von Zakopane

Das Giewont-Massiv ist eine etwa 2,7 km lange Bergkette mit mehreren Gipfeln. Der Giewont ist nach der 2026 m hohen Twarda Kopa, die den »Roten Bergen« zugerechnet wird, der höchste Berg der Westlichen Tatra, der sich vollständig auf polnischem Staatsgebiet befindet. Auf dem Hinweg steigen wir durch das Dolina Strążyska auf. Das Tal wurde bis zur Gründung des Tatra-Nationalparks im Jahre 1954 landwirtschaftlich genutzt; noch heute sind alte Almhütten zu sehen. Der Abstieg erfolgt über das Dolina Małej Łąki, ein Bergtal, das von den »Roten Bergen« im Süden auf einer Länge von etwa 5,4 km bis an den Ortsrand von Zakopane ausläuft. Auch hier wurde bis zur Enteignung der Bauern Landwirtschaft betrieben. Im Abstieg bieten sich von der großen Wiese unter den Czerwone Wierchy nochmals unvergessliche Ausblicke auf das gleichnamige Massiv und den zuvor bestiegenen Gipfel. Im Tal befinden sich auch die längsten und die tiefsten Höhlen Polens. Kurz vor Ende der Tour können wir mit einem kleinen Abstecher in das nur 2 km lange Dolina za Bramką interessante Felsformationen bestaunen.

Der Giewont, Hausberg von Zakopane.

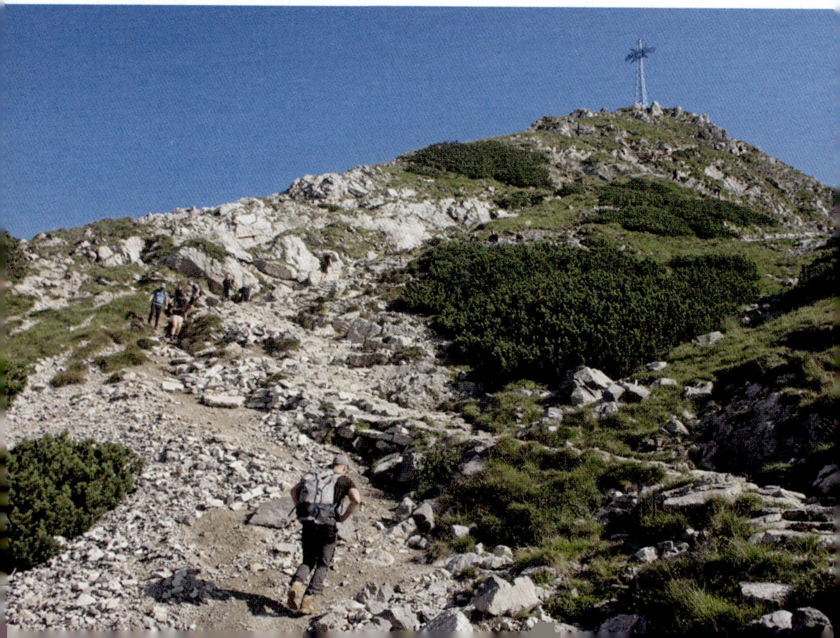

Ausgangspunkt: Wegweiser »Dolina Strążyska«, 913 m, rund 3 km südwestlich von Zakopane/Zentrum; Endstation der Stadtbuslinie 12, mehrere kostenpflichtige Parkplätze beim Startpunkt.
Anforderungen: Anspruchsvolle Bergtour mit beträchtlichem Höhenunterschied, teilweise sehr steile An- und Abstiege, die hohe Konzentration erfordern. Im Aufstieg zum Giewont ist an mehreren Stellen die Zuhilfenahme der Hände notwendig. Der Abschnitt unter dem Gipfel erfordert Trittsicherheit und Schwindelfreiheit. Die Felsen sind abgetreten und extrem glatt. Kettensicherungen im Auf- und Abstieg. An mehreren Stellen besteht Absturzgefahr! Im Abstieg werden an kurzen Felspassagen nochmals die Hände benötigt.
Infrastruktur: Nur am Ausgangspunkt mehrere Einkehrmöglichkeiten.
Variante: Die Besteigung des Giewont kann ausgelassen werden. In diesem Fall ist die Schwierigkeit nur mittel/rot.
Kombi-Tipps: 1. Vom Sattel Kondracka Przełęcz 5 mit der blauen Markierung (Tour 52 in Gegenrichtung) rechts hinunter zur Schronisko na Hali Kondratowej und weiter nach Kuźnice.
2. Ab Kondracka Przełęcz 5 geradeaus mit Tour 52 bis zum Kasprowy Wierch (Seilbahnstation).
3. Am Kondracka Przełęcz 5 geradeaus bis zur Kopa Kondracka aufsteigen und von dort mit Tour 53 über die »Roten Berge« zur Schronisko na Hali Ornak.
Hinweise: 1. Kurz nach dem Start muss am Kassenhäuschen der Eintritt in den Nationalpark entrichtet werden (pro Tag 9 PLN/ca. 2 €).
2. Der Giewont zählt zu den meistbesuchten Gipfeln der Westlichen Tatra. Durch die Vielzahl an Wanderern gibt es an den Kettensicherungen häufig Staus im Auf- und Abstieg. Dadurch sind Wartezeiten von 30 Min. und mehr im Hochsommer keine Seltenheit, sodass sich die Wanderung erheblich verlängern kann.
Karte: SHOCart – Blatt 1096 Zapadné Tatry 1:50.000.

Vom Wegweiser **Dolina Strążyska** 1, 913 m, gehen wir geradeaus am Kassenhäuschen vorbei und mit der roten Wandermarkierung auf breitem Weg durch das Tal bis zur ehemaligen Alm **Polana Strążyska** 2, 1029 m. Hier zweigt ein rot und schwarz markierter Weg ab, der in ein Seitental hineinläuft und meist mit Steinen befestigt ist. In den steileren Passagen wurden Steinstufen angelegt, um bequemer an Höhe zu gewinnen. Nach einigen Windungen wird der **Przełęcz w Grzybowcu** 3, 1337 m, erreicht. Vom Sattel führt die rote Wandermarkierung weiterhin steil bergauf; zwei wenig lohnende Aussichtspunkte rechts des Wegs können ausgelassen werden, dafür ist der Blick vom eher unscheinbaren Vorgipfel Grzybowiec,

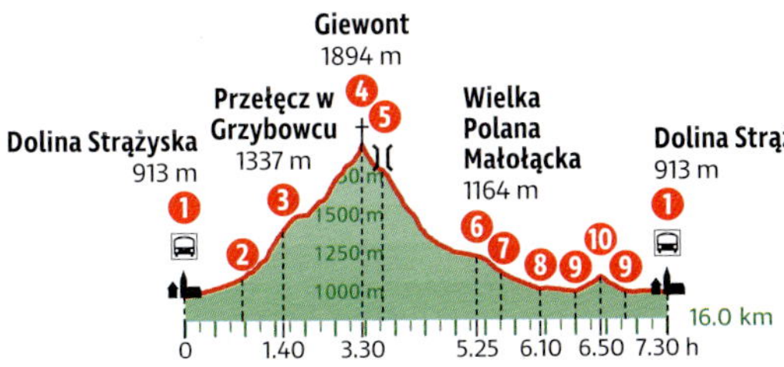

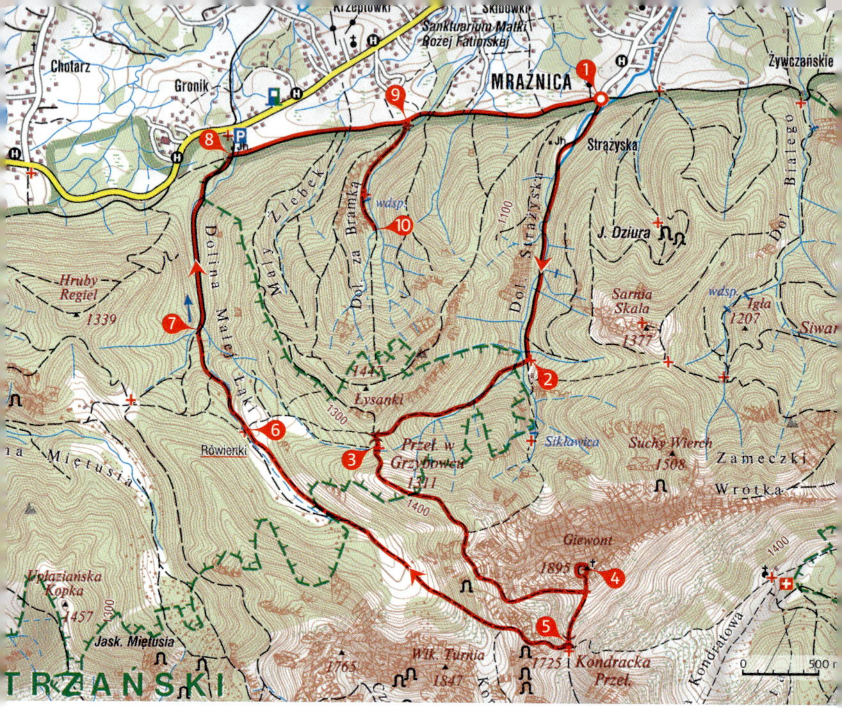

1417 m, auf Zakopane und unser Gipfelziel sehenswert. Wir gehen unterhalb der westlichen Ausläufer des Giewont entlang. Dabei liegen immer wieder ein paar Felsen auf dem Weg. Wer geschickt und trittsicher ist, wird die Hände nur selten benötigen. Der Aufstieg ist und bleibt mühevoll. Der angelegte Steinpfad führt jetzt in einen kleinen Sattel mit dem Namen Siodło, 1630 m, hinein – rechts von uns ragt ein Fels empor. Auf dem folgenden Abschnitt wird eine Felspassage zunächst rechts umgangen. Nur auf den letzten Metern sind die Hände notwendig, bevor ein normaler Pfad hinauf zum Wyżnia Kondracka Przełęcz, 1765 m, leitet.

Ab dem Sattel führt ein im unteren Bereich überwiegend angelegter Steig hinauf zu einer Weggabelung, wo eine Einbahnstraßenregelung beginnt, damit sich die vielen Menschen an den Kettensicherungen nicht in die Quere kommen. Rechts geht es weiter steil nach oben und später in zwei Serpentinen zur ersten versicherten Stelle. Nach einem kurzen Quergang leitet die nächste Sicherung über extrem glatten Fels hinauf. Später gibt es eingeschlagene Stufen. Die Ketten ziehen sich an Felsen entlang bis direkt unter den Gipfel. Die Aussicht vom **Giewont** 4, 1894 m (laut einigen Pu-

blikationen: 1895 m), ist fantastisch. Vorsicht ist aber geboten, da alle Felsen extrem abgetreten sind und die felsige Abbruchkante steil nach Norden abfällt.
An schönen Sommertagen sollten wir frühzeitig schauen, ob es eine Warteschlange für den Abstieg gibt. Direkt rechts am Kreuz beginnen erneut Kettensicherungen. Zunächst leiten sie vom Gipfel hinunter und in einer weiten Schleife zur Weggabelung zurück und auf bekanntem Weg geht es zum Wyżnia Kondracka Przełęcz, 1765 m.
Die blaue Wandermarkierung weist geradeaus in den etwas tiefer gelegenen **Kondracka Przełęcz** 5, 1725 m. Hier wechseln wir rechts auf das gelbe Wanderzeichen. Ein Pfad führt zu einem kleinen Geröllfeld und im Anschluss wird in einer Rinne extrem steil durch loses Schottergestein abgestiegen. Dieser Abschnitt erfordert Konzentration, um nicht ins Rutschen zu kommen. Es lohnt sich, ab und an stehenzubleiben und das wuchtige Felsmassiv des Maloľučniak (Małołączniak) zu bewundern. Unser Steig zieht sich aus der Rinne heraus und in den Talgrund hinein. Später leitet uns ein breiter Weg durch den Wald zu einer großen Wiese. Ein Blick zurück auf das fantastische Felspanorama lässt Wanderherzen höherschlagen. Am unteren Ende der Wiese befindet sich die Kreuzung **Wielka Polana Małołącka** 6, 1164 m. Von hier verläuft ein angelegter Schotterweg über die **Verzweigung** im **Dolina Małej Łąki** 7 1059 m, hinunter zum **Eingang** des **Dolina Małej Łąki** 8, 948 m.

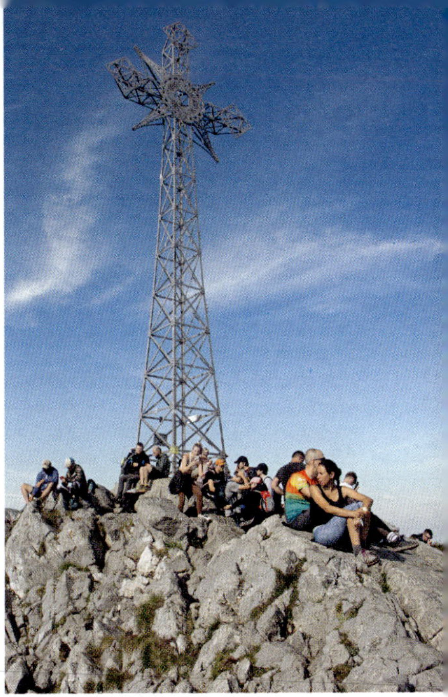

Das übergroße Gipfelkreuz des Giewont.

Mit Blick auf Zakopane und die Gubałówka wandern wir rechts auf dem schwarz markierten Weg am Waldrand entlang und erreichen nach gut 1 km den Beginn des **Dolina za Bramką** 9, 933 m. Der kurze Abstecher von etwa 800 m zum **Wegende im Tal** 10, 1030 m, rentiert sich, da mehrere interessante Felsformationen zu sehen sind. Auf demselben Weg geht es zurück zum **Abzweig** 9, 933 m, und nach rechts weiter über einen Bach, der eine kleine Klamm ausgebildet hat, sowie nochmals an einer Wiese vorbei und ein Stück durch den Wald. Kurz darauf ist der Wegweiser **Dolina Strążyska** 1, 913 m, erreicht.

↗ 730 m | ↘ 730 m | 12.4 km

51 Białego-Tal, Sarnia Skała, 1371 m, und Strążyska-Tal

5.00 h

Aus der Stadt hinaus auf einen herrlichen Aussichtsfelsen

Diese Wanderung beginnt an der großen Skisprungschanze von Zakopane, wo im Winter auch internationale Wettkämpfe stattfinden. Über einen breiten Wanderweg gelangen wir zu einem ersten Höhepunkt: Das Dolina Białego ist ein etwa 2,5 km langes Tal unter dem Massiv des Giewont, das von einem eiszeitlichen Gletscher geformt wurde. Durch das romantische Bachtal führt unser Weg auf einen Sattel und direkt hinauf auf die Sarnia Skała. Trotz seiner geringen Höhe eröffnet der Berg überraschend gute Aussichten auf Teile der Hohen und Westlichen Tatra sowie auf die Beskiden im Norden. Im Abstieg bietet sich ein Abstecher zum Wasserfall Siklawica an, der direkt unter den steil aufragenden Felswänden des Giewont über drei Stufen insgesamt 33 m in die Tiefe fällt. Über das knapp 3 km lange Dolina Strążyska, das bis zur Gründung des Nationalparks zur Almwirtschaft genutzt wurde, wird wieder zu den ersten Häusern von Zakopane abgestiegen. Auf dem Rückweg kann man noch das wesentlich kleinere Tal Dolina ku Dziurze besuchen. Am Ende des für die Öffentlichkeit zugänglichen Teils befindet sich die Höhle Dziura, die auch von interessierten Wanderern erkundet werden darf.

Ausgangspunkt: Zakopane, 884 m, am Wegweiser »Pod Skocznią« bei der großen Skisprungschanze (Wielka Krokiew); kostenpflichtige Parkplätze in der Umgebung, Busanbindung über die Stadtbusse, Haltestelle »Skocznia«.
Anforderungen: Einfachere Tour mit mäßigem Höhenunterschied und kurzen steilen Abschnitten. Der schwierigste Teil führt über Felsen hinauf zur Sarnia Skała, wo eventuell kurz die Hände zur Unterstützung benötigt werden. Latschenkiefern am rechten Rand bieten beste Haltegriffe. Da die Strecke täglich von vielen Touristen begangen wird, sind Felsen und Steine abgelaufen und zum Teil sehr rutschig.
Infrastruktur: Am Ausgangspunkt und um die Talmündung des Dolina Strążyska mehrere Einkehrmöglichkeiten. In der Nähe des Kassenhäuschens am Eingang des Dolina Białego steht ein Imbisswagen. Aus einer ehemaligen Almhütte im oberen Teil des Dolina Strążyska werden kleinere Speisen und Getränke verkauft. Auf dem Rückweg kurz vor dem Dolina Białego steht ein Eisstand.
Varianten: 1. Die Tour kann auch in umgekehrter Wegfolge und mit Start am Dolina Strążyska begangen werden.

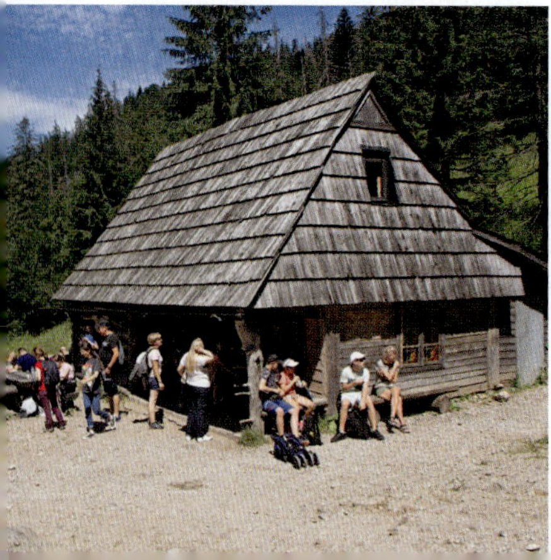

Almhütte im Dolina Strążyska.

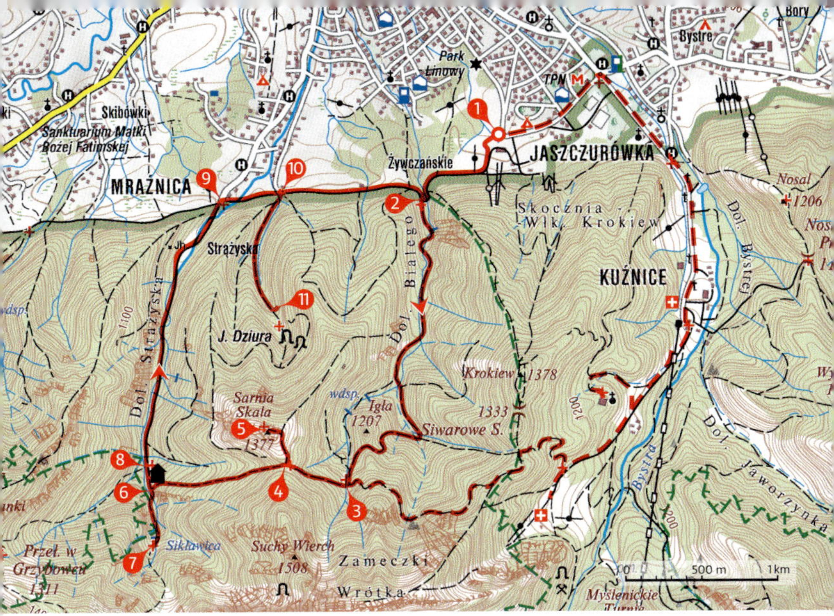

2. Ab dem Wegweiser »Hala Białe« ❸ zum Berghotel Kalatówki und über Kuźnice nach Zakopane. Die schwarze Markierung leitet über einen Bergrücken ins Nachbartal hinunter. Am Wegweiser unter dem Berghotel führt die blaue Markierung in knapp 5 Min. zum Hotel und Restaurant Kalatówki auf einer alten Alm; nach links geht es in ca. 10 Min. hinunter zu einem gelb markierten Abzweig, ab dort 20-minütiger Abstecher zur Kapelle eines Klosters möglich (tägl. für Besichtigung oder Gebet geöffnet). Das blaue Wanderzeichen endet im Stadtteil Kuźnice, ab hier weiter über den Fußweg neben der Zufahrtsstraße bis zu einem großen Kreisverkehr, dort rechts zur Skisprungschanze zurück (inklusive Abstecher ca. 2.45 Std., 8,5 km und 200 Hm im Auf- und 540 Hm im Abstieg).

Hinweise: 1. Die Wanderung durch die beiden Täler ist vor allem an Sommertagen extrem stark frequentiert. Am Auf- und Abstieg zur Sarnia Skała können sich Warteschlangen bilden. Wer es einsamer haben möchte, sollte möglichst frühzeitig starten.
2. Am Beginn des Dolina Białego muss der Eintritt in den Nationalpark entrichtet werden (pro Tag 9 PLN/ca. 2 €).

Tipps: 1. Die Skisprungschanze Wielka Krokiew kann besichtigt werden (Öffnungszeiten und Preise auf zakopane.cos.pl, auf Englisch unter »Infrastructure – Sports Center – The Great Krokiew«).
2. Wer die Höhle Dziura intensiver erkunden möchte, benötigt eine Stirnlampe.

Karte: SHOCart – Blatt 1096 Zapadné Tatry 1:50.000.

Vom Wegweiser »Pod Skocznią« unterhalb der großen Skisprungschanze von **Zakopane** ❶, 884 m, leitet uns der schwarz gekennzeichnete Weg zunächst um die Anlage der Schanze herum an den Waldrand heran und dort

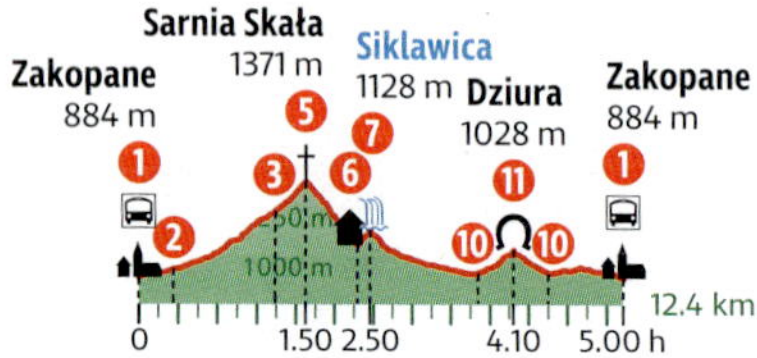

rechts in den Taleinschnitt des **Dolina Białego** 2, 931 m, hinein. Direkt am Kassenhäuschen beginnt die gelbe Wandermarkierung, die in das romantische Tal hineinführt. Der Bachlauf fließt über vom Wasser geformte Felsenbecken. Mehrmals werden über Brücken die Seiten gewechselt. Später befindet sich links am Weg eine mit Gitter versperrte Höhle, in der früher nach Uranerz gesucht wurde. Über angelegte Steintreppen geht es etwas steiler nach oben und im weiteren Verlauf wird das Tal nach rechts verlassen. Wir steigen hinauf zum Wegweiser **Hala Białe** 3, 1223 m (nach links: Variante 2).
Der schwarz markierte Wanderweg »Ścieżka nad Reglami« (dt. »Weg über den Riegeln«) zieht sich rechts etwas mühevoll hinauf in den Sattel **Czerwona Przełęcz** 4, 1303 m, wo ein kurzer Abstecher zu unserem Gipfelziel beginnt. Zunächst steigen wir an die Felsen heran und umgehen den Berg an seiner rechten Seite. Die letzten Meter hinauf über die zum Teil glatten Felsen sind der schwierigste Teil der Tour. Es empfiehlt sich, am rechten Rand aufzusteigen und die mächtigen Wurzeln und Stämme der Latschen zum Festhalten zu nutzen. Vom Gipfelplateau der **Sarnia Skała** 5, 1371 m (der höchste Punkt auf 1377 m ist nicht zugänglich), bietet sich ein herrlicher Blick auf Zakopane und die angrenzende Bergwelt.

Im oberen Dolina Białego.

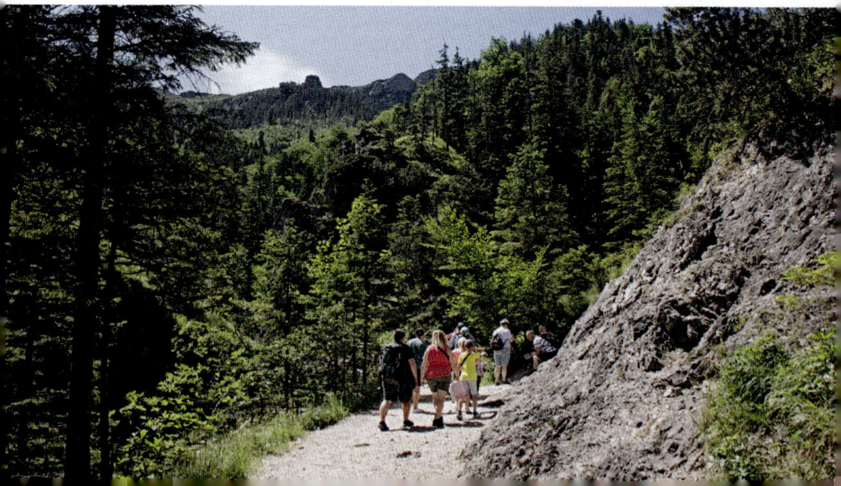

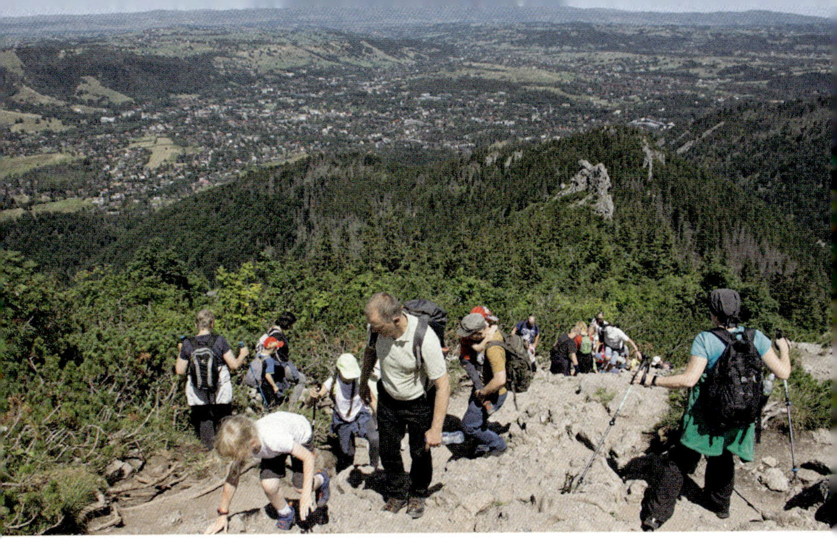

Herrliche Aussicht von der Sarnia Skała auf Zakopane.

Wir steigen zunächst wieder in den **Czerwona Przełęcz** 4, 1303 m, ab und folgen dem schwarz markierten Weg nach rechts hinunter zur **Verzweigung** 6, 1050 m, oberhalb der **Polana Strążyska**. Es ist lohnenswert, zunächst nach links auf dem gelb markierten und größtenteils mit Steinen befestigten Pfad zum Wasserfall **Siklawica** 7, 1128 m, zu gehen (rund 20 Min. hin und zurück). Direkt unterhalb der **Verzweigung** 6, 1050 m, werden in einer alten Almhütte Kleinigkeiten zum Essen und zum Trinken verkauft. Auf der ehemaligen Weide **Polana Strążyska** 8, 1029 m, befindet sich ein als Sphinx bezeichneter Felsen, der jedoch schwer als solche zu erkennen ist. Durch das Tal führt ein breiter Weg bis zur Mündung des **Dolina Strążyska** 9, 913 m, bei den ersten Häusern von Zakopane.
Wir wandern hier rechts weiter auf dem erneut schwarz gekennzeichneten Weg »Ścieżka pod Reglami« (»Weg unter den Riegeln«) und erreichen nach 400 m den Abzweig in das kleinere Seitental **Dolina ku Dziurze** 10, 908 m. Ein blau markierter Abstecher endet an der Höhle **Dziura** 11, 1028 m, deren Eingangsbereich auch ohne Lichtquelle ausgeleuchtet ist. Wer die Höhle intensiver erkunden möchte, braucht jedoch eine Stirnlampe.
Auf demselben Weg geht es wieder aus dem Tal hinaus zum Abzweig am **Dolina ku Dziurze** 10, 908 m, und nach rechts oberhalb einer großen Wiese mit Blick auf Zakopane weiter. Aus einer Holzhütte wird frischer Käse verkauft. Nach der Überquerung eines Bachs und einer weiteren kleinen Wiese zieht sich der breite Weg zum Eingang des **Dolina Białego** 2 931 m, hinunter. Auf bekanntem Weg geht es nach **Zakopane** 1, 884 m, zurück.

TOP

52

↗ 1410 m | ↘ 1410 m | 18.4 km

Giewont, 1894 m, und Kasprowy Wierch, 1987 m

8.30 h

Anspruchsvolle Tour auf die zwei Hausberge von Zakopane

Giewont und Kasprov vrch (Kasprowy Wierch) sind sicherlich die Traumziele der meisten Besucher im polnischen Teil der Westlichen Tatra. Im Hochsommer werden die beiden Gipfel täglich von unzähligen Wanderern bestiegen. Besonders an den Kettensicherungen des Giewont zeigt sich, dass unerfahrene Bergenthusiasten hier schnell an ihre Leistungsgrenzen stoßen. Der Kasprov vrch ist wesentlich einfacher zu besteigen und bereits im Jahre 1850 waren Wanderwege hinauf bekannt. Seit 1910 wird der Berg auch zum Skifahren genutzt und in den Jahren 1935 und 1936 wurde in nur sieben Monaten eine Seilbahn gebaut. Dank dieser Errungenschaft ist der Gipfel wohl der meistbesuchte Berg der Westlichen Tatra und bei schönem Wetter ist es auf den Wegen um die Bergstation so voll wie in der Fußgängerzone einer Großstadt. Den Namen hat der Berg von der auf der Nordseite liegenden Almwiese Hala Kasprowa. Nach Volkssagen soll diese Alm früher einem Bergbauern mit dem Spitznamen »Kaspr« gehört haben. Daher wird der Berg auf Karpatendeutsch auch als Kasparskogel bezeichnet.

Ausgangspunkt: Kuźnice, 1020 m, südlich gelegener Ortsteil von Zakopane; kostenpflichtige Parkplätze unterhalb des Ausgangspunkts und im Stadtgebiet von Zakopane. Der Ausgangspunkt ist am einfachsten zu Fuß (zusätzlich min. 20 Min.) über den Gehweg an der Zufahrtsstraße (ab den unterhalb liegenden Parkplätzen) oder mit öffentlichen Bussen zu erreichen (fahren ab etwa 6 Uhr vom Stadtzentrum nach Kuźnice).
Anforderungen: Anspruchsvolle Bergtour mit sehr großem Höhenunterschied. Teilweise sehr steile An- und Abstiege. Die Besteigung des Giewont erfordert Trittsicherheit und Schwindelfreiheit. Die Felsen sind abgetreten und extrem glatt. Kettensicherungen im Auf- und Abstieg. An mehreren Stellen besteht Absturzgefahr! Zwischen dem Przełęcz pod Kopą Kondracką und dem Kasprov vrch (Kasprowy Wierch) werden zum Überwinden von Felsen an mehreren Stellen die Hände benötigt.
Infrastruktur: In Kuźnice zahlreiche Einkehrmöglichkeiten und ein Supermarkt (nur Fr–So geöffnet). **Schronisko na Hali Kondratowej** (Speisen und Getränke;

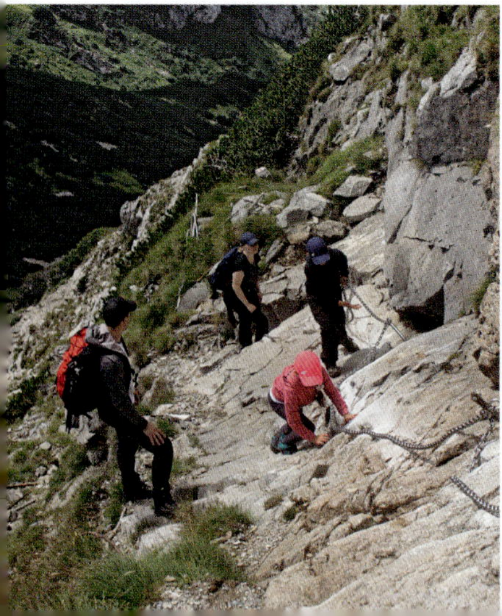

Der letzte Abschnitt unter dem Giewont ist durchweg versichert.

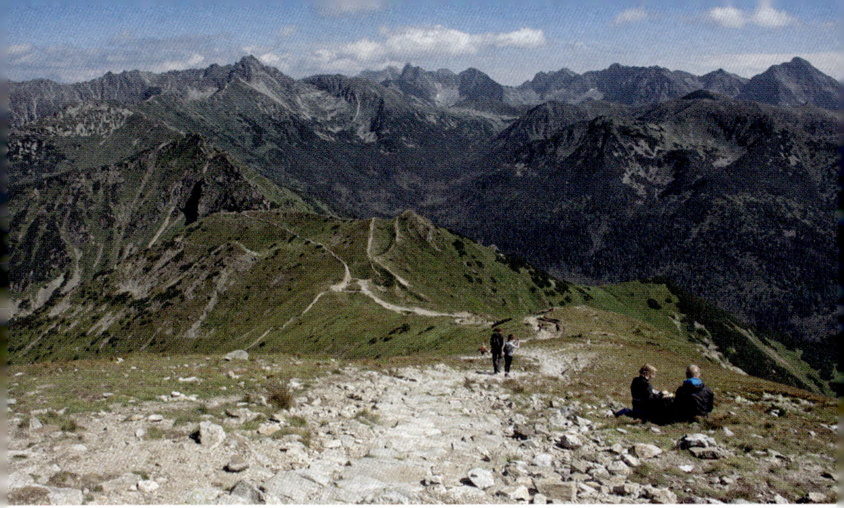

Traumpanorama unterhalb der Kondratova kopa.

20 Betten in drei Mehrbettzimmern), Tel. +48 18 20 191 14. Reservierungen unter halakondratowa.pl (Reservierungsanfragen auf Englisch oder Polnisch); ganzjährig (Ausnahme: jeweils vom 15. Nov. bis 26. Dez. Übernachtungen wegen Renovierungsarbeiten nicht möglich, das Buffet und der Speisesaal stehen aber zur Verfügung); Preise pro Bett ca. 40 PLN (ca. 9 €). In der Bergstation der Seilbahn auf dem Kasprov vrch (Kasprowy Wierch) Kiosk (kleine Speisen und Getränke) sowie das höchste Restaurant Polens.

Varianten: 1. Vom Wegweiser unterhalb des Kassenhäuschens auf gelb markiertem Schotterweg zu einem Kloster und einer Kapelle (ca. 30 Min., 1,5 km und 80 Hm zusätzlich).

2. Von der Schronisko na Hali Kondratowej 4 mit grüner Markierung direkt in den Sattel Przełęcz pod Kopą Kondracką 9 aufsteigen (Ersparnis ca. 1.30 Std., 2,7 km sowie 320 Hm weniger Auf- und Abstieg).

3. Wer den Abstieg mit knapp 1000 Hm in steilem Gelände scheut, kann am Kasprov vrch (Kasprowy Wierch) die Seilbahn nehmen (einfache Fahrt je nach Jahreszeit und Ort des Ticketkaufs 65–119 PLN, ca. 14–26 €; pkl.pl, auch auf Englisch).

Kombi-Tipps: 1. Vom Kondracka Przełęcz 5 und Wyżnia Kondracka Przełęcz 6 Abstiegsmöglichkeiten über die Touren 49 und 50 nach Norden.

2. Ab der Kondratova kopa (Kopa Kondracka) 8 mit Tour 53 zur Berghütte Schronisko na Hali Ornak.

Hinweise: 1. Der Giewont zählt zu den meistbesuchten Gipfeln der Westlichen Tatra. Durch die Vielzahl an Wanderern gibt es an den Kettensicherungen häufig Staus im Auf- und Abstieg. Wartezeiten von 30 Min. und mehr sind im Hochsommer keine Seltenheit. Dadurch kann sich die Wanderzeit erheblich verlängern.

2. Kurz nach Start muss am Kassenhäuschen der Eintritt in den Nationalpark entrichtet werden (pro Tag 9 PLN/ca. 2 €).

Tipp: Eine Übernachtung auf der polnischen Berghütte ist ein besonderes Erlebnis.

Karte: SHOCart – Blatt 1096 Zapadné Tatry 1:50.000 und SHOCart – Blatt 1097 Vysoké Tatry.

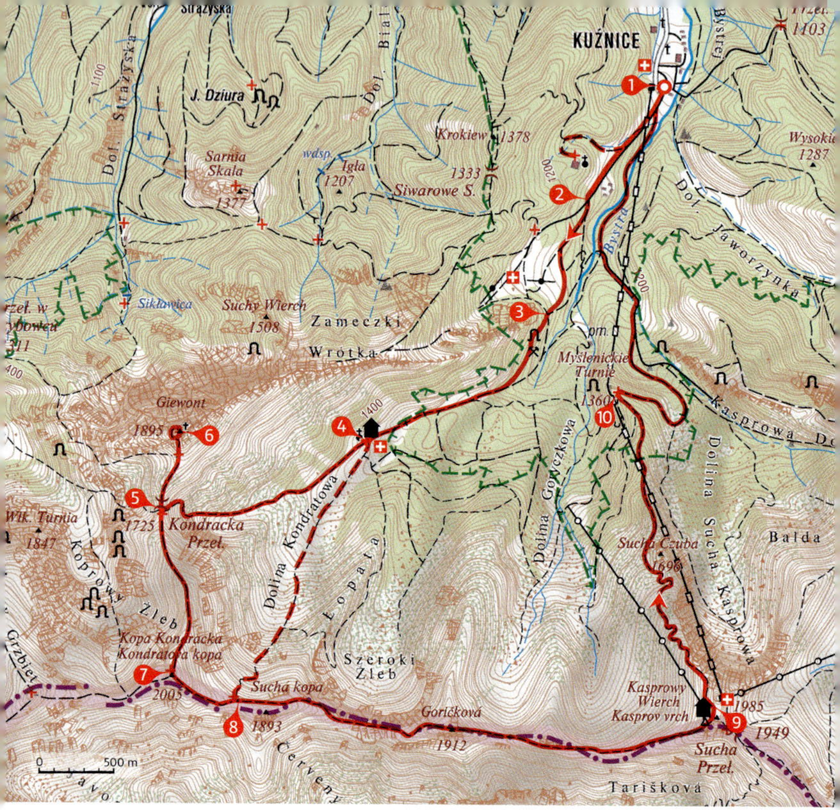

Von **Kuźnice** ❶, 1020 m, aus wird uns die blaue Wandermarkierung bis hinauf auf den Giewont leiten. Zunächst folgen wir dem breiten gepflasterten Fahrweg bergan; am Wegweiser oberhalb von Kuźnice macht er eine Rechtskurve. Später kann man nach rechts mit der gelben Markierung einen Abstecher zu einem Kloster machen (Variante 1). Kurz danach befindet sich links das Kassenhäuschen, direkt dahinter folgt eine **Weggabelung** ❷, 1118 m; hier teilt sich die blaue Markierung. Der rechte Weg führt zum Berghotel Kalatówki und weiter über den oberen Teil der Wiese. Für uns ist es einfacher, den linken Weg zu nehmen und unter der ehemaligen Alm zur oberen **Wegteilung** ❸, 1184 m, zu wandern, an der beide blau markierten Wege wieder zusammentreffen. Kurz hinter dem Wegeschild beginnt rechts ein steiniger Waldweg, der wieder in die unbefestigte Zufahrtsstraße der Hütte mündet. Nach rechts sind es nur noch wenige Minuten bis zur

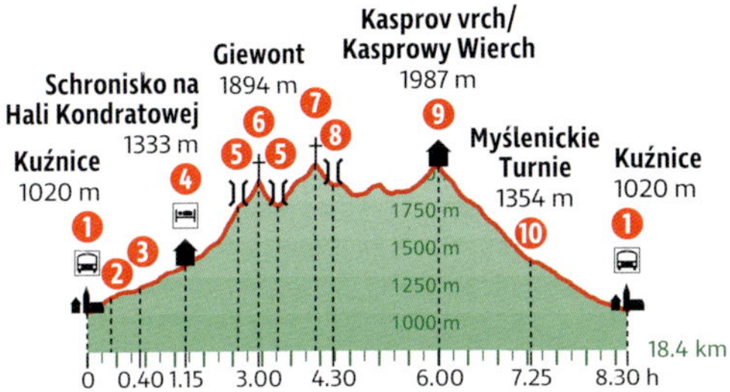

Schronisko na Hali Kondratowej ❹, 1333 m. Die kleinste Hütte der polnischen Tatra liegt romantisch unter dem Giewont-Massiv am Rande einer ehemaligen Almwiese.
Nun beginnt der mühevollste Teil der Wanderung. Die blaue Markierung leitet am Wegweiser »Hala Kondratowa« geradeaus (nach links: Variante 1) durch kurze offene Bereiche oder Wald und später durch die Latschenzone bergauf. Relativ steil windet sich der meist mit Steinen angelegte Pfad nach oben. Die Quelle eines Bachs bietet sich nochmals zum Auffüllen der Wasserflasche an, bevor das letzte anstrengende Stück zum **Kondracka Przełęcz** ❺, 1725 m, wartet. Wir wandern hier rechts weiter und deutlich angenehmer bergauf zum Wyżnia Kondracka Przełęcz, 1765 m.

Höhenweg zum Kasprov vrch.

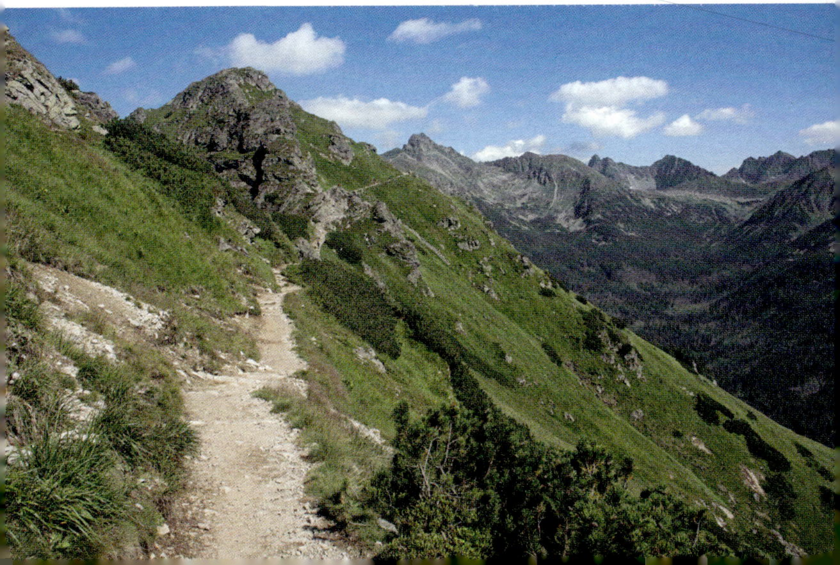

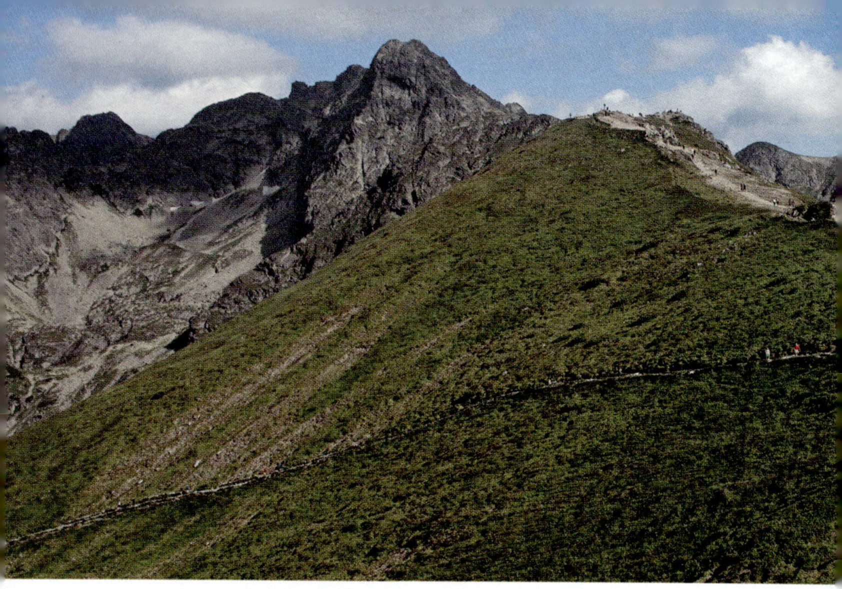

An der Seilbahnstation des Kasprov vrch.

Ab diesem zweiten Sattel führt im unteren Bereich ein großteils angelegter Steig hinauf zu einer Weggabelung, wo eine Einbahnstraßenregelung beginnt, damit sich die vielen Wanderer an den Kettensicherungen nicht in die Quere kommen. Rechts geht es weiter steil bergan und später in zwei Serpentinen zur ersten versicherten Stelle. Nach einem kurzen Quergang leitet die nächste Sicherung über extrem glatten Fels aufwärts. Später gibt es eingeschlagene Stufen. Die Ketten ziehen sich an Felsen entlang bis direkt unter den Gipfel. Die Aussicht vom **Giewont** 6, 1894 m (laut Karte: 1895 m), ist fantastisch. Vorsicht ist aber geboten, da alle Felsen extrem abgetreten sind und die felsige Abbruchkante nach Norden gut 600 m abfällt. An schönen Sommertagen sollten wir frühzeitig schauen, ob es eine Warteschlange für den Abstieg gibt.
Direkt rechts am Kreuz beginnen erneut Kettensicherungen. Zunächst leiten sie vom Gipfel hinunter und in einer weiten Schleife zur Weggabelung zurück. Auf bekanntem Weg wird über den Wyżnia Kondracka Przełęcz, 1765 m, zum **Kondracka Przełęcz** 5, 1725 m, abgestiegen. Die gelbe Wandermarkierung verläuft geradeaus weiter und nochmals wartet ein mühevoller Aufstieg mit drei steilen Abschnitten auf uns. Auf dem Weg zum nächsten Berg lohnt es sich, öfters anzuhalten und einen Blick zurück auf den Giewont zu werfen. An der **Kondratova kopa** 7, 2005 m (Kopa Kondracka), befindet sich die Grenzlinie zur Slowakei. Links wird auf die rote Wandermarkierung

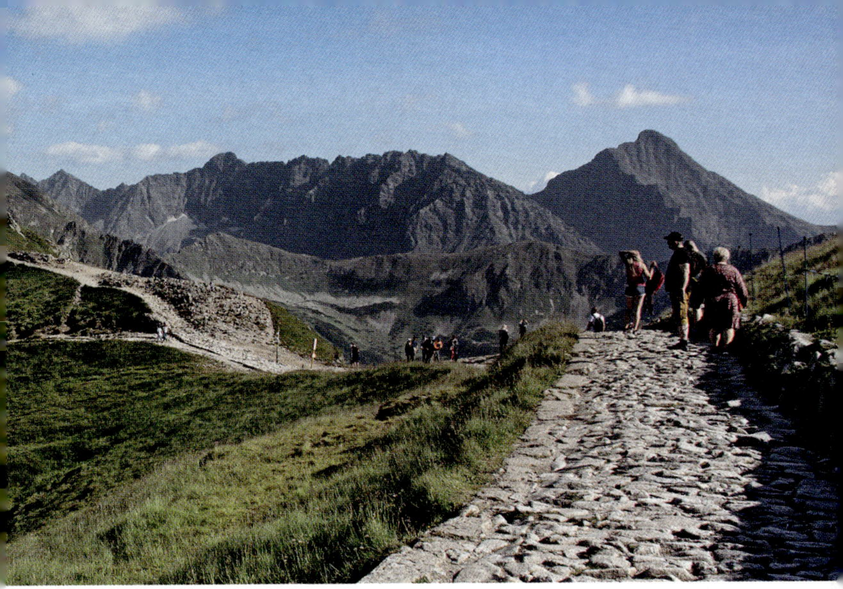

gewechselt und steil zum **Przełęcz pod Kopą Kondracką** ❽, 1863 m, abgestiegen. Wer die Tour abkürzen möchte, kehrt auf dem grün markierten Weg nach links wieder zur Hütte zurück (Variante 1 in umgekehrte Richtung). Wir gehen jedoch über den Grenzkamm weiter. Später verläuft unser Steig meist rechts unterhalb der Grenzlinie auf slowakischem Gebiet. An einem Fels im Abstieg werden kurz die Hände benötigt. Ebenso an einer Felspartie, die etwas ausgesetzt ist. Hier wurden im Sommer 2022 Haltegriffe an der linken Seite angebracht, die die Stelle entschärfen. Weiter geht es in einer Mischung aus Auf und Ab und an einem weiteren Fels werden die Hände zur Unterstützung gebraucht, bevor ein Sattel folgt. Danach steigen wir über den Grat zum letzten Gipfel des Tages auf. Nochmals erfordert ein Fels die Hilfe unserer Hände, um den **Kasprov vrch** ❾, 1987 m (Kasprowy Wierch; laut Karte: 1985 m), zu erklimmen. Rechts neben der Wetterstation und dem Observatorium befindet sich der zugängliche höchste Punkt des Bergs.
Der Abstieg erfolgt mit der grünen Markierung. Am linken Rand des Gebäudes beginnt ein meist mit Steinen angelegter Pfad, der ziemlich steil den Gipfelhang hinunter in die Latschenzone führt. Vor der Sucha Czuba windet sich unser Steinweg nach links und dort weiter steil hinunter in den Wald. Nach der Zwischenstation der Seilbahn am **Myślenickie Turnie** ❿, 1354 m, wird der Weg deutlich breiter und zieht sich in einer weit ausladenden Schleife bergab ins Dolina Kasprowa. Vom Kassenhäuschen und einem Wegweiser sind es nur noch wenige Meter bis **Kuźnice** ❶, 1020 m.

↗ 1760 m | ↘ 1470 m | 24.0 km

53 Über den Kasprowy Wierch zur Hütte Hali Ornak

11.00 h

Aussichtsreiche Bergtour durch den östlichen Teil der Westlichen Tatra

Von Zakopane aus ist der Aufstieg zum Kasprov vrch (Kasprowy Wierch) sicherlich nicht der schönste Teil der Strecke. Um die Vegetation zu schützen, wurde der Weg vor einiger Zeit neu angelegt und er führt jetzt in weiten Abschnitten sehr steil bergan. Sobald der mit Steinen befestigte Pfad die Waldgrenze verlässt, beginnen jedoch fabelhafte Ausblicke auf das Giewont-Massiv. Am Gipfel selbst liegt die Hohe Tatra zum Greifen nah. Über den Hauptkamm, der hier gleichzeitig auch den Grenzverlauf zwischen Polen und der Slowakei bildet, wird in Richtung der »Roten Berge« gewandert. Insgesamt vier Kuppen sind dabei zu überwinden, die jeweils traumhafte Ausblicke auf weite Teile des Gebirges ermöglichen. Im Bereich um den Temniak (Ciemniak) kann man mit etwas Glück Tatra-Gämsen beobachten. Diese besondere Spezies war um die Jahrtausendwende vom Aussterben bedroht und nur umfangreiche Schutzmaßnahmen haben bewirkt, dass im gesamten Tatragebiet heute wieder etwa 1000 Tiere leben. Im Abstieg zur Hütte bieten die weiten Wiesenhänge eine artenreiche Flora.

Ausgangspunkt: Zakopane, 823 m, Fußgängerzone vor der Kirche Świętej Rodziny; lokale Bushaltestelle Targowica an der Straße, mehrere kostenpflichtige Parkplätze in der Nähe.

Endpunkt: Schronisko na Hali Ornak, 1108 m. Zurück mit Tour 48 durch das Dolina Kościeliska nach Kiry und von dort mit dem Bus nach Zakopane.

Anforderungen: Überaus anspruchsvolle Bergtour mit extremem Höhenunterschied. Teilweise sehr steile An- und Abstiege. An einigen kurzen Abschnitten in felsigem Gelände ist die Zuhilfenahme der Hände notwendig. Kletterstellen gibt es aber nicht.

Infrastruktur: In Zakopane und in Kuźnice zahlreiche Einkehrmöglichkeiten. In Kuźnice Supermarkt (nur Fr–So geöffnet). In der Bergstation der Seilbahn auf dem Kasprov vrch (Kasprowy Wierch) Kiosk (kleine Speisen und Getränke) sowie das höchste Restaurant Polens. **Schronisko na Hali Ornak** (Speisen und Getränke sowie 48 Betten in verschiedenen Zimmerkategorien), Tel. +48 18 20 705 20 oder +48 695 530 813, schronisko-ornak.pl (nur auf Polnisch); ganzjährig, Übernachtung im Mehrbettzimmer ab 90 PLN (ca. 20 €), Doppelzimmer 240 PLN (ca. 54 €).

Varianten: 1. Wer sich steile 1000 Hm im Aufstieg sparen möchte, kann von Kuźnice mit der Seilbahn auf den Kasprov vrch (Kasprowy Wierch) fahren (einfache Fahrt je nach Jahreszeit und Ort des Ticketkaufs 65–119 PLN, ca. 14–26 €; pkl.pl, auch auf Englisch).
2. Ab dem Przełęcz pod Kopą Kondracką 5 mit grüner Markierung zur Schronisko na Hali Kondratowej, ab dort auf blau markiertem Weg nach Kuźnice (ab Pass bis Kuźnice: 2.15 Std., 5,7 km, 850 Hm Abstieg).

Kombi-Tipp: Ab Kondratova kopa mit Tour 49 Abstieg nach Kiry.

Hinweise: 1. Hinter Kuźnice wird der Eintritt in den Nationalpark entrichtet (pro Tag 9 PLN/ca. 2 €).
2. Im Aufstieg zum Kasprov vrch (Kasprowy Wierch) bitte auf der markierten Trasse bleiben. Der Nationalpark ver-

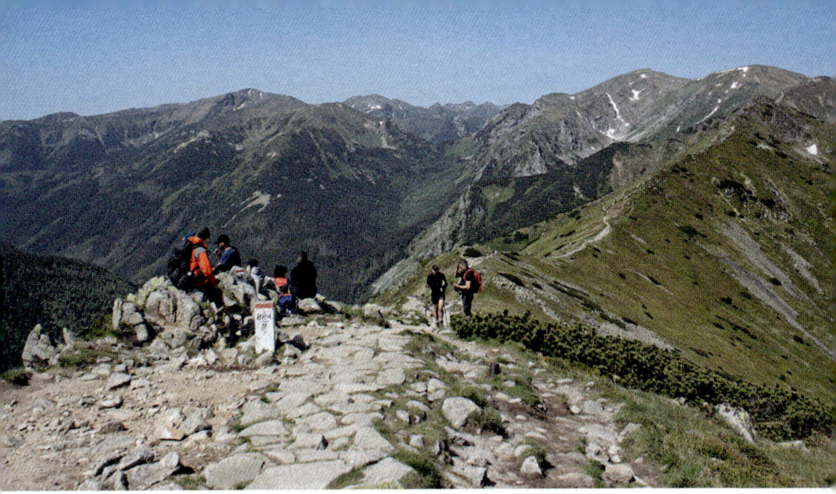

Fantastische Bergkulisse unterhalb des Kasprov vrch (Kasprowy Wierch).

sucht, den alten und noch sichtbaren Aufstiegsweg, der in weiten Serpentinen verlief, zu renaturieren.
3. Um den Berg Kasprov vrch wird es im Sommer dank des einfachen Zugangs mit der Seilbahn extrem voll.
4. Der Berg Temniak (Ciemniak) ist mit 2090 m und 2096 m in den Karten erfasst.

Tipp: Wer sich den Weg durch Zakopane sparen möchte, kann ab der Aleja 3 Maja den Bus nehmen (Ticket 5 PLN/ ca. 1,10 €).

Karte: SHOCart – Blatt 1096 Zapadné Tatry 1:50.000 und SHOCart – Blatt 1097 Vysoké Tatry 1:50.000.

Ab der Fußgängerzone von **Zakopane** ❶, 823 m, gehen wir zunächst durch den verkehrsberuhigten Bereich der Straße Krupówki und danach rechts über die Straße Władysława Zamoyskiego bis zu deren Ende. Hier biegen wir erneut rechts ab, gehen bei einem großen Kreisverkehr geradeaus und auf breitem Fußweg direkt hinauf zur Talstation der Seilbahn in **Kuźnice** ❷, 1020 m. Der Wegweiser »Kuźnice« befindet sich an der ersten Kreuzung links neben der Bergbahn.

Von hier führt die grüne Wandermarkierung rechts hinauf zum Kasprov vrch. Zunächst folgen wir dem gepflasterten breiten Fahrweg bergan; am Wegweiser, wo der Weg eine Rechtskurve macht, geht es geradeaus weiter und am Kassenhäuschen vorbei. Ein breiter Schotterweg zieht sich durch das Dolina Kasprowa hinauf und in einer weiten Schleife zum Wegweiser **Myślenickie Turnie** ❸, 1354 m, an der Mittelstation der Seilbahn. Ab hier wandern wir auf einem schmalen Weg, später auf einem Pfad, der zunächst durch Wald und Latschenzone ansteigt. Der Aufstieg über die mit Steinen angelegten Stufen ist teilweise sehr mühsam. Dafür werden mit jedem Höhenmeter die Aussichten besser. An der Wetterstation befindet sich das

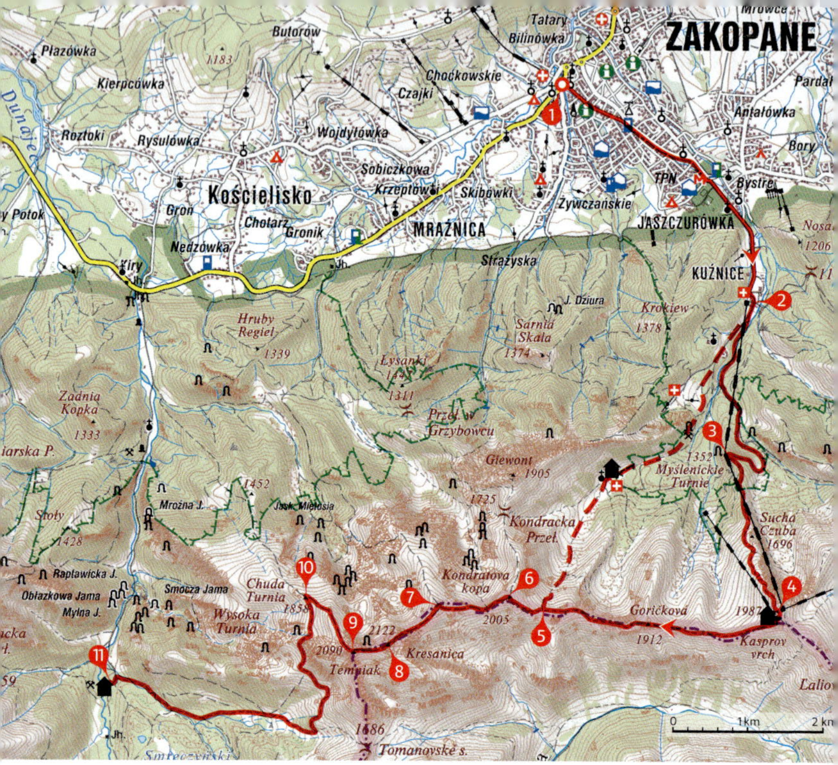

offizielle Hinweisschild **Kasprov vrch** ❹, 1987 m (Kasprowy Wierch). Der Gipfel selbst liegt wenige Meter weiter rechts.

Von hier leitet die rote Wandermarkierung nach Westen. Zunächst steigen wir ein paar Meter ab; an einem Fels werden womöglich kurz die Hände gebraucht. Danach verläuft der Pfad im Auf und Ab erst direkt über und im weiteren Verlauf links unterhalb des Grats. An einer Stelle wird über einen Felsen abgestiegen, an einer etwas ausgesetzten Rinne wurden an der rechten Seite Haltebügel angebracht. Nach der Umgehung einiger Gipfel mit auffällig dunklem Gestein kommen wir wieder auf den Grat und erreichen kurz darauf den **Przełęcz pod Kopą Kondracką** ❺, 1863 m (nach rechts: Variante 2). Hier beginnen die »Roten Berge«, die auf polnisch Czerwone Wierchy genannt werden: vier aufeinanderfolgende Bergkuppen mit jeweils herrlichen Ausblicken.

Etwas mühevoll geht es zunächst auf die **Kondratova kopa** ❻, 2005 m (Kopa Kondracka), hinauf und vor dort weiter zum **Malolučniak** ❼, 2096 m

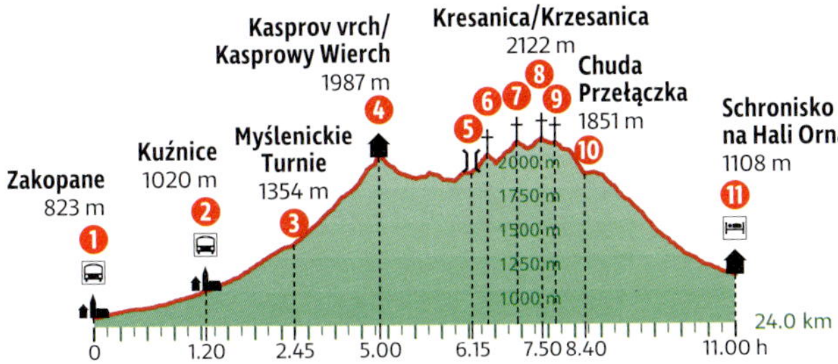

(Małołączniak). Der nächste Gipfel, die **Kresanica** 8, 2122 m (Krzesanica), ist der höchste der »Roten Berge« und zeichnet sich durch wilde Felsabbrüche auf der Nordseite aus. Wanderer haben unterhalb des höchsten Punkts zahlreiche Steinmännchen aufgebaut. Im Abstieg sollten wir genau auf die Markierung achten. Eventuell werden an einer Stelle nochmals kurz die Hände benötigt. Ein letzter Anstieg bringt uns auf den **Temniak** 9, 2090 m (Ciemniak), wo sich vor allem in den frühen Morgenstunden regelmäßig zahlreiche Gämsen tummeln. Über den breiten Bergrücken zieht sich der Pfad nun sehr steil und in einigen Serpentinen hinunter zur Verzweigung am **Chuda Przełączka** 10, 1851 m.

Wir wechseln hier auf die grüne Wandermarkierung und gehen im spitzen Winkel nach links weiter. Zunächst werden die grünen Wiesenhänge des Bergs gequert. Vor allem im Sommer sind hier viele Blumen zu bewundern. Nach einer kurzen, etwas ausgesetzten Stelle folgen rechts unten zwei Quellen mit erfrischendem Wasser. Unter den mächtigen Felswänden des Temniak (Ciemniak) zieht sich der Pfad in den Wald hinein, und wir steigen durch eine kleine Rinne.

An einer Sitzbank zweigt unser Weg nach rechts ab. Über Bergwiesen und durch Wald geht es hinunter zum Wegweiser »Tomanowa Dolina«. Das Tagesziel, die **Schronisko na Hali Ornak** 11, 1108 m, steht etwa 120 m weiter links auf einer Lichtung mit Blick auf das Massiv der Bystrá – des höchsten Bergs der Westlichen Tatra. Ab dem Wegweiser »Tomanowa Dolina« mit Tour 48 (vgl. Endpunkt) nach Kiry und von dort zurück nach **Zakopane** 1, 823 m.

Eine Tatra-Gämse.

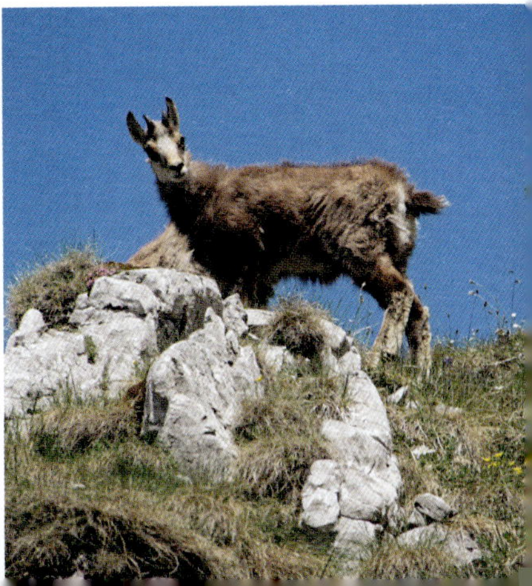

TOP

54

↗ 1100 m | ↘ 1100 m | 15.2 km

Über den Liliensattel zum Kasprowy Wierch, 1987 m

6.15 h

Zum östlichen Ende der Westlichen Tatra

Ganz im Osten der Westlichen Tatra befindet sich mit der Hala Gąsienicowa eine der schönsten Almen der Region. Besonders im Sommer, wenn die Weidenröschen in Blüte stehen, bietet sie mit den wilden Gipfeln der Hohen Tatra im Hintergrund einen unvergesslichen Anblick. Ursprünglich war das ganze Gebiet mit Latschenkiefern bewachsen, im 17. Jh. holzte man sie ab, um eine Alm für Schäfer zu schaffen. Bis zur Gründung des Nationalparks im Jahre 1954 wurden die Weiden im Grenzgebiet der Hohen und Westlichen Tatra genutzt. Heute haben sich bereits wieder viele Latschen ausgebreitet. Auf der ehemaligen Alm gibt es heute neben ein paar alten Schäferhütten auch noch ein Haus für Bergsteiger; weitere Gebäude werden vom Nationalpark, der Forstverwaltung, der Bergwacht und der Polnischen Akademie der Wissenschaften genutzt. Wir steigen über die Alm zum Liliensattel auf, der nicht nur die Landesgrenze zwischen Polen und der Slowakei markiert, sondern auch die Hohe von der Westlichen Tatra trennt.

Ausgangspunkt: Kuźnice, 1020 m, südlich gelegener Ortsteil von Zakopane; kostenpflichtige Parkplätze unterhalb des Ausgangspunkts und im Stadtgebiet von Zakopane. Der Ausgangspunkt ist am einfachsten zu Fuß (zusätzlich mind. 20 Min.) über den Gehweg an der Zufahrtsstraße (ab den unterhalb liegenden Parkplätzen) oder mit öffentlichen Bussen zu erreichen (fahren ab etwa 6 Uhr vom Stadtzentrum nach Kuźnice).
Anforderungen: Mittelschwere Tour mit großem Höhenunterschied auf meist breiten Wegen und Pfaden, die zum Teil mit Steinen befestigt sind. Der Aufstieg in den Liliensattel und der Abstieg vom Kasprov vrch (Kasprowy Wierch) sind steil.
Infrastruktur: In Kuźnice zahlreiche Einkehrmöglichkeiten und ein Supermarkt (nur Fr–So geöffnet). **Schronisko Murowaniec na Hali Gąsienicowej** (Speisen und Getränke sowie 110 Betten in verschiedenen Zimmerkategorien), Tel. +48 539 537 910 (11–17 Uhr), murowaniec.com (nur auf Polnisch); ganzjährig, Übernachtung pro Person im Mehrbettzimmer ab 90 PLN (ca. 20 €), im Dreibettzimmer pro Person 115 PLN (ca. 25 €). Ebenfalls auf der Alm das Haus für Bergsteiger **Betlejemka** (Selbstversorgung). In der Bergstation der Seilbahn auf dem Kasprov vrch (Kasprowy Wierch) gibt es einen Kiosk (kleine Speisen und Getränke) sowie das höchste Restaurant Polens.
Variante: Wer die knapp 1000 Hm Abstieg im steilen Gelände scheut, kann am Kasprov vrch (Kasprowy Wierch) die Seilbahn nach Kuźnice nehmen (einfache Fahrt je nach Jahreszeit und Ort des Ticketkaufs 65–119 PLN, ca. 14–26 €; pkl.pl, auch auf Englisch).
Hinweise: 1. Hinter Kuźnice muss am Kassenhäuschen der Eintritt in den Nationalpark entrichtet werden (pro Tag 9 PLN/ca. 2 €)
2. Im Abstieg vom Kasprov vrch (Kasprowy Wierch) bitte auf der markierten Trasse bleiben. Der Nationalpark versucht, den alten und noch sichtbaren Aufstiegsweg, der in weiten Serpentinen hinaufführte, zu renaturieren.
3. Die Berghütte Schronisko Murowaniec na Hali Gąsienicowej und der Liliensattel befinden sich an der Grenze zwischen

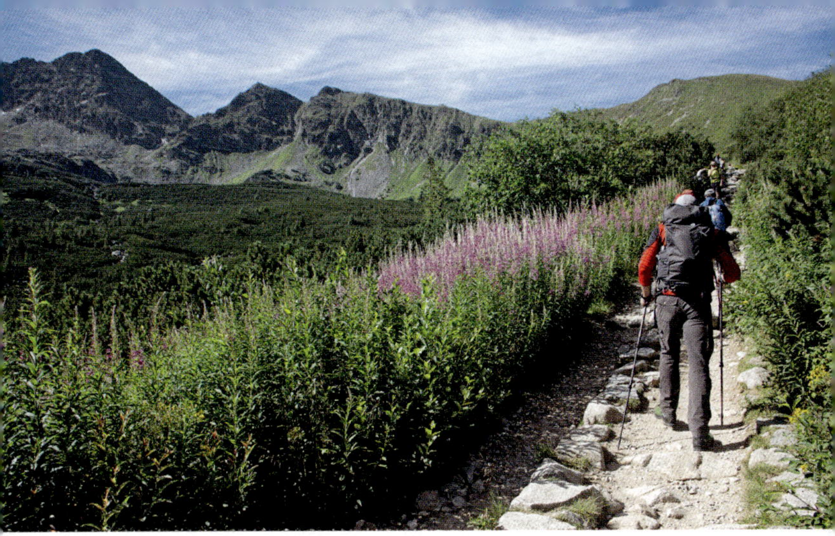

Oberhalb der Hala Gąsienicowa liegen die Berge der Hohen Tatra zum Greifen nah.

Westlicher und Hoher Tatra und sind daher auch ideale Ausgangspunkte für Wanderungen im angrenzenden Gebiet.
4. Vom oberen Teil der Hala-Gąsienicowa-Alm verkehrt in der Hochsaison ein Sessellift auf den Kasprov vrch (Kasprowy Wierch).

Tipp: Eine Übernachtung auf einer polnischen Berghütte ist ein besonderes Erlebnis.

Karte: SHOCart – Blatt 1097 Vysoké Tatry 1:50.000.

Vom Wegweiser in **Kuźnice** ❶, 1020 m, folgen wir auf dem ersten Teil der Wanderung der blauen Wandermarkierung und gehen zunächst nach links an Restaurants vorbei und über den Bach. An der Gabelung nach dem Kassenhäuschen führt unser mit Steinen gepflasterter Weg nach links steil bergauf zum Wegweiser »Odejście na Nosalową Przełęcz«, 1092 m; hier biegen wir rechts ab. Im weiteren Verlauf leitet der Weg zunächst im Wald auf

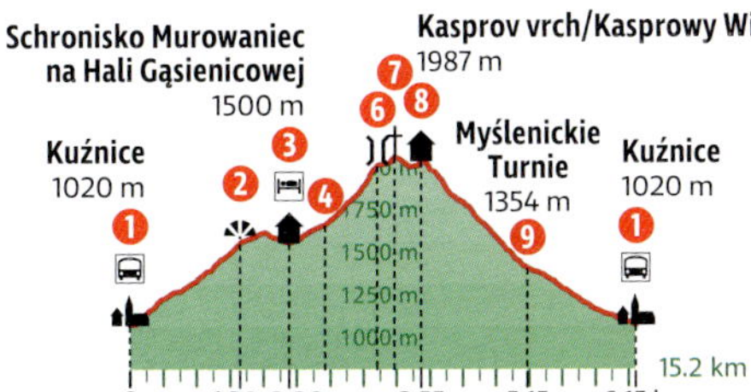

einen Seitenkamm hinauf und ist in der Folge auch nicht mehr so steil. Später säumen riesige Latschenkiefern den Weg und nach und nach öffnet sich der Blick in die Ferne. Bei guter Sicht sind zahlreiche Berge der Beskiden zu sehen. Pfadspuren nach rechts ermöglichen später eine erste Aussicht auf den Giewont. Links unterhalb des felsigen Grats zieht sich der Weg weiter nach oben auf den Grat und kurz darauf wird die Kreuzung **Przełęcz między Kopami** ❷, 1499 m, erreicht, wo sich ein fantastischer Ausblick in nördliche Richtung bietet.

Zunächst steigt der Weg auf einer lang gezogenen Hochebene noch ein paar Meter an. Die Gipfel der Hohen Tatra rücken bereits in unser Blickfeld. Nach einer Anhöhe zieht sich der Weg auf der ehemaligen Alm zum ersten

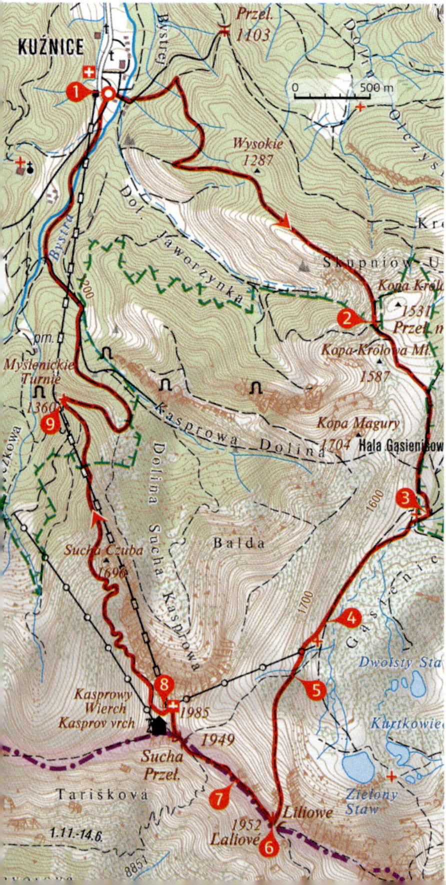

Wegweiser »Hala Gąsienicowa«, 1514 m, hinunter. Die Berghütte ist zwischen den Bäumen schon zu sehen. Wer nicht zur Hütte möchte, kann nach rechts direkt zum zweiten Wegweiser gehen. Ansonsten sind es nach links nur wenige Minuten bis zur **Schronisko Murowaniec na Hali Gąsienicowej** ❸, 1500 m. Die Hütte wurde in den Jahren 1921 bis 1925 von der polnischen Armee errichtet und 1951/1952 erweitert. Mit 110 Betten ist sie die zweitgrößte Schutzhütte in der polnischen Tatra.

Nach rechts gelangen wir nach etwa 100 m zum zweiten Wegweiser »Hala Gąsienicowa«, 1510 m. Wir gehen geradeaus mit der gelben Wandermarkierung weiter ins Dolina Gąsienicowa hinein und kommen am ganz kleinen Bergsee Mokra Jama und später an einem weiteren Wegweiser vorbei. Die schwarze Wandermarkierung begleitet uns bis zur Gabelung vor dem **Sessellift** ❹, 1608 m. Auf einem angelegten Weg geht es jetzt steiler bergauf und unter dem Lift hindurch. Am Abzweig **Liliowe przełęcz** ❺, 1679 m, befindet sich eine Quelle mit er-

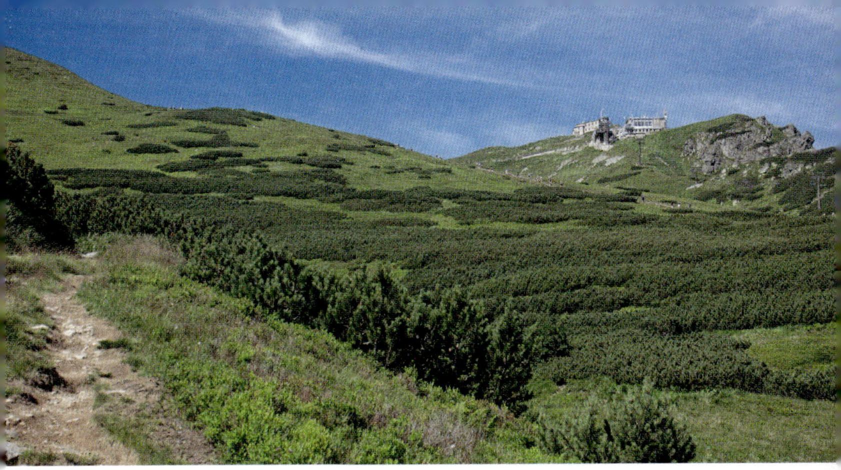

Der Kasprov vrch im Aufstieg zum Liliensattel.

frischendem Wasser. Die grüne Markierung beginnt hier und leitet links hinauf zum Liliensattel. Ein angelegter Steinpfad führt zunächst durch Latschenkiefern und später im offenen Gelände mit herrlicher Aussicht recht steil bergauf. Um bequemer aufzusteigen, wurden Steine in Form von Treppen angelegt. Kurz unter dem Sattel wird es wieder flacher. Der **Ľaliové sedlo** 6, 1958 m (Liliowe przełęcz; Liliensattel, in Karte 1952 m), ist der östlichste Punkt der Westlichen Tatra und bietet eine herrliche Aussicht auf weite Teile des Gebirges.

Am Sattel wechseln wir rechts auf die rote Markierung und steigen auf den vor uns liegenden Berg **Beskyd** 7, 2012 m (Beskid), auf. Der höchste Punkt befindet sich ein paar Meter links des Pfads. Ab hier ist es auch deutlich voller, da viele Touristen mit der Seilbahn hinauffahren und die wenigen Meter zu dem etwas über 2000 m hohen Gipfel wandern. Unterhalb des Bergs beginnt ein breiter Weg, der in wenigen Minuten über den Suché sedlo, 1950 m (Sucha Przełęcz), zur Bergstation der Seilbahn führt. Über Treppen geht es hinauf zum Wegweiser **Kasprov vrch** 8, 1987 m (Kasprowy Wierch; laut Karte: 1985 m), an der meteorologischen und astronomischen Beobachtungsstation. Der offizielle Gipfel liegt wenige Meter links.

Der Abstieg erfolgt mit der grünen Markierung. Am linken Rand des Gebäudes beginnt ein meist mit Steinen angelegter Pfad, der ziemlich steil den Gipfelhang hinunter in die Latschenzone führt. Vor der Sucha Czuba windet sich unser Steinweg nach links und dort weiter steil hinunter in den Wald. Nach der Zwischenstation der Seilbahn am **Myślenickie Turnie** 9, 1354 m, wird der Weg deutlich breiter und zieht sich in einer weit ausladenden Schleife bergab ins Dolina Kasprowa. Vom Kassenhäuschen und einem Wegweiser sind es nur noch wenige Meter bis **Kuźnice** 1, 1020 m.

↗ 340 m | ↘ 340 m | 7.4 km

55 Rundweg von Zakopane auf die Gubałówka, 1120 m

2.30 h

Auf den Aussichtsbalkon oberhalb von Zakopane

Vom Bergrücken der Gubałówka bietet sich eine der fantastischsten Aussichten auf die polnischen Gipfel der Hohen und der Westlichen Tatra. Zu den markantesten Bergen, die zu bestaunen sind, gehören neben der 2301 m hohen Świnica in der Hohen Tatra auch der 1987 m hohe Kasprov vrch (Kasprowy Wierch) und der 1895 m hohe Giewont. Das Felsmassiv der Nordwand des Giewont ist mit seinen wilden Abbrüchen ein wahrer Blickfang. Hinter der Sendeanlage mit der frei stehenden 102 m hohen Antenne ist eine Siedlung entstanden, die komplett auf Tourismus ausgerichtet ist. Uns erwarten zahlreiche Restaurants, Unterkünfte und Verkaufsstände. Wer sich den Auf- oder Abstieg ersparen möchte, kann auch die 1938 erbaute und 2001 vollständig modernisierte Standseilbahn benutzen. Die Streckenlänge beträgt 1298 m und für die 299 Hm benötigt die Bahn etwa 3½ Min.

Ausgangspunkt: Zakopane, 823 m, untere Fußgängerzone vor der Kirche Świętej Rodziny; lokale Bushaltestelle »Targowica« an der Straße, mehrere kostenpflichtige Parkplätze in der Nähe.
Anforderungen: Breite Wege und Pfade, die etwas steiler sind, im Wald mit Wurzeln. Ansonsten keine Schwierigkeiten.
Infrastruktur: In Zakopane und rund um die Bergstation der Standseilbahn zahlreiche Einkehrmöglichkeiten.
Variante: Wer mit Kindern unterwegs ist und sich den Auf- oder Abstieg sparen möchte, kann die Standseilbahn auf die Gubałówka nutzen (einfache Fahrt 21 PLN/4,60 €, Hin- und Rückfahrt 27 PLN/5,90 €).
Hinweis: Es gibt fast keine kostenlosen Parkplätze in Zakopane. Um nicht abgeschleppt zu werden, sollte man die kostenpflichtigen Parkmöglichkeiten nutzen. 1 Std. kostet in der Regel 5 PLN (ca. 1,10 €), ein ganzer Tag je nach Lage und Saison zwischen 15 PLN (ca. 3,30 €) und 30 PLN (ca. 6,60 €).
Tipps: 1. Etwa 200 m links von der Unterführung befinden sich direkt an der Hauptstraße die Holzkirche »Muttergottes von Tschenstochau« und der alte Friedhof mit interessanten Grabsteinen. 2. Ab dem späten Nachmittag werden die Berge am eindrucksvollsten von der Sonne angeleuchtet.
Karte: SHOCart – Blatt 1096 Západné Tatry 1:50.000.

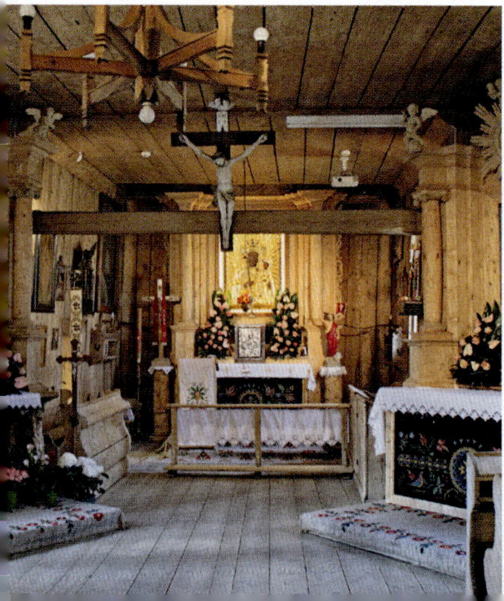

Altar der Holzkirche »Muttergottes von Tschenstochau«.

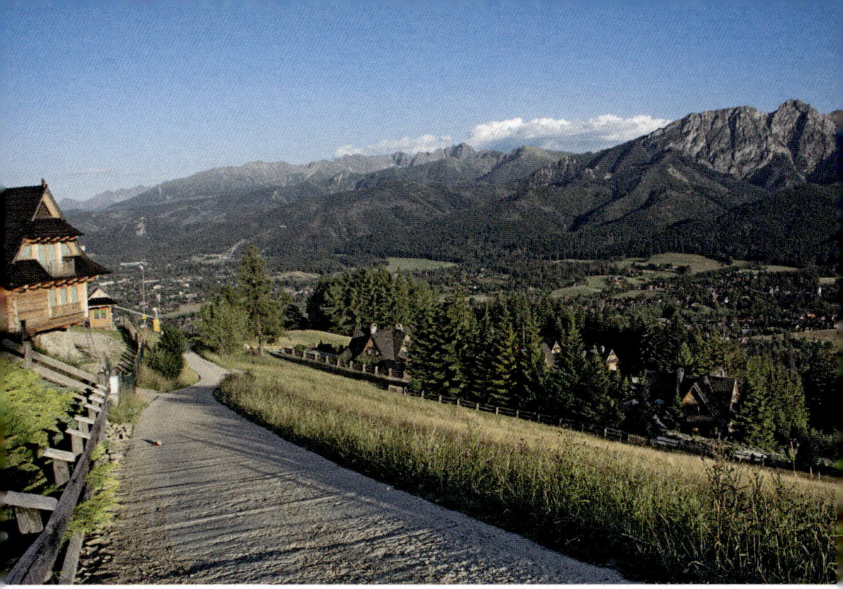

Zakopane und das imposanta Tatra-Panorama.

Von der großen Kirche in der unteren Fußgängerzone von **Zakopane** ❶, 823 m, gehen wir zunächst zur Hauptstraße und durch die Unterführung, auf die andere Straßenseite. Auf dem Weg zur **Talstation** ❷, 820 m, der Standseilbahn offerieren etliche Verkaufsstände lokale Spezialitäten und Souvenirs. Gut 50 m rechts der Standseilbahn ist auf einem Baum die erste blaue Markierung auszumachen, die uns von nun an den Weg weist. Ein breiter Weg zieht sich links an Häusern vorbei und an der ersten Gablung nach rechts weiter bergan. Im Verlauf wird erst eine große Wiese nach rechts gequert, bevor der Weg im Wald ansteigt. Der Pfad ist jetzt mit vielen Wurzeln durchsetzt und zieht sich etwas steiler den Berg hoch. Vor einer **Hütte** ❸, 1043 m, zweigen wir nach links ab und wandern jetzt

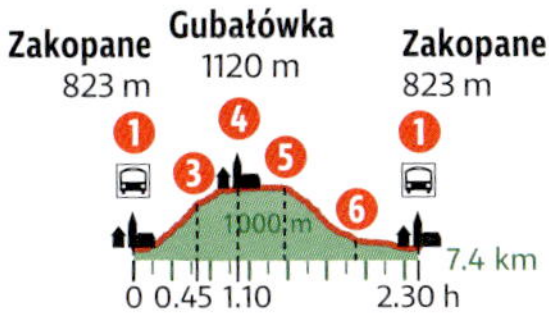

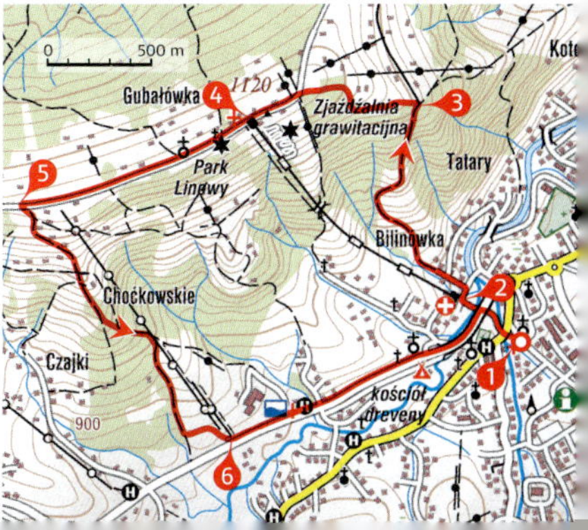

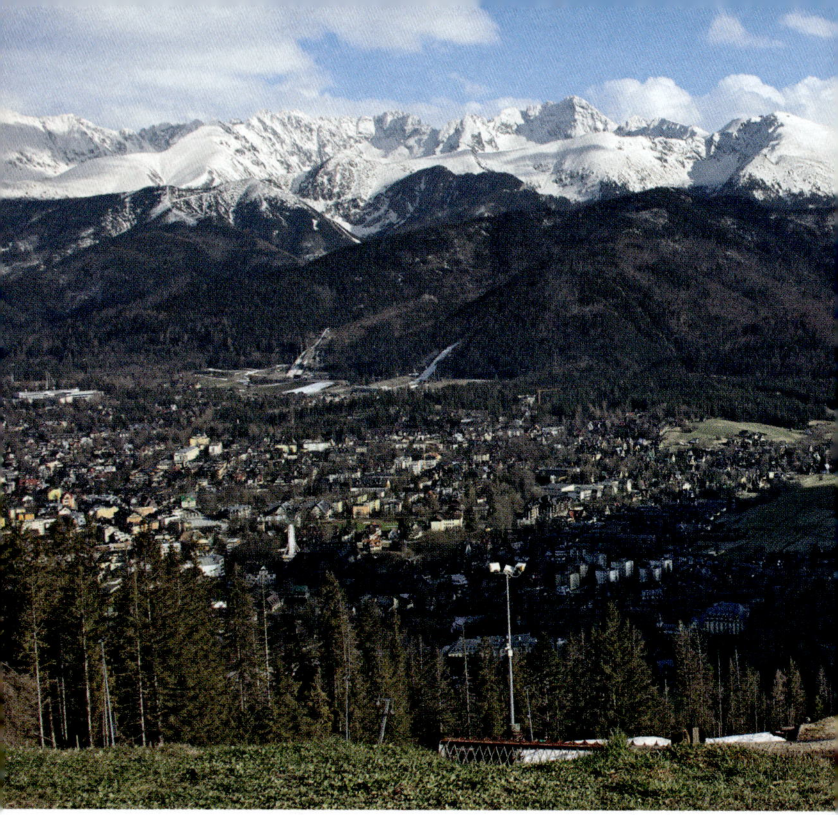

Gubałówka – der Aussichtsbalkon von Zakopane.

ohne blaues Wanderzeichen unterhalb von Häusern weiter. Am Ende der Grundstücke leitet rechts ein Pfad hinauf zu einer Zufahrtsstraße. Diese verläuft nach links weiter und an der großen Sendeanlage vorbei. Kurz dahinter warten unzählige Verkaufsstände auf die Touristen. Vor einem großen Gasthof mit Hotel befindet sich links der Straße der erste Aussichtsbalkon. Der Blick auf die wilden Tatra-Gipfel ist spektakulär. Auf den nächsten Metern warten weitere Aussichtsterrassen mit Traumblicken und die Bergstation der Standseilbahn auf die **Gubałówka** ❹, 1120 m, auf die Besucher. Etwas mehr als 1 km gehen wir auf der Straße an weiteren Ständen, Einkehrmöglichkeiten und auch an einer Holzkapelle vorbei bis zum **Ortsschild** ❺, 1123 m, von Zakopane. Eine gelbe Wandermarkierung führt hier scharf nach links hinunter; einige Hütten und Ferienhäuser stehen an der

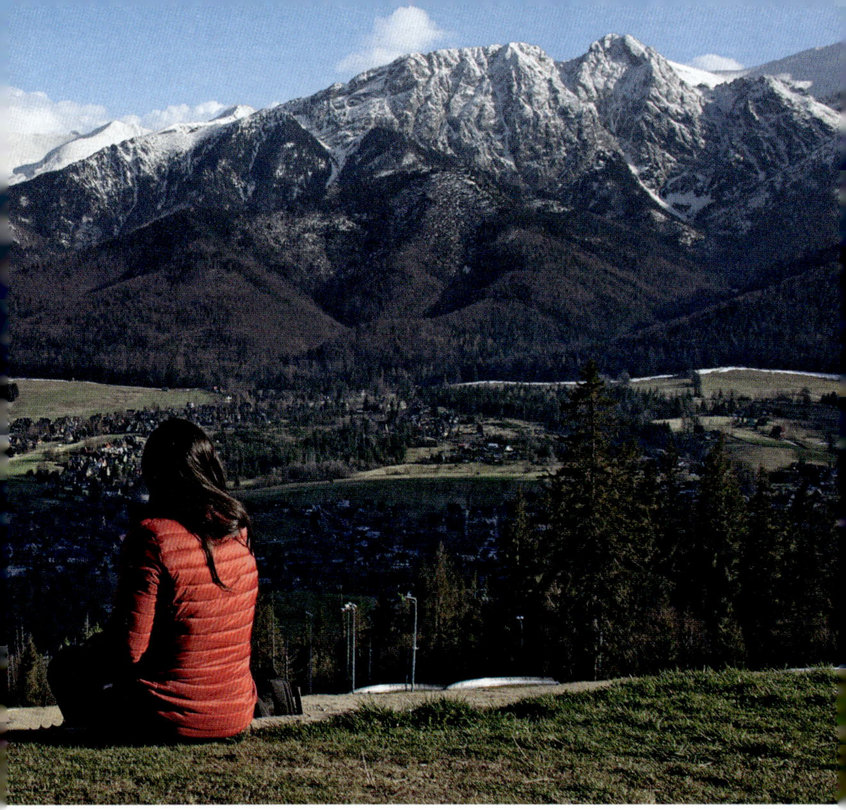

schmalen Straße. Hinter dem Haus mit der Nummer 11E beginnt ein unbefestigter Weg, der zu einer Gabelung leitet. Von dort zieht sich der linke Pfad im Wald erst bis kurz vor eine Skipiste heran, danach geht es weiter abwärts. Später steigen wir auch ein paar Meter direkt über die Piste ab, wobei zwei Markierungen an Lampen der Orientierung dienen. Etwas weiter rechts gibt es an zwei Häusern wieder eine befestigte Zufahrtsstraße, die über die Talstation eines Sessellifts zur **Hauptstraße** 6, 858 m, verläuft und dort endet.

Dieser folgen wir nach links auf dem breiten Bürgersteig in Richtung Zentrum von Zakopane. Am Beginn einer lang gezogenen Brücke zweigt links eine Straße ab, die hinunter zu Parkplätzen und Verkaufsständen führt. Kurz darauf wird wieder der Aufstiegsweg erreicht. Auf bekannter Strecke geht es rechts zum Ausgangspunkt in **Zakopane** 1, 823 m, zurück.

KLEINES WÖRTERBUCH

Deutsch	Slowakisch	Polnisch
Allgemeine Redewendungen		
Guten Tag	dobrý deň	dzień dobry
Auf Wiedersehen	do videnia	do widzenia
bitte	prosím	proszę
danke	ďakujem	dziękuję
Entschuldigen Sie	prepáčte	przepraszam
ja, nein	áno, nie	tak, nie
Wo ist hier ...?	Kde je tu ...?	Gdzie tu jest ...?
Wie komme ich zu ...	Ako sa dostanem k ...?	Jak się dostać do ...?
Haben Sie ...?	Máte ...?	Czy ma pani/pan ...?
für 1 Person	pre jednu osobu	dla jednej osoby
für 2, 3 Personen	pre dve, tri osoby	dla dwe, trzi osob
Achtung!	Pozor!	Uwaga!
Hilfe	pomoc	pomoc
Eintritt verboten!	Vstup zakázaný!	Zakaz wstępu!
geöffnet, offen	otvorené	otwarty, -a, -e
geschlossen	zatvorené	zamknięty, -a, -e
groß/klein	veľký -á -é / malý -á, -é	wielki, -a, -ie / mały, -a, -e
Richtungen		
hinauf/hinunter	hore/dole	w górę/w dół
gehen	isť	iść
links	vľavo	w lewo
rechts	vpravo	w prawo
geradeaus	rovno	prosto
über/unter	nad/pod	ponad/poniżej
zurück	späť	z powrotem
Farben		
blau	modrý, -á, -é	niebieski, -a, -ie
gelb	žltý, -á, -é	żółty, -a, -e
grün	zelený, -á, -é	zielony, -a, -e
rot	červený, -á, -é	czerwony, -a, -e
schwarz	čierny, -a, -e	czarny, -a, -e
Wochentage		
Montag, Dienstag	pondelok, utorok	poniedziałek, wtorek
Mittwoch, Donnerstag	streda, štvrtok	środa, czwartek
Freitag, Samstag	piatok, sobota	piątek, sobota
Sonntag, Feiertag	nedeľa, sviatok	niedziela, święto
Begriffe für unterwegs		
Alm, Feld	poľana	hala, polana
Abzweigung	odbočka	rozstaje, rozgałęzienie
Aussicht	výhľad, vyhliadka	widok, miejsce widokowe
Bach	potok	potok

Deutsch	Slowakisch	Polnisch
Bahnhof	stanica	stacja kolejowa
Berg	hora, vrch	góra, wierch
Bergrettung	Horská záchranná služba	górskie pogotowie ratunkowe
Brücke	most	most
Burg, Schloss	hrad, zámok	zamek, zamczysko
Bus	autobus	autobus
Dorf	obec	wieś
Fahrkarte	listok	bilet autobusowy, kolejowy
Felsen	skala, skaly (Ez., Mz.)	skała, skały (Ez., Mz.)
Forsthaus	horáreň	leśniczówka
Friedhof	cintorín	cmentarz
Gasthaus, Kneipe	krčma, hospoda, hostinec	karczma, gospoda
Gipfel	vrchol	szczyt
Haltestelle	zastávka	przystanek
Haus	dom	dom
Höhle	jaskyňa	jaskinia
Hügel	kopec	wzgórze
Hütte	chata	schronisko
Kamm, Grat	hrebeň	grzbiet, grań
Ketten, Klammern	reťaze, kramle	łańcuchy, klamry
Kirche, Kapelle	kostol, kaplnka	kościół, kaplica
Kreuzung	rázcestie	skrzyżowanie
Markierung	značka	znak
Mühle	mlyn	młyn
Platz (im Ort)	námestie	plac miejski
Quelle	prameň, studnička	źródło
Restaurant	reštaurácia	restauracja
Rinne	žľab	żleb
Rücken	chrbát	grzbiet
Sattel	sedlo	przelecz
See	pleso, jazero	staw, jezioro
Seilbahn	lanovka	kolejka linowa
Stadt	mesto	miasto
Stein	kameň	kamień
Straße	ulica	ulica, droga
Supermarkt	supermarket	supermarket
Tal	dolina	dolina
Turm	veža	turnia (Felsturm), wieża
Unterkunft	ubytovanie	nocleg, zakwaterowanie
Wald	les	las
Wasserfall	vodopád	wodospad
Weg, Steig	cesta, chodník	szlak
Wetter	počasie	pogoda
Wiese	lúka	łąka
Zelt	stan	namiot
Zug	vlak	pociąg

STICHWORTVERZEICHNIS

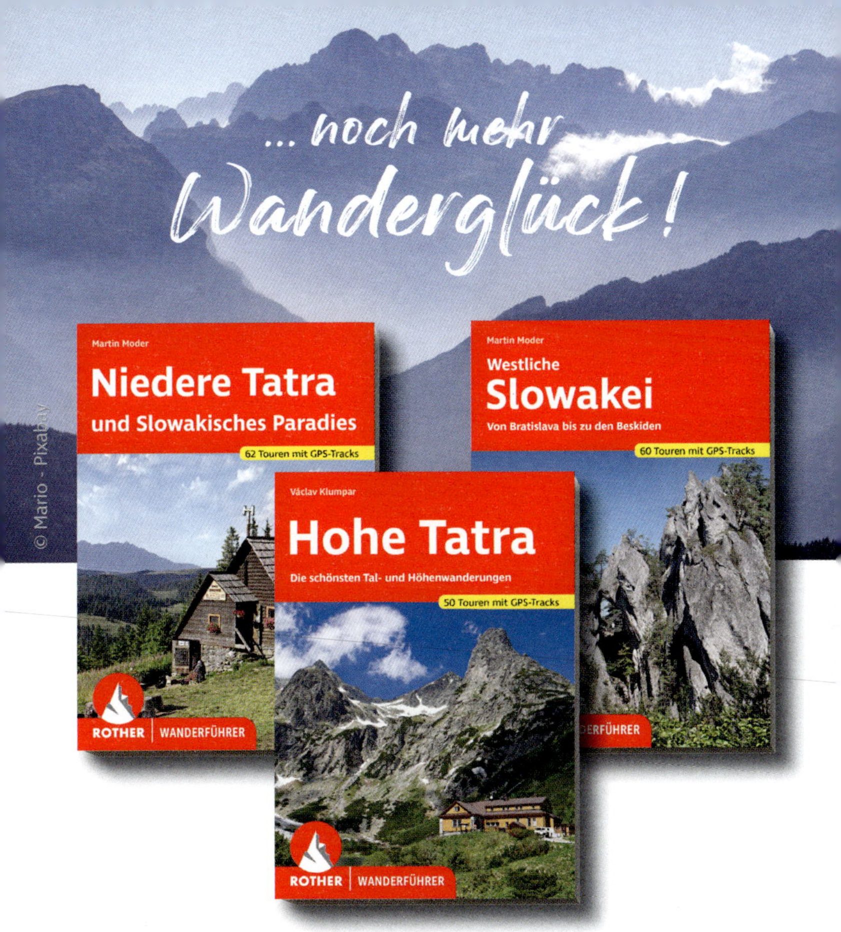
... noch mehr Wanderglück!
Martin Moder
Niedere Tatra
und Slowakisches Paradies
62 Touren mit GPS-Tracks
ROTHER WANDERFÜHRER
Martin Moder
Westliche Slowakei
Von Bratislava bis zu den Beskiden
60 Touren mit GPS-Tracks
Václav Klumpar
Hohe Tatra
Die schönsten Tal- und Höhenwanderungen
50 Touren mit GPS-Tracks
ROTHER WANDERFÜHRER
© Mario - Pixabay

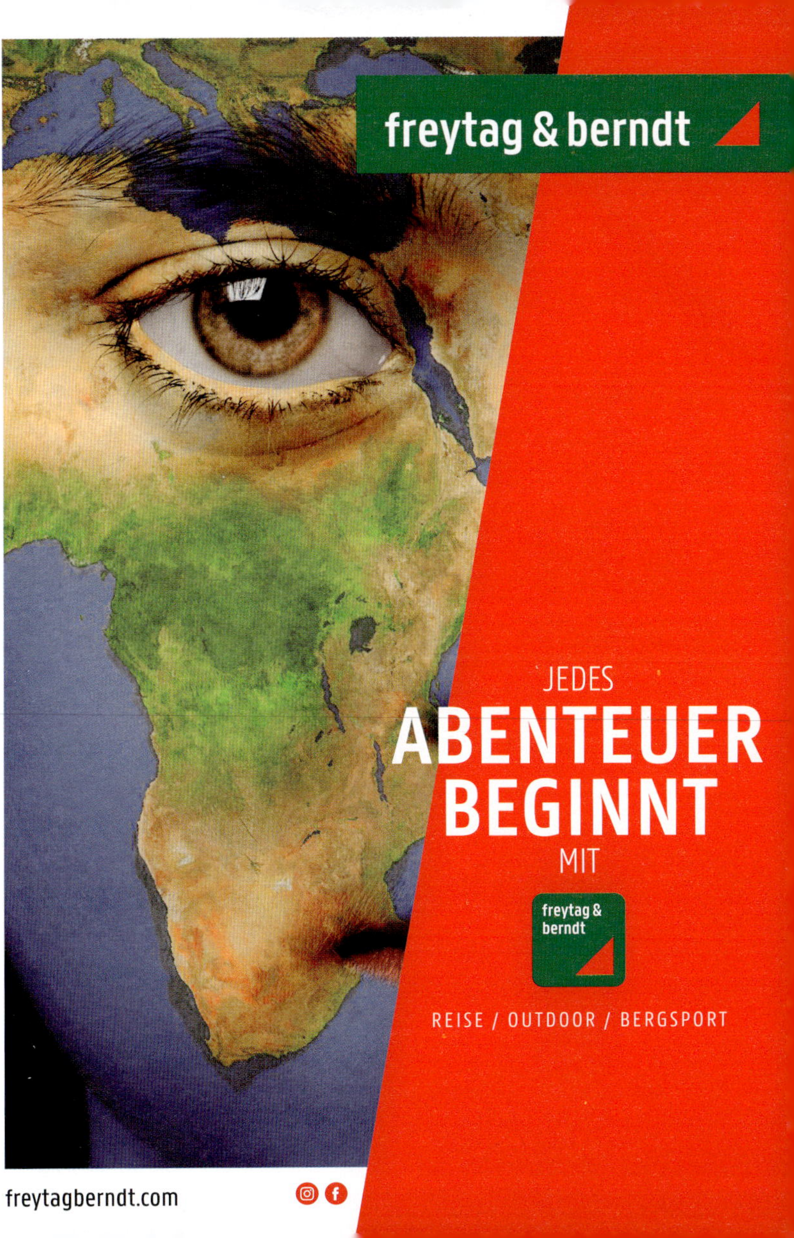
freytag & berndt
JEDES
ABENTEUER
BEGINNT
MIT
freytag & berndt
REISE / OUTDOOR / BERGSPORT
freytagberndt.com